U0920313

郑州研究院丛书

主编：蔡昉　副主编：郑秉文　杨东方　倪鹏飞　严波

The Index of Zhengzhou in the Perspective of National Central City

国家中心城市视角下的郑州指数

——“一带一路”倡议下郑州建设国家中心城市研究

倪鹏飞　杨东方　王雨飞　等著

中国社会科学出版社

图书在版编目（CIP）数据

国家中心城市视角下的郑州指数：“一带一路”倡议下郑州建设国家中心城市研究／倪鹏飞等著．—北京：中国社会科学出版社，2018.10

（郑州研究院丛书）

ISBN 978－7－5203－3288－0

Ⅰ.①国…　Ⅱ.①倪…　Ⅲ.①城市建设—研究—郑州
Ⅳ.①F299.276.11

中国版本图书馆 CIP 数据核字（2018）第 224982 号

出 版 人　赵剑英
责任编辑　王　琪
责任校对　王佳玉
责任印制　王　超

出　　版　中国社会科学出版社
社　　址　北京鼓楼西大街甲 158 号
邮　　编　100720
网　　址　http://www.csspw.cn
发 行 部　010－84083685
门 市 部　010－84029450
经　　销　新华书店及其他书店

印刷装订　北京君升印刷有限公司
版　　次　2018 年 10 月第 1 版
印　　次　2018 年 10 月第 1 次印刷

开　　本　710×1000　1/16
印　　张　21.25
插　　页　2
字　　数　338 千字
定　　价　89.00 元

凡购买中国社会科学出版社图书，如有质量问题请与本社营销中心联系调换
电话：010－84083683

中国社会科学院郑州研究院
理　事　会

郑州研究院丛书序言

新时代呼唤新的郑州改革研究成果

郑州是中华文明核心发祥地，是中国八大古都之一。拥有 8000 年的裴李岗文化遗址、6000 年的大河村文化遗址、5000 年的中华人文始祖黄帝故里、3600 年的商朝都城遗址。继承先辈筚路蓝缕的开创精神，随着中原经济区、郑州航空港经济综合实验区、中国（河南）自贸试验区、国家自主创新示范区等国家战略规划和平台相继布局，郑州的政策叠加优势更加明显。特别是国家明确提出支持郑州建设国家中心城市，郑州的发展站在了新的历史起点上，开启了向全国乃至全球城市体系中更高层级城市迈进的新历程。

中国社会科学院是党中央直接领导、国务院直属的国家哲学社会科学研究的最高学术机构和综合研究中心，是党中央国务院的思想库和智囊团、哲学社会科学的最高殿堂，马克思主义理论研究坚强阵地。中国社会科学院学科齐全、人才济济，拥有一大批人文社会科学领域的顶尖专家和领军人物。正值郑州市国家中心城市建设谋篇开局的关键时期，中国社会科学院领导和河南省、郑州市领导高屋建瓴、审时度势，提出了共同合作的战略意向。2017 年 9 月 15 日，中国社会科学院与郑州市人民政府签订《战略合作框架协议》，双方决定共同成立“中国社会科学院郑州市人民政府郑州研究院”（下简称“郑州研究院”），标志着双方的战略合作进入新阶段，必将对郑州经济社会发展提供有力的智力支持和人才支撑。双方围绕郑州国家中心城市建设，进一步拓展合作领域，提升合作层次，不断推动双方合作向更高层次、更宽领域迈进。习近平总书记深刻指出，幸福都是奋斗出来的！衷心祝愿郑州研究院在双方的共同努力下，秉持奋斗理念，勇于开拓创新，积极融入郑州国家中心城市建设乃至中原城市群发展，努力开创新时代国家智库与地方实际工作部门合作的新局面！

伟大的社会变革必然产生出无愧于时代的先进理论。郑州研究院丛书的出版是在郑州市人民政府提供优质的政务服务，郑州市发展和改革委员会为郑州研究院的发展保驾护航的大背景下产生的。无限丰富的改革实践为科学正确的改革理论提供了丰厚的土壤。中原崛起，中华崛起，实现中华民族伟大复兴的中国梦，这些伟大斗争、伟大工程、伟大事业、伟大梦想，激励着我们更加实干兴邦，推动着郑州沿着原始文明、农业文明、工业文明、生态文明的历史进程，不断改造、变革与提升。这次，中国社会科学出版社捷足先行，特地将郑州研究院的最新研究成果汇集成册，按年度陆续出版系列郑州研究院丛书。这套丛书的出版，对于加强郑州改革的理论研究和舆论宣传，对于加快和深化经济文化体制的全面改革，无疑是一个很大的推动和促进。当然，任何理论都要经受历史和实践的检验。这套丛书中的许多理论观点，也需要在实践中不断充实、发展和完善。但是，这毕竟是一个良好的开端。我们希望，郑州研究院丛书中的许多一家之言和一得之见，能够迎来郑州改革理论研究百花齐放、百家争鸣的新局面。

一花引来万花开。又一个姹紫嫣红、百花争艳的春天到了。祝愿郑州改革的历程，展现在人们面前的是一番绚丽多彩的图景：不仅实践繁花似锦、争奇斗艳，而且理论之光璀璨夺目、熠熠生辉。在这改革的年代，不仅实践之林根深叶茂，理论之树也四季常青。祝愿郑州改革灿烂的实践之花，在新时代结出丰硕的理论之果。

是为序。

全国人大常委、全国人大农业与农村委员会副主任委员
中国社会科学院副院长、郑州研究院院长

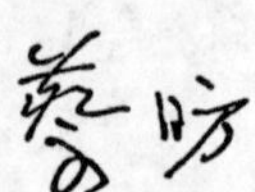

2018 年春，于北京

目　　录

第一章

问题提出与理论基础

第一节　问题的提出

国家中心城市的规划建设是当前推进深度城市化、实现高质量发展，建设全面现代化国家，以及提升全球竞争力的重要路径和手段，也是各地区和城市发展的重要抓手和竞争的重要领域。世界上所有的发达国家无一例外地都拥有一个或几个非常发达的中心城市即世界城市。这些城市不仅在本国发挥着重要的辐射和带动作用，甚至超出本国范围在洲际乃至全世界都发挥着举足轻重的作用。在城市功能的发挥方面，世界城市在国际金融、贸易、科技、交通、信息等方面都有重要的影响力。纽约、伦敦、巴黎、东京都是名副其实的世界城市，更代表着国家的先进性。在这样的背景之下，中国作为全球第二大经济体，为实现全面建成现代化国家、提高城市全球竞争力，必须将建设国家中心城市的设计和规划工作提上日程，迅速展开。

从地方城市的发展来看，国家中心城市从实践中来，是城市之间竞争的产物。有别于国外城市的层级趋同，我国在城市中实行严格的层级化行政管理体制。从20世纪80年代起，国家开始集中优势资源发展行政级别较高的城市，继而带动行政级别较低城市的发展。城市的层级越高，在集聚行政资源、经济资源、公共资源以及人力资源方面越具备优势，进而影响城市的人口集聚能力。因此，越来越多的城市希望通过提升城市层级争夺更多的资源，产生并提出了建设国家中心城市的需求，并由此展开争夺国家中心城市的竞争。

国家中心城市概念的正式提出，最早是在2005年。当时，中国城市规划设计研究院受建设部（现住房和城乡建设部）委托，在编制《全国城镇体系规划（2006—2010 年）》的过程中，首次使用了这个概念。国家中心城市的正式设立始于 2010 年 2 月住房和城乡建设部发布的《全国城镇体系规划纲要（2010—2020 年）》，其中明确提出建设五大（北京、天津、上海、广州、重庆）国家中心城市的规划和定位。2016 年 5 月至 2018 年 2 月，国家发展和改革委员会及住房和城乡建设部发函支持成都、武汉、郑州、西安建设国家中心城市。国家中心城市是《全国城镇体系规划（2006—2010 年）》中提出的处于城镇体系最高位置的城镇层级，在全国具备引领、辐射、集散功能的城市，这种功能表现在政治、科技、教育、文化、对外交流等多个方面。最近两年在全国范围内掀起了争创国家中心城市的热潮。

城市之间争夺国家中心城市的广泛竞争中存在很多混乱和问题。各副省级城市、计划单列市、省会城市都在竞相争夺国家中心城市的称号，对一个城市来说，一旦被确定为国家中心城市，不但是城市发展潜力、发展优势和发展前景在国家层面得到认可，实际上更是一种城市营销的成功。但由于缺乏基本的理论研究和科学的理论标准支撑，现实中很多城市将区域中心城市与国家中心城市的概念混淆，出现了国家中心城市定位与发展的混乱。区域中心城市不是国家中心城市，国家中心城市必须发挥服务、指挥、控制和管理整个国家的职能，一方面要集聚全国意义上的重要战略资源，另一方面要有辐射全国范围的功能，起到联系全国腹地的作用。因此，为解决目前国家中心城市在理解上和实践上的诸多问题，需要在理论上明确国家中心城市的内涵，同时通过构建国家中心城市的指标评价体系来支持和引导国家中心城市的建设，尤其要注重发挥好城市功能，以更好地服务于国家甚至服务于全球的经济发展。国家中心城市的确定必须在科学理论和现实发展的双管之下有序进行。本书一方面注重构建国家中心城市的理论研究框架，另一方面则根据国家中心城市的功能构建科学的指标体系，给出了国家中心城市评定的具体标准。并以此为基础，对国家中心城市进行跟踪评价，对于国家规划和地方建设国家中心城市具有重要的激励、引导和决策参考意义。

综合来看，本书课题组在五个方面坚持与国际标准一致，实现了关键创新：在内涵上，强调国家中心城市功能是全国性而非地方性的；在理论上，坚持综合功能和专业功能在全国具有唯一性（国家中心城市功能替代弹性为零或极小）；在评估上，创新性提出使用聚集度和联系度两个维度来刻画功能的中心性；指标上，使用的是代表全面而非区域、高端而非一般的资源、要素、主体；数据上，使用的是通过爬虫技术获得的大数据。

第二节　理论基础与文献综述

经济全球化、政治多极化、社会信息化和文化多元化相互交织和互为推动加速了全球网络的形成，使世界成为一个巨大的网络空间。各种要素资源网包括人流、物流、资本流、技术流和信息流在全球网络空间中充分流转和合理配置。城市成为承载这些要素流转和配置的主要载体，并在全球网络中形成了一个个重要节点。根据这些节点的等级高低、能量大小、联系紧密程度等，全球网络演化成一个多极化、多层次、立体式的世界城市网络体系。其中，对全球政治、经济、文化具有控制力和影响力的主要节点城市就是世界城市。因此，国家中心城市的概念在国外学术界相对应的是世界城市的相关研究。

一　国家中心城市内涵

城市体系是在一定区域范围内，以中心城市为核心，各种不同性质、规模和类型的城市相互联系、相互作用的城市群体组织，是一定地域范围内，相互关联、起各种职能作用的不同等级城镇的空间布局总况。城市体系研究主要包括城市职能分工、城市规模分布、城市之间的相互作用、基础设施共建与共享、生态安全协调与保障、制度合作与交流等。职能分工、规模分布与相互作用是城市体系研究中城市之间关系分析的重要内容。目前的城市体系研究主要有城市等级体系和城市网络体系。

1. 城市等级体系下的国家中心城市

城市等级体系下的国家中心城市研究强调城市的集聚性，侧重通过对城市相关指标存量的判断来确定城市的中心性。20 世纪 70 年代，世界城市或国家中心城市主要被纳入城市等级体系理论的研究中，主要代表人物是弗里德曼。他基于中心地方理论和世界体系理论提出了世界城市的判别指标并以等级性规则确定了世界城市体系的空间秩序安排。[①] 具体而言，城市等级体系就是依据城市的存量数据对城市体系进行排序得出城市竞争力大小的层次性，突出的是城市等级与竞争关系。在其城市等级思想的指导下，弗里德曼指出世界城市是全球经济系统的中枢或组织节点，它集中了控制和指挥世界经济的各种战略性功能，并采用主要的金融中心、跨国公司总部、国际性机构集中度、商业服务部门增长率、重要的制造中心、主要交通枢纽和人口规模 7 个存量指标进行分析，将世界城市体系中的 30 个世界城市划分为四个等级。

继弗里德曼之后，西方学者在城市等级体系的理论框架下对世界城市进行了广泛的研究，并各有侧重点地从功能的角度给出了世界城市的定义。Hall[②] 认为世界城市是那些已对全世界或大多数国家产生经济、政治、文化影响的国际一流大都会，并通过一系列具体的存量指标如政治、贸易、交通设施、金融、文化、科技和高等教育等，分析了伦敦、巴黎、鹿特丹—阿姆斯特丹、鲁尔区、莫斯科、纽约和东京等世界城市。Cohen[③] 提出世界城市是指跨国公司战略决策所形成的国际性协调和控制中心。伦敦规划委员会[④]指出，世界城市应当拥有完善的基础设施，强大的财富创造力、就业增长力和满足高质量生活的吸引力。萨森[⑤]指出全球城市应作为后工业化时代金融和专业服务业的生产场所，该研究的关注点从跨国公司完全转移到了先进生产性服务业上来。

总体而言，早期对国家中心城市或世界城市的研究是基于城市等级体系展开的，对城市中心性的等级衡量主要依赖城市相关集聚性指标存量数据的测度。与国外研究不同的是，中国城市体系的等级结构明显受

---

① 马学广、李贵才：《全球流动空间中的当代世界城市网络理论研究》，《经济地理》2011 年第 31 卷第 10 期。

② Hall，P.，*The World Cities*，London：Weidenfeld and Nicolson，1966.

③ Cohen，R. B.，*The New International Division of Labor*，*Multinational Corporations and Urban Hierarchy*，*Urbanization and Urban Planning in Capitalist Society*，London Methuen，1981，pp. 278 – 315.

④ The London Planning Advisory Committee，London：World City，1991.

⑤ 萨森（Sassen S.），*Cities in a World Economy*，London：Pine Forge Press，1994。

制于城市行政职能级别，中国城市体系的等级结构与其行政职能级别存在显著正相关关系，城市行政级别越高，城市等级也越高。但无论如何，城市等级体系都是把城市体系当作静态的、相对孤立的系统，得出的是一种等级或者位序分布规律，侧重于竞争与等级关系。这正是城市等级体系最主要的缺陷，明显存在城市之间相互影响、相互联系的研究缺位。事实上，城市是在整个城市体系中存在与发展的，城市之间的联系是城市体系结构与动态变化的根本原因。因此，在城市等级体系下研究国家中心城市也是片面的。

2. 城市网络体系下的国家中心城市

城市网络体系下的国家中心城市研究强调城市的联系性，侧重通过对城市之间联系度的判断来确定城市的中心性。20 世纪 90 年代中期以来，随着世界经济一体化进程的加速推进，如跨国公司的全球重组，国际组织在国际事务中发挥的作用，新技术在产业、交通等领域的运用，产业的国际转移趋势，文化的全球传播等，引起世界城市体系之间联系日益频繁，城市组织呈现网络化连接趋势。由此，对城市体系的研究逐渐由等级体系演变为网络体系。以泰勒为代表的世界城市网络研究学者反对弗里德曼的城市等级思想，认为世界城市孕育和发展于特定的世界城市网络中，并且以网络化的形态存在。城市网络体系认为城市之间的联系是城市体系结构与动态变化的根本原因，城市地位主要取决于网络联系的强度。根据城市之间的网络联系强度来确定世界城市或国家中心城市的中心性是理论研究的重大进步。

继泰勒的研究之后，越来越多的学者从城市网络体系的全新视角审视城市与城市之间的组织结构问题。Castell① 从全球化、信息化交互作用形成的全球城市网络角度来界定全球城市或网络节点城市，由网络流量和影响范围决定节点城市的层级，认为城市间的网络关系决定了各个城市的地位，而非由其内在的社会经济条件所决定。Taylor② 和英国 Longhborough 大学地理系学者所组成的世界城市研究小组（GaWC）在对“流

---

① Castell，M.，*The Rise of the Network Society*，Oxford：Black-well，1996.

② Taylor，P. J.，“Regionality in the World City Network”，*International Social Science Journal*，Vol. 56，No. 181，2004，pp. 361 – 372.

动空间”和“信息城市”[①] 研究的基础上，提出了“世界城市网络”概念，强调城市间的网络作用和合作关系，强调生产性服务业是其网络节点形成的基础。Pflieger[②] 同样指出“城市作为网络存在于网络之中”，Batty[③] 也强调应从流的体系和网络理解城市体系，不能仅将其当作空间中的地点。然而，即使在城市网络体系之下对世界城市的研究还是存在一定的局限性。在实证研究中单纯强调城市之间的联系度忽略城市存量也会影响对世界城市的准确定量。

结合中国城市发展的实际情况，需要将国家中心城市纳入世界城市网络体系的研究框架之下。因为从 2011 年后中国各行业与各主要经济体的关联程度及其变化来看，中国已经通过产出供给和投入需求的两个渠道非常深入地融入全球价值链和产业链之中[④]。国内学者普遍认同城市网络体系中的国家中心城市应在全国城镇体系中发挥核心控制作用，具有较强的集聚度和联系度、中心性和连通性，是国家城市体系中的“塔尖城市”。陈江生[⑤]等以东京和伦敦为例进行研究，认为国家中心城市是在全国居于核心地位、发挥着主导作用的城市。周阳[⑥]认为国家中心城市是指国家重点城镇群（城市域）的核心城市，全国性或国家战略区域的经济中心。朱小丹[⑦]指出国家中心城市是在政治、经济、文化和社会等领域有着全国性的重要影响，并能代表国家参与国际竞争与交流的主要城市。王旭阳[⑧]认为国家中心城市的含义在于对内具备引领、辐射、服务、集散

---

① Castell, M., *The Rise of the Network Society*, Oxford: Black-well, 1996.

② Géraldine Pflieger, Luca Pattaroni, Christophe Jemelin, Vincent Kaufmann, “The Social Fabric of the Networked City”, *Sociologický Časopis*, Vol. 46, No. 1, 2010, pp. 161 – 165.

③ M. Batty, “The New Science of City”, *Building Research & Information*, Vol. 38, No. 1, 2013, pp. 123 – 126.

④ 程大中：《中国参与全球价值链分工的程度及演变趋势——基于跨国投入—产出分析》，《经济研究》2015 年第 9 期。

⑤ 陈江生、郑智星：《国家中心城市的发展瓶颈及解决思路——以东京、伦敦等国际中心城市为例》，《城市观察》2009 年第 2 期。

⑥ 周阳：《国家中心城市：概念、特征、功能及其评价》，《城市观察》2012 年第 1 期。

⑦ 朱小丹：《论建设国家中心城市——从国家战略层面全面提升广州科学发展实力的研究》，《城市观察》2009 年第 2 期。

⑧ 王旭阳：《积极推进国家中心城市建设的建议》，《中国物价》2017 年第 4 期。

功能，对外在接入全球城市网络体系方面具有重要作用。姚华松[①]认为国家中心城市是一个国家的城市发展水平的最高代表，是联系国内外的重要门户，是代表国家参与国际竞争和合作的重要载体。

以现有的研究为基础，本书将国家中心城市的理论机理向前推进一步，以期弥补城市等级体系和网络体系框架下世界城市实证研究的不足，创新性地将代表城市自身发展程度的集聚度与城市之间的联系度相结合，共同测度国家中心城市的中心性。集聚度表现为集聚具有全国战略意义的相关要素，并非单纯对城市相关指标存量的考量；联系度也非省内或区域之间的联系，而是强调在全国范围的城市网络中的联系和辐射作用。本书将国家中心城市定义为：在一个国家内，在一些重大功能上能够起到决策、控制、管理、服务全国的城市。

二　国家中心城市的功能

国家中心城市的本质在于城市功能的发挥。在理论上，国内外学者对国家中心城市的相关研究侧重于城市功能的讨论；在实践中，确定国家中心城市的核心问题也在于城市是否具备国家中心的功能。

关于国家中心城市的具体功能构成，国外学者主要从世界城市的角度进行探讨。弗里德曼认为世界城市的形成体现在城市的“全球控制力”上，具体表现为企业总部、国际金融、全球交通和通信、高级商务服务等少数关键部门的快速增长上。萨森[②]指出，全球城市服务功能的发展会因为全球投资和贸易的迅速增长以及由此带来的对金融和特别服务业的强大需求而进一步壮大。随着信息社会的来临，数字化和网络化成为基本的社会交往方式，世界城市更需要发挥全球信息中心的功能。Castells S. Graham 和 S. Marvin[③]、Malecki[④] 的研究都一致认为世界城市应该在全球信息网络中充当主要节点，并支配互联网的全球地理结构。

---

① 姚华松：《论建设国家中心城市的五大关系》，《城市观察》2009 年第 2 期。

② 萨森（Sassen S.），*Cities in a World Economy*，London：Pine Forge Press，1994.

③ S. Graham and S. Marvin，*Splintering Urbanism：Networked Infrastructures，Technological Mobilities and The Urban Condition*，London and New York：Routledge，2001.

④ Malecki ，World Trade Center Loss，Rough Notes，2001.

Hall[①]、Friedman[②]一致认为政治要素应该成为世界城市的首要职能，世界城市由于其特殊性需要肩负世界经济中心和国家行政中心的双重角色。

国内学者结合全球城市网络体系以及国家的宏观战略布局，也提出了国家中心城市的具体功能。周阳[③]将国家中心城市的功能归纳为控制管理、协调辐射、城市服务和信息枢纽等。朱小丹[④]以广州为例，强调了国家中心城市的高端要素集聚功能、科技创新功能、文化引领功能和综合服务功能。田美玲等[⑤]将国家中心城市的功能概括为管理集聚功能（政治管理和商贸集聚）、空间辐射功能（区域增长和区域开放）、社会服务功能（生产服务和生活服务）、综合枢纽功能（交通枢纽和信息枢纽）、生态文化功能（生态保护和文化创新）等。姚华松[⑥]分析了国家中心城市的国际商贸会展中心，政治、经济、文化交流中心，引领辐射中心，国家门户和交通信息枢纽等功能。王缉宪[⑦]拓展了城市中心性在全球化背景下的新内涵，提出门户设施与跨国交通枢纽对提升城市中心职能的重要性。尹稚等[⑧]对美国和欧盟国家中心城市的发展规律和经验进行研究，归纳出国家中心城市的功能应包括政治、国际交往、金融、交通枢纽、科技创新、文化创意和生产制造等。王新涛认为国家中心城市应该是全国或区域的经济增长中心、组织管理中心、文化交流中心、金融创新中心、交通物流中心，同时往往也是所处大行政区域的政治中心。从城市综合服务层面看，

---

① Hall, P., *The World Cities*, London: Weidenfeld and Nicolson, 1966.

② J. Friedman, "Where We Stand: A Decade of World City Research", In Knox P. L. & Taylor P. J., *World Cities in a World System*, Cambridge: Cambridge University Press, 1995, pp. 21-47.

③ 周阳：《国家中心城市：概念、特征、功能及其评价》，《城市观察》2012年第1期。

④ 朱小丹：《论建设国家中心城市——从国家战略层面全面提升广州科学发展实力的研究》，《城市观察》2009年第2期。

⑤ 田美玲、方世明：《国家中心城市的内涵与判别》，《热带地理》2015年第35卷第3期。

⑥ 姚华松：《论建设国家中心城市的五大关系》，《城市观察》2009年第2期。

⑦ 王缉宪：《易达规划：问题、理论、实践》，《城市规划》2004年第28卷第7期。

⑧ 尹稚、王晓东、谢宇、扈茗、田爽：《美国和欧盟高等级中心城市发展规律及其启示》，《城市规划》2017年第41卷第9期。

教育和医疗也应该纳入国家中心城市的主要城市功能加以考虑。鲁世林[①]认为国家中心城市和高等教育之间存在着一定的相关性，可以优势互补、共谋发展，通过国家中心城市建设推动教育中心的发展。

在文献研究的基础上，本书梳理并讨论了国家中心城市的综合服务能力，具体表现为政治、金融、科技、交通、教育、医疗、文化、信息、贸易（物流）、国际交往十大功能。在梳理国家中心城市十大功能时，没有包括其经济功能，一方面，考虑到国家中心城市经济功能所涉及领域的广泛性，很难通过几个指标来准确界定；另一方面，国家中心城市的十大功能已经包括了金融和贸易领域，而这两大领域恰是经济功能的主要表现方面，可以将金融和贸易功能合并来表现国家中心城市的经济发展状况。因此，国家中心城市的功能中不再单独设置对其经济功能的研究。

三　国家中心城市的构建原则

国家中心城市，不仅体现在人口数量和地域面积，更需要这座城市有能力承载起“引擎”性质的国家中心职能。在我国，国家中心城市的设置改变了传统的直辖市、省会城市、地级市、县级市的城镇体系格局，成为全国城镇体系最高位置的城镇层级。在评价国家中心城市应有的功能时，也有学者清醒地提出国家中心城市的首要功能不是持续放大集聚功能，过度依赖“虹吸效应”；而是注重非核心功能的有机疏散，通过辐射带动作用促进城镇之间的科学分工和区域的协调发展。[②] 2007 年原建设部进一步明确：国家中心城市是全国城镇体系的核心城市，在我国的金融、管理、文化和交通等方面都发挥着重要的中心和枢纽作用，在推动国际经济发展和文化交流方面也发挥着重要的门户作用。根据《全国城镇体系规划（2006—2020 年）》，国家中心城市应分别在国际贸易与合作、国家城镇化发展、交通与信息网络建设、文化事业发展、全国性市

---

① 鲁世林：《以国家中心城市为核心建设世界一流高等教育城市群初探》，《现代教育管理》2017 年第 12 期。

② 王新涛：《基于国家中心城市识别标准的郑州发展能力提升研究》，《区域经济评论》2017 年第 4 期。

场建设与体制改革等方面发挥重要的职能作用。结合国家层面的文件以及现有文献，本书提出国家中心城市应该在同时具备集聚度和联系度的条件下发挥城市功能属性。

1. 国家中心城市的集聚度

按照波特的定义，集聚是指在地理上一些相互关联的公司、专业化的供应商、服务提供商、相关的机构，如学校、协会、研究所、贸易公司、标准机构等在某一地域、某一产业的集中，它们之间既相互竞争又相互合作的一种状况。而对于区域经济中心的城市来说，其突出特征在于它能够以其优势环境和条件，吸引众多企业和机构及社会经济各部门在相对狭小的空间内集聚，从而更加突出城市作为经济中心的集聚效应。空间经济学把产生经济空间集聚的内生力量分成两类：第一类是传统经济活动（包括商品与服务的生产与交换）产生的集聚效应称为“经济关联”；第二类是知识，这里的知识指的是广义的概念，包含了信息、技术及思想创造和知识传递（学习）所产生的“知识关联”，这两种关联或集聚效应是现实世界经济集聚度的主要来源。[①] 因此，城市的集聚度体现在各种产业和经济活动在空间上集中产生的经济效果以及吸引经济活动向一定地区靠近的向心力，是导致城市形成和不断扩大的基本因素。

根据国家中心城市的定位及内涵，国家中心城市的中心性体现在对全国高端要素的集聚，而非一般意义上的区域要素或一般要素的集聚。国家中心城市凭借其政治、金融、科技、交通、教育、医疗、文化、信息、贸易（物流）、国际交往等功能优势，成为全国经济社会的网络节点和中间枢纽。除自身资源优势外，还要通过支配效应、乘数效应、极化效应集聚全国性高端要素和战略性要素，促进产业结构的调整和资源的优化配置，提高城市发展水平，带动和促进全国腹地城市的良性循环，实现强大的集聚度。本书在具体测度国家中心城市十大功能的集聚度时，着眼于国家中心城市对全国性高端要素的集聚，并非笼统地考察城市的相关存量。

国家金融中心城市集聚度主要测度在全国具有较大影响力的银行和

① 马骥：《论经济空间集聚的内生力量——一种空间经济学的诠释》，《西南民族大学学报》2008 年第 12 期。

非银行金融机构而非全部金融机构；国家科技中心城市集聚度主要测度国家级科研机构和全国性高级人才（如千人计划等）的集聚情况；国家交通中心城市集聚度主要测度全国性客、货运量而非区域或省内运量；国家文化中心城市集聚度主要测度具有全国性影响力及承载全国性文化活动的情况；国家贸易中心城市集聚度主要测度全国范围内城市之间的贸易及物流活动；国家信息中心城市集聚度主要测度全国高端电信基础设施及传播媒介；国家教育中心城市集聚度主要测度全国高端教育资源尤其是“211”与“985”高校的发展情况，这些高校的学生从全国而来毕业后也将服务全国；国家医疗中心城市集聚度主要测度集聚全国优秀医疗资源及人才并在某一方面具有全国影响力的医疗资源情况；国家对外交往中心集聚度主要测度国际领事机构或国际组织在城市的集聚情况。

2. 国家中心城市的联系度

弗里德曼认为世界城市的经济能力取决于它所关联的区域生产力和发展水平。中心城市首先通过自己的突出优势获得优先发展，对周边地区产生集聚效应，进而中心城市加速发展带来产业结构的优化，对腹地经济、文化、科技等各方面产生辐射效应并形成紧密联系；不仅如此，中心城市的不断发展也带来企业经济成本的提高，产业结构优化升级后迫使传统产业、部分资源、人口流向腹地。因此，在区域经济理论中更加关注城市辐射力的研究，中心城市产生的辐射力主要体现在该城市与其他相关城市和区域间的竞合关系上，最终表现为城市提供的产品、服务和市场对周围腹地和城市的覆盖范围，带动经济圈内腹地的经济发展。因此，发挥中心城市的辐射能力，加强城市区域间的协作，有利于提高城市本身竞争力。

根据国家中心城市的定位及内涵，本书在城市辐射力研究的基础上更加强调国家中心城市是随着生产要素集聚发展向全国腹地进行要素和能量输出，将商品、技术、信息、人才等经济要素，以及技术创新和先进的管理经验传递辐射到其他地区，促进全国经济与社会发展。国家中心城市对全国腹地城市的辐射带动作用不应该包含其落后或淘汰产业向腹地城市的转移，甚至是对腹地城市的发展产生“虹吸效应”，牺牲腹地城市的发展机会换取国家中心城市的更快发展。因此，与集聚度相对应又区别于区域中心城市辐射力的研究，国家中心城市与全国腹地城市的关系表现为其强大的联系度。具体是指国家中心城市充分发挥其综合服务、产业集群、物流枢纽、开放高地和人文凝聚等功能，引领、辐射、带动全国经济发展，建成国家组织经济活动和配置资源的中枢，国家综合交通和信息网络枢纽，国家科教、文化、创新中心，在国际上具备影响力和竞争力。在国家中心城市联系度的测度中，强调国家中心城市在全国范围城市网络中的联系和辐射作用，非省内或区域之间的联系。

国家金融中心城市联系度主要测度前十名的具有较大影响力的银行和非银行金融机构在全国范围的联系度；国家科技中心城市联系度主要测度前十名的科技创新企业在全国的联系度；国家交通中心城市联系度主要测度城市的海陆空交通基础设施的等级，是否能成为全国性交通枢纽中心；国家文化中心城市联系度主要测度前十名的文化企业在全国的联系度；国家贸易中心城市联系度主要测度前十名的物流公司在全国范围的联系度；国家信息中心城市联系度主要测度前十名的信息咨询公司和媒体的全国联系度和影响力；国家教育中心城市联系度主要测度全国高端教育资源“211”与“985”高校接受访问学者以及对外联系的情况；国家医疗中心城市联系度主要测度优秀医疗单位接纳全国进修医生及对外联系情况；国家对外交往中心联系度主要测度城市通过举办国际重要会议及建立对外友好城市关系与国外城市建立联系的情况。

国家中心城市在集聚度和联系度的共同作用下发挥城市强大的综合服务功能，要求国家中心城市必须在政治、金融、科技、交通、教育、医疗、文化、信息、贸易（物流）、国际交往等一项或多项功能上具有突出优势，服务和带动全国腹地城市的发展。具体研究框架如图 1—1 所示。

四　国家中心城市评价体系的层级

国家中心城市的集聚度和联系度两方面评价缺一不可，城市集聚度的度量强调城市综合功能分析的数量维，城市联系度的度量则关注城市综合功能分析的质量维。基于前文的研究基础，本书将国家中心城市评价体系的测度结果分成国家中心城市（具有唯一性）、国家重要中心城市、国家潜在中心城市和非国家中心城市四个层级。

在中国的地级及以上城市中符合国家中心城市的定位及内涵，在十

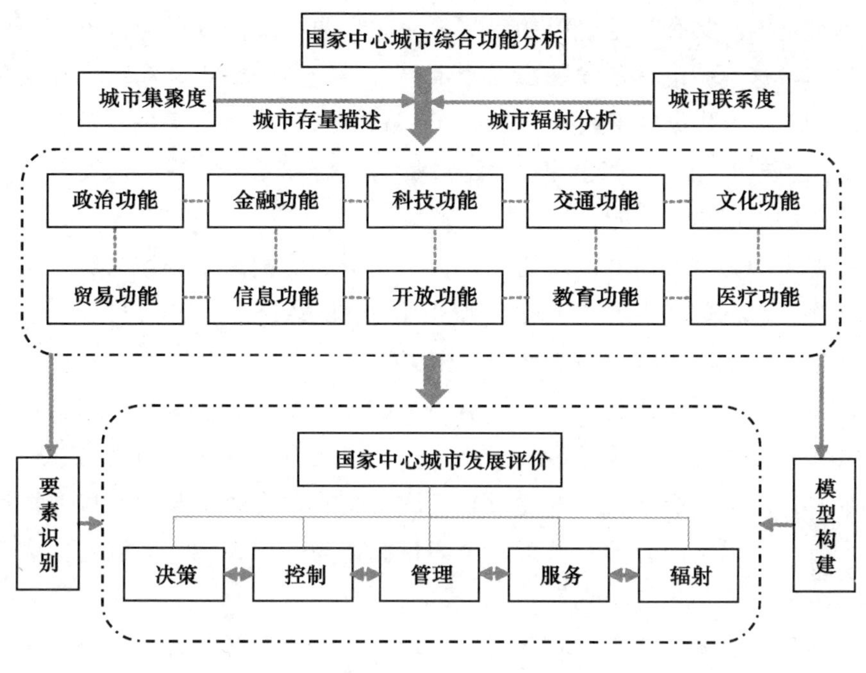

图1—1　国家中心城市评价理论系统构成

大城市功能中能够发挥对全国腹地城市的集聚度和联系度的真正意义上的国家中心城市应该满足决策、控制、管理、服务、辐射到全国范围，而不是区域性或地域性范围，即提供的制造、服务等具有唯一性。从唯一性的逻辑出发，重要的功能其替代弹性应为0。在具体测算中，国家中心城市具有唯一性，其城市集聚度和联系度的合成指数位于全国城市榜首。

除国家中心城市外，还有一些城市凭借较好的发展基础可能成为国家重要中心城市，这些城市也是服务和辐射全国范围，根据其辐射全国的具体功能及集聚度和联系度的强弱，可以确定国家重要中心城市在不同功能上的强弱程度。在不同城市功能中，国家重要中心城市将配合国家中心城市加大对全国腹地城市的辐射带动作用，疏解国家中心城市由于全国高端资源的过于集中而产生的拥挤现象。国家重要中心城市在不同功能上的替代弹性较小，是国家中心城市的重要补充和支撑。

在不同功能上弱于国家重要中心城市，城市自身发展积累相对较少，城市集聚度和联系度相对偏低，服务和辐射全国范围的能力较差，但又在区域范围内具有举足轻重的影响力，这样的城市可以视为国家潜在中心城市。这类城市具备发展成国家重要中心城市的能力和潜力，在实际发展中，可以借助中部崛起、“一带一路”、长江经济带等发展战略，加强其“互联互通”的能力建设，通过提升城市联系度水平，从而拉动其国家中心城市总体功能。

国家中心城市评价体系的最后一个层级为非国家中心城市，这类城市的发展基础较差，与国家中心城市集聚和联系全国的定位差距较远。在短期内，无法与国家中心城市、国家重要中心城市及国家潜在中心城市相提并论，更无法起到服务和引领全国的作用。对于这类城市应该认清城市发展的现实，冲破传统思维定式，树立竞争意识和机遇意识，积极利用区域资源加强自身的建设与发展，而非盲目地参与国家中心城市的争夺，可以将国家中心城市建设的目标作为一项长期、系统的重大工程来实施。

国家中心城市的建设应该在以上理论基础上有序展开，使国家中心城市在不同功能上真正地成为全国中心，集聚全国高端要素并以反哺的形式联系全国腹地城市。国家中心城市评价体系的层次分级是国家中心城市建设的梯队补充，明确的城市定位可以避免出现争夺国家中心城市的混乱现象，导致无序竞争带来国家资源利用效率的低下。

（执笔人：倪鹏飞、王雨飞、杨东方、张洋子）

第二章

评价体系与研究方法

第一节　评价体系

国家中心城市内涵的界定，对指导社会公众、各级政府以及知识界对国家中心城市的认知具有重要的指导意义。同时，也有利于在实践中把握地方政府建设国家中心城市的方向，即国家中心城市的建设不是为区域服务，而是服务于国家，在政治、金融、科技、交通、教育、医疗、文化、信息、贸易（物流）、国际交往领域承担国家中心功能。衡量国家中心城市的评价体系构成了一个庞大和严密的定量式大纲，依据样本城市在各个指标上的表现和位置，既可以分析、比较、判别和评价城市中心性发展状态、进程和总体能力态势，又可以还原、复制、模拟、预测中国城市中心性发展的未来演化、方案预选和监测预警。科学完整的评价体系可以成为决策者、管理者和社会公众认识和把握国家中心城市发展水平的基本工具。

国家中心城市评价体系具有创新性、针对性和准确性。本书课题组在具体设计国家中心城市的评价体系时做了大量的文献梳理工作，发现国内文献在设计国家中心城市的指标体系时大多依据国家统计数据。构建指标体系的目的在于精准定位国家中心城市的各大功能，一方面，城市层面的国家统计数据所涉内容有限，无法反映国家中心城市发展的真实面貌；另一方面，根据国家中心城市的内涵，国家中心城市集聚全国高端要素并联系和服务于全国腹地城市，国家统计数据无法反映国家中心城市的准确定位。鉴于此，本书课题组在构建国家中心城市测度的评价体系时，对焦国家中心城市的内涵，放弃使用国家统计数据，改用真实准确反映国家中心城市功能的大数据，创新性地提出了国家中心城市在金融、科技、交通、教育、医疗、文化、信息、贸易（物流）、国际交往[①]等功能方面的评价体系。

本书课题组力求在指标数量最小化原则基础上能最大限度地反映国家中心城市的不同功能，保证指标选取的科学性和先进性。因此，选取了每个城市功能中最核心和最关键的数据指标，使得指标体系的衡量结果能够精准定位国家中心城市的各大功能，力求具备：内部逻辑清晰、合理、自恰；简捷、信息量大；权威、通用，可以在统一的基础上进行宏观对比；层次分明，具有严密的等级系统并在不同层次上进行时间和空间排序；具有理论依据或统计规律的权重分配、评分度量和排序规则。经过本书课题组深入研究和多次反复推敲后，分别确定了国家金融中心、国家科技中心、国家交通中心、国家文化中心、国家贸易中心、国家信息中心、国家对外交往中心、国家教育中心、国家医疗中心指标体系，每个功能中都包含集聚度和联系度两个维度。

一 国家金融中心

国家金融中心的功能和定位主要体现在全国性金融机构的先进性上。作为国家中心城市的等价概念，对于世界金融中心城市的研究在国际上已经非常充分，并一致认为金融中心构成了最高等级的世界城市体系，甚至将国际金融中心看作世界城市概念的延伸，使得对国际金融中心的研究成为世界城市研究领域的一个重要分支。本书结合中国城市金融市场发展实际，分别从集聚度和联系度两个维度设计国家金融中心评价要素。

国家金融中心集聚度的评价要素主要衡量样本城市拥有的在全国具有重要影响力的金融机构的数量。根据国家中心城市集聚度的内涵，国家金融中心不但要反映国家金融体系的顶层设计，而且要有提供金融服务的能力以及相关金融机构在全国的影响力。依托完善的金融服务催生

① 根据本书的研究机理，国家中心城市的具体功能分为政治、金融、科技、交通、教育、医疗、文化、信息、贸易（物流）、国际交往功能。鉴于北京是中国的唯一政治中心，国家政治中心城市不再单独设置指标体系。

新产业、新企业、新业务，为大中小企业提供良性发展的土壤，而城市商业活力无限又促进金融市场的发展和完善，形成良性循环。国家金融中心集聚度具体包括以下几个方面。

全国性证券、期货交易所：证券和期货交易所是由国务院证券管理委员会审核，报国务院批准的证券或期货合约集中交易场所和设施，掌握着全国的证券和期货交易。世界金融中心城市都拥有享誉世界的证券、期货交易所，掌控着世界金融市场的主要交易活动。

会计师事务所数量：全国业务量排名进入前 50 的会计师事务所在样本城市中的数量。会计事务所为委托人提供有关审计、会计、咨询、税务等方面的服务，能够反映城市的金融发展程度。

证券公司数量：证券公司为非银行金融机构，包括全国业务量排名进入前 50 的证券公司。

基金公司数量：基金公司为非银行金融机构，包括全国业务量排名进入前 50 的基金公司。

银行、外资银行数量：包括内资银行和外资银行在样本城市设立分行或支行的数量，不包括支行以下机构。

保险公司数量：保险公司为非银行金融机构，包括全国业务量排名进入前 50 的保险公司。

外汇交易中心：提供全国银行间外汇、人民币同业拆借、债券以及汇率和利率衍生品交易系统并组织交易；提供银行间市场清算、信息和监管等服务；开展经人民银行批准的其他业务。外汇交易中心的总部设在上海，北京设置分中心，在天津、深圳、广州等 14 个城市设立分中心。

上市公司数量：包括 A 股、港股和美国上市的公司。与一般公司相比，上市公司最大的特点在于可利用证券市场进行筹资，广泛地吸收社会上的闲散资金，从而迅速扩大企业规模，增强产品的竞争力和市场占有率。上市公司是参与金融活动的市场主体，能够反映城市商业和金融状况，城市所拥有的上市公司数量与城市经济发达程度正相关。

风投公司数量：把所掌管的资金有效地投入富有盈利潜力的高科技企业，并通过后者的上市或被并购获取资本报酬的企业。风投公司可以促进企业发展与壮大，扩大参与城市金融活动的主体。

移动支付软件：主要指支付宝和微信支付，逐渐成为完成金融业务的主要手段和渠道，总部分别在杭州和深圳。

根据国家中心城市联系度的内涵，国家金融中心联系度的评价要素主要衡量样本城市拥有的在全国具有重要影响力的金融机构服务和联系全国腹地城市的能力。结合国家金融中心集聚度的设计方案，联系度的考察具体反映在每个集聚度指标的全国影响力。选取按业务总量排名前 10 的证券公司、基金公司、保险公司、风投公司、会计师事务所、内资银行、外资银行在样本城市设置总部（总行）和分支机构（分行）的情况。这些银行或非银行金融机构是金融体系的主要构成和代表，能够反映城市金融服务的领先程度。国家金融中心的指标体系如表 2—1 所示。

表 2—1　　　　国家金融中心指标体系

功能	一级指标	二级指标	数据来源
国家金融中心	集聚度	全国性证券、期货交易所	证监会
		会计师事务所数量	中国注册会计师协会
		证券公司数量	证监会
		基金公司数量	证监会
		银行、外资银行数量	银监会
		保险公司数量	保监会
		外汇交易中心	百度百科
		上市公司数量	各地保监局
		风投公司数量	报告大厅
		移动支付软件	百度百科
	联系度	证券公司联系度	证监会
		基金公司联系度	证监会
		保险公司联系度	保监会
		风投公司联系度	报告大厅
		会计师事务所联系度	中国注册会计师协会
		银行联系度	银监会
		外资银行联系度	银监会

二　国家科技中心

国家科技中心的功能和定位主要体现在样本城市的科技创新水平和潜力上。科技实力最能增强发展动能，科技实力也是城市经济社会可持续发展的不竭的、最终的动力。科技要素既是经济中最主要的投入要素，也是最主要的产出，同时各种科技创新成果也能够迅速地被转化为新产品，充分满足人们需求。建设国家科技中心城市，有助于汇聚世界一流科学家，突破一批重大科学难题和前沿科技瓶颈，显著提升城市基础研究水平，强化城市原始创新能力。根据国家中心城市集聚度的内涵，国家科技中心必须体现国家科技的真正实力，拥有最先进的实验室，拥有高精尖的科研人才储备，拥有最前沿的科研项目，拥有最尖端的科研平台或科研机构。国家科技中心集聚度具体包括以下几个方面。

科研机构：包括国家重点实验室、国家实验室、国家研究中心、国家工程研究中心、国家工程技术研究中心。这些科研机构都是国家科技创新体系的重要组成部分，承担着国家重大科技战略任务，为国家重点工程、高端科技产业提供技术支撑和保障，代表着国家科技实力的最前沿。

论文总量：近十年来样本城市的各级科研机构公开发表学术论文的数量，学术论文是科学研究的直接产出成果，能够体现科研工作的活跃程度。

专利总量：专利是技术创新的集中体现，在此衡量城市技术创新的规模及活跃程度。

创新企业：数据源自中国人民大学中国经济改革与发展研究院和经济学院联合发布的中国创新型企业百强名单，这些企业最具创新能力。

科研项目：主要通过国家科技重大专项的数量来体现，指为了实现国家目标，通过核心技术突破和资源集成，在一定时限内完成的重大战略产品、关键共性技术和重大工程。国家科技重大专项的首要任务是培育能形成具有核心自主知识产权、对企业自主创新能力的提高具有重大推动作用的战略性产业，也是一国科技实力的最高体现。

科研人才：主要包括人才储备和千人计划。其中，人才储备包括样本城市拥有的院士、长江学者、杰出青年的数量。这是中国科研体系人才储备的最高层次，是国家重大人才工程的组成部分，并为国家科技发展做出了杰出贡献，体现城市的科技实力。千人计划也是国家重大人才工程的组成部分，是海外高层次人才引进计划的简称，主要是围绕国家发展战略目标，在国家重点创新项目、学科、实验室以及中央企业和国有商业金融机构、以高新技术产业开发区为主的各类园区等，支持一批能够突破关键技术、发展高新产业、带动新兴学科的战略科学家和领军人才（也称“千人计划专家”）来华创新创业。

高新园区：主要指国家级高新园区，是指在一些知识与技术密集的大中城市和沿海地区建立的发展高新技术的产业开发区，是将科技成果转化为现实生产力的集中区域，能够代表城市的科技实力。

根据国家中心城市联系度的内涵，国家科技中心联系度的评价要素主要衡量样本城市拥有的在全国具有重要影响力的科技创新企业联系全国腹地城市的能力。选取前10名全国创新型企业在样本城市设置总部和分支机构的情况，以此来反映城市科技联系度的广泛程度。国家科技中心的指标体系如表2—2所示。

表2—2　　国家科技中心指标体系

功能	一级指标	二级指标	数据来源
国家科技中心	集聚度	国家重点实验室	百度百科
		国家实验室、国家研究中心	百度百科
		国家工程研究中心、国家工程技术研究中心	百度百科
		论文总量	中国知网
		专利总量	专利检索及分析
		创新企业	光明网
		国家科技重大专项	国家科技管理信息系统公共服务平台
		院士	各高校官网
		长江学者、杰出青年	各高校官网
		千人计划专家	千人计划网
		国家级高新园区	百度百科
	联系度	创新企业联系度	光明网、百度百科

三　国家交通中心

国家交通中心的功能和定位主要体现在样本城市在海、陆、空不同交通方式的发达性和枢纽地位上，并且要承担全国物流、人流集散的功能。国家交通枢纽，是国家或区域交通运输系统的重要组成部分，是不同运输方式的交通网络运输线路的交会点，是由若干种运输方式所连接的固定设备和移动设备组成的整体，共同承担着枢纽所在区域的直通作业、中转作业、枢纽作业以及城市对外交通的相关作业等功能。本书结合中国城市交通体系发展实际，分别从集聚度和联系度两个维度设计国家交通中心评价要素。国家交通中心集聚度必须体现交通基础设施的等级与客货流量。国家交通中心集聚度具体包括以下几个方面。

基础设施等级：包括国家级港口、铁路枢纽、高铁枢纽、枢纽机场等。

客货运量：包括航空客运、货运量，陆运客运、货运量，海运吞吐量。客（货）运量是指在一定时期内，各种运输工具实际运送的旅客（货物）数量。用这两个指标反映运输业为国民经济和人民生活水平提高服务的情况，也即反映城市对外交通基础设施的完善程度。

根据国家中心城市联系度的内涵，国家交通中心联系度的评价要素主要衡量样本城市拥有的航线（包括国际和国内航线）总数、高铁、铁路干线、公路（包括高速公路和国道）等。样本城市拥有的交通主干线数量越多，联系度越高。国家交通中心的指标体系如表2—3所示。

表2—3　　国家交通中心指标体系

功能	一级指标	二级指标	数据来源
国家交通中心	集聚度	国家级港口	百度百科
		铁路枢纽	百度百科
		高铁枢纽	百度百科
		枢纽机场	百度百科
		航空客运量	各地统计年鉴
		航空货运量	各地统计年鉴
		陆运客运量	各地统计年鉴
		陆运货运量	各地统计年鉴
		海运吞吐量	各地统计年鉴

续表

功能	一级指标	二级指标	数据来源
国家交通中心	联系度	航线总数	百度百科
		高铁、铁路干线、公路	百度百科

四 国家文化中心

国家文化中心的功能和定位主要体现在样本城市凝聚荟萃文化资源、创新引领文化潮流、服务保障文化活动的能力上。城市不仅是经济社会的物质集聚中心，更是精神文明建设的重要载体。文化能力作为精神文明的重要组成部分，是城市现代化的重要特征，是城市竞争力和综合实力的重要组成部分，也是城市可持续发展的重要基石。国家文化中心城市需要在思想理论、文学艺术、新闻传播等现代文化领域走在全国城市的前列，而且还要凸显历史文化的鲜明烙印。结合中国城市文化软实力发展实际，分别从集聚度和联系度两个维度设计国家文化中心评价要素。国家文化中心集聚度必须从历史文化、现代文化、文化基础设施等几个方面体现国家文化发展的方向，国家文化中心集聚度具体包括以下几个方面。

历史文化名城：根据历史文化名城的三个不同批次以及增补名单确定样本城市的历史文化名城地位。该指标是城市历史文化的重要代表。

博物馆、国家纪念地：该指标也是城市历史文化资源的重要代表，体现城市的历史文化底蕴。

国家级文化演出单位：包括中央芭蕾舞团、中央歌剧院、中央民族乐团、中国国家话剧院、中央交响乐团、中国美术馆、中国国家画院、中国国家京剧院、中国东方演绎集团公司 9 家文化部直属演出单位，是中国现代文化演绎的最高代表。

国家级场馆：具体指承担过全国性文艺演出、体育赛事或政治活动的国家级重要场馆。

5A 级景区：文化与旅游之间有着千丝万缕的联系，文化是旅游发展的灵魂，旅游是文化发展的依托。城市的旅游资源也是国家文化中心不可或缺的重要组成部分。5A 级景区是中国旅游景区的最高等级，代表着中国世界级精品的旅游风景区的等级。

年均外国入境旅游人数：具体为样本城市连续5年的外国入境旅游人数均值，采用此项指标是从人员的方面来衡量城市与外部文化交流的开放程度。

文化名人：指在文化各个领域获得全国最高奖项的文化名人以及中国100位杰出思想家。具体包括获得历届梅花奖的戏曲家，获得全国美展终身成就奖的书画大家，获得诺贝尔文学奖、鲁迅文学奖、茅盾文学奖的作家，以及入选《歌声飘过30年》的作曲家。

全国著名文化艺术院校：按照中国顶尖、中国一流、中国高水平和中国知名文化艺术院校四个级别，在全国选取了21所高校。这些文化艺术高校可以代表中国文化艺术研究和培养人才的水平。

文化公司数量：选取在样本城市落户的文化公司数量来判断样本城市文化产业发展情况。文化公司的入选是根据文化及相关产业增加值得出的文化公司排名的前30名企业。

根据国家中心城市联系度的内涵，国家文化中心联系度的评价要素主要衡量样本城市文化的辐射带动、创新引领、展示交流功能。选取样本城市举办的全国连续性文化节和文化公司联系度（排名前10的文化公司在样本城市设置总部和分支机构性的情况）。国家文化中心的指标体系如表2—4所示。

表2—4　　国家文化中心指标体系

功能	一级指标	二级指标	数据来源
国家文化中心	集聚度	历史文化名城	百度百科
		博物馆、国家纪念地	百度百科
		国家级文化演出单位	文化部网站
		国家级场馆	百度百科
		5A级景区	百度百科
		年均外国入境旅游人数	各地统计年鉴
		文化名人	百度百科
		全国著名文化艺术院校（四级）	高考网、百度百科
		文化公司数量（前30名）	中国经济网、中商产业研究院

续表

功能	一级指标	二级指标	数据来源
国家文化中心	联系度	全国连续性文化节	各地政府门户网站
		文化公司联系度	中国经济网、中商产业研究院

五　国家贸易中心

国家贸易中心的功能和定位主要体现在样本城市在国际贸易、国内贸易往来中的商品流通、货币流通、经济信息流通情况。国家贸易中心要在国家战略中为国家发展服务，具体体现在物流、商品交易、电子商务等方面。本书结合中国城市物流贸易发展实际，分别从集聚度和联系度两个维度设计国家贸易中心评价要素。国家贸易中心集聚度要求城市具有开放自由的国际商贸环境、高度集聚的国际商贸要素以及极强的资源配置能力。国家贸易中心集聚度具体包括以下几个方面。

物流公司：根据物流公司前 50 的排名，获取样本城市物流企业数量。

国际或全国性商品交易博览会：对样本城市举办的商品交易博览会进行筛选，基本原则是按照博览会举办的层级进行筛选，要求其影响范围必须达到全国。

国家级自贸区、国家级保税区：有利于扩大出口贸易和转口贸易，提高国家和城市在国际贸易中的地位，增加外汇收入，吸引外资，促进商贸发展。

国家交易中心：主要包括上海期货交易所、中国金融期货交易所、上海黄金交易所、渤海商品交易所、天津电子材料与产品现货交易平台、大连商品期货交易所、大连东银商品交易中心、郑州商品期货交易所等国家级交易中心或平台。

电商公司：随着互联网的发展，线上交易平台不断推陈出新，使得线上交易成为线下物流和贸易交易的重要补充，甚至会超过线下交易。根据商务部电子商务和信息化司公布的 2017—2018 年度电子商务示范企业名单，筛选网上零售类电商公司数量。

对于国家贸易中心联系度，相应的评价要素主要为物流公司联系度。本书并没有纳入贸易公司联系度的分析，主要原因是根据贸易公司的排名，如果不考虑实体公司（如华为等）的贸易量，纯粹的贸易公司规模都比较小，在省外不设分支机构，不符合国家中心城市集聚全国高端要素资源的要求。因此，根据国家中心城市联系度的内涵，国家贸易中心联系度的评价要素主要衡量样本城市拥有的在全国具有重要影响力的物流公司联系全国腹地城市的能力。故选取全国物流企业排在前 10 名的企业在样本城市设置总部和分支机构的情况，以此来反映城市物流联系度的广泛程度。国家贸易中心的指标体系如表 2—5 所示。

表 2—5　　国家贸易中心指标体系

功能	一级指标	二级指标	数据来源
国家贸易中心	集聚度	物流公司	中国物流与采购网
		国际或全国性商品交易博览会	商务部展会网
		国家级自贸区	百度百科
		国家级保税区	百度百科
		国家交易中心	百度百科
		电商公司	商务部电子商务和信息化司
	联系度	物流公司联系度前 10	中国物流信息中心

六　国家信息中心

国家信息中心的功能和定位主要体现为样本城市通过主流媒体收集、加工、传递、发布国家重大信息的能力。随着互联网技术的普及，各样本城市信息收集和发布方式越来越多样，本书结合中国城市通信网络发展实际，分别从集聚度和联系度两个维度设计国家信息中心评价要素。国家信息中心集聚度要求城市拥有全国领先的信息收集、加工和发布渠道，完善且先进的基础设施等。国家信息中心集聚度具体包括以下几个方面。

信息咨询公司数量：信息咨询是一种基于各种信息的收集、加工和反馈的业务活动。样本城市信息咨询公司数量越高，说明其信息收集、发布能力越强。

电信业务总量：以货币形式表示的电信企业为社会提供的各类电信

服务的总数量，反映样本城市信息收集、发布的总体能力。

5G 试点城市：5G 网络，即第五代移动通信网络，其峰值理论传输速度比 4G 网络的传输速度快数百倍，5G 试点城市是国家信息通信的重要布局。

国家级、省部级重要媒体：省部级以上重要媒体是由省部级以上政府直接管辖，服务于全国乃至国际范围的官方媒体，样本城市省部级以上重要媒体越多，说明其信息发布能力就越强。

根据国家中心城市联系度的内涵，国家信息中心联系度的评价要素主要衡量样本城市拥有的在全国具有重要影响力的咨询公司和主流媒体服务和联系全国的能力，包括前十名信息咨询公司、重要媒体联系度。结合国家信息中心集聚度的设计方案，联系度的考察具体反映在相关集聚度指标的全国影响力，即选取排名前 10 位的信息咨询公司和重要媒体在样本城市信息收集和发布业务的情况。国家信息中心的指标体系如表 2—6 所示。

表 2—6　　国家信息中心指标体系

功能	一级指标	二级指标	数据来源
国家信息中心	集聚度	信息咨询公司数量	各地统计年鉴
		电信业务总量	百度百科
		5G 试点城市	中国企业联合会管理咨询委员会
		国家级重要媒体	百度百科
	联系度	省部级重要媒体	百度百科
		前十名信息咨询公司联系度	报告大厅
		前十名重要媒体联系度	报告大厅

七　国家对外交往中心

国家对外交往中心的功能和定位主要体现样本城市成为国际关系中活跃行为体的能力。在全球化时代，中国城市对外交往的兴起，有其深厚的理论基础，它既是全球化和中国改革开放政策的必然产物，又是权力下放赋予城市涉外自主权和外交能力的内在要求。本书结合中国城市对外交往发展实际，分别从集聚度和联系度两个维度设计国家对外交往中心评价要素。国家对外交往中心集聚度的评价要素主要衡量样本城市对外交往服务能力交流频次和交流渠道。根据国家中心城市集聚度内涵，国家对外交往中心不仅应拥有较多数量的政府领事机构、国际组织办事处等，还应吸引更多的国际留学生、商旅人员等。本书定义的国家对外交往中心集聚度具体包括以下几个方面。

领事馆数：鉴于领事馆在促进样本城市与国际城市高层互访、经贸合作、文化交流、人员往来等方面的积极作用日益彰显。

国际组织办事处数：国际组织是指两个以上国家或其政府、民间团体基于特定目的，以一定协议形式而建立的各种机构，是样本城市对外交往的重要平台。

留学生数：留学生是国家对外交往的重要使者，统计样本城市留学生数量可以间接反映其于国际社会的对外交往能力。

2011—2016 年外国游客年均入境人数：采用此项指标是从人员方面来衡量城市与外部文化交流的开放程度。

社会的专业分工要求国家中心样本城市之间必须进行联系和交往，在经济全球化、区域经济一体化的背景下，中国的发展离不开世界，这就更加要求城市融入全球产业链和世界大分工中，不断地汲取外部资源。根据国家中心城市联系度的内涵，国家对外交往中心联系度的评价要素主要衡量样本城市与外界主体的联系，相应的评价要素包括国际性会议次数、对外友好城市数量、国际航线数等。

对外友好城市：友好城市是样本城市对外关系的重要平台和对外交流合作的重要渠道，样本城市遍布全球的友好城市网络为其更好地开展人文交流、经济合作提供了便利的渠道。

国际航线数：样本城市与国外一点或多点城市之间的航空运输线，一般多指民航客运航线。样本城市国际航线数越多，说明其国际交往渠道越丰富。国家对外交往中心的指标体系如表 2—7 所示。

国际会议：国际会议是指样本城市承办的、国以上代表参与的，在共同讨论的基础上寻求或采取共同行动而举行的多边集会。

表 2—7　　国家对外交往中心城市指标体系

功能	一级指标	二级指标	数据来源
国家对外交往中心	集聚度	领事馆数	各地政府外事办
		国际组织办事处数	中国发展简报
		留学生数	各地高校官网加总
		2011—2016 年外国游客年均入境人数	统计年鉴
	联系度	对外友好城市	各地政府外事办
		国际会议	ICCA
		国际航线数	百度百科

八　国家教育中心

国家教育中心的功能和定位主要体现样本城市教育水平和教育能力现代化、国际化建设。具体是指为城市经济社会进步提供知识保证和人才支持、促进教育相关产业的形成和发展、扩大城市规模等方面的重要作用，对于提高城市综合实力和推动中心城市现代化。本报告结合中国城市高等教育发展实际分别从集聚度和联系度两个维度设计国家教育中心评价要素。国家教育中心集聚度的评价要素主要衡量样本城市拥有的在全国具有重要影响力的高等学校数量、在校大学生数量、外省招生数量、高层次人才数量和顶尖学术会议数量。根据国家中心城市集聚度内涵，国家教育中心不仅应拥有较多数量的国内高水平大学、研究所，还应吸引更多的在全国具有重要影响力的专家、学者。鉴于此，本书定义的国家教育中心集聚度具体包括以下几个方面。

高校指数（比如“985” + “211”）：大学是最主要的教育组织机构之一，采用此项指标是从组织机构的方面来间接衡量城市在教育方面资源投入的规模和效率。其中，国家教育部或相关部委主管的“985”“211”高校的区域影响力是全国范围的。

在校生总数：主要对样本城市“985”“211”高校的在校本科生、研究生数量进行统计，以反映城市高水平人才的教育能力。

外省招生数（比如“985” + “211”）：普通高等学校高考招生具有报考区域限制，只有部分高校（比如“985” + “211”）才具有外省招生资格，外省招生人数越多，反映其区域影响力越强。

学术会议数量：学术会议是一种以促进科学发展、学术交流、课题研究等学术性话题为主题的会议，其一般具有国际性、权威性、高互动性等特点，本书采用高校、科研院所学术会议数量表征样本城市教育交流能力。

留学生数：样本城市教育中心性不仅是全国范围的，更应服务于国际，本书采集各地高校官网数据，统计汇总样本城市高校留学生数。

院士，指样本城市院士的数量。

长江学者和杰出青年，指样本城市长江学者和杰出青年的数量。

中科院研究所：根据2018年5月中国科学院官网显示，中国科学院在北京、上海、广州等全国范围主要城市拥有12个分院、100多家科研院所，这些研究院所同样具有高等教育功能，是样本城市高等教育体系的重要组成部分。

根据国家中心城市联系度的内涵，国家教育中心联系度的评价要素主要衡量样本城市拥有的国内外范围合作办学和学术交流能力。对于国家教育中心联系度，相应的评价要素如下：

访问学者：访问学者是指以进修和研究为目标的留学人员，反映样本城市在高等教育方面的学术合作和学术交流能力。

分校建立：样本城市“985”高校在省外建立分校的数量，反映“985”高校在区域辐射能力和在全国范围内的高等教育资源服务能力。

国外高校合作办学：外国教育机构同样本城市高校在中国境内合作举办的以中国公民为主要招生对象的教育机构，这是样本城市教育能力联系度提升的重要方面，也是国家教育中心联系度评价的重要补充。

国家教育中心的指标体系如表2—8所示。

表2—8　　国家教育中心指标体系

功能	一级指标	二级指标	数据来源
国家教育中心	集聚度	高校指数	百度百科
		在校生总数	高校官网加总
		外省招生数	高校招生网站加总
		学术会议数量	学术会议云
		留学生数	各地高校官网加总
		院士	高校官网加总
		长江学者、杰出青年	高校官网加总

续表

功能	一级指标	二级指标	数据来源
国家教育中心	联系度	中科院研究所	中科院网站
		访问学者	高等学校接受国内访问学者学科专业及导师课题查询
		分校建立	百度百科
		国外高校合作办学	百度百科

九　国家医疗中心

国家医疗中心的功能和定位主要体现在医疗资源的集聚和辐射能力上。根据2017年印发的《“十三五”国家医学中心及国家区域医疗中心设置规划》，我国已启动国家医学中心和国家区域医疗中心规划设置工作。本书结合中国城市医疗卫生发展实际，分别从集聚度和联系度两个维度设计国家医疗中心评价要素。国家医疗中心集聚度的评价要素主要衡量样本城市拥有的在全国具有重要影响力的医疗机构数量。根据国家中心城市集聚度内涵，国家医疗中心不仅应拥有数量较多的三甲医院，还应在全国范围内具有高水平的综合、专业医疗团队。鉴于此，本书定义的国家医疗中心集聚度具体包括以下几个方面。

三甲医院数量：按照中国现行《医院分级管理办法》的规定，三甲医院是中国内地对医院进行等级划分的最高级别，三甲医院数量代表向广大国民提供高水平专科性医疗卫生服务的能力。

科室排名前20：来自28个专业的1359名专家，以专科声誉、科研水平为评估内容，忽视医院规模、设备、专科差异，以学科建设、疑难杂症为主要引导方向，对全国范围内的医院专科予以排名。

医院综合排名前100：综合能力建设是医院发展的重中之重，是医院品牌、声誉、地位的基石，是医院服务幸福安康和经济社会协调发展的基础。复旦大学医院管理研究院以第三方评估的方式对全国范围内的综合医院予以排名。

医学院院士：医学院院士是国家医疗人才体系建设的核心，医学院院士的领衔作用不仅体现在直接参与医院的诊疗业务，更体现在把握国家医疗能力建设前瞻方向、提高中心城市服务区域医疗健康能力。

根据国家中心城市联系度的内涵，国家医疗中心联系度的评价要素主要衡量样本城市拥有的全国医疗人才服务、人才交流、成果转化等能力。结合国家医疗中心集聚度的设计方案，联系度的考察具体反映在疑难危重症诊断与治疗、高层次医学人才培养、高水平基础医学研究与临床研究成果转化等方面代表全国顶尖水平、发挥纽带作用，具体评价要素包括进修医生招录、全国医疗重要会议等。

接受医生进修：以同样的数据采集标准，对样本城市中各医院进修医生数量进行加总，具体数据来自各地医院官网。

医学会议数：医疗重要会议是医疗中心城市各医院医生，交流基础医学研究和临床研究成果的重要平台。

国家医疗中心的指标体系如表2—9所示。

表2—9　　国家医疗中心指标体系

功能	一级指标	二级指标	数据来源
国家医疗中心	集聚度	三甲医院数量	99健康网
		科室排名前20	复旦大学医学管理研究院
		医院综合排名前100	复旦大学医学管理研究院
		医学院院士	工程院官网
	联系度	接受医生进修	各地医院官网加总
		医疗会议数	医学会议中心

第二节　研究方法

一　样本选择

本书选择的样本城市包括两个方面：一是已经确定为国家中心城市的城市；二是行政级别比较高的区域中心和经济发展比较快的新崛起城市。具体来说，已经成为国家中心城市的城市有：北京、上海、广州、重庆、天津、武汉、成都、郑州和西安。从总体城市格局来看，北京、天津、上海、广州应当引领环渤海、长三角和珠三角区域；重庆地处内陆腹地，居承东启西重要战略地位；武汉辐射带动中部和长江中游地区；

成都以建设国家中心城市为目标，增强其在西部地区重要的经济中心、科技中心、文创中心、对外交往中心和综合交通枢纽功能；郑州承担中国东中西部地区交通的枢纽作用；西安立足古丝绸之路起点，发挥区位交通连接东西、经济发展承东启西、文化交流东西互鉴的独特优势。本书选择的国家中心城市对照组包括剩余的11个副省级城市和4个区域中心城市。本书选择副省级城市和区域中心城市的原因：一是考虑大多数副省级城市都具有较高的城市竞争力；二是考虑到这些副省级城市都为区域中心城市，很有可能成为国家中心城市；三是新崛起城市的发展势头都比较好，经过发展也可能具有成为国家中心城市的能力。因此本书把这些城市设为对照组。其中，11个副省级城市为：哈尔滨、沈阳、南京、长春、济南、杭州、大连、青岛、深圳、厦门、宁波；4个重要的区域中心城市为苏州、无锡、合肥、长沙。

二　研究方法

（一）指标数据标准化方法

城市中心性由集聚度和联系度构成，而集聚度和联系度又由各项不同的指标构成，由于各项指标数据的量纲不同，因此首先对所有指标数据进行无量纲化处理。客观指标分为单一客观指标和综合客观指标。对于单一客观指标原始数据无量纲处理，本书主要采取标准化、指数法、阈值法和百分比等级法四种方法。

（1）标准化计算公式为：$X_i = \frac{(x_i - \bar{x})}{Q^2}$，$X_i$ 为 x_i 转换后的值，x_i 为原始数据，$\bar{x}$ 为平均值，Q^2 为方差，X_i 为标准化后数据。

（2）指数法的计算公式为：$X_i = \frac{x_i}{x_{0i}}$，X_i 为 x_i 转换后的值，x_i 为原始值，x_{0i}为最大值，X_i 为指数。

（3）阈值法的计算公式为：$X_i = \frac{(x_i - x_{Min})}{(x_{Max} - x_{Min})}$，$X_i$ 为 x_i 转换后的值，x_i 为原始值，x_{Max}为最大样本值，x_{Min}为最小样本值。

（4）百分比等级法的计算公式为：$X_i = \frac{n_i}{(n_i + N_i)}$，$X_i$ 为 x_i 转换后的

值，x_i 为原始值，n_i 为小于 x_i 的样本值数量，N_i 为除 x_i 外大于等于 x_i 的样本值数量。

综合客观指标原始数据的无量纲化处理是：先对构成中的各单个指标进行量化处理，再用等权法加权求得综合的指标值。

（二）城市综合中心性计量方法

包括原始指标在内，课题设计的解释性城市中心性指标为三级：一级指标为城市总中心性；二级指标为城市集聚度指数和城市联系度指数，三级指标为各项具体指标。在将三级指标合成二级指标时，采用先标准化再等权相加的办法，标准化方法如前所述。其公式为：

$$z_{il} = \sum_{j} z_{ilj} \quad (1)$$

其中，z_{il}表示各二级指标，z_{ilj}表示各三级指标。

在将二级指标合成一级指标时，本书运行非线性加权综合法将上述得到的城市集聚度指数和联系度指数综合在一起。

$$Z_i = \sum_{l} w_l z_{il} \quad (2)$$

其中，Z_i 表示各一级指标，w_l 表示各二级指标的权重，此处表示城市集聚度和联系度的权重，z_{il}表示各二级指标的合成值，此处表示城市集聚度和城市联系度。运用非线性加权综合法进行城市综合发展水平的计量，能够更全面、科学地反映综合指标值。

（三）城市对标分析方法

采用基准对标分析法（见图 2—1），选择关键对标城市。研究郑州与目标城市、竞争城市、合作城市和追赶城市之间的关系，突出郑州的优势和发现郑州需要注意的问题。通过研究郑州与对标城市之间的合作性和竞争性，从而为郑州寻求与对标城市错位发展，实现良性竞争，避免恶性竞争，精准并放大互补关系上的合作，达至协同效应和互利共赢的创造条件，为郑州建设国家中心城市提供必要的路径和建议。

（四）聚类分析方法

本书试图主要使用聚类分析（Cluster analysis）郑州国家中心指数，从而对国家中心的格局、类型和层级进行分析。聚类分析是把相似的对象通过静态分类的方法分成不同的组别或者更多的子集（subset），这样让在同一个子集中的成员对象都有相似的一些属性，聚类分析就是分析

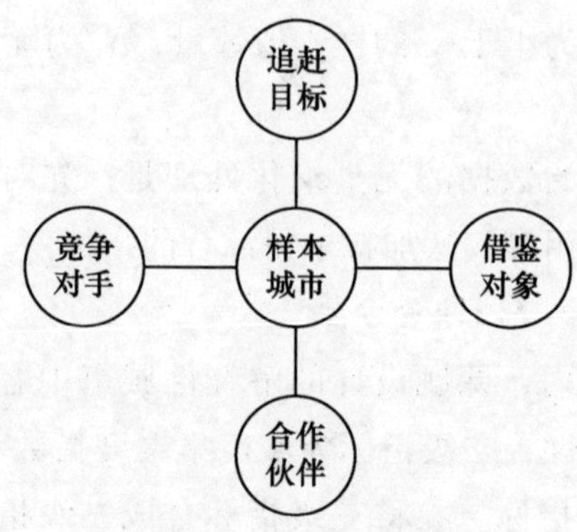

图2—1 对标分析模型

如何对样品（或变量）进行量化分类的问题。系统聚类的基本思想是：距离相近的样品（或变量）先聚成类，距离相远的后聚成类，过程一直进行下去，每个样品（或变量）总能聚到合适的类中。

系统聚类的过程是：假设总共有 n 个样品（或变量），第一步将每个样品（或变量）独自聚成一类，共有 n 类；第二步根据所确定的样品（或变量）“距离”公式，把距离较近的两个样品（或变量）聚合为一类，其他的样品（或变量）仍各自聚为一类，共聚成 n－1 类；第三步将“距离”最近的两个类进一步聚成一类，共聚成 n－2 类……以上步骤一直进行下去，最后将所有的样品（或变量）全聚成一类。为了直观地反映以上的系统聚类过程，可以把整个分类系统画成一张谱系图。所以有时系统聚类也称为谱系分析。

线性聚类分析（LDA）的目的是最大化类间距离、最小化类的距离。使用 SSDR 方法后得到的聚类标号向量 Labels 和数据集 Y 作为 LDA 方法的输入，进行有监督的维数约简处理，得到降维过后的新数据集 X'，用于下一步 K-means 聚类算法的输入。LDA 是监督维数约减方法，它寻找一个最优的投影方向，使得在投影空间中的不同类数据对象之间距离远，而相同类数据对象之间距离近。LDA 的目标函数如下：

$$W_{opt} = \text{argmax} \frac{W^T S_B W}{W^T S_W W} \tag{3}$$

公式（3）中类间散布矩阵 S_B 和类内散布矩阵S_W可以分别表示如下：

$$S_B = \sum_{i=1}^{L} n_i (m_i - m)(m_i - m)^T \tag{4}$$

$$S_w = \sum_{j=1}^{L} \sum_{i=1}^{n_j} (x_i - m_j)(x_i - m_j)^T \tag{5}$$

公式（4）和公式（5）中，L 是类数，m 是全部样本的均值，m_i 是第 i 类样本均值，n_i 是第 i 类样本数。

（五）耦合协调度计算方法

此外，本书利用耦合协调度的计算方法来判断国家中心城市各分项的总体耦合性和协调性。多变量耦合协调度计算公式为：

$$Cv = \left\{ \frac{\prod_{i=1}^{n} f_i(x)}{\left[\prod_{i=1, i<j}^{n} \left(\frac{f_i(x) + f_j(x)}{2} \right) \right]^{2/n}} \right\}^{1/n} \tag{6}$$

$$T = \sum_{i=1}^{n} \alpha_i f_i(x)$$

$$D = \sqrt{Cv * T}$$

其中，$f_i(x)$ 表示一个城市的第 i 个变量的数值，Cv 表示一个城市 n 个变量之间的协调度，α_i 表示评价体系中赋予第 i 个变量的权重，D 表示 n 个变量之间的协调耦合度。

（执笔人：倪鹏飞、王雨飞、徐海东）

第 三 章

国家综合中心指数坐标上的郑州方位

通过对国家综合中心的理解和认识，本书课题组定义的国家综合中心是指在一个国家内，在一些重大功能上能够起到决策、控制、管理、服务全国的城市。依据此定义，本书建立了由政治、金融、科技、交通、文化、贸易、信息、对外交往教育、医疗十大功能组成的衡量国家综合中心发展水平的指标体系。这些指标以及由这些指标形成的体系，力求具备：内部逻辑清晰、合理、自洽；简捷、易取，所代表的信息量大；权威、通用，可以在统一基础上进行宏观对比；层次分明，具有严密的等级系统并在不同层次上进行时间和空间排序；具有理论依据或统计规律的权重分配，评分度量和排序规则。此外，具体各个分项指标又包含二级指标集聚度和联系度，而二级指标集聚度和联系度又包含三级指标，具体指标见第二章指标评价体系。

表 3—1　　　　国家综合中心分项指标

总体指标	分项指标
国家综合中心	国家政治中心
	国家金融中心
	国家科技中心
	国家交通中心
	国家文化中心
	国家贸易中心
	国家信息中心

续表

总体指标	分项指标
国家综合中心	国家对外交往中心
	国家医疗中心
	国家教育中心

通过对25个样本城市进行聚类分析，本书将国家综合中心分为四个层级，分别定义为国家综合中心、国家重要综合中心、潜在的国家重要综合中心和非国家综合中心。聚类分析结果表明：国家综合中心仅有一个为北京；国家重要综合中心包括上海和广州两个；深圳、武汉、天津、成都、重庆、西安、南京、杭州、郑州9个城市属于潜在的国家重要综合中心；长沙、青岛、济南、厦门、大连、沈阳、苏州、哈尔滨、合肥、长春、兰州、宁波、无锡13个城市属于非国家综合中心。

表3—2　　25个样本城市的总体层级分布

城市	指数	所处层级	城市	指数	所处层级
北京	1.000	国家综合中心	青岛	0.115	非国家综合中心
上海	0.643	国家重要综合中心	济南	0.094	非国家综合中心
广州	0.356	国家重要综合中心	厦门	0.083	非国家综合中心
深圳	0.268	潜在的国家重要综合中心	大连	0.082	非国家综合中心
武汉	0.253	潜在的国家重要综合中心	沈阳	0.053	非国家综合中心
天津	0.243	潜在的国家重要综合中心	苏州	0.051	非国家综合中心
成都	0.228	潜在的国家重要综合中心	哈尔滨	0.046	非国家综合中心
重庆	0.222	潜在的国家重要综合中心	合肥	0.037	非国家综合中心
西安	0.218	潜在的国家重要综合中心	长春	0.024	非国家综合中心
南京	0.206	潜在的国家重要综合中心	兰州	0.023	非国家综合中心
杭州	0.188	潜在的国家重要综合中心	宁波	0.012	非国家综合中心
郑州	0.155	潜在的国家重要综合中心	无锡	0	非国家综合中心
长沙	0.118	非国家综合中心			

数据来源：中国社会科学院城市与竞争力研究中心数据库。

第一节 国家综合中心层级分析

一 国家综合中心：北京

从总体指数来看，北京毫无疑问是国家综合中心，其在政治、金融、科技、交通、贸易、信息等各个方面都处于绝对领先优势，并远优于其他城市。特别是政治方面，北京毫无疑问是唯一的国家政治中心。具体从各分项来看，北京的政治、科技、信息、对外交往、文化、教育和医疗都处于国家中心层级，与总体层级相当，而北京的金融、交通、贸易都处于国家重要综合中心层级，低于总体国家综合中心层级。所以从总体来看，北京的各分项发展并不均衡，其在金融、交通和贸易上仍存在劣势。

表3—3　　北京各分项所处层级

城市	分项指标	所处层级	指数
北京	政治	国家政治中心	1.000
	金融	国家重要金融中心	0.848
	科技	国家科技中心	1.000
	交通	国家重要交通中心	0.998
	贸易	国家重要贸易中心	0.911
	信息	国家信息中心	1.000
	对外交往	国家对外交往中心	1.000
	文化	国家文化中心	1.000
	教育	国家教育中心	1.000
	医疗	国家医疗中心	1.000

数据来源：中国社会科学院城市与竞争力研究中心数据库。

二 国家重要综合中心：上海、广州

国家重要综合中心城市是仅次于北京的重要综合中心，它对全国各个城市的金融、科技、交通、贸易、信息、对外交往、文化、教育和医疗的发展具有一定的带动引领作用。上述表明上海和广州是仅次于北京

的国家重要综合中心，其综合得分为0.643和0.356，远高于潜在的国家重要综合中心和非国家综合中心。具体从各个分项来看，上海的金融、贸易属于国家中心层级，高于总体的国家重要中心层级，因而这也是上海的优势所在；而上海的科技、交通、信息、对外交往、文化、教育、医疗属于国家重要中心层级，与总体层级相当。政治方面由于只有北京是国家政治中心，其他城市都为零，因而上海的政治中心指数为0。此外，通过分析各分项的具体指数，我们发现，虽然上海的科技、文化、教育等方面都是属于国家重要中心层级，但是其各分项与国家综合中心还存在相当大的差距。因而上海若想要从国家重要综合中心跃升到国家综合中心，就必须要弥补这些劣势，缩小其与国家综合中心的差异。

从广州的各个分项看，广州的交通属于国家中心层级，广州的对外交往、文化、教育和医疗方面均属于国家重要综合中心层级，此外，通过分析各分项的具体指数，我们发现，虽然广州的金融和贸易在总体层级上属于潜在的国家中心，但是其标准化数值都处于较高水平，而其文化、教育、医疗虽属于国家重要中心，但是与国家中心差距还很大，因而广州下一步的目标就是大力发展其优势和弥补其劣势，最大限度地缩小其与国家综合中心城市的差异。

表3—4　　上海各分项所处层级

城市	分项指标	所处层级	指数
上海	政治	非国家综合中心	0
	金融	国家金融中心	1.000
	科技	国家重要科技中心	0.537
	交通	国家重要交通中心	0.985
	贸易	国家贸易中心	1.000
	信息	国家重要信息中心	0.613
	对外交往	国家重要对外交往中心	0.787
	文化	国家重要文化中心	0.367
	教育	国家重要教育中心	0.458
	医疗	国家重要医疗中心	0.654

续表

城市	分项指标	所处层级	指数
广州	政治	非国家中心	0
	金融	潜在的国家重要金融中心	0.402
	科技	潜在的国家重要科技中心	0.158
	交通	国家交通中心	1.000
	贸易	潜在的国家重要贸易中心	0.418
	信息	潜在的国家重要信息中心	0.298
	对外交往	国家重要对外交往中心	0.433
	文化	国家重要文化中心	0.310
	教育	国家重要教育中心	0.326
	医疗	国家重要医疗中心	0.364

数据来源：中国社会科学院城市与竞争力研究中心数据库。

三　潜在的国家重要综合中心城市

潜在的国家重要综合中心是指目前尚未成为国家综合中心或国家重要综合中心的城市，总体低于以上两个层级，但是城市各个方面经过发展，在未来非常有可能成为国家重要综合中心甚至提升为国家综合中心。目前，对国家综合中心指数的聚类分析结果表明深圳、武汉、天津、成都、重庆、西安、南京、杭州、郑州9个城市处于潜在的国家重要综合中心层级，它们在国家综合中心综合得分上排在第4—12位，各个城市间差异并不明显。从9个潜在的国家重要综合中心城市的金融、科技、交通、贸易、信息、对外交往、文化、教育和医疗等分项指标来看，各个分项所处的层级基本上都是潜在的国家重要综合中心或国家重要中心，基本都与总体层级一致。

表3—5　潜在的国家重要综合中心的分项层级

城市	政治	金融	科技	交通	贸易	信息	对外交往	文化	教育	医疗
深圳	非国家中心	国家中心	国家重要中心	潜在国家中心	潜在国家中心	潜在国家中心	国家重要中心	潜在国家中心	潜在国家中心	非国家中心

续表

城市	政治	金融	科技	交通	贸易	信息	对外交往	文化	教育	医疗
武汉	非国家中心	潜在国家中心	潜在国家中心	国家重要中心	潜在国家中心	潜在国家中心	潜在国家中心	潜在国家中心	国家重要中心	潜在国家中心
天津	非国家中心	国家重要中心	潜在国家中心	潜在国家中心	国家重要中心	潜在国家中心	国家重要中心	非国家中心	国家重要中心	国家重要中心
成都	非国家中心	潜在国家中心	潜在国家中心	潜在国家中心	潜在国家中心	潜在国家中心	国家重要中心	非国家中心	潜在国家中心	国家重要中心
重庆	非国家中心	潜在国家中心	潜在国家中心	潜在国家中心	潜在国家中心	潜在国家中心	潜在国家中心	非国家中心	潜在国家中心	潜在国家中心
西安	非国家中心	潜在国家中心	潜在国家中心	国家重要中心	潜在国家中心	非国家中心	国家重要中心	潜在国家中心	国家重要中心	国家重要中心
南京	非国家中心	国家重要中心	潜在国家中心	潜在国家中心	潜在国家中心	潜在国家中心	潜在国家中心	潜在国家中心	国家重要中心	潜在国家中心
杭州	非国家中心	国家重要中心	潜在国家中心	潜在国家中心	潜在国家中心	潜在国家中心	国家重要中心	潜在国家中心	潜在国家中心	潜在国家中心
郑州	非国家中心	潜在国家中心	非国家中心	潜在国家中心	潜在国家中心	潜在国家中心	非国家中心	非国家中心	非国家中心	潜在国家中心

四　非国家综合中心

非国家综合中心是指处于潜在的国家重要综合中心层级之下的城市，总体处于四大层级的最底层。目前，对国家综合中心指数的聚类分析结果表明长沙、青岛、济南、厦门、大连、沈阳、苏州、哈尔滨、合肥、长春、兰州、宁波、无锡 13 个城市处于非国家综合中心层级，这些城市在国家综合中心指数排名居于第 13—25 位。虽然这些城市的总体综合水平较低，但是这些城市经过发展则有可能提升为潜在的国家综合中心。从 13 个非国家综合中心的政治、金融、科技、交通、贸易、信息、对外交往、文化、教育和医疗等分项指标来看，各个分项所处的层级基本上都是潜在的国家重要综合中心或非国家综合中心层级，基本都与总体综合层级一致。

表3—6　　非国家综合中心的分项层级

城市	政治	金融	科技	交通	贸易	信息	对外交往	文化	教育	医疗
长沙	非国家中心	非国家中心	非国家中心	潜在国家中心	潜在国家中心	非国家中心	非国家中心	潜在国家中心	潜在国家中心	潜在国家中心
青岛	非国家中心	潜在国家中心	非国家中心	潜在国家中心	潜在国家中心	非国家中心	潜在国家中心	非国家中心	非国家中心	非国家中心
济南	非国家中心	潜在国家中心	非国家中心	潜在国家中心	非国家中心	非国家中心	非国家中心	潜在国家中心	潜在国家中心	潜在国家中心
厦门	非国家中心	潜在国家中心	非国家中心	非国家中心	潜在国家中心	潜在国家中心	潜在国家中心	非国家中心	非国家中心	非国家中心
大连	非国家中心	潜在国家中心	非国家中心	非国家中心	潜在国家中心	非国家中心	非国家中心	非国家中心	非国家中心	非国家中心
沈阳	非国家中心	潜在国家中心	非国家中心	非国家中心	非国家中心	非国家中心	非国家中心	非国家中心	潜在国家中心	潜在国家中心
苏州	非国家中心	潜在国家中心	非国家中心	非国家中心	非国家中心	非国家中心	非国家中心	潜在国家中心	非国家中心	非国家中心
哈尔滨	非国家中心	非国家中心	非国家中心	非国家中心	非国家中心	非国家中心	非国家中心	非国家中心	潜在国家中心	潜在国家中心
合肥	非国家中心	非国家中心	潜在国家中心	非国家中心	非国家中心	非国家中心	非国家中心	非国家中心	潜在国家中心	非国家中心
长春	非国家中心	非国家中心	非国家中心	非国家中心	非国家中心	非国家中心	非国家中心	非国家中心	潜在国家中心	非国家中心
兰州	非国家中心	非国家中心	非国家中心	非国家中心	非国家中心	潜在国家中心	非国家中心	非国家中心	非国家中心	非国家中心

续表

城市	政治	金融	科技	交通	贸易	信息	对外交往	文化	教育	医疗
宁波	非国家中心	潜在国家中心	非国家中心	非国家中心	非国家中心	非国家中心	非国家中心	非国家中心	非国家中心	非国家中心
无锡	非国家中心	潜在国家中心	非国家中心	非国家中心	非国家中心	非国家中心	非国家中心	非国家中心	非国家中心	非国家中心

第二节　国家综合中心总体指数描述

一　国家综合中心指数

25 个样本城市国家综合中心的总体均值为 0. 189，中位城市的国家综合中心指数为 0. 118，在样本城市中有 11 个城市的国家综合中心指数高于均值，剩余 14 个城市的国家综合中心指数低于总体均值。虽然样本的总体均值将样本几乎平分，但是从均值大小来看，样本城市的国家综合中心指数总体偏低。从样本城市内部差异来看，国家综合中心指数的变异系数高达 1. 116，这表明国家综合中心指数内部差距非常大，两极分化严重。这一点从国家综合中心层级的城市个数也可以看出，第一层级的城市个数只有 1 个，第二层级的城市个数也只有 1 个，第三层级的城市个数有 10 个，第四层级的城市个数有 13 个，并且数值都是从大到小，飞速下降。此外，国家综合中心指数的大小也表明仅有 8% 的样本城市的数值大于 0. 5，这表明只有极少数城市的国家综合中心指数处于较高水平，而多数城市的国家综合中心指数都处于较低水平。从国家综合中心指数的核密度估计图也可以看出（见图 3—1），样本城市的国家综合中心指数呈右偏态分布，频数分布的高峰向左偏移，长尾向右侧延伸，而且与正态分布相比，城市综合发展水平得分的分布偏左，且波峰更高，充分表明了样本城市国家综合中心水平整体表现一般，尤其是得分偏低的城市综合实力还有待挖掘和提升。从国家综合中心各分项的核密度估计也可以

看出（见图3—2）①，科技、信息、文化等大多数分项都呈现右偏态分

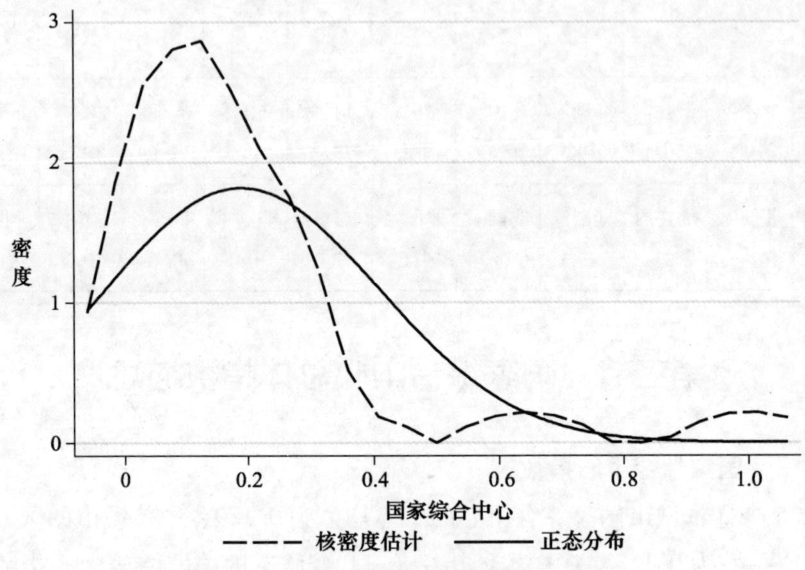

图3—1 国家综合中心指数的核密度估计

数据来源：中国社会科学院城市与竞争力研究中心数据库。

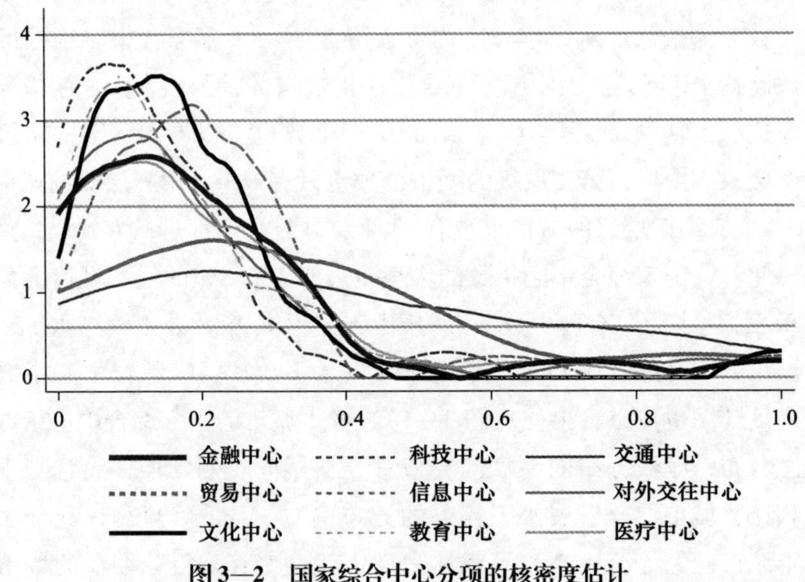

图3—2 国家综合中心分项的核密度估计

数据来源：中国社会科学院城市与竞争力研究中心数据库。

① 由于国家政治中心只有北京一个，从而此处本书不做详细分析，下同。

布，两极分化严重，只有金融中心和贸易中心的分布相对均衡。

二　国家综合中心分项协调性

由于国家综合中心衡量的是在一些重大功能上能够起到决策、控制、管理、服务全国的城市，从而国家综合中心要从各个方面进行发展和提升。为此，本部分分析计算了国家综合中心各分项的耦合协调度，即关于金融、科技、交通、贸易、信息、对外交往、文化、教育、医疗等所有指标的协调性，① 本部分分别从层级和指数方面计算耦合协调度。

从所有指标层级的耦合协调度来看（见图3—3），层级耦合协调度排名前三的城市分别为北京、上海和广州，与总体国家综合中心层级相一致。此外，从所有国家综合中心层级和城市耦合协调度的关系来看，城市层级与城市耦合协调度呈现较强的正相关关系，层级越高的城市，其各项指标的耦合协调性越高，两者之间的相关系数高达0.936。从层级角度来看，处于第一层级的国家综合中心北京的耦合协调度要显著高于处于第二层级的国家重要综合中心上海，而国家重要综合中心的耦合协调度又显著高于潜在的国家重要综合中心。

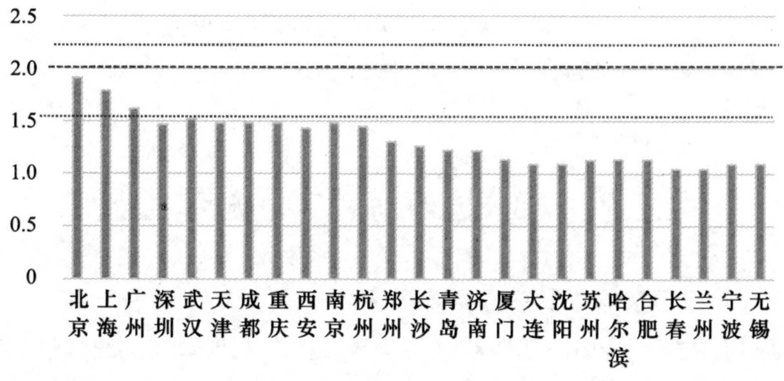

图3—3　样本城市层级的耦合协调度

数据来源：中国社会科学院城市与竞争力研究中心数据库。

① 由于政治中心方面只有北京，从而此处耦合协调度的计算并不包含政治方面，下同。

从所有分项指数的耦合协调度来看（见图3—4），总体耦合协调度排名前三的城市与层级角度一致，分别为北京、上海和广州。此外，从所有城市的总体指数和耦合协调度的关系来看，总体指数与耦合协调度的正相关关系也成立，两者之间的相关系数高达0.930。虽然相比层级之间的相关性较低，但是也处于较高的状态。而从所有国家综合中心各分项指数的耦合协调度来看，耦合协调度总体分化比较严重，各个城市之间的耦合协调度差异也较大，总体表明各个城市之间分项发展的不平衡性和差异性，即城市要想提升其国家综合中心层级，就必须从各个方面提升，综合发展。

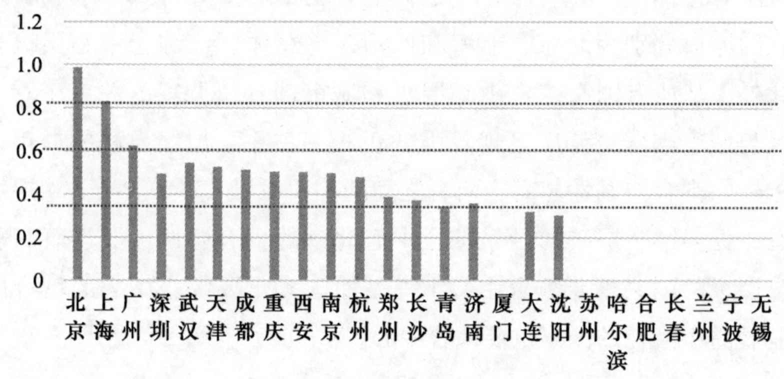

图3—4　样本城市分项指数的耦合协调度

数据来源：中国社会科学院城市与竞争力研究中心数据库。

第三节　郑州国家综合中心总体概况

一　郑州国家综合中心的层级分析

通过对国家综合中心总体层级的分析，本书发现郑州的总体国家综合中心层级属于潜在的国家重要综合中心层级（见表3—7），且与深圳、武汉、天津等8个城市同处一个层级。首先，从总体层级来看，郑州与国家重要综合中心层级和国家综合中心层级还存在很大的差距；其次，从潜在的国家重要综合中心层级的内部角度来看，郑州与同等层级的8个城市也存在一定差距，虽然差距没有与前两个层级之间的大，但是这也是值得郑州警惕的。此外，从郑州的各分项指标来看，金融、交通、贸易、信息、文化、医疗等分项都属于潜在的国家重要综合中心，与总体层级相当；科技、对外交往和教育属于非国家综合中心，低于总体层级。从而从层级角度来看，郑州的优势是其交通、贸易、信息，郑州的劣势在于其科技、对外交往和教育。通过对郑州的总体和分项层级分析可知，郑州要想从潜在的国家重要综合中心提升到国家重要综合中心，应当分两步走：第一步是发展自身实力，着力提升其科技、对外交往和教育，使自身分项适应所在层级，并最终在9个潜在的国家重要综合中心城市中脱颖而出并逐渐处于领先地位；第二步就要借鉴国家重要综合中心的成功经验，加强与国家重要综合中心关于各分项的交流合作，从而使自身逐步进入国家重要综合中心。

表3—7　　郑州国家综合中心层级

指标	所处层级	层级编号
国家综合中心	潜在的国家重要综合中心	2
金融	潜在的国家重要综合中心	2
科技	非国家综合中心	1
交通	潜在的国家重要综合中心	2
贸易	潜在的国家重要综合中心	2
信息	潜在的国家重要综合中心	2
对外交往	非国家综合中心	1
文化	潜在的国家重要综合中心	2
教育	非国家综合中心	1
医疗	潜在的国家重要综合中心	2

数据来源：中国社会科学院城市与竞争力研究中心数据库。

二　郑州各分项指数和协调性分析

从郑州总体的指数来看，其国家综合中心的指数为0.155，总体指数偏低，排名中等，且在所有潜在的国家重要综合中心城市中处于垫底地位。具体从金融、科技、交通、贸易等9个分项指数来看，郑州最大的劣势在于其对外交往、文化和教育，指数分别为0.028、0.085和0.015，各分项的排名均在20名以外；郑州的金融、科技、医疗等分项指数总体处于中等水平，与所处层级程度相当；郑州最大

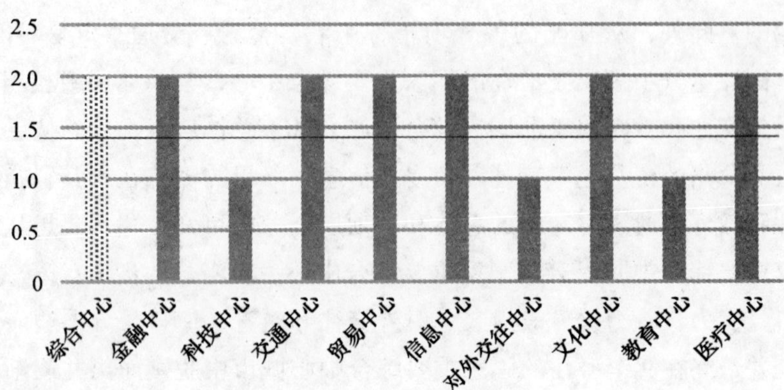

图3—5 郑州各中心层级图

注：为了方便作图，此处我们把国家综合中心、国家重要综合中心、潜在的国家重要综合中心和非国家综合中心这四个层级分别用4、3、2、1数值表示，即4代表国家综合中心、3代表国家重要综合中心、2代表潜在的国家重要综合中心、1代表非国家综合中心。

数据来源：中国社会科学院城市与竞争力研究中心数据库。

的优势在于其交通、贸易和信息方面，这三个分项指数显著高于总体指数和其他各分项指数，排名也处于样本城市的前列。此外，对所有分项的耦合协调度分析表明，金融、科技、交通、贸易等9个指标的耦合协调度仅为0.388，总体协调度较低，发展并不均衡。

表3—8 郑州国家综合中心指数和排名情况

指标	指数	排名
国家综合中心	0.155	12
金融	0.179	16
科技	0.094	13
交通	0.591	8
贸易	0.393	8
信息	0.249	9
对外交往	0.028	22
文化	0.085	20
教育	0.015	23
医疗	0.184	11

数据来源：中国社会科学院城市与竞争力研究中心数据库。

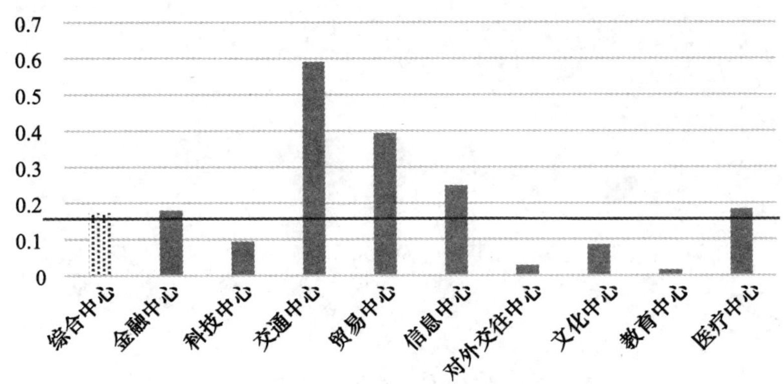

图3—6　郑州各分项中心指数

数据来源：中国社会科学院城市与竞争力研究中心数据库。

第四节　城市对标分析

一　借鉴城市：北京

北京作为国家综合中心，其在金融、科技、交通、贸易、信息、对外交往、文化、教育和医疗方面在全国均处于领先地位，从而郑州应当把北京作为借鉴城市。从郑州和北京的层级来看，北京的各个中心层级都比郑州要高。特别是北京的科技、信息、对外交往、文化、教育、医疗都处于国家中心层级，显著高于郑州的各项层级。从各分项的指数来看，郑州与借鉴城市北京之间的差距非常大，从而郑州更应该借鉴北京的经验，向北京学习，使郑州由潜在的国家重要综合中心提升到国家重要综合中心。

二　追赶城市：上海

上海作为国家重要综合中心，比潜在的国家重要综合中心郑州高一个层级。从各个分项层级来看，上海的分项指数要比郑州的层级高，但是各分项之间的层级差距并不大。从各分项指数来看，虽然郑州与追赶城市上海都存在差距，但是这些差距并不是太大，郑州在这些方面努力发展，很有可能达到追赶城市层级。

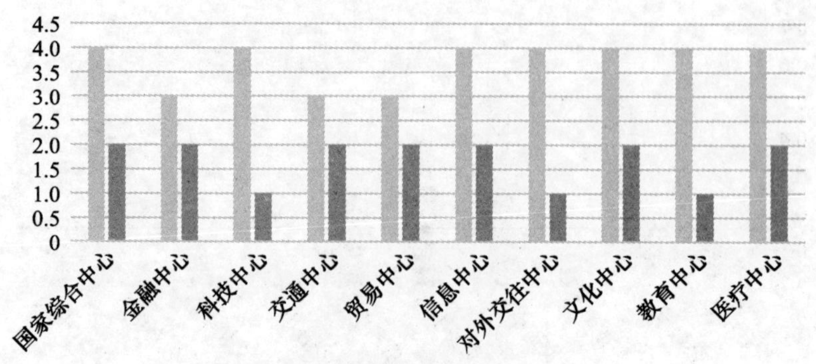

图 3—7　郑州与借鉴城市的国家综合中心层级

注：为了方便作图，此处我们把国家综合中心、国家重要综合中心、潜在的国家重要综合中心和非国家综合中心这四个层级分别用 4、3、2、1 数值表示，即 4 代表国家综合中心、3 代表国家重要综合中心、2 代表潜在的国家重要综合中心、1 代表非国家综合中心。

数据来源：中国社会科学院城市与竞争力研究中心数据库。

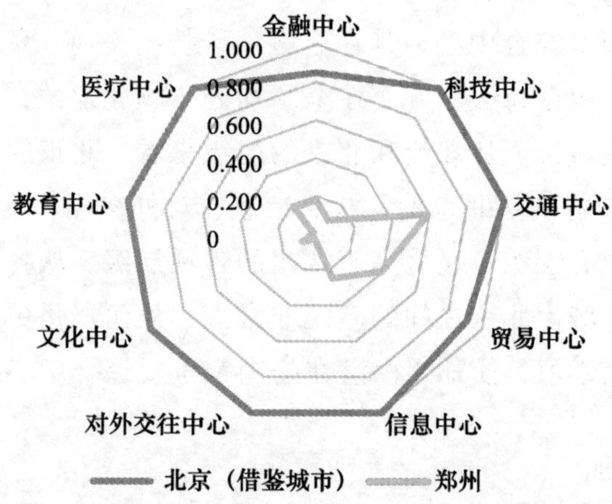

图 3—8　郑州与借鉴城市的各分项指标雷达图

数据来源：中国社会科学院城市与竞争力研究中心数据库。

三　合作城市：武汉

武汉作为潜在的国家重要综合中心与郑州的层级相当，但从指数上看又稍微高于郑州。从各分项指标所处的层级来看，金融、贸易、信息、

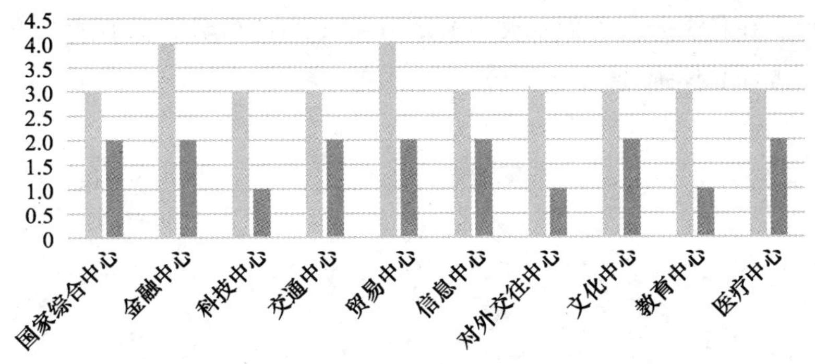

图3—9　郑州与追赶城市的国家综合中心层级

注：为了方便作图，此处我们把国家综合中心、国家重要综合中心、潜在的国家重要综合中心和非国家综合中心这四个层级分别用4、3、2、1数值表示，即4代表国家综合中心、3代表国家重要综合中心、2代表潜在的国家重要综合中心、1代表非国家综合中心。

数据来源：中国社会科学院城市与竞争力研究中心数据库。

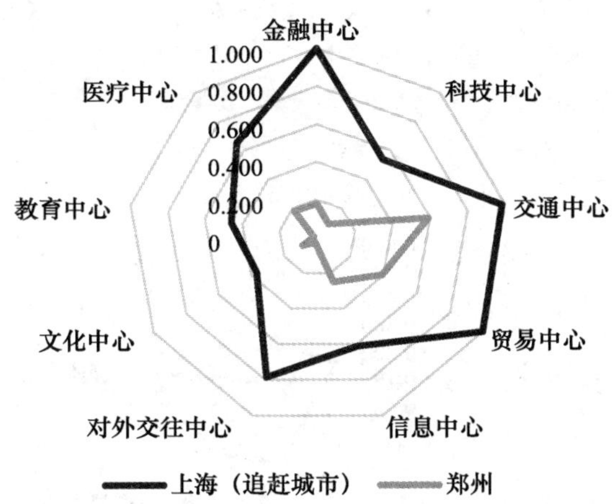

图3—10　郑州与追赶城市的各分项指标雷达图

数据来源：中国社会科学院城市与竞争力研究中心数据库。

医疗方面郑州和武汉均处于潜在的国家重要综合中心城市层级，而科技、交通、对外交往、文化和教育方面武汉所处的层级要略高于郑州。从各分项的指数来看，郑州和武汉各有优势，如郑州在贸易方面具有优势，武汉在教育、文化方面具有优势。从总体来看，郑州应当把武汉作为合作城市，在各个分项方面加强合作，使得郑州的劣势方面有所提升，并从各个方面总体提升。

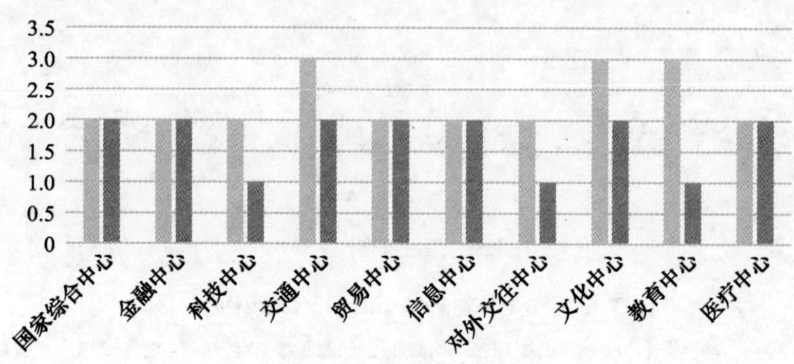

图 3—11　郑州与合作城市的中心层级

注：为了方便作图，此处我们把国家综合中心、国家重要综合中心、潜在的国家重要综合中心和非国家综合中心这四个层级分别用 4、3、2、1 数值表示，即 4 代表国家综合中心、3 代表国家重要综合中心、2 代表潜在的国家重要综合中心、1 代表非国家综合中心。

数据来源：中国社会科学院城市与竞争力研究中心数据库。

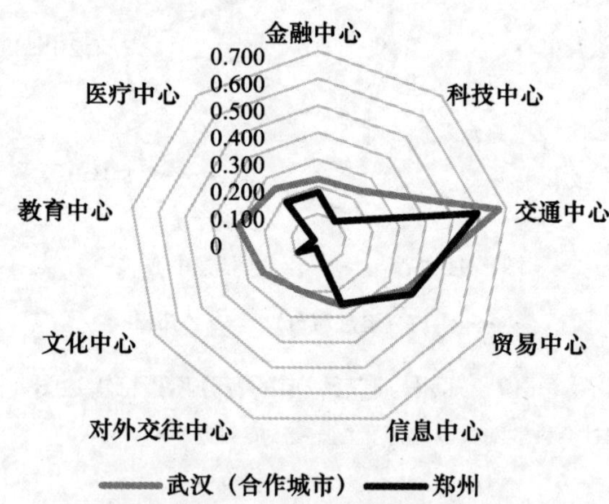

图 3—12　郑州与合作城市的各分项指标雷达图

数据来源：中国社会科学院城市与竞争力研究中心数据库。

四　潜在竞争城市：南京

南京作为潜在的国家重要综合中心同样与郑州处在同一层级，从综合指数上看，南京与郑州的指数也比较接近。从各分项所处的层级来看（见图3—13），南京和郑州在金融、交通、贸易、信息和医疗方面均处于

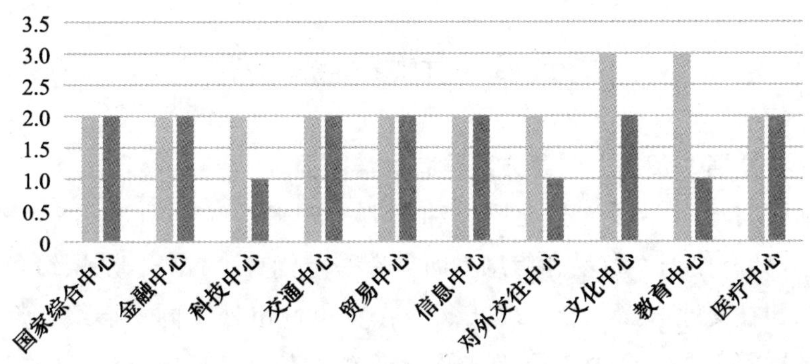

图3—13　郑州与潜在竞争城市的中心层级

注：为了方便作图，此处我们把国家综合中心、国家重要综合中心、潜在的国家重要综合中心和非国家综合中心这四个层级分别用4、3、2、1数值表示，即4代表国家综合中心、3代表国家重要综合中心、2代表潜在的国家重要综合中心、1代表非国家综合中心。

数据来源：中国社会科学院城市与竞争力研究中心数据库。

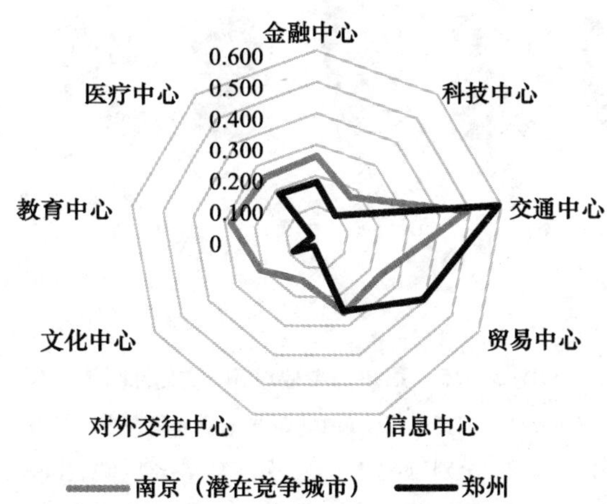

图3—14　郑州与潜在竞争城市的各分项指标雷达图

数据来源：中国社会科学院城市与竞争力研究中心数据库。

潜在的国家重要综合中心层级，南京在科技、对外交往、文化和教育方面所处的层级要高于郑州所处的层级。具体从各分项的指数来看，南京在金融、科技、对外交往、教育、文化、医疗方面都要优于郑州，而郑州在交通、贸易、信息方面要优于南京。从各个方面来看，南京和郑州在各方面的竞争都比较激烈。

第五节　重点指标分析

一　交通、贸易、信息方面具有优势明显

从郑州与主要城市分项层级和指数比较来看（见图3—15、图3—16），郑州在交通、贸易和信息方面具有一定优势。首先，从层级角度来看，郑州在交通方面与合作城市、潜在竞争城市处于同一层级，都属于潜在的国家重要综合中心层级，低于借鉴城市和追赶城市；从国家贸易中心角度来看，郑州的贸易中心层级低于借鉴城市和追赶城市，但与合作城市和潜在竞争城市处于同一层级；从国家信息中心角度来看，郑州

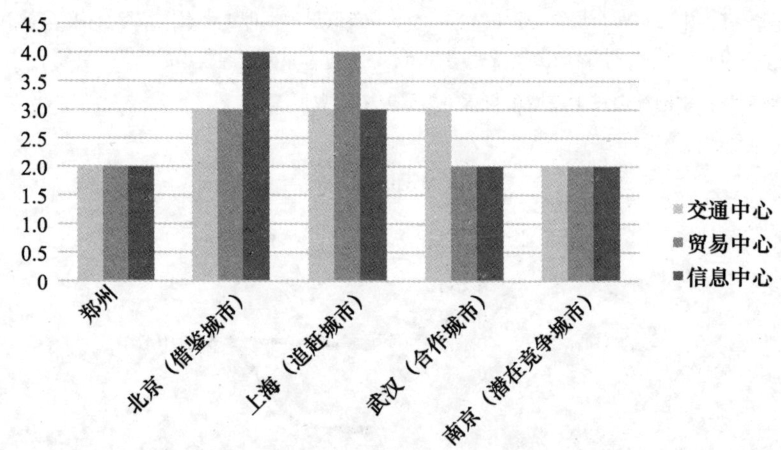

图3—15　郑州与主要城市的层级比较

注：为了方便作图，此处我们把国家综合中心、国家重要综合中心、潜在的国家重要综合中心和非国家综合中心这四个层级分别用4、3、2、1数值表示，即4代表国家综合中心、3代表国家重要综合中心、2代表潜在的国家重要综合中心、1代表非国家综合中心。

数据来源：中国社会科学院城市与竞争力研究中心数据库。

的情况与贸易中心基本一致，同样低于借鉴城市和追赶城市，而与合作城市和潜在竞争城市相当。其次，从交通、贸易和信息的指数角度来看，郑州在交通方面相对于潜在竞争城市南京具有优势，但相对于借鉴城市、追赶城市和合作城市并没有优势；在贸易方面，郑州相对于合作城市和潜在竞争城市具有优势；在信息方面，郑州虽然有一定优势，但是优势并不明显。从总体来看，郑州在交通、贸易和信息方面具有优势。

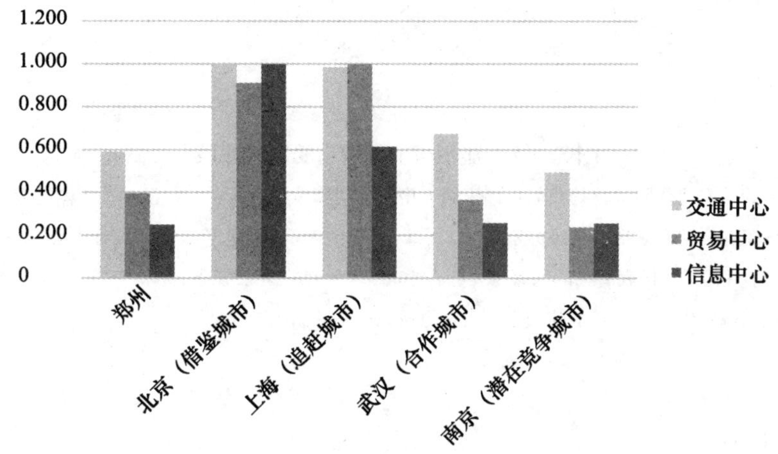

图3—16 郑州与主要城市指数比较

数据来源：中国社会科学院城市与竞争力研究中心数据库。

二 科技、对外交往、文化、教育方面是郑州最大的短板

通过比较郑州与主要城市的各分项，发现郑州最大的短板在于其科技、对外交往、文化和教育方面（见图3—17、图3—18）。从层级角度来看，郑州的科技、对外交往和教育都处于非国家综合中心层级，远低于借鉴城市、追赶城市、合作城市和潜在竞争城市所处的层级；而郑州的文化中心处于潜在的国家重要综合中心层级，同样低于对标城市。从科技、对外交往、文化和教育的指数来看，这种差异更加明显，郑州若想从潜在的国家重要综合中心提升到国家重要综合中心，就必须弥补这四大短板。

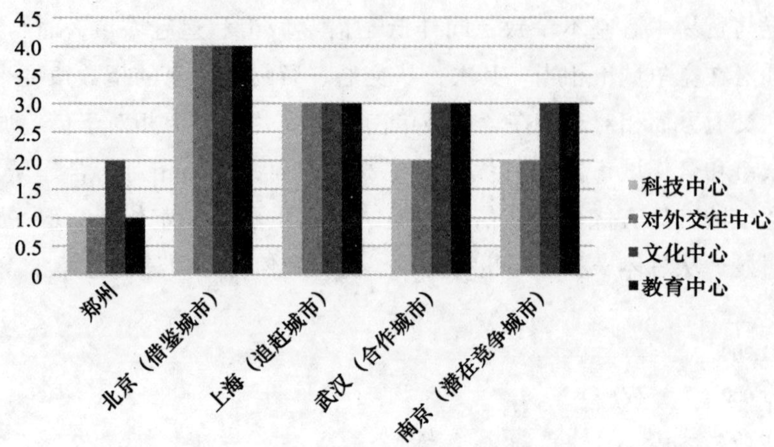

图 3—17　郑州与主要城市的层级比较

注：为了方便作图，此处我们把国家综合中心、国家重要综合中心、潜在的国家重要综合中心和非国家综合中心这四个层级分别用 4、3、2、1 数值表示，即 4 代表国家综合中心、3 代表国家重要综合中心、2 代表潜在的国家重要综合中心、1 代表非国家综合中心。

数据来源：中国社会科学院城市与竞争力研究中心数据库。

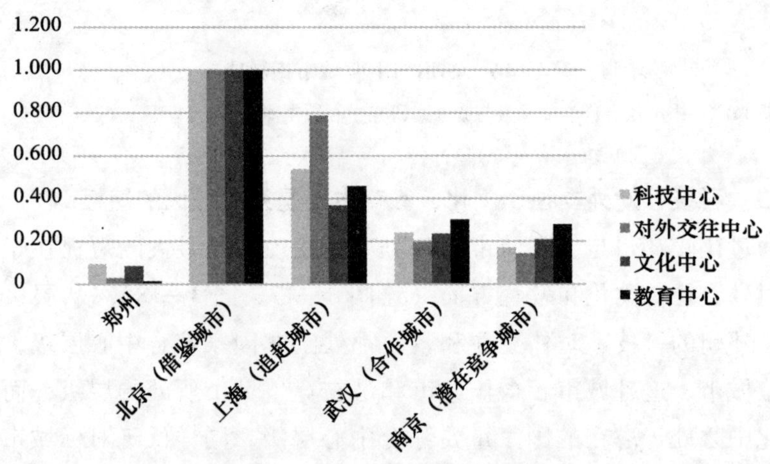

图 3—18　郑州与主要城市的指数比较

数据来源：中国社会科学院城市与竞争力研究中心数据库。

第六节　结论和建议

通过上述关于郑州国家综合中心的分析，当前郑州处于潜在的国家重要综合中心层级，因而郑州未来奋斗的目标是从潜在的国家重要综合中心提升到国家重要综合中心。此外，我们发现郑州的优势在于其贸易、物流和信息方面，但其这三方面的优势地位并不牢固，稍有不慎就会被潜在竞争城市甩在后面。因此郑州若想在未来有所突破，甚至达到目标城市的地位，即这三方面达到国家综合中心的层次，就必须遵守“扬长、抓关键”这一方针，最大限度地发挥其优势，并与其他城市交流、合作提升其关键方面。

一　增强郑州交通枢纽作用

综合上述分析，郑州处于潜在的国家重要交通中心层级，有望成为国家重要的交通中心城市。具体而言，郑州在交通中心发展和国家交通中心建设方面有很大优势，其交通中心指数居全国第八位。但是如果未来几年内郑州不能在交通中心建设方面取得大的突破，将面临在潜在交通中心城市地位下降的风险。接下来，郑州应当加强综合交通枢纽建设，改变过去按运输方式各自管理的模式，建立现代交通枢纽。此外，郑州还应当进一步统筹规划，着力建设以公路为基础，以铁路为骨干，充分发挥航空等运输方式的比较优势，构建结构合理、有机衔接、协调发展、资源节约、环境友好的现代综合交通运输网络。

二　提升郑州国家贸易中心地位

当前郑州的贸易中心地位属于潜在的国家重要贸易中心，从而郑州当前奋斗的目标是从潜在的国家重要贸易中心提升到国家重要贸易中心，因此郑州应当在博览会、电商、物流等多方面进行提升。一是扩大其国际或全国性交易博览会优势。二是着力提升其总体联系度。郑州的联系度指数是影响郑州贸易中心建设的主要因素，而扩大联系度的关键在于提升其物流公司实力。三是促进电商和物流建设。大力建设电子商务，提升其电子商务产业发展水平，将郑州打造成中西部地区电子商务中心。

大力扶持电子商务新兴产业、着力引进电子商务龙头企业、建设和完善电子商务综合服务体系、加快电子商务物流建设，从而打造完整的电子商务产业链，为带动郑州传统的产业转型升级提供活力。

三 加强郑州金融中心、科技中心建设

从金融角度来看，郑州整体上属于潜在的国家重要金融中心，在向国家重要金融中心发展。因此，郑州应当：一是抓住新技术革命下金融转型升级的机遇，积极促进金融新业态的发展。郑州要把握互联网、大数据、人工智能、移动互联、云计算等信息技术与传统金融业务融合这一新技术革命，积极推动金融服务方式创新、融资模式创新，提升金融普惠性水平，服务实体经济发展。二是叠加自身与国家政策优势，提升金融联系度。郑州市要充分利用“一带一路”倡议、中原城市群和国家综合中心政策带来的政策红利，突出特色，形成相对开放、自由的金融市场体系。三是积极利用财政、税收等政策提升郑州的金融集聚度。郑州应当在中原城市群和国家综合中心建设的基础上积极进行制度创新，敢于“先行先试”，吸引国内外金融企业特别是国际大金融机构到郑州设立分公司，并提升金融公司的实力，增强郑州金融机构的集聚效应。

从科技角度来看，郑州在科技实力方面中处于非国家综合中心层级，部分指标也处于比较靠后的位置，从而郑州科技的奋斗目标是从非国家综合中心提升到潜在的国家重要综合中心。因此郑州应当加强高等教育和科研平台建设，大力吸引和培育人才。只有引进和建设更多优质高等院校和科研机构，才能真正吸引人才、留住人才，从而有更多的科研产出。此外，郑州在城市软实力建设上还远远不够，与同一行政级别和相同经济发展程度的城市相比有一定差距，郑州也应当提升城市软实力，加强城市营销，广纳四方人才。

（执笔：徐海东）

第 四 章

国家金融中心指数坐标上的郑州方位

本章第一节首先对国家金融中心的内涵进行了界定，将国家金融中心城市的内涵定义为：在一个国家内，在金融功能上能够起到决策、控制、管理、服务全国的城市。并分别从金融集聚度和金融联系度两个维度构建了国家金融中心指数的指标体系。在此基础上，第二节根据测算结果分析了国家金融中心在全国的总体格局。第三节则详细分析了郑州国家金融中心指数的具体状况。第四节通过选取郑州的借鉴、合作、追赶与潜在竞争四类城市，分析了郑州金融业的发展态势。第五节则进一步选取关键指标分析了郑州相对于对标城市的优势与短板。第六节是结论与对策建议。本章研究表明，郑州目前属于潜在的国家金融中心，下一步的目标是建设成为重要的国家金融中心。

第一节　国家金融中心的层级

一　国家金融中心的测度指标体系与层级

本书结合中国城市金融市场发展实际，分别从金融集聚度和金融联系度两个维度设计国家金融中心评价指标体系，详见表4—1。具体而言：

（1）国家金融中心集聚度。具体的评价指标包括全国性证券、期货交易所，会计师事务所数量，证券公司数量，基金公司数量，银行、外资银行数量，保险公司数量，外汇交易中心，上市公司数量，风投公司数量、移动支付软件等。

（2）国家金融中心联系度。具体的评价指标包括前十名证券公司联系度，前十名会计审计所联系度，前十名基金公司联系度，前十名保险公司联系度，前十名银行联系度，前十名外资银行联系度，前十名风投公司联系度等。

表 4—1　　国家金融中心指标体系

功能	一级指标	二级指标
国家金融中心	集聚度	全国性证券、期货交易所
		会计师事务所数量
		证券公司数量
		基金公司数量
		银行、外资银行数量
		保险公司数量
		外汇交易中心
		上市公司数量
		风投公司数量
		移动支付软件
	联系度	证券公司联系度
		基金公司联系度
		保险公司联系度
		风投公司联系度
		会计师事务所联系度
		银行联系度
		外资银行联系度

在利用表 4—1 指标体系测算的基础上，课题组进一步利用聚类分析的方法，将全部 25 个城市按照金融中心发展水平的高低，分成了四个等级，分别为国家金融中心、国家重要金融中心、潜在的国家重要金融中心与非国家金融中心，表 4—2 报告了相应的结果。下面我们进一步对不同层级的代表性城市进行分析。

表 4—2　　全国金融中心的层级分布

等级	平均发展水平	城市数量	变异系数	包含城市
国家金融中心	1	1	0	上海
国家重要金融中心	0.48	6	0.45	北京、深圳、广州、杭州、天津、南京
潜在的国家重要金融中心	0.19	13	0.16	成都、武汉、大连、重庆、无锡、青岛、厦门、西安、郑州、苏州、宁波、沈阳、济南
非国家金融中心	0.04	5	0.71	长沙、合肥、哈尔滨、长春、兰州

数据来源：中国社会科学院城市竞争力指数数据库。

二　上海是我国的国家金融中心

根据表 4—2 的结果，可以发现上海是我国的国家金融中心。上海的金融业发达，几乎包含了我国所有的金融市场要素：上海证券交易所、期货交易所、中国金融交易所、上海钻石交易所、上海黄金交易所、金融衍生品交易所、银行间债券市场、中国外汇交易中心、中国资金拆借市场、国家黄金储备运营中心、国家外汇储备运营中心、上海清算所（中国人民银行清算总中心）、中国人民银行上海总部（央行征信系统中心、支票节流数据处理中心）、中国四大银行（农行、中行、工行、建行）上海总部、各大外资银行大中华总部、中国反洗钱资金监控中心、上海银行间同业拆放利率、中国保险交易所。2017 年，上海实现金融业增加值 5330.54 亿元，比上年增长 11.8%。至年末，全市各类金融单位达到 1491 家。其中，货币金融服务单位 623 家，资本市场服务单位 403 家，保险业单位 389 家。全年上海金融市场交易总额达到 1428.44 万亿元，比 2016 年增长 5.3%。上海证券交易所总成交金额 306.39 万亿元，增长 7.9%。全年上海期货交易所总成交金额 89.93 万亿元，增长 5.8%。期货交易所总成交金额 24.59 万亿元，增长 35.0%。银行间债券市场总成交金额 997.77 万亿元，增长 3.9%。上海黄金交易所总成交金额 9.76 万亿元，增长 11.9%。全年保险公司原保险保费收入 1587.10 亿元，比

2016年增长3.8%。总体来看，上海具备足够的实力成为国家金融中心。

三 北京与深圳是我国国家重要金融中心

除了上海外，北京与深圳的金融发展水平明显高于国内其他城市，但低于上海，因此可视为国家金融次中心城市。具体来看：

首先，从北京来看，北京市金融业发达。除了各类全国的金融监管机构外，北京还集聚了大量的大型金融机构的总部。近年来北京金融业的发展态势良好，2017年北京金融业实现增加值4634.5亿元，同比增长7%，高于GDP增速，占地区生产总值比重16.6%，对经济增长贡献率达17.6%，继续成为北京经济稳增长的“压舱石”。与此同时，北京2017年首次在全球金融中心指数（GFCI）排名中跻身前十，较2016年同期上升16位。

其次，深圳作为我国第一个经济特区，在金融业也具有自身的独特优势。深圳银行、证券、保险业机构密度、外资金融机构数量以及从业人员比例均居全国前列。2017年末深圳全市金融机构（含外资）本外币存款余额69668.31亿元，比上年末增长8.2%；金融机构（含外资）本外币贷款余额46329.33亿元，增长14.3%。作为全国两大证券交易中心之一，2017年全年证券市场总成交金额814333.31亿元。年末上市公司市价总值235761.26亿元，增长5.7%。上市公司流通市值167932.47亿元，增长9.5%。年末深圳证券交易所上市公司2089家，比2010年增加219家。上市股票2127只，增加219只。作为全国重要的保险中心，2017年全年保险机构原保险保费收入1029.75亿元，比2010年增长23.4%。

四 广州、杭州、天津与南京是我国国家重要金融中心城市

广州、杭州、天津、南京四个城市在金融业的发展在全国也各具特色。例如，广州近年来的金融总部、法人金融机构、投资机构等都出现了快速增长的态势，在互联网金融、普惠金融和航运金融等特色金融和产业金融上都具有深厚的产业基础。2017年，广州实现金融业增加值1998.76亿元，同比增长8.6%，占GDP的比重达9.3%，成为广州市第五大支柱产业和第四大经济增长引擎。2017年末全部金融机构本外币各

项存款余额 51369. 03 亿元，比年初增加 3838. 84 亿元，其中人民币各项存款余额 49332. 53 亿元，增加 3395. 19 亿元。全部金融机构本外币各项贷款余额 34137. 05 亿元，增加 4467. 23 亿元，其中人民币各项贷款余额 33312. 73 亿元，增加 4427. 19 亿元。住户存款 15032. 29 亿元。

其次，杭州在科技金融、互联网金融、私募基金等方面的发展颇具特色。截至 2017 年底，全市共有各类银证保持牌金融机构 500 多家，其中分行级以上银行机构 50 家，省级以上保险机构 81 家，证券营业部 246 家，期货营业部 69 家，其他如信托公司、财务公司、消费金融公司、金融租赁公司、资产管理公司、基金公司等金融机构共 60 余家。此外，全市还有小额贷款公司 54 家、担保公司 132 家、融资租赁公司 49 家、典当公司 80 家、第三方支付机构 11 家、交易场所 19 家、民间融资服务中心 3 家。

此外，天津在融资租赁等领域具有自身的优势。截至 2017 年末，全年金融业增加值 1951. 75 亿元，增长 8. 0%。金融存贷规模稳步扩大。存贷款规模双双超过 3 万亿元，全市金融机构（含外资）本外币各项存款余额 30940. 81 亿元，比年初增加 873. 77 亿元；各项贷款余额 31602. 54 亿元，比年初增加 2848. 49 亿元。南京的金融体系也相对完备，2017 年全年金融业实现增加值 1355. 05 亿元，比上年增长 7. 5%，占全市地区生产总值比重为 11. 6%。年末金融机构本外币各项存款余额 30764. 63 亿元，比年初增加 2408. 74 亿元，比上年末增长 8. 5%。全年新增上市企业 17 家，募集资金 82. 09 亿元，共有境内外上市企业 102 家。新增备案创投企业 306 家，累计备案创投企业（含省级在宁企业）872 家。共有 236 家企业挂牌或者获准挂牌新“三板”，证券营业部 181 家。全年实现保费收入 697. 95 亿元，比上年增长 43. 7%。

五　郑州金融业的发展状况

郑州在我国高速公路网络、铁路网络、通信信息网络中处于枢纽和中心地位。“十二五”期间，郑州市 GDP 年均增长 11. 2%，高于全国平均水平 3 个百分点以上。独特的区位优势，良好的经济发展趋势，五大国家战略实施的政策优势，为郑州建设国家金融中心城市带来了动力。根据 2017 年《郑州市国民经济和社会发展统计公报》的数据，2017 年末郑州全市金融机构各项存款余额20349.6亿元，比上年末增加1347.5亿元，增长7.1%。其中，住户存款余额6538.2亿元，增加240.2亿元，增长3.8%；金融机构各项贷款余额17992.4亿元，增加2570亿元，增长16.7%。截至2017年底，全市上市企业已达47家（49只股票）。全市“新三板”挂牌企业157家，其中新增23家。全年全市保险公司保费收入655.7亿元，比上年增长41.5%。其中，财产险收入158.6亿元，增长16.1%；人身险收入497.1亿元，增长52.2%。郑州目前已形成银行、期货、证券、保险、信托等各业并举、本外地金融机构共同发展的金融体系。

第二节　国家金融中心的总体格局

一　全国金融中心的整体发展水平较低，存在明显的等级分化，发展很不平衡

按照表4—1的指标体系，课题组计算了全国25个城市的国家金融中心发展指数，图4—1报告了全部样本的测算结果。从国家金融中心的发展水平来看，上海、北京、深圳位居前三的位置，兰州的发展水平最低。其中，国家金融中心的平均发展水平为0.26，高于全国平均水平的有上海、北京、深圳、广州、杭州、天津和南京7个城市，低于全国平均水平的有成都、武汉等18个城市。因此，总体而言，大部分城市的国家金融中心指数得分都比较低。

同时，结合表4—2的结果，可以发现不同等级的金融中心发展水平相差较大，存在明显分化现象。从不同等级金融中心的均值来看，发展水平最高的国家金融中心平均发展水平是国家重要金融中心的2.1倍，是潜在的国家重要金融中心的5.3倍，是非国家金融中心的25倍，这显示出我国不同等级的金融中心间存在着显著的差距，仅有少数城市的金融发展水平高，大部分城市的金融发展水平较低，发展很不平衡。

此外，从不同等级金融中心的内部差距来看，发展水平最低的非国家金融中心的变异系数达到了0.71，表明其内部差距很大。

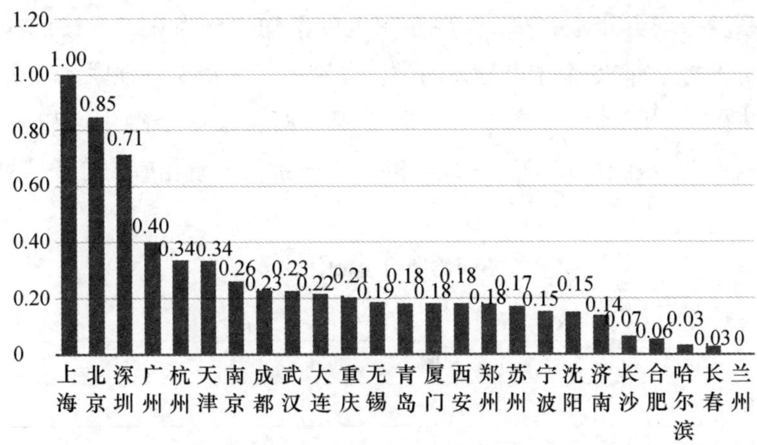

图 4—1　不同城市的国家金融中心指数测算结果

数据来源：中国社会科学院城市竞争力指数数据库。

二　从内部分化来看，大部分城市属于弱集聚—弱联系类金融中心

根据本课题构造的金融中心指数，金融中心的发展水平可以从金融联系度与金融集聚度两个维度来衡量，课题组进一步从这两个维度来分析不同城市金融中心发展水平的内部分化。根据测算结果，全国 25 个城市的

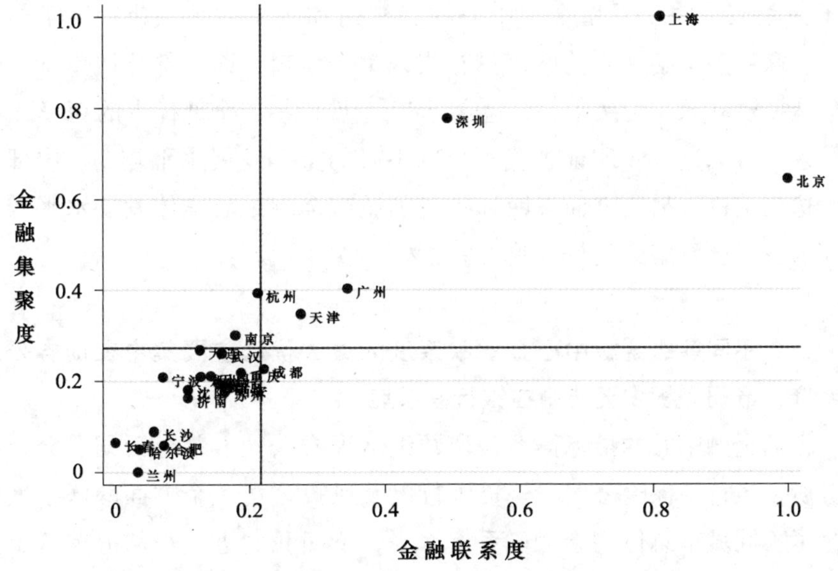

图 4—2　不同类型的金融中心

数据来源：中国社会科学院城市竞争力指数数据库。

金融联系度平均得分为0.22，金融集聚度的平均得分为0.27，按照这两个标准，可以将全部25个城市分为四类，分别为：强集聚—强联系型金融中心、强集聚—弱联系型金融中心、弱集聚—强联系型金融中心以及弱集聚—弱联系型金融中心，图4—2与表4—3分别报告了相应的分类结果。

表4—3　　不同类型的金融中心

类型	城市数量	包含城市
强集聚—强联系	5	上海、北京、深圳、广州、天津
强集聚—弱联系	2	杭州、南京
弱集聚—强联系	1	成都
弱集聚—弱联系	17	武汉、大连、重庆、无锡、青岛、厦门、西安、郑州、苏州、宁波、沈阳、济南、长沙、合肥、哈尔滨、长春、兰州

数据来源：中国社会科学院城市竞争力指数数据库。

综合图4—2与表4—3的结果可以发现，发展水平最完善的强集聚—强联系型金融中心有5个城市，分别为上海、北京、深圳、广州、天津；属于强集聚—弱联系型金融中心的有杭州和南京2个城市；属于弱集聚—强联系型金融中心的城市只有成都1个城市；而大部分城市都属于弱集聚—弱联系型金融中心，包含了17个城市，占全部样本的68%。上述结果一方面进一步印证了我国金融中心的整体发展水平较弱、内部差距大这一结论，另一方面表明导致我国城市金融中心整体发展水平较弱的原因在于金融集聚度与金融联系度发展水平都较弱。

三　不同等级金融中心金融联系度的最大优势主要集中在证券公司联系度，最弱短板主要集中在银行联系度

根据金融中心的指标体系，课题组从证券公司、基金公司、会计师事务所、银行、保险公司、外资银行以及风投公司7个方面的联系度来衡量了不同城市总体的金融联系度水平，下面我们进一步从上述7个方面来分析不同等级金融中心城市金融联系度的优势与短板，图4—3利用雷达图报告了相应的测算结果。

具体来看，图4—3 的结果表明：（1）国家金融中心金融联系度的最大优势是证券公司联系度、会计师事务所联系度与外资银行联系度，最弱短板是银行联系度。国家金融中心金融联系度中证券公司联系度、会计师事务所联系度与外资银行联系度得分为1，而银行联系度得分为0. 14，最大优势得分是最弱短板的7 倍。（2）国家重要金融中心金融联系度的最大优势是证券公司联系度、最弱短板是银行联系度。国家重要金融中心的证券公司联系度为0. 67，银行联系度为0. 19。（3）潜在的国家重要金融中心的最大优势是会计师事务所联系度、最弱短板是银行联系度，其会计师事务所联系度得分为0. 47，银行联系度得分也为0。（4）非国家金融中心金融联系度的最大优势是证券公司联系度，最弱短板是银行联系度与风投公司联系度。其中，非国家金融中心证券公司联系度为0. 27，银行联系度与风投公司联系都为0。因此，总体来看，我国金融中心金融联系度的最大优势主要集中在证券公司联系度，最弱的短板主要集中在银行联系度上。

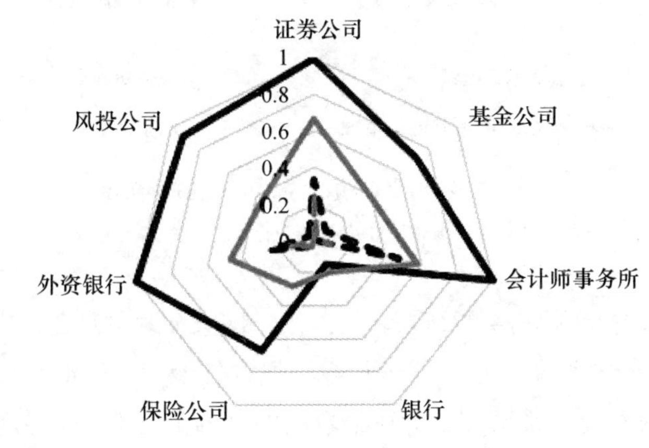

图4—3　不同等级金融中心金融联系度雷达图

数据来源：中国社会科学院城市竞争力指数数据库。

四　不同等级金融中心金融集聚度的最大优势呈现多样化，最弱短板主要是证券交易所集聚度，且等级最低非国家金融中心短板最多

根据金融中心的指标体系，课题组从移动支付软件、证券交易所、

期货交易所、证券公司等非银行金融机构、外汇交易中心、银行（内外资）以及上市公司7个方面的集聚度来衡量了不同城市总体的金融集聚度水平，下面我们进一步从上述的7个方面来分析不同等级金融中心城市金融集聚度的优势与短板，图4—4利用雷达图报告了相应的测算结果。

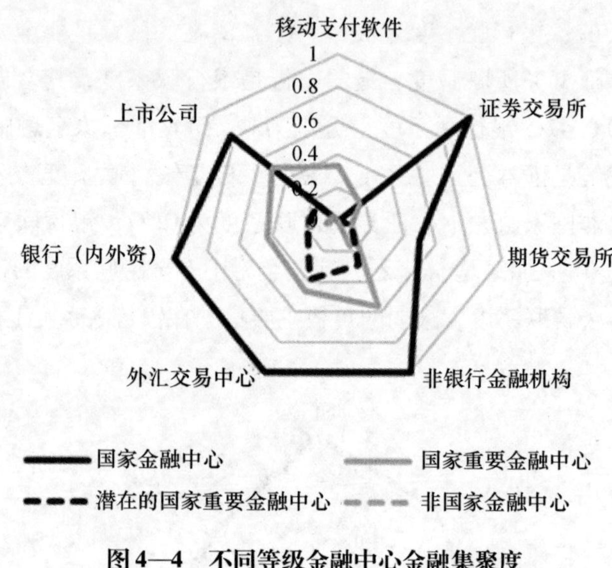

图4—4　不同等级金融中心金融集聚度

数据来源：中国社会科学院城市竞争力指数数据库。

具体来看，图4—4的结果表明：(1) 国家金融中心金融集聚度的最大优势是证券交易所集聚度、非银行金融机构集聚度、外汇交易中心集聚度与银行（内外资）集聚度，上述集聚度的得分都为1，最弱短板是移动支付软件集聚度，集聚度得分为0。(2) 国家重要金融中心金融集聚度的最大优势是非银行金融机构集聚度、最弱短板是期货交易所集聚度。国家重要金融中心的非银行金融机构集聚度为0.56，期货交易所集聚度为0.08。(3) 潜在的国家重要金融中心的最大优势是外汇交易中心集聚度、最弱短板是证券交易所集聚度。其中，外汇交易中心集聚度得分为0.38，证券交易所集聚度得分也为0。(4) 非国家金融中心金融集聚度的最大优势是非银行金融机构集聚度、最弱短板则包括证券交易所集聚度、期货交易所集聚度与外汇交易中心集聚度。其中，非银行金融机构集聚度得分为0.16，三个最弱短板方面的金融集聚度得分都为0。

因此，总体来看，我国金融中心金融集聚度的最大优势呈现多样化趋势，不同等级金融中心集聚度的最大优势各不相同，这主要反映了不同等级金融中心在全国金融体系中的功能与定位差异；从短板领域来看，除了等级最高的国家金融中心城市，其他等级的金融中心城市的短板领域都集中在证券交易所集聚度上，尽管这主要是受目前我国金融体系的整体制度设计的影响，但从最弱短板领域的数量来看，等级最低的非国家金融中心城市有三个，这表明我国金融中心在金融集聚度上的差距也是非常明显的。

五　从金融联系度的发展协调性来看，证券联系度发展最协调，银行联系度发展最不协调

为了衡量金融联系度发展的协调水平，课题组分别测算了全部样本层面金融联系度7个方面的变异系数与不同等级金融中心金融联系度的变异系数。其中，变异系数越小，表明内部差异越小，发展的协调性也就越高。

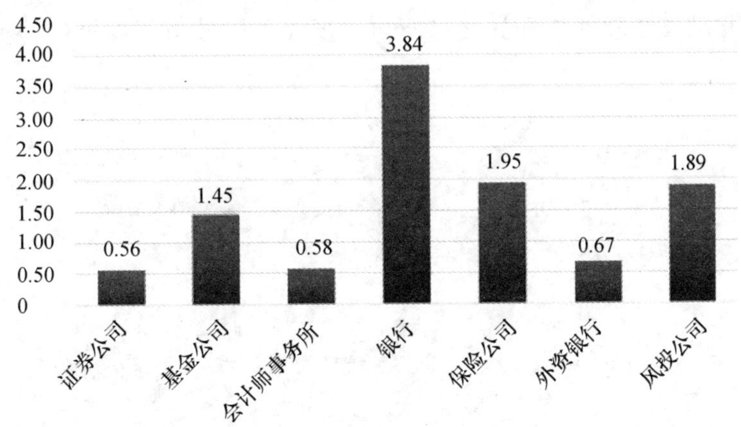

图4—5　金融联系度不同方面的变异系数

数据来源：中国社会科学院城市竞争力指数数据库。

图4—5报告了金融联系度7个不同方面的变异系数，可以发现，证券公司联系度的变异系数最小，为0.56，表明其发展的协调性最强；其他金融联系度不同方面发展的协调性由强到弱分别是会计师事务所联系

度（0.58）、外资银行联系度（0.67）、基金公司联系度（1.45）、风投公司联系度（1.89）、保险公司联系度（1.95）以及银行联系度（3.84），也就是说，银行联系度在不同城市间的发展协调性是最弱的。结合上文的分析，我国金融中心金融联系度的最大优势主要集中在证券公司联系度、最弱短板主要集中在银行联系度，因此，我国金融联系度的最大优势领域发展协调、最弱短板领域的发展最不协调，这种叠加加剧了我国金融中心金融联系度上的分化。

六 从金融集聚度的发展协调性来看，非银行金融机构集聚度发展最协调，移动支付软件与证券交易所集聚度发展最不协调

图4—6报告了金融集聚度7个不同方面的变异系数，变异系数越小，表明发展的协调性越高。具体而言，非银行金融机构集聚度的变异系数最小，为0.59，这表明其发展的协调性最强；其他金融集聚度不同方面发展的协调性由强到弱分别是外汇交易中心集聚度（0.81）、银行（内外资）集聚度（0.84）、上市公司集聚度（1.11）、期货交易所集聚度（2.29）、移动支付软件集聚度（3.39）与证券交易所集聚度（3.39）。因此，移动支付软件与证券交易所集聚度在不同城市间发展的协调性最

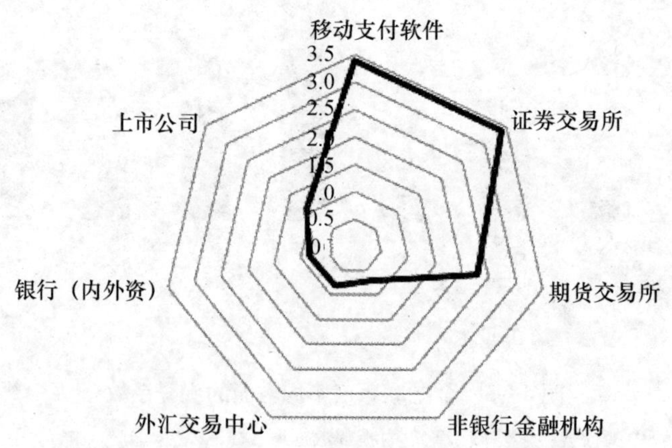

图4—6 金融集聚度不同方面的变异系数

数据来源：中国社会科学院城市竞争力指数数据库。

差。其中，证券交易所集聚度主要与我国金融体系的整体制度设计有关，单个城市对其影响较小；但移动支付软件则属于近年来出现的金融行业的新业态，这是每个城市可以积极主动争取的领域，反映出了一个城市金融创新的水平，其发展的协调性较差表明不同金融中心的金融创新能力存在显著差距。

第三节　郑州金融中心的发展状况

一　郑州属于潜在的国家重要金融中心，金融发展短板突出，属于弱集聚—弱联系类型

从郑州金融中心指数在全国的排名来看，郑州在全部 25 个城市中排名第 16 位，按照金融中心的等级来看，属于潜在的国家重要金融中心，在全国位于第三梯队。具体来看，全国金融中心的平均发展水平为 0. 26，郑州金融中心的发展水平为 0. 179，低于全国平均水平 31%，这表明郑州的金融中心发展水平在全国的地位较低。更具体地来看，郑州所属的潜在的国家重要金融中心共包括 13 个城市，即使在同一等级的城市中，郑州金融中心发展水平的排名也仅位于第 9 位，处于相对落后的地位。因此，可以判断金融中心是郑州发展中的明显短板领域。

由于金融中心指数是由金融联系度与金融集聚度两个指标来合成的，下面进一步从这两个维度来打开分析郑州金融中心的发展水平。从表 4—3 的结果中可以发现，郑州属于典型的弱集聚—弱联系型，其中，郑州的金融联系度在全国排名 16，与金融中心指数的排名是一致的；而金融集聚度的排名是 13。因此，相对于全国平均水平，郑州的金融联系度与金融集聚度都在全国处于弱势地位。课题组利用聚类分析的方法分别按照金融联系度与金融集聚度的得分将全部 25 个城市分为四个等级，可以发现郑州的金融联系度与金融集聚度都处于第三等级，这也进一步印证了郑州金融集聚度与金融联系度发展较弱的事实。

表 4—4 郑州金融中心指数的总体与分项排名

项目	得分	排名	所属等级
金融中心总体水平	0.179	16	潜在的国家重要金融中心
金融联系度	0.128	16	第三等级
金融集聚度	0.209	13	第三等级

数据来源：中国社会科学院城市竞争力指数数据库。

二 从全国来看，郑州金融联系度的最具优势领域是会计师事务所联系度，最突出短板领域则包括基金公司、银行、保险公司、风投公司联系度四个领域

为了从全国层面来衡量郑州金融联系度的优势与短板领域，课题组首先计算了证券公司、基金公司、会计师事务所、银行、保险公司、外资银行以及风投公司 7 个金融联系度的分项指标在全国的平均得分水平，然后与郑州金融联系度各分项指标的得分相比，如果郑州金融联系度分项指标的得分高于该指标在全国的平均得分水平，那么就认为郑州在该分项领域具有比较优势，属于优势领域；反之，则在该分项不具有比较优势，属于短板领域。

按照上述原则，表 4—5 的测算结果显示，在所有金融联系度的 7 项分项指标中，郑州在全国的优势领域仅有一项，为会计师事务所联系度；而短板领域则包括了证券公司、基金公司、银行、保险公司、外资银行以及风投公司 6 项金融联系度分项指标，也就是说，郑州金融联系度中绝大多数指标都属于短板领域。从优势或短板领域的具体程度来看，在金融联系度中郑州最具优势的会计师事务所联系度高于全国平均水平 39%，优势地位还是比较明显的；而在短板领域中，郑州在基金公司、银行、保险公司、风投公司联系度四个领域中都落后全国平均水平 100%，差距非常明显，上述四个领域也属于郑州金融联系度的突出短板领域。因此，从金融联系度的角度来看，郑州建设金融中心补短板的关键是提高基金公司、银行、保险公司、风投公司四个领域的联系度。

表 4—5　　郑州金融联系度相对于全国的优势与短板领域

金融联系度分项指标	郑州得分	全国平均水平	与全国平均水平差距	优势/短板
证券公司	0.33	0.43	22%	短板
基金公司	0	0.17	100%	短板
会计师事务所	0.62	0.44	-39%	优势
银行	0	0.05	100%	短板
保险公司	0	0.12	100%	短板
外资银行	0.15	0.31	51%	短板
风投公司	0	0.14	100%	短板

注：与全国平均水平的差距为负则表明是领先于全国平均水平，因此具有优势地位。

数据来源：中国社会科学院城市竞争力指数数据库。

三　从全国来看，郑州金融集聚度的最具优势领域是期货交易所集聚度，最突出短板领域则包括移动支付软件、证券交易所与外汇交易中心集聚度三方面

为进一步衡量在全国层面郑州金融集聚度的优势与短板领域，课题组计算了金融集聚度指标下的移动支付软件、证券交易所、期货交易所、非银行金融机构、外汇交易中心、银行（内外资）以及上市公司 7 个分项的集聚度在全国的平均得分水平，然后与郑州在金融集聚度 7 个分项下的得分水平相比，如果在某一分项下郑州的得分更高，则表明郑州在该领域具有优势，反之则属于郑州的短板领域。

表 4—6 报告了相应的测算结果。可以发现，与全国平均水平相比，郑州的优势领域包括期货交易所集聚度与非银行金融机构集聚度两大领域；而郑州的短板领域则包括移动支付软件、证券交易所、外汇交易中心、银行（内外资）以及上市公司集聚度 5 大领域，因此总体上而言，郑州的金融集聚度的短板领域还是多于优势领域。从优势或短板领域的具体大小来看，首先，郑州金融集聚度的最具优势领域是期货交易所集聚度，领先全国平均水平 525%，目前全国仅有上海、天津、大连与郑州四个城市拥有期货交易所，所以郑州在该领域的优势还是非常显著的；非银行金融机构集聚度则领先于全国平均水平 37%，也具有较为明显的优势。其次，郑州金融集聚度的最突出短板领域则包括移动支付软件、

证券交易所与外汇交易中心集聚度三方面，在这三个方面郑州的发展水平都落后于全国平均水平100%。但是，要注意到导致郑州在上述三方面成为突出短板的原因是存在一定差异的，证券交易所与外汇交易中心集聚度受中央政府的政策影响较大，属于地方政府很难直接影响的领域；但移动支付软件领域则属于新兴的金融产业发展新业态，这属于地方政府可以利用自身产业政策来实现发展的，其发展的滞后主要反映了地方政府在支持金融创新方面的落后。

表4—6　　郑州金融集聚度相对于全国的优势与短板领域

金融集聚度分项指标	郑州得分	全国平均水平	与全国平均水平差距	优势/短板
移动支付软件	0	0.08	100%	短板
证券交易所	0	0.08	100%	短板
期货交易所	0.50	0.08	-525%	优势
非银行金融机构	0.48	0.35	-37%	优势
外汇交易中心	0	0.35	100%	短板
银行（内外资）	0.10	0.26	63%	短板
上市公司	0.03	0.25	88%	短板

注：与全国平均水平的差距为负则表明是领先于全国平均水平，因此具有优势地位。

数据来源：中国社会科学院城市竞争力指数数据库。

四　郑州金融联系度的内部协调性差，主要是由于基金公司、银行、保险公司以及风投公司联系度发展的严重滞后导致的

由于金融联系度是由7个分项指标来衡量的，为了衡量郑州金融联系度发展的内部协调性，课题组计算了全国25个城市金融联系度7个分项指标的变异系数，变异系数越小，表明金融联系度内部的不同分项间发展的差距越小，发展也就越平衡，发展的协调性也就越高，图4—7报告了相应的测算结果。具体来看，全部25个城市金融联系度变异系数的均值为1.02，郑州排在第23位，变异系数为1.40，高于全国平均水平37%，因此整体上郑州金融联系的内部协调性在全国处于明显较差的水平，而且也明显低于郑州金融联系度在全国的排名（第16位），这意味

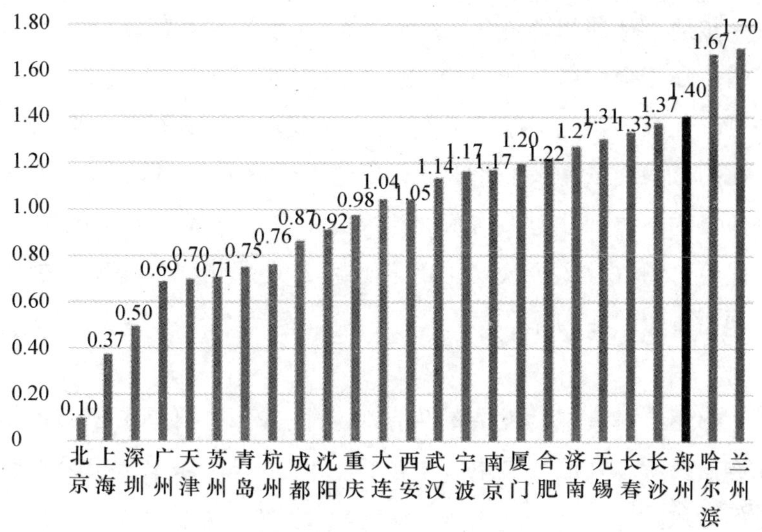

图4—7　不同城市金融联系度变异系数排名

数据来源：中国社会科学院城市竞争力指数数据库。

着一些比郑州金融联系度发展水平低的城市，包括大连、沈阳、济南、合肥、宁波、长沙、长春等的金融联系度的内部协调性要高于郑州，这表明郑州要在提高金融联系度的协调性上下功夫。

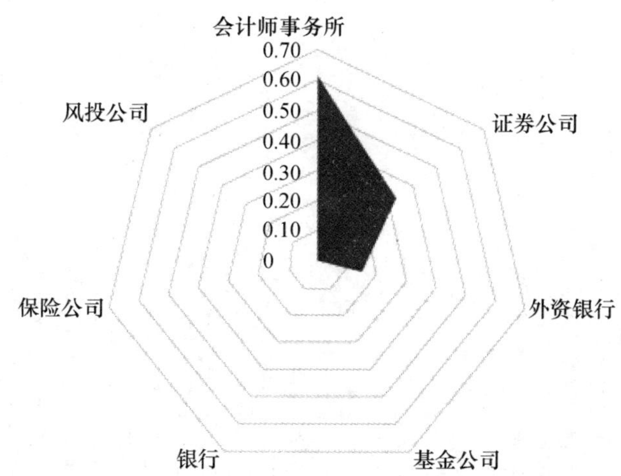

图4—8　郑州金融联系度分项协调性分析

数据来源：中国社会科学院城市竞争力指数数据库。

进一步地，从郑州金融联系度内部的各分项指标来看，图4—8的雷达图表明，郑州金融联系度各分项间的发展非常不平衡，过度倚重会计师事务所、证券公司的金融联系度等，基金公司、银行、保险公司以及风投公司的金融联系度水平非常低，指数得分都为0，这加剧了郑州金融联系度内部的不协调性与不均衡性。因此，进一步提高郑州在基金公司、银行、保险公司以及风投公司上的联系度，是郑州建设协调发展的金融中心必须要重点关注的。

五 郑州金融集聚度发展的内部协调性差，主要是由于移动支付软件、证券交易所、外汇交易中心、银行（内外资）以及上市公司数量集聚度过低导致的

图4—9显示了全国25个城市金融集聚度在移动支付软件、证券交易所、期货交易所、非银行金融机构、外汇交易中心、银行（内外资）以及上市公司7个分项下的变异指数，变异指数越小，表明金融集聚度内部的协调性越好。具体来看，全国25个城市金融集聚度变异指数的均值为1.2，郑州的变异指数为1.35，高于全国平均水平12.5%，在全国排在第21位，属于明显落后的区间，这表明郑州金融集聚度发展的内部协

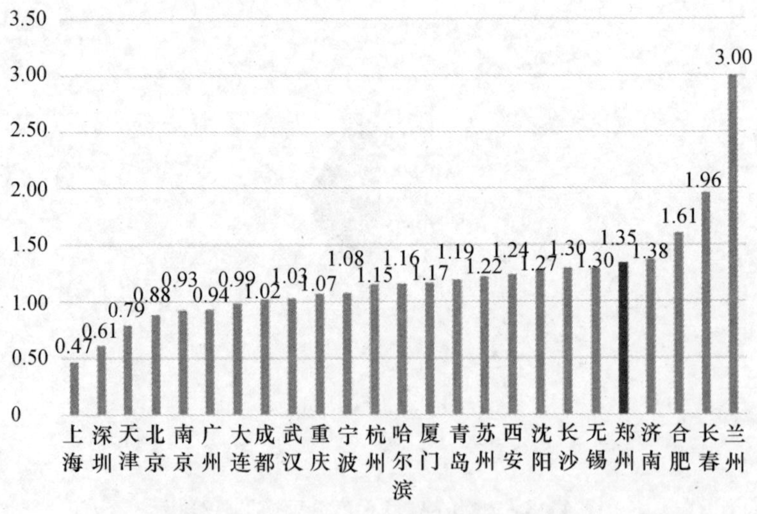

图4—9 不同城市金融集聚度变异系数排名

数据来源：中国社会科学院城市竞争力指数数据库。

调性也很差。而且与郑州金融集聚度指数在全国的排名第13位相比，郑州金融集聚度内部协调性的排名下降了8个名次，宁波、厦门、青岛、西安、沈阳、苏州、长沙、哈尔滨8个城市尽管其金融集聚度落后于郑州，但在金融集聚度的内部协调性上超过了郑州，这也是需要引起郑州注意的地方。

图4—10的雷达图则进一步分析了郑州金融集聚度不同分项下的协调性，可以发现，郑州的金融集聚度主要倚重期货交易所、非银行金融机构集聚度，而在移动支付软件、证券交易所、外汇交易中心、银行（内外资）以及上市公司集聚度上的水平非常低，这表明郑州金融集聚的类型非常单一。但现代金融业是一个非常复杂的系统，过于单一的结构不利于郑州金融中心的建设。尽管证券交易所与外汇交易中心的集聚受中央政府政策的影响较大，但在移动支付软件、银行（内外资）以及上市公司数量集聚度的提高上，郑州仍然可以抓住机遇，积极补齐自身短板。

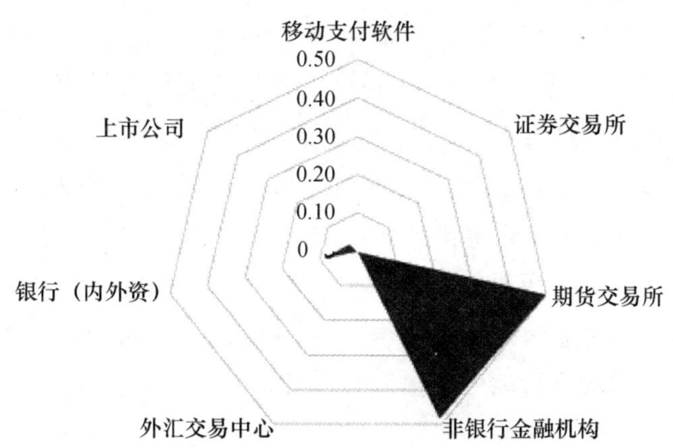

图4—10　郑州金融集聚度分项协调性分析

数据来源：中国社会科学院城市竞争力指数数据库。

第四节　对标分析

一　借鉴城市：长期对标深圳，短期看齐杭州

借鉴城市主要反映了一个城市发展的愿景，也就是可以作为未来发展方向参照的城市，其基本的选取原则是金融发展水平比郑州高的城市。

首先，从金融中心的等级来看，郑州在全国属于潜在的国家重要金融中心，因此郑州建设金融中心的借鉴城市可以从国家金融中心与国家重要金融中心中选取。其中，国家金融中心发展水平显著高于郑州，可从中选取出作为郑州长期发展借鉴的城市；按照类似的思路，可以从国家重要金融中心中选取作为郑州短期发展借鉴的城市。其次，金融中心的形成受到历史、制度因素的影响较大，而郑州在金融中心建设上作为后发展城市最好的借鉴目标是那些新兴并实现成功转型升级的金融中心。按照上述选取原则，课题组在国家金融中心中排除了北京、上海等传统的或具有显著制度优势的金融中心，选取深圳这一发展历史较短且转型升级较为成功的城市作为郑州建设金融中心的长期借鉴城市；在国家重要金融中心中，课题组经过讨论选取了杭州这一在移动支付软件等新兴金融领域具备显著优势的城市作为郑州的短期看齐目标，以期为郑州建设金融中心过程中的转型升级提供经验与借鉴。

表4—7报告了金融联系度与金融集聚度各分项下郑州与深圳、杭州对标分析的结果。(1) 在金融联系度上，从长期借鉴城市深圳来看，郑州要进一步提升在证券公司、基金公司、银行、保险公司、外资银行与风投公司领域的金融联系度；短期内，与杭州相比，郑州要重点在基金公司与风投公司方面实现突破。(2) 在金融集聚度上，与深圳相比，郑州在长期内要致力于提高自身在移动支付软件、证券交易所、外汇交易中心、银行（内外资）与上市公司的集聚度；与杭州相比，郑州在短期内要重点突破移动支付软件、银行（内外资）与上市公司三个领域。

表4—7　　郑州与深圳、杭州的对标分析

金融联系度	深圳	杭州	郑州	金融集聚度	深圳	杭州	郑州
证券公司	1.00	0.33	0.33	移动支付软件	1.00	1.00	0
基金公司	0.50	0.14	0	证券交易所	1.00	0	0
会计师事务所	0.54	0.38	0.62	期货交易所	0	0	0.50
银行	0.14	0	0	非银行金融机构	0.32	0.56	0.48
保险公司	0.33	0	0	外汇交易中心	0.50	0	0
外资银行	0.48	0.27	0.15	银行（内外资）	0.40	0.29	0.10
风投公司	0.42	0.50	0	上市公司	0.91	0.25	0.03

数据来源：中国社会科学院城市竞争力指数数据库。

二　合作城市：贯通东中西，东向与上海合作，西向与重庆合作

合作城市选取的基本原则是能通过不同城市间的合作补齐郑州自身发展中的短板、巩固并扩大自身优势；同时，合作城市的选取应该避免那些与郑州存在直接竞争的城市。从郑州金融中心的发展态势来看，郑州地处中原，地理区位关键，与周边城市的联系紧密；但是，这也造成了郑州金融中心的建设受到周边西安、武汉、南京、济南等城市的直接挤压，金融发展的腹地难以拓展。针对这种格局，课题组认为郑州东向应该积极与上海深化合作。上海作为中国以及全球重要的金融中心，郑州也在其辐射范围内。上海的各项指标基本都显著高于郑州，因此，郑州与上海合作的重点在积极利用上海全国以及全球金融中心的优势地位来弥补自身的短板。郑州西向应该积极与比自身发展水平略高的重庆合作，实现优势互补，跳出周边城市的包围圈，开辟新的腹地，放大自身地处中原的区位优势，成为联通东部与西部金融中心的重要节点。

表4—8报告了金融联系度与金融集聚度各分项下郑州与上海、重庆对标分析的结果，具体来看：（1）上海的各项指标得分全面领先于郑州，通过与上海的合作，郑州可以重点补齐自身在基金公司、银行、保险公司与风投公司联系度以及外汇交易中心、银行（内外资）与上市公司集聚度等领域的突出短板。（2）与重庆的合作则分为两个层面，从扩大郑州自身发展优势的角度而言，郑州要充分发挥自身在期货交易所、非银行金融机构集聚度上的优势来与重庆合作；从差异互补的角度而言，郑州与重庆可在基金公司、外资银行联系度以及外汇交易中心、银行（内外资）以及上市公司集聚度上展开合作。

表4—8　　郑州与上海、重庆的对标分析

金融联系度	上海	重庆	郑州	金融集聚度	上海	重庆	郑州
证券公司	1.00	0.33	0.33	移动支付软件	0	0	0
基金公司	0.71	0.14	0	证券交易所	1.00	0	0
会计师事务所	1.00	0.62	0.62	期货交易所	0.50	0	0.50
银行	0.14	0	0	非银行金融机构	1.00	0.24	0.48
保险公司	0.67	0	0	外汇交易中心	1.00	0.50	0
外资银行	1.00	0.30	0.15	银行（内外资）	1.00	0.30	0.10
风投公司	0.92	0.08	0	上市公司	0.82	0.12	0.03

数据来源：中国社会科学院城市竞争力指数数据库。

三 追赶城市：与武汉与西安存在一定差距

课题组选取了武汉与西安作为郑州的追赶城市，这主要是因为一方面这两个城市与郑州都同处于潜在的国家重要金融中心且发展水平都高于郑州，另一方面这两个城市距离郑州都相对较近，参考意义较强。表4—9报告了郑州与武汉、西安在各分项下的对标分析结果。

具体来看：首先，从武汉来看，郑州在保险公司与外资银行联系度、外汇交易中心集聚度、银行（内外资）集聚度与上市公司集聚度五方面落后于武汉，而在期货交易所与非银行金融机构集聚度两方面领先于武汉。其次，从西安来看，郑州在基金公司、外资银行与风投公司联系度，外汇交易中心、银行（内外资）与上市公司集聚度六方面落后于西安；而在期货交易所与非银行金融机构集聚度两方面领先于西安。

表4—9　郑州与武汉、西安的对标分析

金融联系度	武汉	西安	郑州	金融集聚度	武汉	西安	郑州
证券公司	0.33	0.33	0.33	移动支付软件	0	0	0
基金公司	0	0.14	0	证券交易所	0	0	0
会计师事务所	0.62	0.62	0.62	期货交易所	0	0	0.50
银行	0	0	0	非银行金融机构	0.47	0.28	0.48
保险公司	0.17	0	0	外汇交易中心	0.50	0.50	0
外资银行	0.18	0.18	0.15	银行（内外资）	0.14	0.13	0.10
风投公司	0	0.08	0	上市公司	0.28	0.07	0.03

数据来源：中国社会科学院城市竞争力指数数据库。

四 潜在竞争城市：存在被济南赶超的风险

潜在竞争城市指的是尽管目前在排名上落后于郑州，但可能在未来赶超郑州，也就是和郑州有潜在竞争的城市。课题组选取了济南作为潜在竞争城市。这主要是因为济南的金融中心指数落后于郑州，例如郑州的排名为16，济南的排名为20，而且同属于潜在的国家重要金融中心；同时，济南在空间距离上相对于其他落后于郑州的潜在国家重要金融中心城市也相对较近。表4—10报告了郑州与济南在各分项下对标分析的结果。具体来看：（1）在金融联系度上，郑州被济南超过的领域有外资银行联系度一方面。（2）在金融集聚度上，郑州被济南超过的领域有外汇交易中心集聚度与银行（内外资）集聚度两方面。

表4—10　　　　郑州与济南的对标分析

金融联系度	济南	郑州	金融集聚度	济南	郑州
证券公司	0.33	0.33	移动支付软件	0	0
基金公司	0	0	证券交易所	0	0
会计师事务所	0.46	0.62	期货交易所	0	0.50
银行	0	0	非银行金融机构	0.20	0.48
保险公司	0	0	外汇交易中心	0.50	0
外资银行	0.18	0.15	银行（内外资）	0.13	0.10
风投公司	0	0	上市公司	0.03	0.03

数据来源：中国社会科学院城市竞争力指数数据库。

第五节　重点指标分析

一　金融联系度较低，存在被赶超的风险

第一，金融联系度明显落后于借鉴城市。作为郑州金融中心建设长期借鉴的深圳在金融联系度得分上显著高于郑州，约为郑州的3.8倍；而作为短期借鉴的杭州在金融联系度上的得分约为郑州的1.7倍。因此，郑州无论是与长期还是短期借鉴城市相比都存在明显的差距。对于借鉴城市深圳而言，郑州的关键是要学习深圳在提升金融联系度、促进金融转型发展中的先进经验与做法，在发展中避免走弯路；对于借鉴城市杭州而言，杭州近年来在移动支付软件等金融创新领域的发展非常有特色，郑州可参考杭州在金融创新方面的经验，补齐短板。

第二，金融联系度与合作城市存在较大差距。一方面，作为郑州东向合作城市的上海金融联系度要显著高于郑州，这意味着郑州要积极通过与上海的深化合作来补齐自身金融联系度的短板；另一方面，作为郑州西向合作城市的重庆金融联系度略高于郑州，这意味着郑州与重庆可

以展开差异化合作、相互取长补短。

第三，金融联系度略低于追赶城市，基本旗鼓相当。作为郑州追赶城市的重庆与西安在金融联系度上略高于郑州，领先地位不明显，呈现胶着态势，这意味着郑州完全有机会实现对上述两个城市的赶超。

第四，金融联系度对潜在竞争城市的领先地位不明显。作为郑州潜在竞争城市的济南在金融联系度上只是略低于郑州。总体而言，郑州在金融联系度上对潜在竞争城市的领先地位不明显，因此郑州要树立高度的危机意识，警惕潜在竞争城市的赶超。

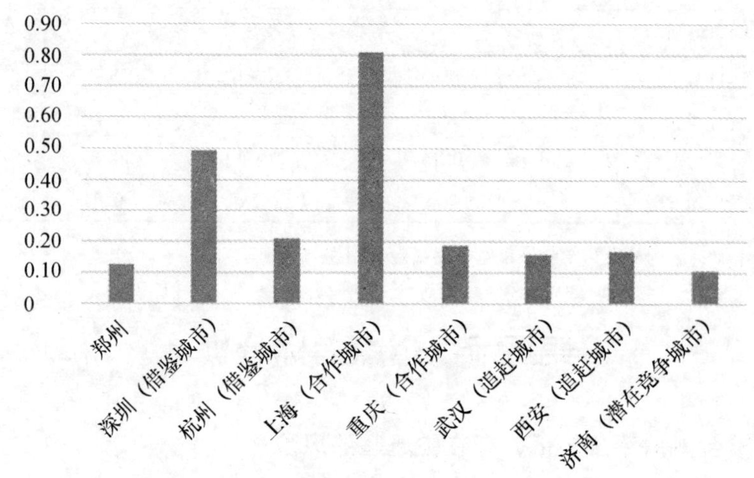

图4—11 郑州与对标城市的金融联系度得分

数据来源：中国社会科学院城市竞争力指数数据库。

二 金融集聚度相对于对标城市具备一定优势，但优势地位不稳固

首先，金融集聚度与借鉴城市差距较大。作为借鉴城市的深圳与杭州的金融集聚度得分分别是郑州的3.7倍与1.9倍，这表明郑州在金融集聚度上与借鉴城市的差异也非常明显。因此，郑州的基本策略仍然是长期积极对标深圳在提升金融集聚度上的先进做法，同时在短期内学习杭州的经验。

其次，金融集聚度落后于合作城市。作为全球重要的金融中心，上海在金融集聚度上远超郑州是很正常的，这种差距表明郑州在金融集聚度上也要通过与上海的深化合作来提升自身水平；而对于西向的重庆而

言，其金融集聚度稍微领先郑州，这意味着双方可在相对平等的条件下进行合作，实现优势互补。

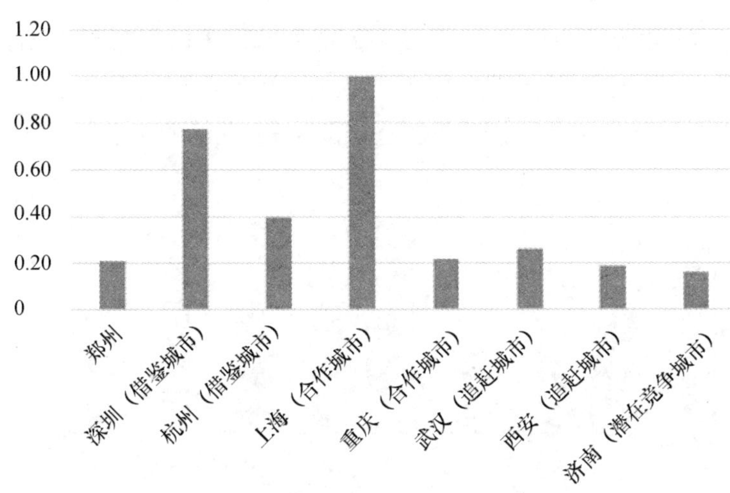

图 4—12　郑州与对标城市的金融集聚度得分

数据来源：中国社会科学院城市竞争力指数数据库。

最后，金融集聚度与追赶城市和潜在竞争城市相当，整体上具备微弱优势。作为郑州追赶城市的武汉在金融集聚度上要领先于郑州，而另一个追赶城市西安以及潜在竞争城市济南在金融集聚度上都要微弱落后于郑州。因此郑州在金融集聚度上受到的威胁要小于金融联系度，但郑州在金融集聚度上也不能放松，否则现在具备的微弱优势很容易丧失并被赶超。

三　会计师事务所联系度与期货交易所集聚度与对标城市相比具备明显优势

在郑州金融联系度与金融集聚度的分项指标中，会计师事务所联系度是郑州金融联系度中得分最高的领域，而期货交易所集聚度是郑州金融集聚度中得分最高的领域，因此课题组重点对郑州这两大优势领域进行分析。图 4—13 报告了郑州与对标城市的会计师事务所联系度与期货交易所集聚度得分。可以发现：首先，郑州的会计师事务所联系度除了低于借鉴城市上海外，都等于或者高于其他城市。特别是郑州的会计师事务所联系度与追赶城市武汉、西安相同，而且明显领先于潜在竞争城市济南，因此具备了较为明显的优势地位。其次，郑州的期货交易所集聚度的优势地位非常明显。这是因为除了合作城市中的上海拥有期货交易所外，其他城市都没有期货交易所。因此，郑州在建设金融中心的时候要充分利用自身在期货交易所集聚度上的显著优势，提升自身的地位。

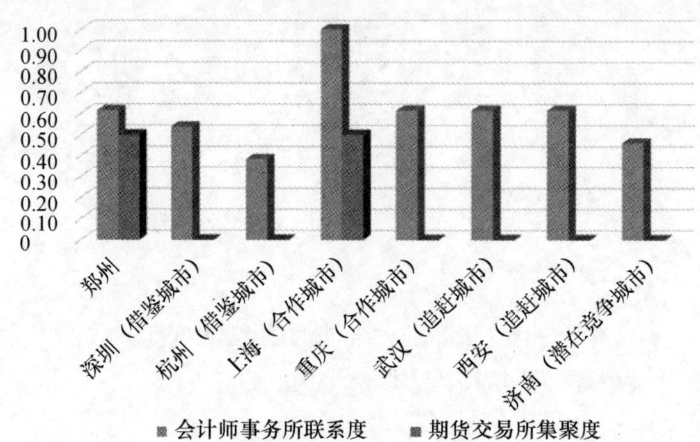

图4—13　郑州与对标城市的会计师事务所联系度与期货交易所集聚度得分

数据来源：中国社会科学院城市竞争力指数数据库。

四　基金公司、外资银行与风投公司联系度与对标城市相比存在明显劣势

在金融联系度的分项得分中，按照郑州得分较低、对标城市得分相对较高的原则，课题组从基金公司、外资银行与风投公司联系度三个指标来重点分析郑州与对标城市的劣势，图4—14报告了郑州与对标城市的基金公司、外资银行与风投公司联系度得分。具体来看：首先，从基金公司联系度来看，郑州的得分为0，低于借鉴城市深圳的0.5与杭州的0.14，也低于合作城市上海的0.71与重庆的0.14，这表明在提升基金公司联系度上郑州任重道远。需要引起注意的是，郑州的基金公司联系度也落后于追赶城市西安的0.14，这意味着郑州在基金公司联系度上面临

的竞争压力很大，不仅发展水平低，而且面临被拉大差距的风险。其次，从外资银行联系度来看，郑州的得分为 0.15，全面落后于所有的对标城市。外资银行的联系度反映了一个城市金融业在全球金融体系中的地位，郑州应继续加强自身金融行业的国际化与开放水平。最后，从风投公司联系度来看，郑州风投公司的联系度得分为 0，在所有对标城市中除了武汉与济南也为 0 外，郑州全面落后于其他对标城市。风投公司联系度反映了一个城市金融业的创新能力以及对实体经济的支撑能力，郑州在该领域的明显劣势地位反映了城市金融业在创新能力上的差距，这也是郑州亟须补齐的短板。

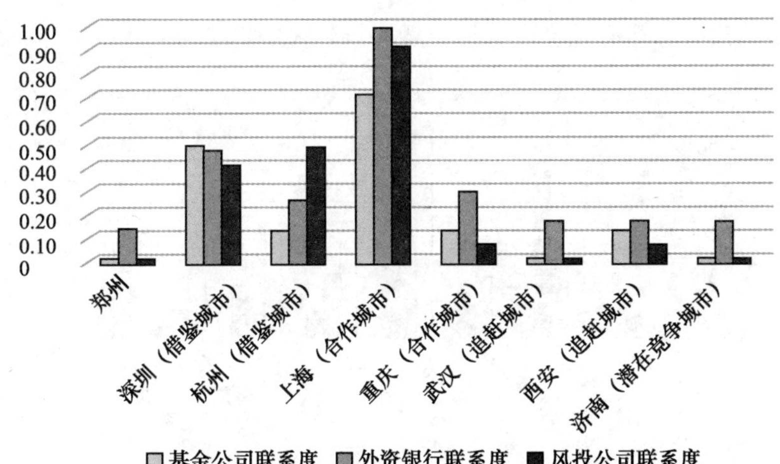

图 4—14　郑州与对标城市的基金公司、外资银行与风投公司联系度得分

数据来源：中国社会科学院城市竞争力指数数据库。

五　外汇交易中心、银行（内外资）、上市公司集聚度与对标城市相比劣势明显

从金融集聚度的各分项指标来看，同样按照郑州得分较低、对标城市得分相对较高的原则，课题组发现郑州在外汇交易中心、银行（内外资）、上市公司集聚度方面劣势明显，图 4—15 报告了郑州与对标城市的外汇交易中心、银行（内外资）、上市公司集聚度得分。具体来看：首先，从外汇交易中心的集聚度来看，郑州在外汇交易中心集聚度上的得分为 0，在所有对标城市中除了杭州的得分也为 0 外，郑州全面落后于其

他对标城市。外汇交易中心反映了一个城市金融体系的开放性，因此郑州应该积极争取国家政策支持，提升自身金融体系的开放度。其次，从银行（内外资）集聚度来看，郑州的得分为0.1，在全部的对标城市中是最低的。不仅落后于目标与合作城市，而且与追赶城市和潜在竞争城市的差距也非常明显。银行是现代金融体系的重要组成部分，郑州在银行（内外资）集聚度方面相对于所有对标城市的全面落后表明郑州金融体系的基础还是非常薄弱的，必须高度重视金融中心的建设。最后，从上市公司集聚度来看，郑州的得分为0.03，仅与潜在竞争城市中的济南得分齐平，全面落后于其他对标城市。上市公司数量集聚度可以非常直观地反映一个区域金融体系的活力与效率，郑州在该领域与对标城市相比的全面落后表明郑州必须高度重视金融市场建设的水平与效率。

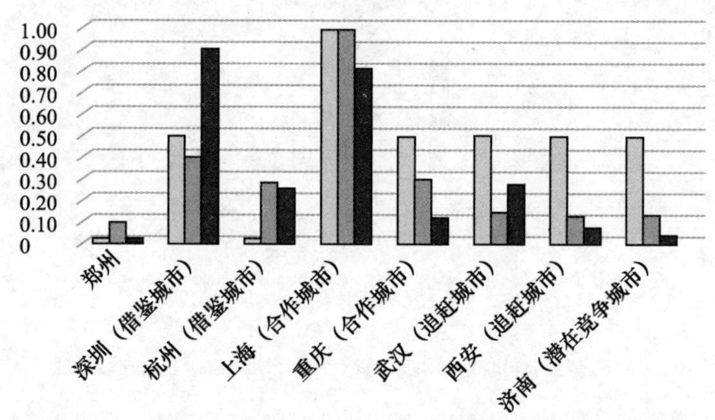

图4—15 郑州与对标城市的外汇交易中心、银行（内外资）、上市公司集聚度得分

数据来源：中国社会科学院城市竞争力指数数据库。

第六节 结论与对策建议

本章的研究表明，郑州整体上属于潜在的国家重要金融中心城市，其下一步的发展目标是建设成为国家重要金融中心城市。从目前来看，郑州的优势主要体现在会计师事务所联系度与期货交易所集聚度上；但需要注意的是，郑州金融中心发展水平在全国排名较低，金融发展的短板突出；同时，郑州金融体系发展的内部协调性较差，内部发展很不均衡。在与其他城市的关系上，郑州虽然在金融集聚度上具备一定优势，但优势地位并不稳固；而金融联系度较低，存在被潜在竞争城市赶超以及与追赶城市差距拉大的风险。要实现建设成为重要国家金融中心城市的目标，郑州的关键在于扬长避短、抓住关键领域实现重点突破，课题组提出以下发展建议。

一　抓住新技术革命性下金融转型升级的关键机遇，积极促进金融新业态的发展

近年来，新一轮科技革命在全球范围内蓬勃兴起，互联网、大数据、人工智能、移动互联、云计算等信息技术与传统金融业务快速融合，正在推动金融业态发生深刻变化，这也给金融业转型升级带来新机遇。要深刻注意到，这一机遇对于郑州这一在金融领域后发展的城市而言是一个重要的机遇期。一方面，传统金融升级过程中传统金融业务的转移为郑州承接产业转移提供了机遇；另一方面，在金融新业态下，传统金融中心城市与后发金融中心城市都处于同一起跑线上，也为郑州金融中心的建设提供了弯道超车的机会。例如，近年来杭州在移动支付软件领域的迅速崛起就得益于新技术革命带来的金融业的产业变革。目前的金融新业态主要包括科技金融、绿色金融、文化金融和农村金融等。因此，郑州完全可以把握住新技术革命导致金融业变革这一机遇，积极推动金融服务方式创新、融资模式创新，提升金融普惠性水平、服务实体经济发展。

二　放大郑州自身优势，进一步推动金融业发展壮大

第一，郑州市要充分利用“一带一路”倡议、中原城市群和国家中心城市政策带来的政策红利优势，突出特色，形成相对开放、自由的金融市场体系。第二，郑州应结合自身特点，充分发挥自身在期货交易所方面具备的显著优势，准确定位。在传统农产品期货交易和郑州商品交易所的基础上，大力发展以金融期货交易为主的专业化金融产业，并在

此基础上发展其他期货交易。第三，郑州要充分发挥自身的区位优势，郑州作为连接西安、武汉、济南、石家庄等国家或区域中心城市的枢纽，还是黄河中下游地区经济最发达的工业中心和全国综合交通枢纽，郑州完全可以建设成为连接东西部的重要金融中心，这也是其他城市所不具备的条件。具体而言，郑州要尽快建设宽松而规范的监管体系和开放、自由的金融市场体系，实现更低的进入成本、更安全有效的资金流动、更低的金融风险，提高金融系统的效率，提升自身在全国金融体系中的地位。

三 深化金融改革，同时积极利用财政、税收等政策补齐自身短板

在面临其他城市激烈竞争的情况下，短期内利用财税政策来吸引其他区域金融机构的流入仍然是有效的方法。具体而言，郑州在中原城市群和国家中心城市建设的基础上应积极进行制度创新，敢于“先行先试”，通过提供一定程度的税费减免，压缩和减少行政审批环节，提高政府机构办事效率，吸引银行类、证券类、保险类、基金类、期货类等国内外金融企业特别是国际大金融机构到郑州设立分公司，增强郑州金融机构的集聚效应，提升金融业的整体竞争力。同时，对郑州本地金融机构给予必要的政策支持，促进其壮大，提升本地金融机构的金融创新能力和国际竞争力。此外，金融业是知识密集型行业，特别依赖人的创造性劳动，区域金融中心的活力和发展状况在一定程度上取决于人才特别是高端金融人才的数量和质量，因此郑州也要积极利用优惠政策吸引高端金融人才流入，提升郑州金融业的发展水平。

（执笔人：曹清峰）

第五章

国家科技中心指数坐标上的郑州方位

虽然国内外尚未对国家科技中心的概念达成共识，但是一般而言，国家科技中心应该是全国性科技资源、科技人才的集聚地，是创新思想、创新技术等创新成果的原创地，并且能够通过高效的成果转化与应用来驱动全国经济的可持续发展，同时代表国家参与全球竞争。国家科技中心指数主要包含国家科技中心联系度和国家科技中心集聚度两个方面，国家科技中心集聚度通过科研机构、科研产出、创新企业、科研项目、科研人才、高新园区六个解释性指标来说明，其中，科研机构通过国家重点实验室、国家实验室、国家研究中心、国家工程研究中心、国家工程技术研究中心五个方面来表现；科研产出通过近十年论文总量和近十年专利总量两个方面来表现；创新企业主要通过前100创新企业的数量来表现；科研项目主要通过国家科技重大专项数量来表示；科研人才主要通过院士、长江学者、杰出青年、千人计划专家等来表示；高新园区主要通过国家级高新园区数量来表示。

第一节　层级划分

就25个主要城市的科技中心实力而言，明显分为四个层级：第一层级是国家科技中心即北京，第二层级是国家重要科技中心即上海、深圳，第三层级是潜在的国家重要科技中心即武汉、重庆、成都、西安、杭州、南京、合肥、广州、天津9个城市，第四层级则是非国家科技中心即郑州、沈阳、长春、哈尔滨、厦门、苏州、兰州、济南、长沙、大连、宁波、青岛、无锡13个城市，总体呈现金字塔状。

表5—1　　25个主要城市的科技中心综合得分层级

层级	定　位	城市
第一层级	国家科技中心	北京
第二层级	国家重要科技中心	上海、深圳
第三层级	潜在的国家重要科技中心	武汉、重庆、成都、西安、杭州、南京、合肥、广州、天津
第四层级	非国家科技中心	郑州、沈阳、长春、哈尔滨、厦门、苏州、兰州、济南、长沙、大连、宁波、青岛、无锡

数据来源：中国社会科学院城市与竞争力研究中心数据库。

一　国家科技中心

北京集聚了大量的科技资源、科技人才和科研机构，是名副其实的国家科技中心，其科技中心综合得分位居25个主要城市之首，并且远远高于其他城市，其科技中心联系度和科技中心集聚度也均居于首位，具体到科技中心集聚度的六个分项指标，除高新园区外，其余五个指标即科研机构、科研产出、创新企业、科研项目、科研人才均居于首位。

表5—2　　国家科技中心具体指标

城市	综合得分	联系度	集聚度	科研机构	科研产出	创新企业	科研项目	科研人才	高新园区
北京	1.0000（1）	1.0000（1）	1.0000（1）	1.0000（1）	1.0000（1）	1.0000（1）	1.0000（1）	1.0000（1）	0（4）

注：括号内为具体排名，下同。

数据来源：中国社会科学院城市与竞争力研究中心数据库。

二　国家重要科技中心

国家重要科技中心是仅次于北京的重要科技中心，它们对全国科技发展具有一定的带动引领作用。从目前来看，上海和深圳是仅次于北京的全国性重要科技中心，其综合得分分别是0.5370和0.3258，在25个主要城市中分别居于第2位和第3位，并且远高于其他城市。其中，上海的科技中心联系度和科技中心集聚度均居于第 2 位，而深圳的科技中心联系度和科技中心集聚度则分别居于第 3 位和第 6 位。具体观察科技中心集聚度下的六个分项指标，可以发现，上海的六个分项指标均位居前三，而深圳除科研机构和科研人才两项指标相对较弱外，其他指标均排名列前茅。

表 5—3　　国家重要科技中心具体指标

城市	综合得分	联系度	集聚度	科研机构	科研产出	创新企业	科研项目	科研人才	高新园区
上海	0.5370 (2)	0.6667 (2)	0.4665 (2)	0.1868 (2)	0.8791 (2)	0.3600 (3)	0.3847 (2)	0.4777 (2)	0.3333 (2)
深圳	0.3258 (3)	0.6296 (3)	0.1465 (6)	0.0068 (22)	0.4400 (3)	0.6000 (2)	0.0398 (11)	0.0383 (16)	0 (4)

数据来源：中国社会科学院城市与竞争力研究中心数据库。

三　潜在的国家重要科技中心

潜在的国家重要科技中心是指目前尚未成为全国性科技中心，但是未来有成为全国重要科技中心潜力的城市。目前，全国潜在科技中心主要有武汉、重庆、成都、西安、杭州、南京、合肥、广州、天津 9 个城市，它们在科技中心综合得分上分居第 4—12 位，就科技中心联系度和科技中心集聚度来说，这些城市的指数均位居前列。具体观察科技中心集聚度的六个分项指标，也可以发现这些城市绝大部分的指数均位居前列，并且城市之间的差异很小，互相之间非常接近。

表 5—4　　潜在的国家重要科技中心具体指标

城市	综合得分	联系度	集聚度	科研机构	科研产出	创新企业	科研项目	科研人才	高新园区
武汉	0.2405 (4)	0.3704 (5)	0.1801 (3)	0.1856 (3)	0.2261 (8)	0.1600 (4)	0.0845 (5)	0.2283 (3)	0 (4)
重庆	0.2344 (5)	0.3704 (5)	0.1701 (4)	0.0367 (16)	0.3232 (6)	0 (18)	0.0431 (10)	0.0198 (19)	1.0000 (1)
成都	0.1878 (6)	0.4074 (4)	0.0694 (12)	0.0308 (17)	0.1772 (11)	0.040 (11)	0.0398 (11)	0.1112 (9)	0 (4)
西安	0.1827 (7)	0.3704 (5)	0.0856 (10)	0.0753 (9)	0.2192 (9)	0.040 (11)	0.0597 (8)	0.0870 (10)	0 (4)
杭州	0.1795 (8)	0.3704 (5)	0.0804 (11)	0.0185 (21)	0.1392 (14)	0.1200 (6)	0.0679 (6)	0.1459 (7)	0 (4)
南京	0.1705 (9)	0.2222 (12)	0.1645 (5)	0.0834 (8)	0.4376 (4)	0.0800 (8)	0.0912 (3)	0.1776 (4)	0 (4)
合肥	0.1582 (10)	0.2963 (9)	0.0951 (9)	0.1401 (4)	0.0443 (21)	0.1200 (6)	0.0597 (8)	0.1313 (8)	0 (4)
广州	0.1580 (11)	0.2593 (10)	0.1195 (8)	0.0664 (11)	0.2170 (10)	0.1600 (4)	0.0862 (4)	0.1575 (5)	0 (4)
天津	0.1360 (12)	0.1852 (13)	0.1330 (7)	0.0713 (10)	0.3853 (5)	0 (18)	0.0646 (7)	0.1553 (6)	0 (4)

数据来源：中国社会科学院城市与竞争力研究中心数据库。

四 非国家科技中心

非国家科技中心是指在科技实力方面短期内无法与国家科技中心、国家重要科技中心相提并论，同时与潜在的国家重要科技中心存在一定差距的城市，主要包括郑州、沈阳、长春、哈尔滨、厦门、苏州、兰州、济南、长沙、大连、宁波、青岛、无锡13个城市。这些城市无论是在国家科技中心联系度方面还是在国家科技中心集聚度方面，都远远落后于北京、深圳、上海等第一、二层级城市的相关指标，甚至距离潜在的国家重要科技中心也有一定的差距，但是，通过长期努力，它们也是有可能成为潜在的国家重要科技中心的。

第二节 总体格局

一 城市间科技实力分布呈金字塔状，层级之间的差距十分巨大，城市间不平衡发展现象非常显著

1. 科技中心综合得分的分布呈现金字塔状，北京是第一层级，上海和深圳是第二层级，这三个城市明显领先其他城市，并且层级越低，内部差异也越小

第一、二层级的科技中心综合得分明显领先其他层级，而第三、四层级城市科技中心综合得分较低，但内部差异较小。在第一、二层级中，北京的科技中心综合得分最高，其次是上海，科技中心综合得分为0.5370，最后是深圳，科技中心综合得分为0.3258，可以看出，上海和深圳的综合得分要远低于北京，三者之间的差距很大。再观察第三、四层级城市，可以发现，第三层级城市的科技中心综合得分在0.1—0.3之间，并且彼此之间的差异相对较小，而第四层级城市的科技中心综合得分则在0—0.1之间，各城市之间的差异更小，这从主要城市科技中心综合得分的核密度分布图（见图5—1）中也可以清晰地看出这一现象，大部分城市的科技中心综合得分较低，只有少数城市的综合得分较高，这也说明城市之间的科技实力不平衡的一线城市现象非常突出，科技资源主要集中在少数发达城市，特别是北京、上海、深圳等。

表 5—5　　25 个主要城市科技中心综合得分排名

排名	城市	综合得分	排名	城市	综合得分
1	北京	1.0000	14	沈阳	0.0848
2	上海	0.5370	15	长春	0.0744
3	深圳	0.3258	16	哈尔滨	0.0685
4	武汉	0.2405	17	厦门	0.0634
5	重庆	0.2344	18	苏州	0.0609
6	成都	0.1878	19	兰州	0.0536
7	西安	0.1827	20	济南	0.0394
8	杭州	0.1795	21	长沙	0.0331
9	南京	0.1705	22	大连	0.0158
10	合肥	0.1582	23	宁波	0.0130
11	广州	0.1580	24	青岛	0.0117
12	天津	0.1360	25	无锡	0
13	郑州	0.0939			

数据来源：中国社会科学院城市与竞争力研究中心数据库。

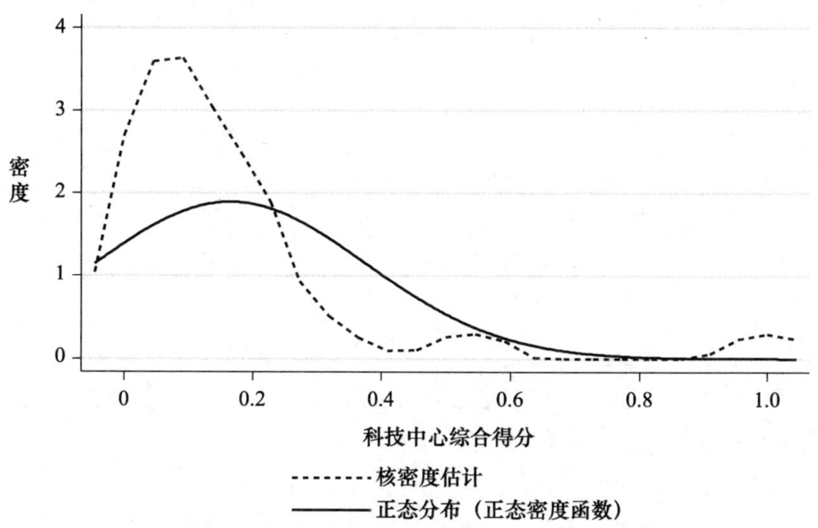

图 5—1　科技中心综合得分核密度分布

数据来源：中国社会科学院城市与竞争力研究中心数据库。

2. 科技中心联系度前三位分别是北京、上海、深圳，城市之间的差距相对较小，但城市之间的不平衡现象依然比较突出

就科技中心联系度而言，排名前十位的城市分别为北京、上海、深圳、成都、武汉、重庆、西安、杭州、合肥、广州、郑州，总的来看，在科技中心联系度方面，虽然城市之间的差距要比科技中心综合得分小，但城市之间的不平衡现象依然比较突出，特别是北京一骑绝尘，遥遥领先于其他城市，并且只有北、上、深三座一线城市的科技中心联系度超过0.5，其余城市无一超过0.5，再进一步观察科技中心联系度的核密度分布图（见图5—2），也可以清晰地看出大部分城市的科技中心联系度指数处于较低水平，只有极少数城市的科技中心联系度较高。

表5—6　　25个主要城市科技中心联系度指数排名

排名	城市	联系度	排名	城市	联系度
1	北京	1.0000	13	沈阳	0.1852
2	上海	0.6667	13	厦门	0.1852
3	深圳	0.6296	16	长春	0.1481
4	成都	0.4074	16	哈尔滨	0.1481
5	武汉	0.3704	16	兰州	0.1481
5	重庆	0.3704	16	济南	0.1481
5	西安	0.3704	20	苏州	0.1111
5	杭州	0.3704	20	长沙	0.1111
9	合肥	0.2963	22	大连	0.0370
10	广州	0.2593	22	宁波	0.0370
10	郑州	0.2593	22	无锡	0.0370
12	南京	0.2222	25	青岛	0
13	天津	0.1852			

数据来源：中国社会科学院城市与竞争力研究中心数据库。

3. 科技中心集聚度前三位依旧是北京、上海、武汉，城市之间的差距相对较大，但城市之间的不平衡现象非常明显

就科技中心集聚度而言，排名前十位的城市分别为北京、上海、武汉、重庆、南京、深圳、天津、广州、合肥、西安，总的来看，在科技

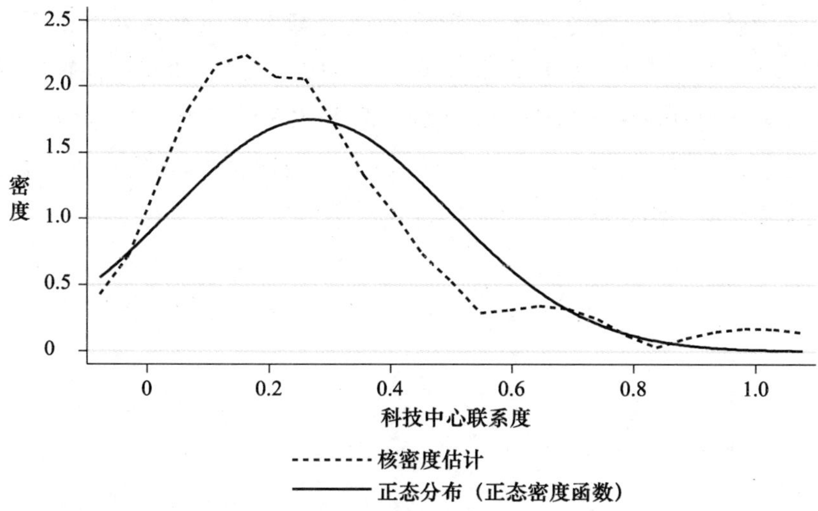

图 5—2　科技中心联系度的核密度分布

数据来源：中国社会科学院城市与竞争力研究中心数据库。

中心集聚度方面，城市之间的差距要比科技中心联系度大，城市之间的不平衡现象比较突出，北京依旧一骑绝尘，遥遥领先于其他城市，其余

表 5—7　　25 个主要城市科技中心集聚度指数排名

排名	城市	集聚度	排名	城市	集聚度
1	北京	1.0000	14	长春	0.0571
2	上海	0.4665	15	青岛	0.0535
3	武汉	0.1801	16	沈阳	0.0493
4	重庆	0.1701	17	哈尔滨	0.0475
5	南京	0.1645	18	大连	0.0355
6	深圳	0.1465	19	宁波	0.0309
7	天津	0.1330	20	兰州	0.0231
8	广州	0.1195	21	郑州	0.0148
9	合肥	0.0951	22	厦门	0.0145
10	西安	0.0856	23	长沙	0.0144
11	杭州	0.0804	24	无锡	0.0097
12	成都	0.0694	25	济南	0
13	苏州	0.0598			

数据来源：中国社会科学院城市与竞争力研究中心数据库。

城市无一超过0.5，即使上海，其科技中心集聚度也只有0.4665，再进一步观察科技中心集聚度的核密度分布图（见图5—3），也可以清晰地看出大部分城市的科技中心集聚度指数处于较低水平，只有极少数城市的科技中心集聚度较高，这也说明在科技人才、科研机构、科研项目等方面，集聚现象非常突出，城市之间存在非常巨大的鸿沟。

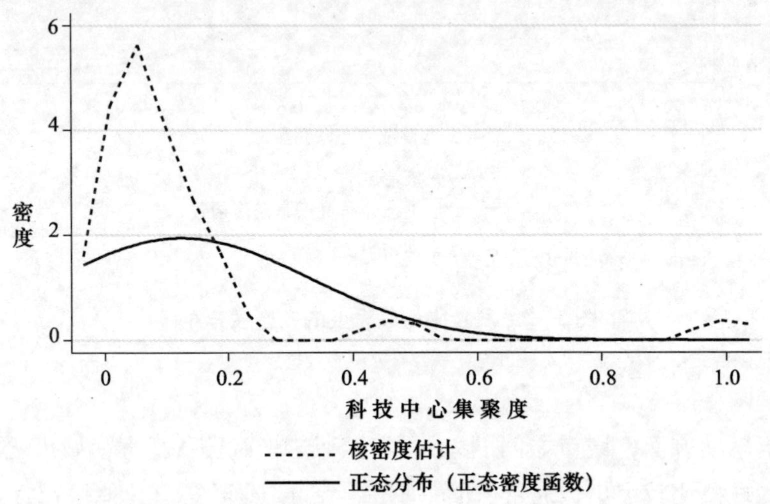

图5—3　科技中心集聚度的核密度分布

数据来源：中国社会科学院城市与竞争力研究中心数据库。

4. 就六大分项指标而言，第一、二层级城市均远胜于第二、三层级，并且相互之间的差距十分巨大，不同层级城市之间的不平衡现象非常突出

科技中心的形成依赖于科技投入、科技产出、科技转化等整个链条的完善，无论哪个环节出现问题，都会直接影响科技中心的运行。为了更加详细地分析影响科技中心的全部环节，本部分进一步提炼了六个解释性指标即科研机构、科研产出、创新企业、科研项目、科研人才、高新园区来分析科技中心，科研人才、科研项目以及科研机构是科研投入的三大要件，有了科研投入才会有科研产出，在形成科研产出以后，还需要进一步转化应用，这就需要借助高新园区和创新企业，如此才能完

整实现科研中心的功能。

就四大层级而言，除高新园区这一指标外，第一、二层级城市在其余指标方面都遥遥领先于其他两个层级。第一、二层级城市在科研投入、科研产出和科研应用方面都具有绝对性的优势，可以说，目前中国的大部分科技资源都集中在少数发达城市。与此同时，第三层级城市在六项指标上虽略胜于第四层级城市，但是总的差距并不是很大，两者基本处于同一条起跑线上。

二　科技中心在地区间的分布差异很大，主要集中于东部沿海地区特别是京津冀、长三角、珠三角三大城市群

1. 中国科技中心主要集中在沿海地区以及长江经济带，京津冀、长三角、珠三角已经成为三大科技策源地，中西部城市群尚处于追赶阶段

北京、上海、深圳等第一、二层级城市以及天津、南京、杭州、广州等第三层级城市的均位于沿海地区，与此同时，长江经济带也集聚了不少科技中心城市，比如成都、重庆、武汉、合肥、南京、上海、杭州等，另外，在前十位科技中心城市中，沿海城市占了 5 席，而长江经济带城市则占了 7 席，这也可以一个侧面说明沿海地区以及长江经济带已经成为中国科技创新的高地。

无论是科技中心综合得分还是科技中心联系度、集聚度等分项指标，以北京为核心的京津冀地区、以上海为核心的长三角地区和以深圳为核心的珠三角地区已经成为不折不扣的科技创新发源地，对其他城市群形成压倒性优势，特别是北京，领先优势尤其明显。与此同时，以成都、重庆、武汉、西安为代表的中西部城市群虽然在科技创新方面取得了长足的进步，但是比起东部三大城市群来说，仍有不小的差距，依旧处于追赶阶段。特别需要强调的是，东北地区由于近年来整体经济表现欠佳，人口外流严重，这也严重拖累了东北城市的科技创新实力。另一方面，由于科技创新天然具有集聚特性，因此，在城市群内部，核心城市与非核心城市也存在巨大的科技实力差距，以东部三大城市群为例，在京津冀地区，北京的科技中心实力要远远高于第二大城市天津，更不用说其余城市，而在长三角地区，虽然差距没有如此显著，但是上海的科技实力也是要大于杭州、南京等二线城市，在珠三角地区，也存在类似的

情况。

2. 四大地区科技实力差异明显，东部地区总体优势显著但内部差异也最大，东北地区整体较弱同时内部差异较小，中西部则各有所长，实力较为接近

从区域角度来看，东部地区的总体科技实力要远远大于其他三个地区，除高新园区外，东部地区的科研机构、科研产出、创新企业、科研项目、科研人才得分均值分别为 0.1217、0.3272、0.2000、0.1395、0.1756，在四大地区中均位列第一。而东北地区除高新园区这一项指标外，其余指标均位列末位，由此可知，伴随东北地区的经济不景气，科技实力也遭遇大幅度滑坡。另外，中西部地区在六项指标中各有所长，中部地区在科研机构、创新企业、科研项目、科研人才等方面优于西部地区，而西部地区则在科研产出、高新园区等方面优于中部地区。

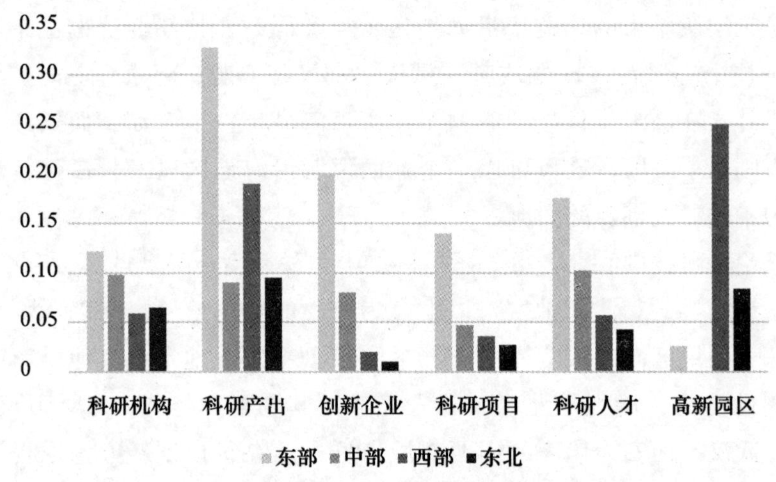

图 5—4 四大区域六项指标均值

数据来源：中国社会科学院城市与竞争力研究中心数据库。

再观察各地区六项指标的变异系数，可以发现，除科研产出和创新企业两项指标外，在其余指标上，东部地区的内部差异性在四大地区中都是最大的，这主要是因为东部地区存在三大科技策源地的缘故，与此同时，东北地区内部的差异性相对不大，除创新企业变异系数相对较大外，其余指标的变异系数均不是很大。而中西部在科研机构、科研产出、

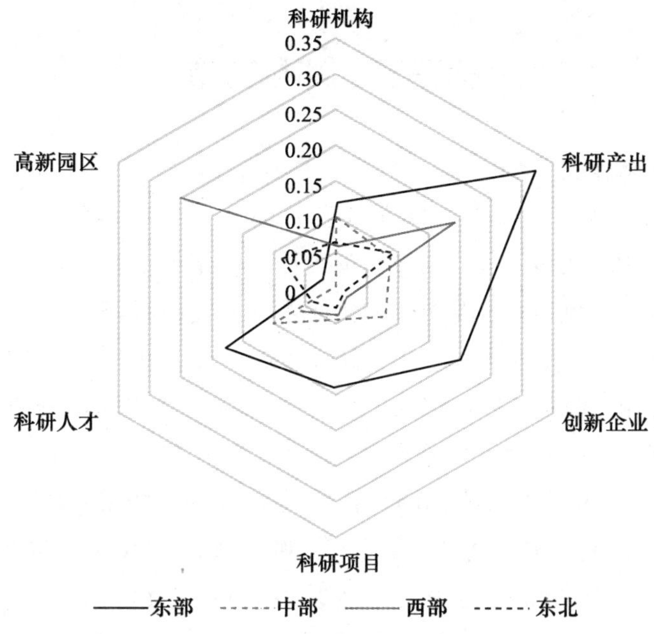

图 5—5　四大区域六项指标均值雷达图

数据来源：中国社会科学院城市与竞争力研究中心数据库。

创新企业、科研项目、科研人才等指标的变异系数上的差别不是很大，均非常相接近。

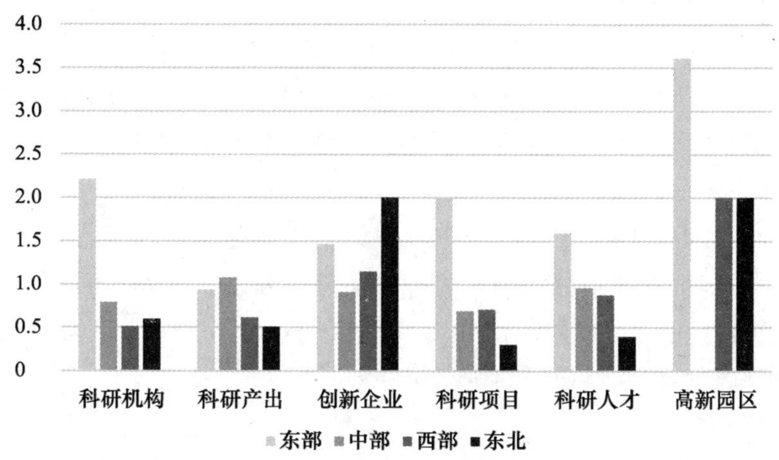

图 5—6　四大区域六项指标变异系数

数据来源：中国社会科学院城市与竞争力研究中心数据库。

第三节 郑州方位

一 总体情况

郑州的科技中心综合得分排名第 13 位，其中，科技中心联系度较好，而科技中心集聚度表现欠佳，就具体分项指标而言，除高新园区外，其余指标与顶尖城市相比都有一定的距离，尤其是科研人才和科研项目。如表 5—8 所示，郑州市的科技中心综合得分为 0.0939，在全国 25 个主要城市中排第 13 位，该项指标排名第一的是北京，排在郑州前面的是天津，综合得分为 0.1360，排在郑州后面的则是沈阳，综合得分为 0.0848，总的来说，郑州市的科技实力位居主要城市的中游，但与顶尖城市相比，还存在不小的差距。再观察科技中心集聚度和联系度，可以发现，郑州在联系度方面表现较好，得分为 0.2593，位列第 10 名，介于合肥和南京之间，而在集聚度方面表现不佳，得分为 0.0148，排名第 21 位，介于兰州和厦门之间。再进一步将集聚度指标解构，分为六大解释性指标即科研机构、科研产出、创新企业、科研项目、科研人才、高新园区，可以发现，郑州的科研机构得分为 0.0231，排名第 19 位，介于宁波与济南之间；科研产出得分为 0.0901，排名第 19 位，介于无锡与厦门之间；创新企业得分为 0，排名第 18 位，位于长沙之后；科研项目得分为 0.0099，排名第 20 位，介于大连与厦门之间；科研人才得分为 0.0191，排名第 20 位，介于重庆与沈阳之间；高新园区得分为 0，排名第 4 位，位于长春之后。总的来看，在六项解释性指标中，除高新园区外，郑州排名都比较靠后，这也说明郑州在科技中心集聚度方面整体落后于大部分主要城市。但对比六项指标的相对优劣，还可以发现，郑州在科研人才和科研项目方面相对较弱，而在高新园区和创新企业方面做得相对较好，而科研机构和科研产出则属于一般。

表 5—8　　郑州市科技中心各项指标排名情况

指标	得分	排名	最好城市	前一位城市	后一位城市
科技中心综合	0.0939	13	北京（1.000）	天津（0.1360）	沈阳（0.0848）
科技中心联系度	0.2593	10	北京（1.000）	合肥（0.2963）	南京（0.2222）
科技中心集聚度	0.0148	21	北京（1.000）	兰州（0.0231）	厦门（0.0145）
其中：科研机构	0.0231	19	北京（1.000）	宁波（0.0306）	济南（0.0216）
科研产出	0.0901	19	北京（1.000）	无锡（0.1005）	厦门（0.0574）
创新企业	0	18	北京（1.000）	长沙（0.0400）	—
科研项目	0.0099	20	北京（1.000）	大连（0.0199）	厦门（0.0066）
科研人才	0.0191	20	北京（1.000）	重庆（0.0198）	沈阳（0.0171）
高新园区	0	4	重庆（1.000）	长春（0.3333）	—

数据来源：中国社会科学院城市与竞争力研究中心数据库。

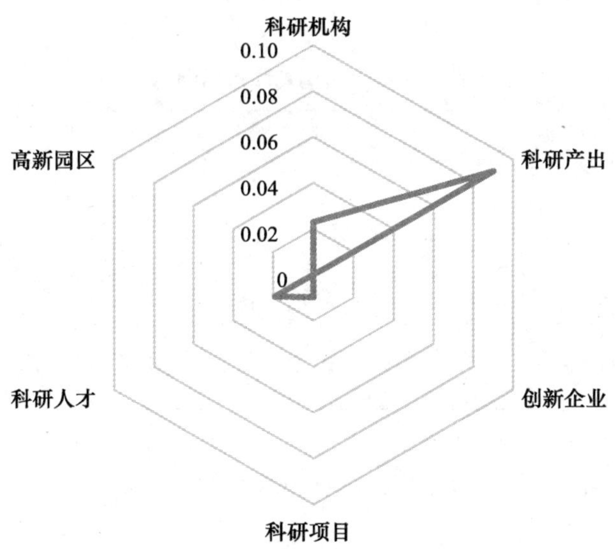

图 5—7　郑州分项指标排名

数据来源：中国社会科学院城市与竞争力研究中心数据库。

二　具体分析

1. 科研机构：在顶尖科学研究平台方面比较落后，特别是国家大科学设施方面几乎处于真空状态科研机构主要包括国家重点实验室、国家实验室、国家研究中心、发改委认定的国家工程研究中心、科技部认定的国家工程技术研究中心五类。就国家重点实验室来说，郑州并没有国家重点实验室，与杭州、苏州、厦门、无锡一样，排名第 21 位，排在郑州前面的深圳拥有两个国家重点实验室，而数量最多的北京则拥有 98 个国家重点实验室；就国家实验室来说，郑州依然没有国家实验室，排名第 5 位，排在前面的则是合肥，拥有 1 个国家实验室，北京则拥有 2 个国家实验室，相对来说，差距不是很大；就国家研究中心来说，郑州依然没有，排名第 5 位，排在前面的沈阳则拥有 1 个国家研究中心，而北京拥有 3 个国家研究中心；就发改委认定的国家工程研究中心来说，郑州拥有 1 个，排名第 14 位，排在前面的杭州则拥有 2 个，而北京则拥有 42 个；就科技部认定的国家工程技术研究中心来说，郑州拥有 4 个，排名第 3 位，排在前一位的是武汉，拥有 7 个，数量最多的北京则拥有 30 个。

表 5—9　　　　郑州市科研机构具体指标排名

指　标	数量	排名	前一位城市	后一位城市
国家重点实验室	0	21	深圳（2）	—
国家实验室	0	5	合肥（1）	—
国家研究中心	0	5	沈阳（1）	—
国家工程研究中心	1	14	杭州（2）	合肥（0）
国家工程技术研究中心	4	3	武汉（7）	上海（3）

注：以上数据均不包括中科院系统。

数据来源：中国社会科学院城市与竞争力研究中心数据库。

2. 科研产出：郑州在论文发表方面处于中游水平，但在专利方面存在薄弱环节

科研产出主要包括两个方面即论文总量和专利总量。就近十年的论文总量来看，郑州在 2008—2017 年的论文发表总量是 257477 篇，在全国 25 个主要城市中排名第 12 位，排名前一位的是沈阳（273401 篇），数量最多的是北京（1355893 篇）；就近十年的专利总量来看，郑州在 2008—

2017年的专利总量为76105个，在全国25个主要城市中排名第21位，排名较为靠后，排在前一位的依然是沈阳（86015个），而数量最多的是上海（893947个）。

表5—10　郑州市科研产出具体指标排名

指标	数量	排名	前一位城市	后一位城市
近十年论文总量	257477	12	沈阳（273401）	苏州（245956）
近十年专利总量	76105	21	沈阳（86015）	济南（51278）

数据来源：中国社会科学院城市与竞争力研究中心数据库。

3. 创新企业：在创新企业方面，郑州不仅与顶尖城市具有非常大的差距，而且与同层次的城市相比，郑州相对来说也是比较落后的

关于创新企业指标，我们主要用前100位创新企业数量来衡量。就郑州市而言郑州所拥有的前100位创新企业数量为0，在全国25个主要城市中排名第18位，数量最多的北京拥有25个前100位创新企业，与郑州同样处于中西部地区的城市如武汉（4个）、合肥（3个）、成都（1个）、西安（1个）、长沙（1个）也都超过郑州。因此，在创新企业方面，郑州不仅与顶尖城市具有较大差距，而且与同层次的城市相比，相对来说也是比较落后的。

表5—11　郑州市创新企业具体指标排名

指标	数量	排名	前一位城市	后一位城市
前100位创新企业数量	0个	18	长沙（1个）	—

数据来源：中国社会科学院城市与竞争力研究中心数据库。

4. 科研项目：在科研项目尤其是国家科技重大专项方面，郑州不仅与顶尖城市具有较大差距，而且与同层次的城市相比，郑州也是比较落后的

关于科研项目指标，我们主要用国家科技重大专项数量来衡量。就郑州市而言，郑州所拥有的国家科技重大专项数量为9个，在全国25个主要城市中排名第20位，数量最多的北京拥有606个，与郑州同样处于

中西部地区的城市如武汉（54 个）、合肥（39 个）、西安（39 个）、成都（27 个）、长沙（23 个）也都超过郑州，因此，在科研项目尤其是国家科技重大专项方面，郑州不仅距离顶尖城市具有较大差距，而且与同层次的城市相比，也是比较落后的。

表 5—12　　郑州市科研项目具体指标排名

指标	数量	排名	前一位城市	后一位城市
国家科技重大专项	9 个	20	大连（15 个）	厦门（7 个）

数据来源：中国社会科学院城市与竞争力研究中心数据库。

5. 科研人才：在科研人才方面尤其是顶尖人才方面，郑州不仅与顶尖城市具有很大差距，而且与同层次的城市相比，也有不小的差距

关于科研人才指标，我们主要用院士、长江学者、杰出青年、千人计划专家来衡量的数量。就院士而言，郑州所拥有的院士数量为 15 个，在全国 25 个主要城市中排名第 17 位，排在前一位的是厦门（22 个），数量最多的北京拥有 648 个，与郑州同样处于中西部地区的城市如武汉（77 个）、合肥（67 个）、成都（49 个）、长沙（26 个）、西安（25 个）也都远远超过郑州；就长江学者而言，郑州所拥有的长江学者数量为 7 个，在全国 25 个主要城市中排名第 22 位，排在前一位的是青岛（9 个），数量最多的北京拥有 397 个，与郑州同样处于中西部地区的城市如武汉（275 个）、成都（152 个）、西安（110 个）、合肥（53 个）、长沙（26 个）也都远远超过郑州；就杰出青年而言，郑州所拥有的杰出青年数量为 7 个，在全国 25 个主要城市中排名第 21 位，排在前一位的是无锡（14 个），数量最多的北京拥有 1293 个，与郑州同样处于中西部地区的城市如武汉（197 个）、合肥（117 个）、成都（102 个）、西安（86 个）也都远远超过郑州；就千人计划专家而言，郑州所拥有的千人计划专家数量为 52 个，在全国 25 个主要城市中排名第 16 位，排在前一位的是大连（55 个），数量最多的北京拥有 1028 个，与郑州同样处于中西部地区的城市如武汉（314 个）、合肥（217 个）、成都（134 个）、西安（133 个）、长沙（56 个）也都超过郑州。从以上几组数据可以明显看出，在科研人

才集聚方面尤其是顶尖人才方面，郑州不仅与顶尖城市具有很大差距，而且与同层次的城市相比，也有不小的差距。

表 5—13　　郑州市科研人才具体指标排名

指标	数量	排名	前一位城市	后一位城市
院士	15 个	17	厦门（22 个）	兰州（11 个）
长江学者	7 个	22	青岛（9 个）	宁波（0 个）
杰出青年	7 个	21	无锡（14 个）	宁波（0 个）
千人计划专家	52 个	16	大连（55 个）	济南（44 个）

注：以上数据只统计“985”或“211”高校。

数据来源：中国社会科学院城市与竞争力研究中心数据库。

6. 高新园区：在科创产业平台方面，与其他主要城市差距较小

关于高新园区的指标，我们主要用高新园区数量来衡量。就郑州而言，郑州所拥有的高新园区数量为 1 个，在全国 25 个主要城市中排名第 4 位，数量最多的重庆拥有 4 个，郑州与大部分城市一样均只有 1 个高新园区，这主要是国家出于平衡东中西部发展的需要所致，因此，总的来说，郑州在科创产业平台方面与其他主要城市的差距不是很大。

表 5—14　　郑州市高新园区具体指标排名

指标	数量	排名	前一位城市	后一位城市
高新园区	1 个	4	长春（2 个）	—

数据来源：中国社会科学院城市与竞争力研究中心数据库。

第四节　对标分析

一　追赶城市：武汉

课题组认为武汉应该成为郑州的追赶城市。伴随着中国经济的进一步发展，中部地区正在快速崛起，郑州和武汉作为中部崛起的两大支柱，正在通往国家中心城市的道路上奋勇前进，谁能在建设国家中心城市的

赛道上最先跑到终点，谁就能成为名副其实的中部地区第一大城市，甚至有可能跻身世界城市之列，因此，这场赛跑对于郑州和武汉来说，都不能缺席，因为这直接关系到两座城市未来的命运。从目前来看，武汉在科技中心建设方面要领先于郑州。在科技中心综合得分、科技中心集聚度、科技中心联系度指标方面，武汉分别为 0.2405、0.1801 和 0.3704，而郑州分别为 0.0939、0.0148、0.2593，武汉均领先于郑州。在六个解释性指标中，除高新园区一项指标外，其余五个指标即科研机构、科研产出、创新企业、科研项目、科研人才，武汉均占有优势，其值分别为 0.1856、0.2261、0.16、0.0845、0.2283，郑州相应值为 0.0231、0.0901、0、0.0099、0.0191（见图 5—8）。作为对标城市，现在的武汉正是郑州努力追赶的目标，并且这一目标并非遥不可及。在各项指标上，郑州与武汉的差距并不是非常大，武汉由于集聚了大量的高校，因而其在科技实力方面具有一定的先发优势，但是，伴随着郑州的后程发力，尤其是郑州经济的快速发展，正在吸引越来越多的资本、人才等要素集聚，通过一段时间的努力，郑州完全可以追上武汉的步伐。因此，郑州需要围绕科研人才、科研项目、科研机构、科研产出、创新企业等方面做出更大、更多的举措来进一步推进科技中心的建设，特别是在科研机构、科研人才、创新企业和科研项目方面做出更多的努力。

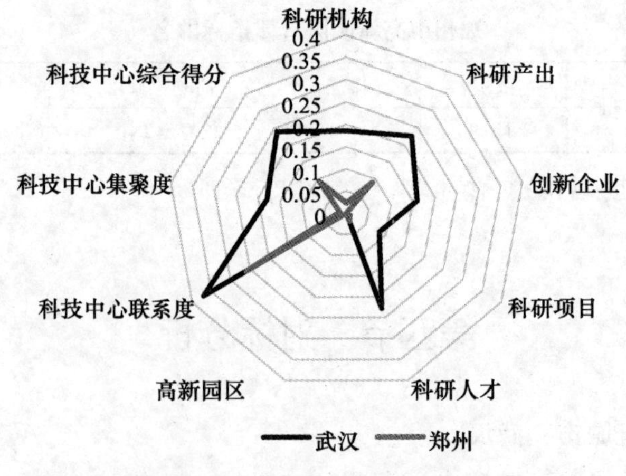

图 5—8 郑州与武汉各项指标对比

数据来源：中国社会科学院城市与竞争力研究中心数据库。

二　合作城市：北京

课题组认为北京应该成为郑州的合作城市。首先，北京和郑州属于两个层次，不存在竞争关系，从科技中心的各项指标来看，北京的科技资源远胜于郑州，根本不在一个量级，巨大的势能差有助于外溢效应的形成；其次，北京和郑州同属于北方地区，文化相近、人缘相亲，在文化上天然相近，有利于人才之间的流动，因此，可以打文化牌吸引河南籍在京人才回流；最后，北京正在向其他地区疏解产业和人口，因此，郑州可以通过与北京合作，积极承接北京的产业功能，吸引在京人员向郑州疏散，一方面，既有助于解决北京的城市拥挤问题；另一方面，也有助于郑州集聚资源，获得进一步发展。因此，郑州应充分利用自身优势，同时借助北京的人才、资源等优势，通过产业承接与企业合作大力发展，从而推动自身科技实力的进步。

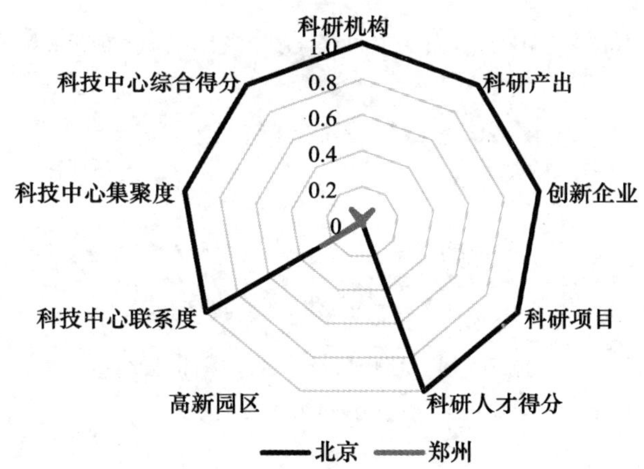

图5—9　郑州与北京各项指标对比

数据来源：中国社会科学院城市与竞争力研究中心数据库。（图中的“得分”二字均删除，图标北京、郑州移到图片下方）

三　潜在竞争城市：长沙

课题组认为郑州的潜在竞争城市为长沙。首先，从科技中心综合得分、科技中心集聚度、科技中心联系度等指标来看，长沙虽然稍稍落后于郑州，但是总体差距并不是很大。长沙的科技中心综合得分、科技中心集聚度、科技中心联系度分别为0.0331、0.0144、0.1111，而郑州相应为0.0939、0.0148、0.2593。其次，就六个解释性指标而言，除高新园区数量相近外，长沙的科研机构、科研产出、创新企业、科研项目、科研人才得分分别为0.0435、0.0010、0.0400、0.0331、0.0298，而郑州相应为0.0231、0.0901、0、0.0099、0.0191，在科研机构、创新企业、科研项目、科研人才等方面，长沙要稍强于郑州，这说明郑州在科技综合实力方面的优势非常微弱，随时有可能被长沙超越。最后，长沙和郑州同处于中部地区，都拥有成为中部最大城市的期望，两者之间具有非常强的竞争关系。

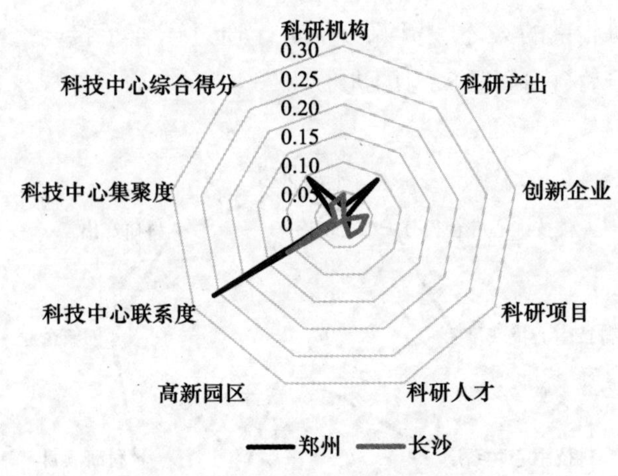

图5—10　郑州与长沙各项指标对比

数据来源：中国社会科学院城市与竞争力研究中心数据库。

四　借鉴城市：深圳

课题组认为郑州的借鉴城市为深圳。首先，从科技中心综合得分、科技中心集聚度、科技中心联系度等指标来看，深圳的表现都要优于郑州，深圳的科技中心综合得分、科技中心集聚度、科技中心联系度分别为0.3258、0.1465、0.6296，而郑州相应为0.0939、0.0148、0.2593。就六个解释性指标而言，除高新园区数量相近外，深圳的科研机构、科研产出、创新企业、科研项目、科研人才得分分别为0.0068、0.4400、

0.6000、0.0398、0.0383，而郑州相应为0.0231、0.0901、0、0.0099、0.0191，在科研产出、创新企业、科研项目、科研人才等方面，深圳都要强于郑州，这说明深圳在科技综合实力方面非常值得郑州学习。其次，深圳是一个最近四十年发展起来的新兴城市，对于后发城市如何追赶超越具有较大的借鉴意义，目前，郑州正处于追赶超越实现国家中心城市梦想的伟大历程中，深圳经验非常值得郑州学习借鉴。

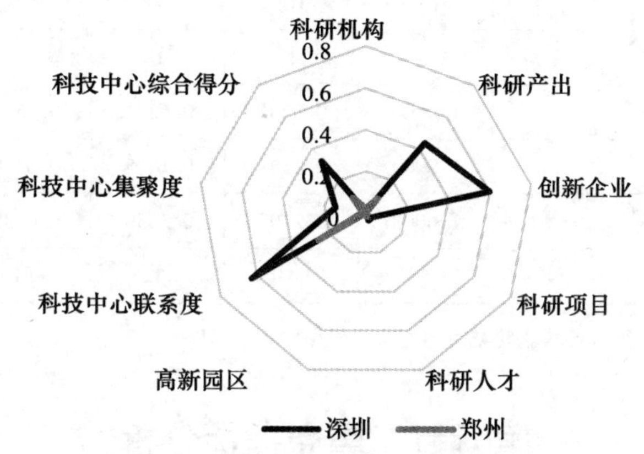

图5—11　郑州与深圳各项指标对比

数据来源：中国社会科学院城市与竞争力研究中心数据库。

表5—15　　北京、武汉、深圳、郑州、长沙各项指标对照

城市	北京	武汉	深圳	郑州	长沙
国家重点实验室	98	20	2	0	6
国家实验室	2	0	0	0	0
国家研究中心	3	1	0	0	0
国家工程研究中心	42	4	0	1	3
国家工程技术研究中心	30	7	0	4	2
近十年论文总量	135.5893	43.3099	22.5301	25.7477	10.6656
近十年专利总量	75.07680	16.9136	64.8425	7.6105	3.9860
前100位创新企业数量	25	4	15	0	1

续表

城市	北京	武汉	深圳	郑州	长沙
国家科技重大专项	606	54	27	9	23
院士	648	77	0	15	26
长江学者	397	275	0	7	26
杰出青年	1293	197	0	7	7
千人计划专家	1028	314	142	52	56
高新园区	1	1	1	1	1
科技中心联系度	1.0000	0.3704	0.6296	0.2593	0.1111
科技中心集聚度	1.0000	0.1801	0.1465	0.0148	0.0144
科技中心综合得分	1.0000	0.2405	0.3258	0.0939	0.0331
排名	1	4	3	13	21

数据来源：中国社会科学院城市与竞争力研究中心数据库。

第五节 重点指标分析

从总指标来看，虽然郑州的科技中心综合得分为0.0939，居第13位，但是，科技中心集聚度只有0.0148，位列第21位，科技中心联系度排名相对靠前，居第10位，因此，接下来，应该重点提高科技中心集聚度。再具体观察构成科技中心集聚度的各项指标，可以发现以下指标需要进一步予以重视。

一 科研机构：国家级科研平台的引进和建设比较欠缺

郑州的科研机构得分为0.0231，在25个主要城市中排名第19位，处于靠后位置，与排名第1位的北京相去甚远，即使与同处于中西部地区的武汉相比，也落后很多。因此，在科研机构这一方面，郑州亟须加强建设。再分析科研机构的具体指标，可以发现，郑州市的国家重点实验室、国家实验室、国家研究中心数量均为0，几乎处于空白状态，而国家工程研究中心和国家工程技术研究中心的数量也极为有限，因此，郑州在引进国家级科研平台以及国家级科学设施方面亟须加倍努力。

二　科研产出：科技专利数量较少，排名靠后

郑州的科研产出得分为 0.0901，在 25 个主要城市中排名第 19 位，处于中下游水平，不仅与排名第 1 位的北京相去甚远，与武汉的 0.2261 相比，也逊色不少。分析具体的原因，可以发现，郑州在专利数量方面与先进城市差距较大，郑州近十年专利总量只有 76105 个，与武汉的 169136 个相比，相去甚远，甚至不及其一半，这也导致了郑州在科研产出方面远远不如武汉，因此，郑州亟须在加强科技专利方面的工作。

三　创新企业：前 100 位创新企业数量尚是空白

郑州的创新企业得分为 0，也就是排名前 100 位的创新企业无一在郑州落户。与之相比，武汉所拥有的前 100 位创新企业有 4 家，北京所拥有的前 100 位创新企业则有 25 家。虽然郑州与武汉差距不是很大，但是在科技创新转化应用方面还是任重而道远，亟须加强这一方面的努力。

四　科研项目：国家科技重大专项较少，比较落后

郑州的科研项目得分为 0.0099，在全国 25 个主要城市中排名第 20 位，处于中下游水平，具体看国家科技重大专项这一指标，可以发现，郑州所拥有的国家科技重大专项数量只有 9 个，而与此同时，武汉拥有 54 个，排名第 5 位，两者之间的差距十分巨大。由此可见，在科研项目方面，郑州处于极为落后的境地。

五　科研人才：高端人才数量较少，严重制约郑州创新驱动新发展

郑州的科研人才得分是 0.0191，在全国 25 个主要城市中排名第 20 位，处于中下游水平。观察各个具体指标，可以发现，在院士方面，郑州所拥有的院士数量只有 15 个，排名第 17 位，而武汉拥有 77 个，是郑州的 5 倍，排名第 6 位；在长江学者方面，郑州所拥有的数量是 7 个，排名第 22 位，而武汉拥有 275 个，是郑州的将近 40 倍；在杰出青年方面，郑州所拥有的数量是 7 个，排名第 21 位，而武汉拥有 197 个，是郑州的将近 28 倍，差距十分显著；在千人计划专家方面，郑州所拥有的数量是 52 个，排名第 16 位，而武汉拥有 314 个，是郑州的将近 6 倍，差距依然

十分明显。由此可见，郑州在高端人才方面与武汉尚有很大的差距，亟须下大力气引进和培育高端人才。

表 5—16　　郑州市科技中心重点指标排名

解释性指标	具体指标	郑州数量	郑州排名	武汉数量	武汉排名
科研机构	国家重点实验室、国家实验室、国家研究中心	0	21	20	3
	国家工程研究中心	1	14	4	8
	国家工程技术研究中心	4	3	7	2
科研产出	近十年专利总量	7.6105	21	16.9136	14
创新企业	前 100 位创新企业数量	0	18	4	4
科研项目	国家科技重大专项	9	20	54	5
科研人才	院士	15	17	77	6
	长江学者	7	22	275	3
	杰出青年	7	21	197	3
	千人计划专家	52	16	314	3

数据来源：中国社会科学院城市与竞争力研究中心数据库。

第六节　结论与政策建议

一　目标定位

目前，郑州在科技中心综合得分方面处于第 13 位，在 25 个主要城市中处于中游水平，尚未形成科技中心功能，确切地说，还算不上真正的科技中心，但是非常接近于成为潜在的国家重要科技中心，因此，现阶段郑州的目标定位应该是成为潜在的国家重要科技中心。

二　优势与劣势

1. 郑州的优势

从总的情况来看，郑州的科技中心综合得分位居 13 位，在全国 25 个主要城市中处于中游水平，其中，科技中心联系度排名相对靠前，位居第 10 位，因此，科技中心联系度是郑州的相对比较优势。其次，从高新园区数量情况来看，郑州的高新园区得分在全国 25 个主要城市中排名第

4位，与大部分城市相近。因此，在产业创新平台这方面，郑州虽算不上有优势，但表现尚可。

2. 郑州的劣势

从科技中心集聚度来看，郑州排名第21位，表现较差，其排名要低于综合得分的排名，因此，科技中心集聚度是郑州的明显短板。

（1）从科研机构情况来看，郑州的科研机构得分在25个主要城市中排名第19位，低于综合得分的排名。具体来看，郑州的国家级科研平台的数量比较欠缺，特别是国家重点实验室、国家实验室、国家研究中心数量几乎处于空白状态，而国家工程研究中心和国家工程技术研究中心的数量也极为有限。

（2）从科研产出情况来看，郑州的科研产出得分在25个主要城市中排名第19位，低于综合得分的排名。具体来看，郑州的科技专利数量较少，排名靠后，与先进城市差距较大，郑州近十年专利总量甚至不及武汉的一半，这也导致了郑州在科研产出方面远远不如武汉。

（3）从创新企业情况来看，郑州所拥有的前100位创新企业数量为0，创新企业得分在25个主要城市中排名第18位，低于综合得分的排名。因此，郑州在创新型科技企业带动城市发展方面还是任重而道远。

（4）从科研项目情况来看，郑州的科研项目得分在全国25个主要城市中排名第20位，低于综合得分的排名，具体来看，郑州的国家科技重大专项较少，相对落后，与此同时，武汉所拥有的国家科技重大专项是郑州的6倍，因此，郑州在科研项目的争取方面应该进一步加大力度。

（5）从科研人才情况来看，郑州的科研人才得分在全国25个主要城市中排名第20位，低于综合得分的排名。具体来看，高端人才数量较少，严重制约了郑州的创新驱动新发展，无论是院士还是长江学者、杰出青年、千人计划专家，数量都非常有限，远不及武汉。

三　政策建议

综合上述分析，课题组认为在科技实力方面，郑州在25个主要城市中处于中游水平，部分指标甚至处于比较靠后的位置，如果不能实现换道超车，将极有可能在激烈的城市科技和人才竞争中面临淘汰出局的危险。因此，郑州需按照“取长、补短、抓关键”的方针对照其他城市的综合发展情况提升自身实力。为此，课题组提出如下建议：

第一，加强交通枢纽建设，打造开放包容、创新活力之城。

郑州地处欧亚大陆桥和京广大通道的交会点，沟通华北、西北、华东、华南等地区，是名副其实的交通大枢纽。但是长期以来，由于郑州地处内陆、距海距离较远，这一优势难以得到充分发挥，与沿海开放城市相比，郑州在开放互联上取得的成绩比较有限。伴随着中国经济发展进入新阶段，经济发展动力由依靠外需逐渐转为依靠内需，特别是随着“一带一路”倡议的深入实施，郑州的交通区位优势正在逐步得到释放，在中国经济版图中的地位也日趋重要。因此，郑州亟须紧紧抓住这一千载难逢的良机，大力打造中国的交通运输枢纽，成为中国“向东开放”和“向西开放”的交会点，在此基础上，借助交通枢纽这一功能，集聚更多的人才、资本等各类要素，真正成为一座开放合作之城，并进而形成开放包容、创业创新的文化土壤。

第二，加强高等教育和科研平台建设，大力吸引和培育人才。

郑州要顺利完成城市转型，在不久的将来建成国家中心城市，最根本的出路还是要加快科技创新，用科技引领进步，用创新引领发展。从目前的郑州情况来看，由于郑州的优质高等学校和科研机构的欠缺，使得郑州在科研人科研产出方面落后许多同类型城市，因此，郑州的当务之急是要筑巢引凤，只有引进和建设更多优质高等院校和科研机构，才能真正吸引人才、留住人才，从而形成更多的科研产出。首先，可以借鉴深圳和青岛的经验，努力吸引北京等一线城市的优质高校、科研机构来郑州办学或建立科研机构。其次，借助于优质高校和优质科研机构，吸引更多的人才尤其是北京溢出的人才来郑州发展。优质平台带来优质人才，优质人才又进一步促进优质平台建设，从而形成良性循环。最后，可以将现有的高校、科研机构进行适当重组，做大做强具有引领作用的高校、科研机构。

第三，破除体制机制障碍，调动人才积极性。

人才是创新的最主要推动力，因此，郑州必须重视和强化人才的支撑作用，最大限度地释放和调动人才的创新潜能。首先，郑州应努力破除阻碍人才流动和创新创业的体制机制，特别是放宽人才的户籍限制，解决人才的后顾之忧，使得人才能够真正在郑州安居乐业。其次，郑州应结合高等院校、科研院所以及企业主体，依托重大科研项目、重要创新平台和产业化基地，充分调动人才创新的积极性，推动青年科技骨干、科技领军人才、创新高端人才脱颖而出。最后，郑州可以积极建立与广大人才的联系沟通机制，及时改革阻碍人才创新的旧有科研体制机制，为人才创新创业打造良好的科研环境。

第四，大力提升营商环境，吸引和培育创新型企业。

优质的营商环境是吸引和培育创新型企业的温床，因此，郑州必须重视政府机构的自身改革，营造良好的营商环境，为企业提供优质高效的服务。首先，强化市场导向作用，最大限度激发创新活力。要建立健全科技创新市场导向机制，政府要设身处地为创新创业者着想，提供良好服务，做好“后勤保障”工作，让人才、资本、信息等创新要素充分涌动。其次，努力弘扬创新创业精神，形成一种尊重人才、崇尚创新的社会氛围。政府应在全社会鼓励创新思维，培育创新文化，营造创新氛围，鼓励发展众创、众包、众扶、众筹，让郑州成为大众创业的热土、万众创新的沃土。最后，积极利用大数据、区块链、云计算等现代信息技术打造智慧城市，改善政府服务效能。郑州应积极拥抱最新互联网技术，与先进互联网企业合作，改进审批流程，提升服务效能，为企业家创新创业提供良好的营商环境。

第五，提升城市软实力，加强城市营销，广纳四方人才。

城市软实力是指建立在城市文化、政府服务、居民素质、形象传播等非物质要素之上的城市社会凝聚力、文化感召力、科教支持力、参与协调力等各种力量的总和，是城市社会经济和谐、健康、跨越式发展的有力支持。目前，郑州在城市软实力建设上还远远不够，与同一行政级别和相同经济发展程度的城市相比有一定差距，这已经成为郑州的一个短板。首先，郑州应借鉴杭州等城市的先进经验，打造创新创业的城市品牌形象，吸引广大海内外人才来发现郑州、欣赏郑州、发展郑州。其次，文化是城市软实力的核心，郑州是一座历史名城，拥有悠久文化，因此，郑州可以充分发掘历史文化，并以文化为铺垫，塑造历史与现代交融、东方和西方交汇的鲜明城市形象。最后，借助大型节庆赛事活动吸引关注和扩大城市知名度，以各种国际会议、国际赛事活动为支撑，集聚全世界的目光，吸引全球客流，吸引全球的注意力，同时，积极借助媒体放大效应，提升城市的知名度和美誉度。

（执笔人：沈立）

第六章

国家交通中心指数坐标上的郑州方位

如第二章所述，国家交通中心指的是在一个国家内，在交通方面能够起到决策、控制、管理、服务全国的城市。因此，国家交通中心应该是一个在空间上陆路运输量、航空运输量、港口吞吐量、航空枢纽、铁路枢纽等集聚，以及通过多种方式如公路、铁路、高铁、航空线路等对外联系广泛的城市。因此，本章将从集聚度和联系度两个视角构造国家交通中心的评价指标体系。具体而言，交通集聚度包括陆运客运量指数、陆运货运量指数、海运吞吐量指数、航空货运指数、航空客运指数、国家级港口指数、枢纽机场指数、铁路枢纽指数、高铁枢纽指数 9 个分项指标，交通联系度包括航线总数、高铁指数、铁路干线指数、公路指数 4 个分项指标，最后，将集聚度和联系度合成国家交通中心指数。

第一节　国家交通中心的含义

一　国家交通中心的含义

交通是连接城市的重要纽带，也是为城市发展运送人流、物流的重要通道，作为城市发展的主要动力，交通对生产要素的流动、城市群体的发展有着决定性的影响。城市对外交通运输的组成和规模，取决于这个城市的地理位置、职能、规模、发展潜力及其在全国或地区交通运输网中的地位。

交通中心是国家或区域交通运输系统的重要组成部分，是不同运输方式的交通网络运输线路的交汇点，由若干种运输方式所连接的固定设备和移动设备组成的整体，共同承担着所在区域的直通作业、中转作业、枢纽作业以及城市对外交通的相关作业等功能。交通中心受政治、经济、人口等的影响，反过来，交通中心对国家以及地区之间的联系、地区和城市的发展起到促进作用。大城市、大工业中心、大型海港或河港往往形成交通中心。

根据本书的研究需要，课题组将国家交通中心界定如下：国家交通中心是指在一个国家内，在交通方面能够起到决策、控制、管理、服务全国的城市，并处于全国城市交通网络体系的核心节点位置，具有较强的集聚度和联系度，具有辐射全国范围城市交通的能力。本章使用课题组创立的国家交通中心指标体系，利用相关统计数据，对我国25个主要城市的国家交通中心指数发展水平进行测评，对郑州乃至我国城市的整体交通格局进行分析，从而为郑州综合交通的进一步发展提供政策支持。

鉴于此，我们通过集聚度和联系度两个维度构造国家交通中心指数并将其标准化，评价全国25个样本城市交通资源的优劣程度，并对25个样本城市进行分类。图6—1为全国25个样本城市国家交通中心指数得分情况。

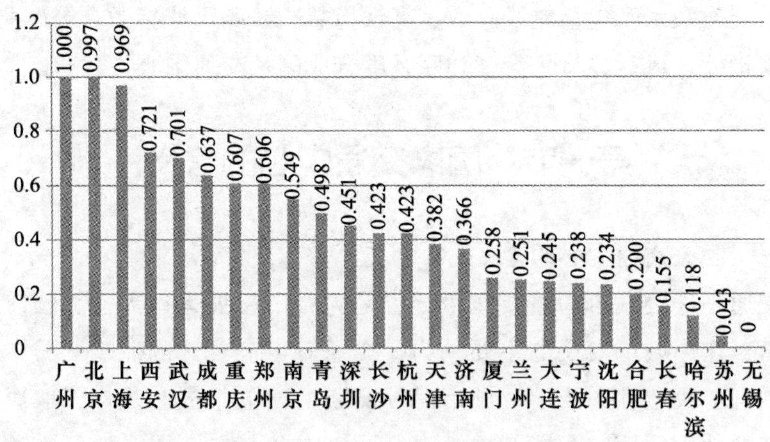

图6—1　中国25个主要城市国家交通中心指数得分

数据来源：中国社会科学院城市与竞争力研究中心数据库。

二　国家交通中心的层级

样本城市国家交通中心指数层级显著。根据课题的研究设计以及计算结果，本章将25个样本城市分成四个层级。

由图6—1可知广州交通资源得分为1且全国最大，即广州的交通资源是最好的。将全国25个城市的交通资源分为四个层级：第一层级是广州，是交通资源最好的城市，即国家交通中心；第两层级是交通资源优秀的城市，具体包括北京、上海、西安、武汉4个城市，即国家重要交通中心；第三层级是交通资源较好的城市，具体包括成都、重庆、郑州、南京、青岛、深圳、长沙、杭州、天津、济南共10个城市，即潜在的国家重要交通中心；第四层级是交通资源一般的城市，样本包括剩余的10个城市，即非国家交通中心。

第二节　总体描述

一　全国情况：交通中心指数整体偏低，存在极化现象

综合考察2017年我国国家交通中心指数样本城市得分情况，可以发现，从整体角度来看，中国主要城市的交通中心指数得分均在0.5以下，整体水平偏低。其中，25个主要城市的交通中心指数得分均值为0.465，中位城市的得分为0.458，有16个城市的宜居竞争力低于0.5，说明整体水平偏弱。进一步具体考察城市之间得分的差距情况可以发现，2017年交通中心指数不低于0.8的城市只有3个，占总数的12%，表明少数城市的中心交通指数得分明显高于其余城市，而多数得分较低的城市将均值拉到了中位数的附近。样本城市总体变异系数为0.593，处于较高水平。

表6—1　　中国主要城市国家交通中心指数的统计描述

变量	平均数	中位数	样本数	最大值	最小值	标准差	变异系数
国家交通中心指数	0.465	0.458	25	1	0	0.275	0.593

数据来源：中国社会科学院城市竞争力指数数据库。

全样本城市之间综合交通发展水平存在一定程度的极化现象。图6—2是样本城市总体的核密度分布图，图中实线表示正态分布，虚线表示核密度分布，可以发现如下分布规律：全样本城市的交通中心指数呈略右偏态分布，频数分布的高峰向左偏移，长尾向右侧延伸，而且与正态分布相比，城市交通中心指数得分的分布偏左，说明我国大城市的交通中心指数水平整体表现一般，尤其是得分偏低的城市交通实力还有待挖掘和提升。全样本城市的总体均值为0.4443，指数超过0.9的城市只有北、上、广三座城市，多数城市的交通中心指数处于“中下”水平。另外，图6—2还揭示了一个重要信息，即交通中心指数0.4—0.8区间明显低于正态标准线，0.8—1区间明显高于正太标准线，这说明排名比较靠前的几个城市综合指数较高，与其他城市拉开了一定差距。这充分说明在我国25个城市样本中，城市交通中心指数存在一定差距，城市之间极化现象显著存在。

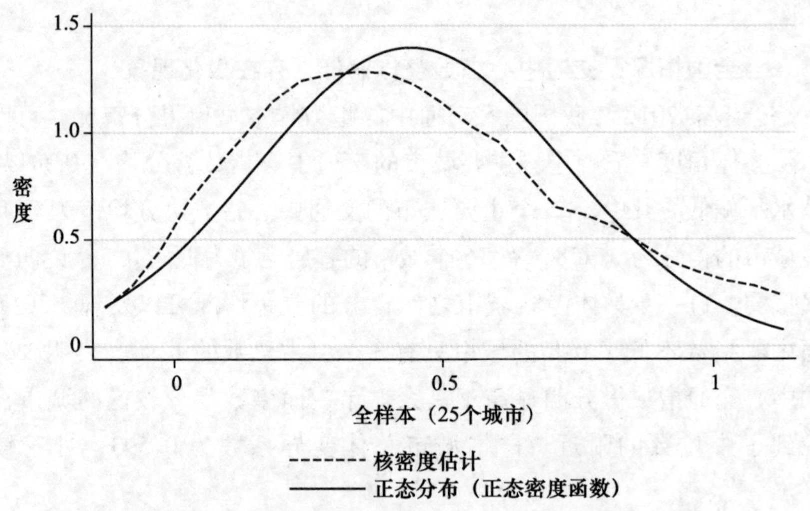

图6—2 样本城市的国家交通中心指数核密度分布图

数据来源：中国社会科学院城市竞争力指数数据库。

就国家交通中心分项指标来看，交通联系度与交通集聚度存在较强的正向关系，其相关系数达0.695。交通联系度与国家交通中心指数的相关系数为0.952，交通集聚度与国家交通中心指数的相关系数为0.882，国家交通中心指数与交通联系度指数的关系更为紧密。国家交通中心指数的前三位广州、北京、上海包揽了交通集聚度与交通联系度指数的前三位。

表6—2　　中国主要城市国家交通中心指数的联系度与集聚度排名

城市	联系度指数	联系度排名	集聚度指数	集聚度排名
广州	0.796904	3	1	1
北京	1	1	0.689691	3
上海	0.86218	2	0.83463	2
西安	0.75537	4	0.453168	6
武汉	0.739498	5	0.432578	7
成都	0.621297	8	0.469395	5
重庆	0.491628	13	0.599022	4
郑州	0.632095	7	0.386743	8
南京	0.721935	6	0.126974	17
青岛	0.556385	10	0.263449	11
深圳	0.463813	14	0.300715	10
长沙	0.497144	12	0.190248	15
杭州	0.576055	9	0.071581	20
天津	0.312314	16	0.377319	9
济南	0.518454	11	0.032325	22
厦门	0.239908	18	0.214576	14
兰州	0.362636	15	0.0153	23
大连	0.197398	19	0.249744	12
宁波	0.192812	21	0.242044	13
沈阳	0.277122	17	0.105801	18
合肥	0.178365	22	0.181152	16
长春	0.193072	20	0.059687	21
哈尔滨	0.175184	23	0.006147	24
苏州	0	25	0.105069	19
无锡	0.007325	24	0	25

数据来源：中国社会科学院城市竞争力指数数据库。

就具体指标样本均值来看，指标均值总体偏低。航线总数的样本均值最高，航空货运指数样本均值最低。全国25个样本城市的13个具体指标中，只有航线总数指数均值高于0.5，为0.547，指数均值处于0.3—0.4区间的有高铁指数、铁路干线指数、国家级港口指数、铁路枢纽指数与高铁枢纽指数，处于0.2—0.3区间的有公路指数、陆运客流量指数、陆运货运量指数、航空客运指数、枢纽机场指数，处于0.1—0.2区间为海运吞吐量指数与航空货运指数。从以上数据可以发现，全样本25个城市的具体指标均值总体偏低，考虑到标准化处理的特殊性，这意味着样本城市内部差异较大。

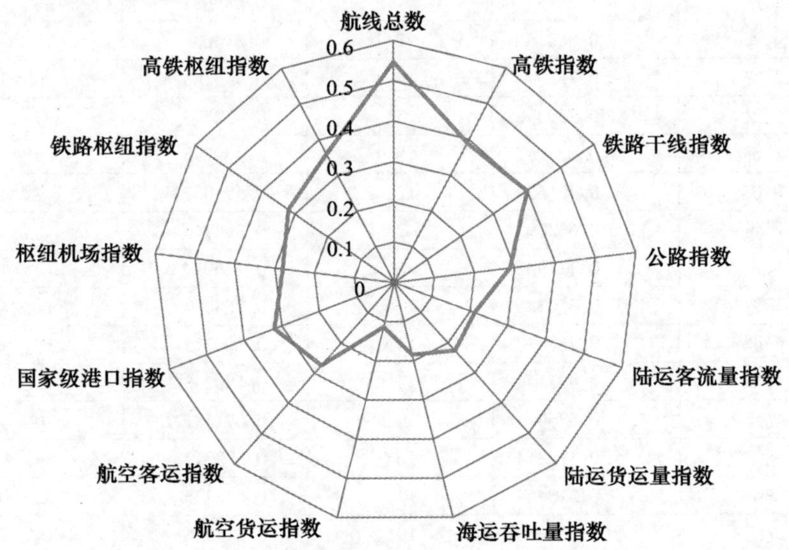

图6—3 国家交通中心样本城市各变量均值

数据来源：中国社会科学院城市竞争力指数数据库。

二 国家交通中心：广州

广州是广东省省会、副省级市、国家中心城市、超大城市、国际大都市、国际商贸中心、国际综合交通枢纽、国家综合性门户城市、首批沿海开放城市，是中国改革开放的先行地区和前沿阵地。广州的国家交通中心指数居全国第1位，国家交通中心指数为1。在国家交通中心指数的分项指标排名方面，广州的交通集聚度指数为1，全国排名第1位；交通联系度指数为0.796904，全国排名第3位。

在国家交通中心的具体指标排名方面，广州市13个具体指标的排名在25个样本城市中全部居于全国前列，陆运客流量指数、国家级港口指数、枢纽机场指数、铁路枢纽指数、高铁枢纽指数均居（或并列）全国第一位；铁路干线指数、公路指数、陆运货运量指数、航空客运指数均居全国第二位；海运吞吐量指数、航空货运指数居全国第三位；航线总数、高铁指数居全国第五位（见图6—4）。

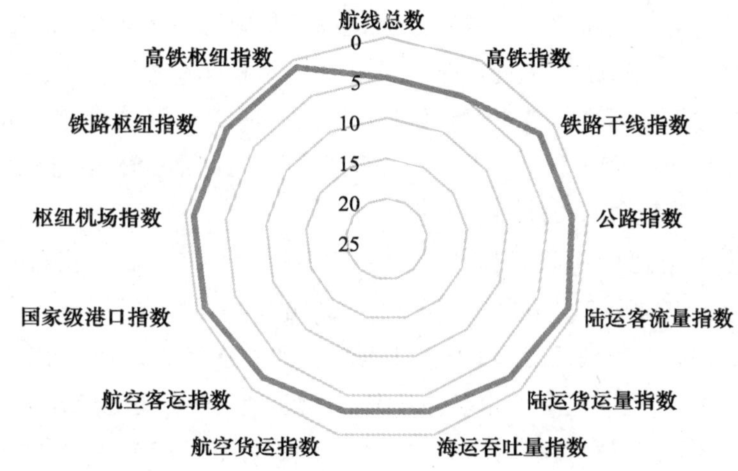

图6—4　广州市国家交通中心指数具体指标排名示意

数据来源：中国社会科学院城市竞争力指数数据库。

三　国家重要交通中心：北京、上海、西安、武汉

除了国家交通中心广州外，北京、上海、西安、武汉4个城市的交通资源比较好，是国家的重要交通城市。北京是中国最重要的交通枢纽之一，北京在航空、铁路和公路领域均是中国重要的交通枢纽。北京首都国际机场是中国最大的机场；北京铁路枢纽是全国最大的枢纽，主要干线铁路有京九铁路、京沪铁路、京广铁路、京哈铁路、京包铁路、京原铁路、京通铁路等；多条中国国道和高速公路由北京呈放射状发出。上海是全球交通最繁忙的都市之一，上海已形成由铁路、水路、公路、航空等运输方式组成的，具有超大规模的综合交通运输网络。上海主要干线铁路有京沪铁路、沪杭铁路、京沪高铁、沪宁城际高铁、沪杭高铁；上海港自1843年上海开埠后很快成为中国最大港口，自2010年起为世界最大的集装箱港口，上海拥有上海虹桥国际机场和上海浦东国际机场两

座国际机场。西安是我国重要的交通中心城市，铁路方面，西安火车站排名全国客运大站前五位，其为我国快速客运网中的一个重要节点，郑西高铁、郑徐高铁、宝兰高铁、西成高铁等经过西安；公路方面，西安已成为全国高速公路网中最大的节点城市之一，国道主干线 G65、G30 和西部大通道均穿境而过；航空方面，西安咸阳国际机场为全国十大机场之一。武汉市位于江汉汇流处，有"九省通衢"之称，是中国最重要的水陆空综合交通枢纽之一。铁路方面，武汉是中国最为重要的铁路枢纽之一，位于京广铁路、汉丹铁路、长荆铁路、武九铁路、武麻铁路交会处；公路方面，国家公路"两纵两横"规划的京珠、沪蓉高速公路主干线在武汉交会；航空方面，天河机场将是中部地区最大的枢纽机场；水运方面，武汉历来是长江的重要港口城市。

从国家交通中心指数来看，北京、上海、西安、武汉指数依次为 0. 997、0. 969、0. 721、0. 701，分别居全国第 2 位至第 5 位。在分项指标方面，北京居交通联系度第 1 位，上海居交通联系度第 2 位，西安、武汉依次居第 4、5 位；上海、北京、西安、武汉的交通集聚度指数排名依次为第 2、3、6、7 位。在具体指标排名方面（见图 6—5），4 个城市多居于样本城市前列。

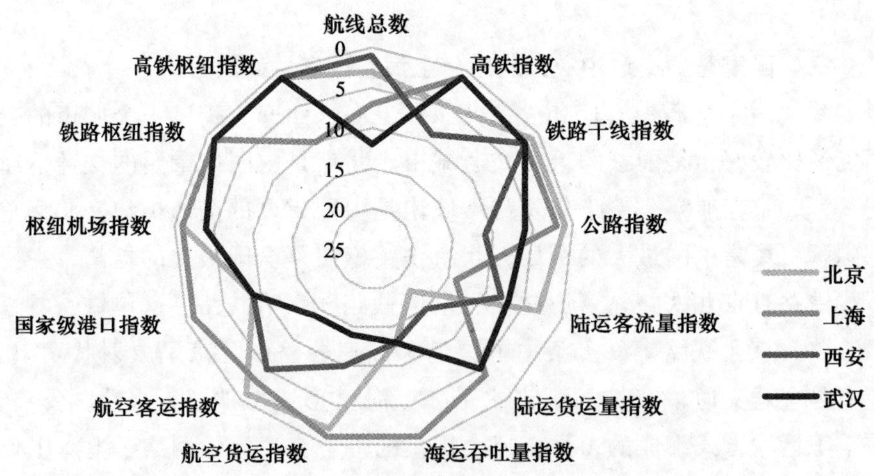

图 6—5 国家重要交通中心城市具体指标排名示意

数据来源：中国社会科学院城市竞争力指数数据库。

四 潜在的国家重要交通中心

潜在的国家重要交通中心主要包括成都、重庆、郑州、南京、青岛、深圳、长沙、杭州、天津、济南10个城市。这10个城市多为所在区域和城市群的中心城市，成都是西南地区最大的铁路枢纽，位于宝成铁路、成昆铁路、成渝铁路、达成铁路4条电气化干线铁路的交会处；重庆是中国西南地区的综合性交通枢纽，唯一拥有水、铁、公、空等多种交通方式的特大型交通枢纽；郑州处于中国交通大十字架的中心位置，铁路运输尤为发达，被称为“火车拉来的城市”；南京位于华东地区和长江下游流域中心，是重要交通枢纽，“黄金水道”长江和京沪铁路在这里交会；青岛具有发展陆海空综合交通运输的地缘优势和经济基础；深圳海运、河运、陆路、航空运输俱全，城市公共交通也颇为发达，是广东省的重要交通枢纽城市，也是南中国的交通中心之一；长沙是中国中部地区重要的交通枢纽城市，中国南方重要的高铁枢纽；杭州是浙江省高速公路网的中心、华东地区的主要交通枢纽之一；天津是北京通往东北和上海方向的重要铁路枢纽；济南作为山东半岛城市群的中心城市之一，干线铁路有京沪铁路、胶济铁路、邯济铁路。

相对于国家交通中心和国家重要交通中心的交通资源辐射、联系区域而言，潜在的重要交通中心的交通资源主要辐射省内其他城市，同时辅助国家重要交通中心城市辐射区域。

五 非国家交通中心

在25个样本城市中，厦门、兰州、大连、宁波、沈阳、合肥、长春、哈尔滨、苏州和无锡10个城市交通资源相对较弱，处于非交通中心地位。与国家交通中心、国家重要交通中心和潜在的国家重要交通中心相比，非国家交通中心的交通资源主要辐射本地区，并辅助潜在的重要交通中心辐射本省的其他城市。

六 各类别交通中心城市比较

不同交通中心城市之间指数得分梯级差距显著。除了国家交通中心仅有广州一个城市外，国家重要交通中心、潜在的国家重要交通中心和非国家交通中心交通资源的得分均值分别为 0.847、0.494 和 0.174，国家重要交通中心交通资源得分均值分别是潜在的国家重要交通中心和非国家交通中心的 1.71 倍和 4.87 倍，而潜在的国家重要交通中心交通资源得分均值是非国家交通中心的 2.84 倍。国家重要交通中心 4 个城市的交通资源得分差异相对较大，标准差为 0.158，北京与上海的交通资源指数分别为 0.997 与 0.969，西安、武汉的交通中心指数为 0.721 与 0.701。

表 6—3　　各类交通中心的统计特征

变　量	平均数	中位数	样本数	最大值	最小值	标准差
国家交通中心	1	1	1	1	1	.
国家重要交通中心	0.847	0.845	4	0.997	0.701	0.158
潜在的国家重要交通中心	0.494	0.474	10	0.637	0.366	0.100
非国家交通中心	0.174	0.217	10	0.258	0	0.093

数据来源：中国社会科学院城市竞争力指数数据库。

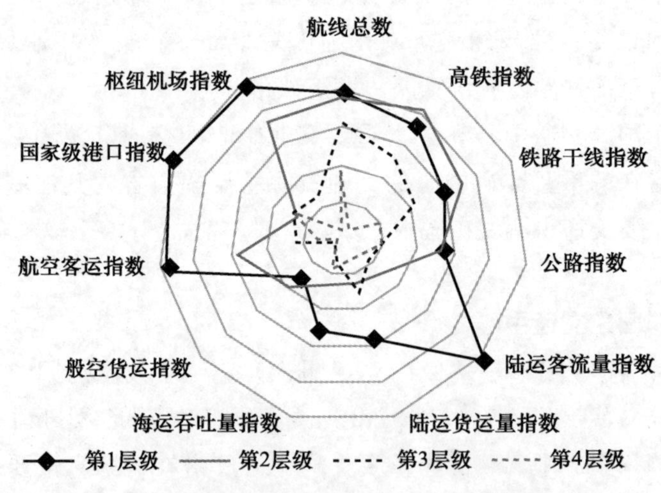

图 6—6　全国不同层级城市国家交通中心指数各项指标

数据来源：中国社会科学院城市竞争力指数数据库。

不同交通中心城市之间交通资源差距显著。为了分析不同层级城市之间交通资源的差距，图 6—6 同时给出了全国 4 个不同层级城市交通资源各项指标雷达图。由图可知，国家交通中心的大部分交通资源均优于国家重要交通中心，国家重要交通中心的大部分交通资源优于潜在的国家重要交通中心，潜在的国家重要交通中心的大部分交通资源均优于非国家交通中心。总体上来看，不同层级城市之间交通资源差距相当显著。具体而言，国家交通中心广州市基本占据了全国最好的交通资源，但高铁指数、铁路干线指数与航空货运指数相对来说是其交通资源的短板。国家重要交通中心的北京、上海、西安、武汉 4 个城市陆运货运量指数与国家级港口指数相对来说是其短板，航线总数、高铁指数、铁路干线指数、公路指数、航空货运指数是其优势所在，其均值高于或等于广州。对于潜在的国家重要交通中心城市而言，则航线总数、高铁指数、铁路干线指数、陆运货运量指数是其优势，其他指标均是交通资源短板。对于非国家交通中心城市而言，基本上很难发现其交通资源的优势，或者说所有指标均是其交通资源的短板。

不同层级城市交通资源内部竞争激烈。为了考察不同层级城市内部交通资源的竞争程度，图 6—7 给出了国家交通中心、国家重要交通中心、潜在的国家重要交通中心和非国家交通中心交通资源的核密度分布图和正态密度对比图。由图 6—7 可知，左上为国家交通中心的广州，在此不再赘述。右上为国家重要交通中心交通资源的核密度分布图和正态密度分布图，实线部分为正态密度估计图，虚线部分为核密度估计图。就国家重要交通中心交通资源而言，与正态分布相比，城市交通资源指数的分布波峰较低，说明我国国家重要交通中心交通资源发展的整体水平较好，但是交通资源得分偏低城市的交通发展潜力还有待进一步挖掘。图 6—7 中左下为潜在的国家重要交通中心交通资源核密度分布与正态分布对比图。由图可知，潜在的国家重要交通中心的交通资源指数呈右偏态分布，频数分布的高峰向左偏移，但波峰较低，充分说明潜在的国家重要交通中心的交通资源发展水平整体表现一般，尤其是得分偏低的城市交通资源的综合实力还有待于进一步提升。事实上，潜在的国家重要交通中心交通资源指数基本分布在0.5 以内，仅有个别城市交通资源指数达到0.6，与国家交通中心和国家重要交通中心之间的差距相对较大。图 6—7 中右下为非国家交通中心交通资源核密度分布和正态分布对比图。由图可知，非国家交通中心交通资源指数呈微弱的左偏态分布，频数分布的高峰略向右偏移。与正态分布相比，城市交通的分布稍向右偏，但波峰稍低，说明样本城市中非国家交通中心城市交通资源发展的整体之间的差距相对较小，城市之间的竞争更趋激烈。值得注意的是，非国家交通中心交通资源得分主要分布在0.25以下，与前三个层级城市之间的差距较大，但也反映了非国家交通中心具有一定的发展潜力。

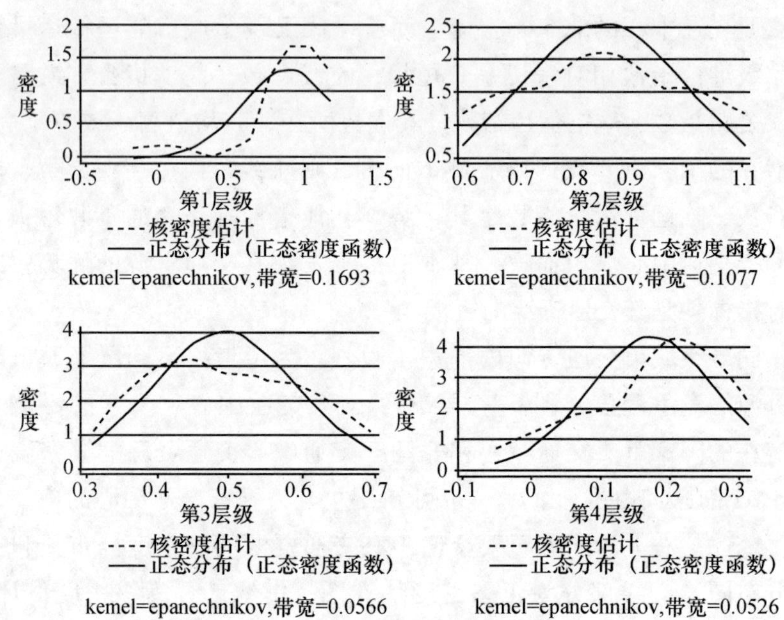

图6—7 四个层级的核密度分布

数据来源：中国社会科学院城市竞争力指数数据库。

第三节 郑州交通中心的发展状况

郑州是中原城市群的中心城市，河南省的经济中心、政治中心，中国八大古都之一，国家历史文化名城，中国国家中心城市和国家重要的综合交通枢纽。长期以来，郑州能获得中部地区交通枢纽的美誉，一个重要的原因是拥有京广铁路和陇海铁路交叉、高速公路和国道主干线纵横交错的双十字地位。郑州铁路交通位于全国路网中心，在全国铁路网中具有举足轻重的地位。郑州北站是亚洲最大的铁路编组站；郑州火车站是全国八大客运站之一；郑州东站是全国最大的零担货物中转站，货物中转量占全国的十分之一；郑州海棠寺车站被批准为全国铁路一类口岸；国家规划的北京—深圳、徐州—兰州铁路客运专线纵贯河南，其中郑州至西安段已经开工建设，郑州至北京段、郑州至武汉段、郑州至徐州段均已建成。可以预见，郑州作为全国重要的铁路客运专线“十字”枢纽的地位将不断得到巩固。与此同时，新郑国际航空港建设步伐不断加快。郑州新郑国际机场地处中原腹地，位于我国最繁忙的京广航路的中部，处于沿海地区和中西部地区的接合部，是我国重要的干线机场。在全国民航网络建设布局中，国家民航总局将郑州机场确定为全国八大区域性枢纽机场之一。

郑州是潜在的国家重要交通中心。郑州的国家交通中心指数得分为0.606，居全国第8位。郑州市交通集聚度指数与其综合交通指数在全国的位置相当，居全国第8位。具体来看，在交通集聚度方面，广州、上海、北京、重庆分别位居全国前四位，其指数得分落差显著，构成了城市交通集聚度的第一层级。成都、西安、武汉、郑州、天津则处于城市交通集聚度的第二层级，指数得分处于0.36—0.5区间，这些城市大部分是全国区域中心城市，是我国国家级交通枢纽中心城市。

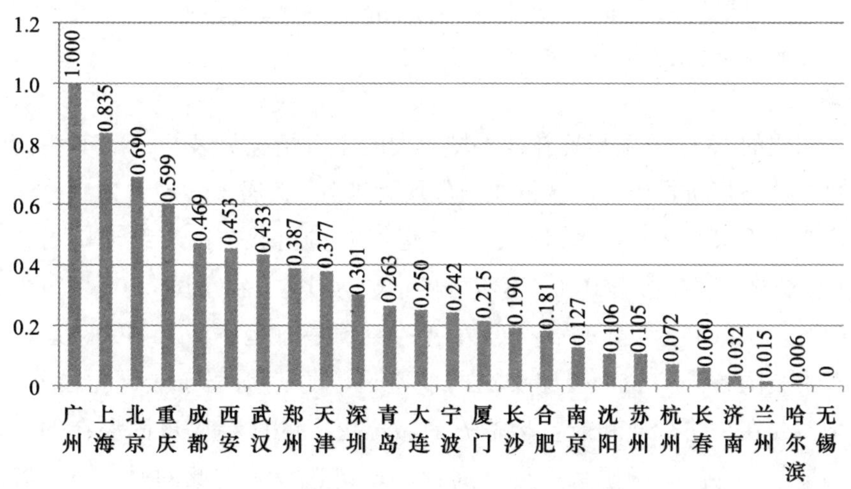

图6—8　中国25个主要城市的交通集聚度指数

数据来源：中国社会科学院城市竞争力指数数据库。

郑州市交通联系度指数高于其综合交通指数在全国的排名，居全国第7位。具体来看，在交通联系度方面，北京居全国第1位，上海、广州、西安、武汉、南京分别位居全国第2位至第6位，构成了城市交通联系度的重要中心位置。郑州、成都、杭州、青岛、济南、长沙、重庆、深圳则处于城市交通联系度的潜在中心位置，指数得分处于0.46—0.65区间，这些城市大部分是全国区域中心城市。

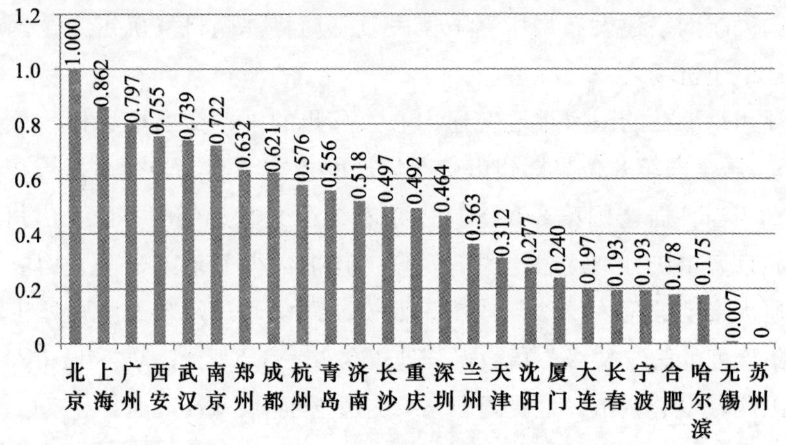

图6—9 中国25个主要城市的交通联系度指数

数据来源：中国社会科学院城市竞争力指数数据库。

郑州的13个分项指标在样本城市中的得分情况见表6—4，其中高铁指数、铁路枢纽指数、高铁枢纽指数均为满分1，居于（或并列）全国领先位置。受限于客观区位条件，其海运吞吐量指数与国家级港口指数均为0。铁路干线指数为0.4，枢纽机场指数为0.5，在全国25个城市中处于中游。从以上可见，郑州交通发展的瓶颈是海运方面。在铁路运输方面居于全国领先位置，公路交通与航空运输方面均居于全国中游水平，未来需要在公路交通和航空运输方面做出更大的成绩以巩固潜在的交通中心地位，并向全国国家重要交通中心城市进发，与此同时，与沿海港口城市尽力紧密合作，弥补短板。

表 6—4　　郑州市国家交通中心指数各变量的指数得分

城市	高铁指数	铁路干线指数	公路指数	陆运客流量指数	陆运货运量指数	海运吞吐量指数	航空货运指数	航空客运指数	国家级港口指数	枢纽机场指数	铁路枢纽指数	高铁枢纽指数
郑州	1	0.4	0.111	0.120	0.192	0	0.059	0.066	0	0.5	1	1

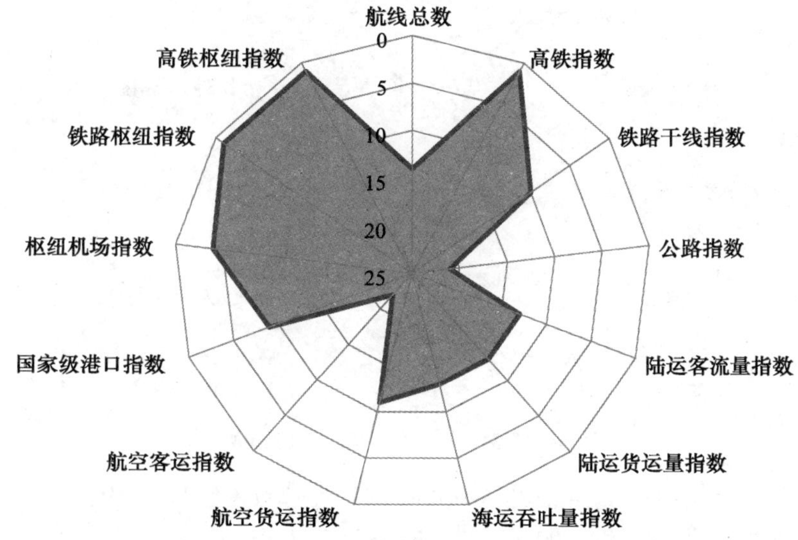

图 6—10　郑州市国家交通中心指数各变量排名得分

数据来源：中国社会科学院城市竞争力指数数据库。

第四节　对标分析

一　借鉴城市：与广州差距较大

广州是全国城市国家交通中心水平最高的城市，郑州与广州国家交通中心指数存在较大差距，广州综合指数得分为 1，郑州国家交通中心指数仅为 0.606，考虑到广州的领先位置，郑州作为中原城市群中心城市，应该把广州作为借鉴城市。借鉴城市的国家交通中心水平是郑州国家交通中心水平的愿景，郑州需要总结借鉴城市的先进经验，通过模仿、借鉴和改进最终吸收、消化和提升。与广州相比，郑州与其铁路枢纽数、高铁枢纽指数相当，在高铁指数方面高于广州，其他10个指标低于广州。整体来看，郑州与广州的差距较大，仅在高铁指数领先广州，郑州应积极借鉴广州的发展经验，借鉴其综合交通发展的理念，重视各个指标的均衡发展，在城市交通建设中保持铁路、公路、航空的全面发展。

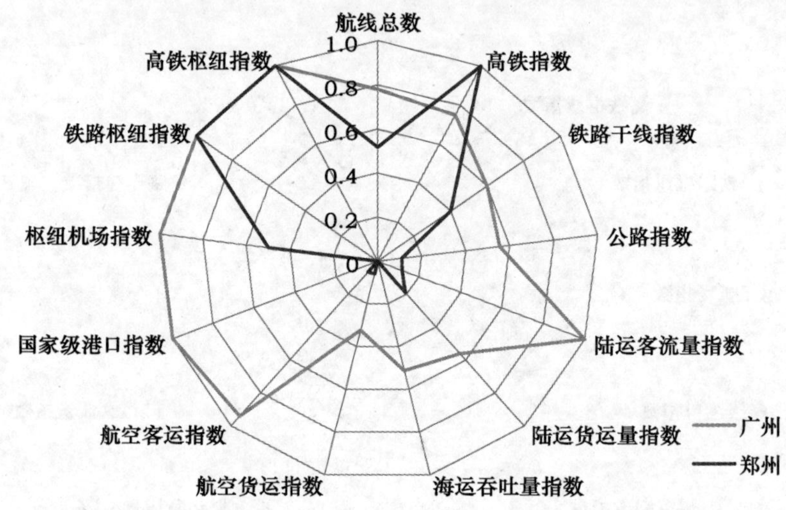

图6—11　郑州市与借鉴城市的交通中心指数各变量排名得分

数据来源：中国社会科学院城市竞争力指数数据库。

二　合作城市：与邻近的区域中心城市西安合作

经过讨论研究，考虑到区域交通的网络效应，课题组认为西安这座城市应该确定为郑州的合作城市，郑州应该充分利用合作城市的优势，借助合作城市的陆运交通优势，互通互联。郑州属于中原城市群的中心城市，西安是关中平原城市群的中心城市，从地理区位上看，西安与郑州之间有着天然的联系和共同的发展背景。因此，郑州与西安应该加强合作，共同发展。郑州与西安的差距并不大，西安的交通中心指数得分为0.721，与西安相比，郑州航线总数与航空客运指数是制约郑州城市综合交通发展的软肋，高铁指数是郑州唯一领先于西安的指标，郑州必须与西安通力合作，弥补自身短板。

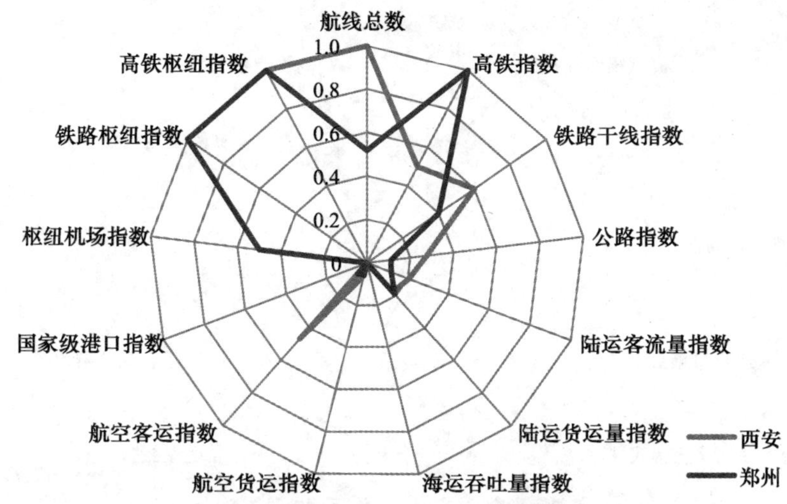

图6—12　郑州市与合作城市的交通中心指数各变量排名得分

数据来源：中国社会科学院城市竞争力指数数据库。

三　追赶城市：竞争对手实力相当，郑州存在超越的可能

样本城市中武汉与郑州在区位条件、交通发展水平及其多个指标达到发展程度都较为接近。因此，我们把武汉确定为郑州的对手城市，也是郑州在整体上或某一个方面可能超越的城市，只有超越对手城市，郑州在全国交通枢纽的地位才能得到稳固和提升。相对而言，武汉是郑州比较强劲的竞争对手（见图6—13），在铁路干线指数、公路指数方面显著高于郑州，在陆运客流量指数与陆运货运量指数方面均优于郑州，但在航空货运指数方面比郑州弱。总体来看，郑州的优势指标与武汉基本持平，在航空客运指数等方面均不占优势，但考虑到近年来郑州交通的发展速度与定位，郑州存在追赶与赶超武汉的可能。

四　潜在竞争城市：拉开了一定距离，但仍存在被超越的危险

长沙是排在郑州后面的综合交通实力较强的城市，是有可能赶超郑州的城市。从图6—14中可以看出，郑州的综合交通实力高于长沙，在铁路枢纽指数等方面显著高于长沙，长沙的陆运货运量指数明显强于郑州，郑州和长沙两个城市的综合交通发展水平各个维度指数雷达图形状较为接近。从各分项的具体情况来看，郑州与长沙在高铁指数、陆运客流量

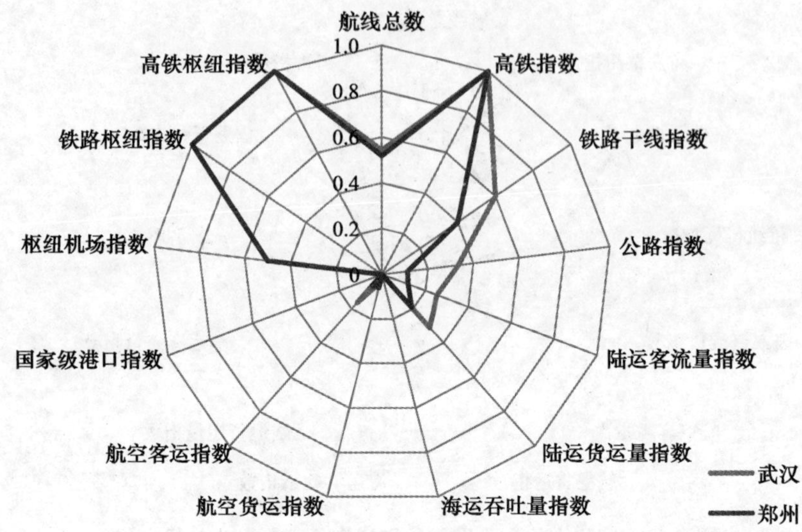

图6—13 郑州市与追赶城市的交通中心指数各变量排名得分

数据来源：中国社会科学院城市竞争力指数数据库。

指数方面水平大体相当，都是各自综合交通发展的强势所在；在国家级港口指数、航空客运指数、航空货运指数方面，两者都处于整体样本中的劣势。短期内长沙在高铁指数、公路指数和铁路枢纽指数方面都以较

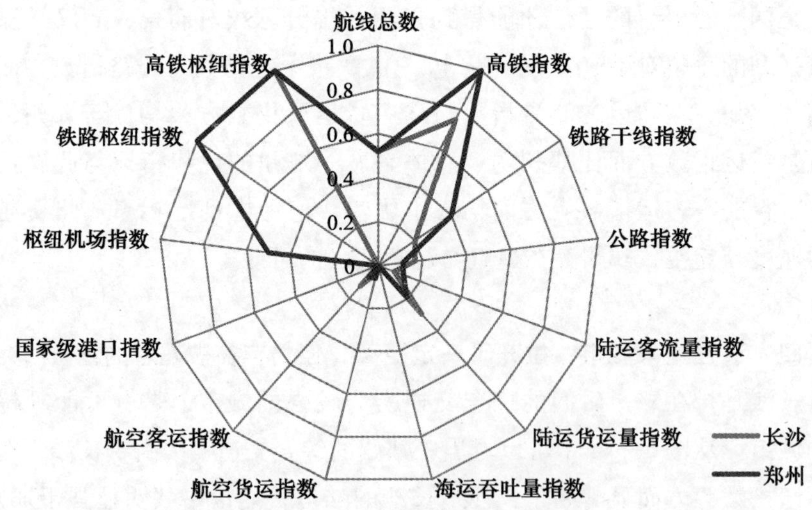

图6—14 郑州市与潜在竞争城市的交通中心指数各变量排名得分

数据来源：中国社会科学院城市竞争力指数数据库。

大程度弱于郑州，但因为郑州在地理区位上比长沙有一定优势，所以长沙在短期内从开放互联方面超越郑州的可能性不大，随着长株潭城市群的建设以及长沙作为中部地区中心城市地位的不断提升，加之高铁在东部和中部城市的大范围通车，长沙的铁路干线指数与高铁指数将进一步上升。总体上来看，与潜在竞争城市相比，郑州没有明显的软肋，其所具有的优势也较为有限，未来需要提升整体水平。

第五节　重点指标分析

随着高铁建设的迅速发展，高铁的开通和运营对沿线地区经济社会发展的产生了巨大的影响。郑州的高铁指数为满分 1，与上海、武汉、南京并列第 1 位，可见郑州高铁指数在样本城市中处于全国领先位置，但其领先地位并不唯一。如果郑州的高铁建设不能保持快速的发展，则有可能被追赶城市武汉超越。得益于其区位条件，郑州的高铁指数高于借鉴城市、合作城市和潜在竞争城市，也高于其交通中心指数排名。以郑州为原点，目前已通车的京广、徐兰高铁和正在建设的郑万、郑合、郑济、郑太高铁组成的“米”字形高铁网络预计将在 2020 年全部开通，郑州的高铁枢纽地位将得到巩固与提高。

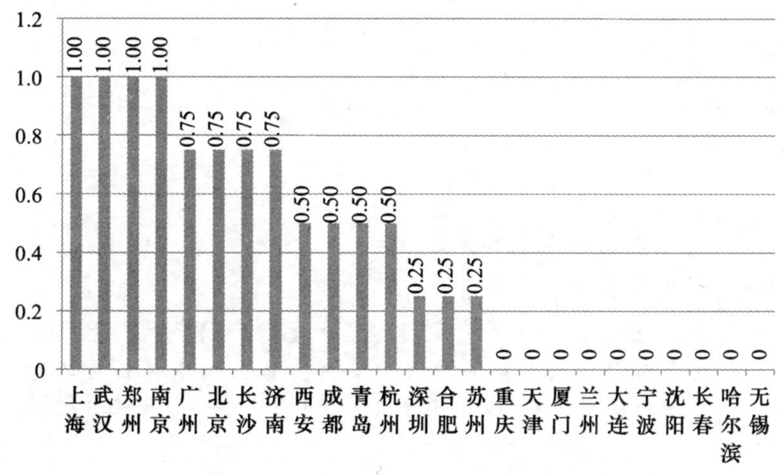

图 6—15　中国 25 个主要城市的高铁指数

数据来源：中国社会科学院城市竞争力指数数据库。

铁路枢纽指数处于全国第一方阵。目前我国共有八个国家级铁路枢纽城市，分别是广州、北京、上海、西安、武汉、成都、重庆与郑州。郑州铁路枢纽是中国最大的铁路枢纽之一，是中国《中长期铁路网规划(2008 年调整)》中八个重点建设的铁路枢纽之一，是《铁路“十二五”规划》确定的十大区域性客运中心。郑州铁路枢纽是京广铁路、陇海铁路（新欧亚大陆桥）两大铁路大动脉，和京港高铁（世界最长的高铁线路)、徐兰高铁（新欧亚大陆桥）两大时速 350 公里及以上高铁交通大动脉的交会点，是沟通南北、连贯东西的交通要冲，居于全国路网中心的重要位置上，素有“中国铁路心脏”之称，具有重要的战略地位。

枢纽机场指数居于全国前列。机场是航空运输业的枢纽基地和服务窗口，航空网络的经济价值反映在枢纽机场的拓扑连接度上面。机场的连接度指数反映区域外部联通状态以及区域的对外开放能力和水平，同样，机场的连接度是机场业务发展基础要素。机场业务量来源于机场对外连通性的连接度指标和机场航线密度指标。北、上、广作为一线城市，其枢纽机场指数居于全国第一层级，郑州的枢纽机场指数处在第二层级，与西安、武汉、成都、重庆、南京、天津与沈阳处于同一水平，其他城市则为非枢纽机场城市。区位条件是决定枢纽机场指数的重要条件。

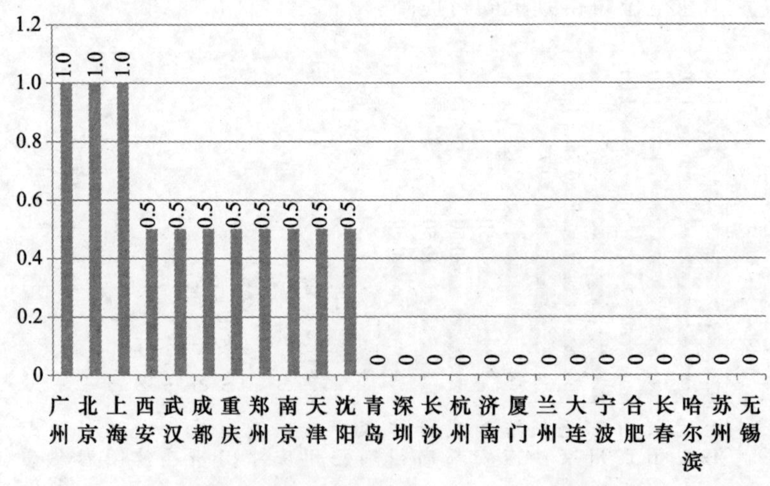

图 6—16 中国 25 个主要城市的枢纽机场指数

数据来源：中国社会科学院城市竞争力指数数据库。

陆运货运量指数与陆运客流量指数方面，郑州处于中游位置。郑州陆运货运量指数与陆运客流量指数在25个样本城市中均居第13位，均低于其交通中心指数总体排名。其中，陆运货运量指数得分为0.192分，陆运客流量指数的得分为0.120，均低于样本城市均值。郑州的陆运货运量指数与对标城市相比还是有一定差距。郑州所处的河南虽然地处中原，但是周边经济发展水平较低，导致郑州的陆运货运量指数相对其他城市而言比较薄弱，再次警示郑州所在的城市群的发展水平是城市交通中心发展的主要短板。

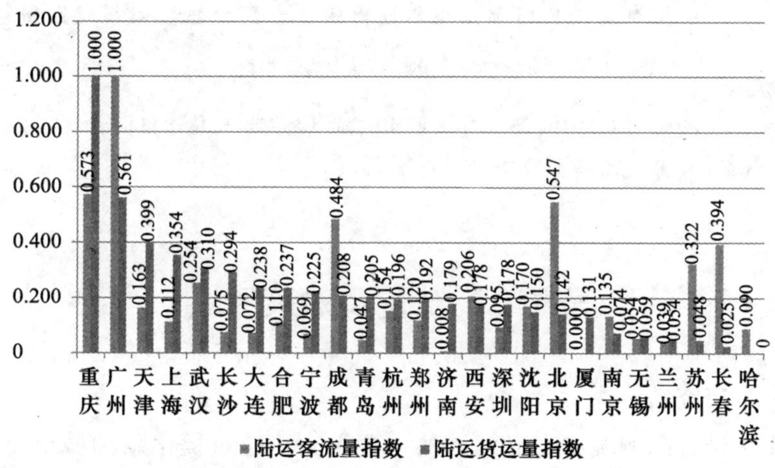

图6—17　中国25个主要城市的陆运客流量与货运量指数

数据来源：中国社会科学院城市竞争力指数数据库。

郑州航空客运量指数与航空货运量指数处于较低水平。郑州航空货运量指数在25个样本城市中居第11位，但其得分仅为0.059，仅为样本均值的25%，说明样本城市的整体航空货运量指数均较低。郑州航空客运量指数在25个样本城市中居第22位，处于落后位置，其指数得分为0.066，仅为样本均值的24%。由此可见郑州的航空运输与样本城市乃至对标城市相比尚有一定差距。从图6—18中也可发现，样本城市的航空客运指数得分普遍高于航空货运指数得分。

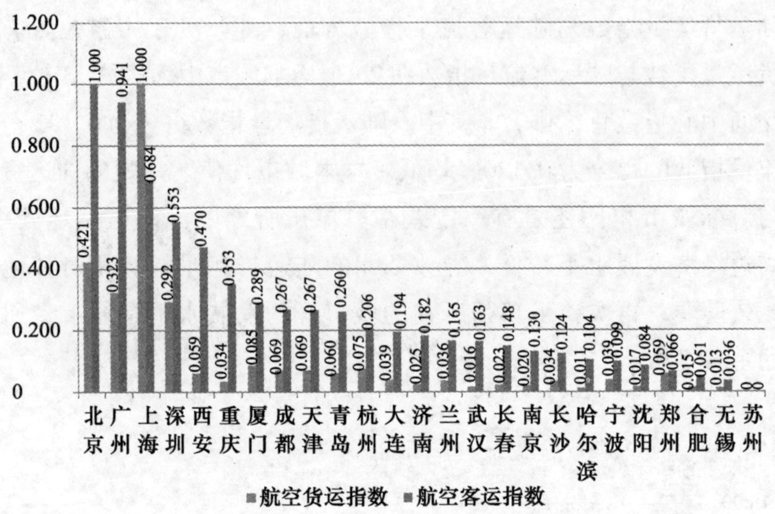

图6—18　中国25个主要城市的航空客流量与货运量指数

数据来源：中国社会科学院城市竞争力指数数据库。

第六节　结论及对策建议

一　研究结论

本书结合影响城市交通发展的主要因素，通过提出新的城市交通中心发展水平的评价体系，从交通集聚度和交通联系度两个维度构造了评价城市交通中心地位的交通中心评价体系。交通联系度包括航线总数、高铁指数、铁路干线指数、公路指数共4个分项指标，交通集聚度包括陆运客流量指数、陆运货运量指数、海运吞吐量指数、航空货运指数、航空客运指数、国家级港口指数、枢纽机场指数、铁路枢纽指数、高铁枢纽指数9个分项指标。在此基础上，利用城市中心地位的评价体系对包括郑州在内的25个城市进行测度，得到如下结论。

一是样本城市国家交通中心指数层级显著。将25个样本城市进行分类可以发现：国家交通中心为交通资源极好的广州市，国家重要交通中心包括北京、上海、西安、武汉4个城市；潜在的国家重要交通中心是交通中心较好的城市，具体包括成都、重庆、郑州、南京、青岛、深圳、长沙、杭州、天津、济南10个城市；非国家交通中心城市是交通中心一般的城市。

二是全国城市交通中心指数整体偏低，存在极化现象。25 个主要城市的交通中心指数得分均值为 0.465，中位城市的得分为 0.458，有 16 个城市的宜居竞争力低于 0.5，说明整体水平偏弱。全样本城市的交通中心指数呈略右偏态分布，频数分布的高峰向左偏移，长尾向右侧延伸，在我国 25 个城市样本中，城市交通中心指数存在一定差距，城市之间极化现象显著存在。

三是郑州是潜在的国家重要交通中心。其国家交通中心指数得分为 0.606，居全国第 8 位。交通集聚度指数与其综合交通指数在全国的位置相当，居全国第 8 位；郑州市交通联系度指数高于其综合交通指数在全国的排名，居全国第 7 位。在铁路运输方面居于全国领先位置，公路交通与航空运输方面均居于全国中游水平，未来需要在公路交通和航空运输方面做出更大的成绩以巩固潜在的国家重要交通中心地位，并向国家重要交通中心进发，与此同时，受限于地理条件，郑州交通发展的瓶颈是海运方面，应与沿海港口城市尽力紧密合作，弥补短板。

四是通过对标分析，将广州作为借鉴城市、西安作为合作城市、武汉作为追赶城市、长沙作为潜在竞争城市。我们认为郑州可以借鉴广州发展经验，借鉴其综合交通发展的理念，重视各个指标的均衡发展，在城市交通建设中保持铁路、公路、航空的全面发展，与邻近的区域中心城市西安合作，提升自己交通中心发展水平，将郑州发展成为中国的交通中心。在此基础上，战胜追赶城市武汉，拉开与潜在竞争城市长沙之间的差距，巩固郑州的地位。

五是通过对交通中心重点分项指标的分析，认为郑州的高铁指数、高铁枢纽指数和铁路枢纽指数居于全国第一方阵，需要继续保持高速发展。枢纽机场指数居于全国前列，陆运货运量与客流量方面，郑州处于中游位置，郑州航空客运量与货运量处于较低水平，存在一定的进步空间。

二　对策建议

综合上述分析，课题组认为郑州处于潜在的国家重要交通中心层级，且在该层级中处于靠前位置，有望成为国家重要交通中心。具体而言，郑州在交通中心发展和国家交通中心建设方面有了很大进步，其交通中心指数居全国第 8 位，联系度与集聚度水平相近，具体来看其铁路相关分项指标居于全国领先位置，陆运与航空运输方面则处于全国中游位置。样本城市中潜在的国家重要交通中心的 10 个城市竞争异常激烈，处于该层级的郑州不可避免与其他城市之间进行深度竞争。总之，在未来几年内郑州若不能在交通中心建设方面取得大的突破，将面临地位下降的风险，如若措施得当，郑州则有望成长为国家重要交通中心。郑州需要按照“取长、补短、抓关键”的方针对其他城市交通中心综合发展情况提升自身交通实力。

加强郑州综合交通枢纽建设，关键是改变过去按运输方式各自管理的模式，建立现代交通枢纽的有效途径。在未来发展中，要进一步统筹规划，着力以公路为基础、以铁路为骨干，充分发挥航空等运输方式的比较优势，构建结构合理、有机衔接、协调发展、资源节约、环境友好的现代综合交通运输网络。巩固优势，加速构建“米”字形快速铁路网。“米”字形快速铁路网，是国务院批复《中原经济区规划》和《郑州航空港经济综合实验区发展规划》明确的重大工程，具体就是在京广和徐兰“十”字形快速客运通道的基础上，建设郑州至万州、郑州至济南、郑州至合肥、郑州至太原快速铁路。弥补短板，努力把郑州机场建成全国大型机场、区域性枢纽机场、客货集散枢纽和大型飞机维修基地。

（执笔人：王海波）

第七章

国家文化中心指数坐标上的郑州方位

国家文化中心是在一个国家内，在文化功能上能够起到决策、控制、管理、服务全国的城市。集聚度表现为集聚具有全国战略意义的相关文化要素，并非单纯对城市相关指标存量的考量；联系度也非省内或区域之间的联系，而是强调在全国范围的城市网络中文化功能的联系和辐射作用。国家中心城市的文化集聚度即城市可以凭借其在文化方面的区位优势，通过生产要素的集聚，促进文化资源的优化配置，并借助区域发展总体战略，提高城市文化发展和服务水平。国家文化中心联系度强调其辐射性，具体是指国家文化中心城市充分发挥其文化服务和人文凝聚等功能，引领、辐射、带动全国文化发展，建成国家组织文化活动和配置文化资源的中枢。由于国家文化中心具有服务和辐射全国的能力，根据其辐射全国的具体功能及其功能强弱，我们能够确定国家文化功能的中心城市及其能力强弱。

城市不仅是经济社会的物质集聚中心，更是精神文明建设的重要载体。文化功能作为精神文明的重要组成部分，是城市现代化的重要特征，是城市竞争力和综合实力的重要组成部分，也是城市可持续发展的重要基石。本章结合中国城市文化发展实际，分别从集聚度和联系度两个维度设计国家文化中心评价要素。对于国家文化中心集聚度，相应的评价要素包括历史文化名城，博物馆、国家纪念地，国家级文化演出单位，国家级场馆，5A 级景区，年均外国入境旅游人数，文化名人，全国著名文化艺术院校（四级），文化公司数量等。对于国家文化中心联系度，相应的评价要素则包括全国连续性文化节、文化公司联系度等。指标体系如表 7—1 所示。

表 7—1 国家文化中心指标体系

国家文化中心	集聚度	历史文化名城	百度百科
		博物馆、国家纪念地	百度百科
		国家级文化演出单位	文化部网站
		国家级场馆	百度百科
		5A 级景区	百度百科
		年均外国入境旅游人数	各地统计年鉴
		文化名人	百度百科
		全国著名文化艺术院校（四级）	高考网、百度百科
		文化公司数量	
	联系度	全国连续性文化节	各地政府门户网站
		文化公司联系度	

基于对国家文化中心的内涵界定，以及国家文化中心指数的指标体系，各节安排如下：第一节基于测算结果分析了国家文化中心在全国的总体格局；第二节对文化中心城市各层级中的城市进行描述和介绍；第三节则详细分析了郑州文化中心指数的具体状况；第四节对郑州与其借鉴、合作、追赶与潜在竞争城市进行对标分析，分析了郑州文化的发展态势；第五节则进一步选取关键指标分析了郑州相对于对标城市的优势与短板；第六节提出结论与对策建议。本章的研究表明，郑州目前属于非国家文化中心，下一步的目标是建设成为潜在的国家重要文化中心。

第一节 文化中心城市的总体格局

一 全国文化中心的整体发展水平较低，存在明显的层级分化，发展很不平衡

本章利用聚类分析的方法，对全国文化中心的整体发展水平进行分析。本章样本城市选取范围包括：北京、天津、上海、广州、重庆（已确认为国家中心城市）；深圳、厦门、杭州、宁波、苏州、无锡、南京、合肥、长沙、武汉、郑州、青岛、济南、大连、沈阳、哈尔滨、长春、

成都、西安（对照组）。根据课题的研究设计以及计算结果，课题组将全部25个城市按照文化中心发展水平的高低，分成了4个等级，分别为国家文化中心、国家重要文化中心、潜在的国家重要文化中心与非国家文化中心。每个等级中的城市排序从左向右按照综合发展水平计算结果排列，具体情况见表7—2。

表7—2　　文化中心城市层级格局包括的城市一览

组别	包含城市	均值
第一层级：国家文化中心	北京	1
第二层级：国家重要文化中心	上海、广州	0.338
第三层级：潜在的国家重要文化中心	杭州、武汉、济南、深圳、南京、西安、长沙、苏州	0.218
第四层级：非国家文化中心	重庆、天津、成都、青岛、哈尔滨、合肥、宁波、无锡、郑州、大连、沈阳、长春、兰州、厦门	0.085

数据来源：中国社会科学院城市竞争力指数数据库。

我国国家中心城市文化功能分布表现为两极分化较严重，综合水平优秀的城市不多，多数城市集中在第三、第四层级，层级分化现象非常突出。下面分层级介绍：

第一层级国家文化中心为北京。北京能够发挥对全国腹地城市的文化集聚力和联系力，作为国家中心城市满足文化决策、控制、管理、服务、辐射到全国范围，而不是区域性或地域性范围，具有文化服务的唯一性，北京的城市集聚度和联系度的合成指数同时位于全国城市榜首。

第二层级国家重要文化中心为上海和广州。国家重要文化中心在不同功能上的替代弹性较小，是国家文化中心的重要补充和支撑。虽然处于第二层级，但其国家中心城市集聚度和联系度与排名首位的北京相差较大。

第三层级在文化功能上弱于国家重要文化中心，城市自身发展积累相对较少，城市集聚度和联系度相对偏低，服务和辐射全国范围的能力较差，但又在区域范围内具有举足轻重的影响力，这样的城市可以视为潜在国家重要文化中心。潜在国家重要文化中心均值为0.218，包括杭州、武汉、济南、深圳、南京、西安、长沙、苏州，短时间内很难超越广州和上海，或与之平起平坐。

第四层级为非国家文化中心。非国家文化中心层级当中有14个城市，均值仅为0.085。包括重庆、天津、成都、青岛、哈尔滨、合肥、宁波、无锡、郑州、大连、沈阳、长春、兰州、厦门。

二 从内部分化来看，大部分城市属于弱集聚—弱联系类型文化中心

根据本课题构造的文化中心指数，文化中心的发展水平可以从文化联系度与文化集聚度两个维度来衡量，课题组进一步从这两个维度来分析不同城市文化中心发展水平的内部分化。根据测算结果，全国25个城市的文化联系度平均得分为0.189，文化集聚度的平均得分为0.231，按照这两个标准，可以将全部25个城市分为四类，分别为：强集聚—强联系型文化中心、强集聚—弱联系型文化中心、弱集聚—强联系型文化中心以及弱集聚—弱联系型文化中心，表7—3报告了相应的分类结果。其中，强集聚—强联系型文化中心包括：北京、上海、广州、杭州、南京、武汉。强集聚—弱联系型文化中心包括：西安、苏州、重庆、杭州、成都。弱集聚—强联系型文化中心包括：深圳、济南、合肥。弱集聚—弱联系型文化中心包括大连、无锡、青岛、厦门、郑州、宁波、沈阳、长沙、哈尔滨、长春、兰州。

表7—3　　不同类型的文化中心

类型	城市数量	包含城市
强集聚—强联系	6	北京、上海、广州、杭州、南京、武汉
强集聚—弱联系	5	西安、苏州、重庆、杭州、成都
弱集聚—强联系	3	深圳、济南、合肥
弱集聚—弱联系	11	大连、无锡、青岛、厦门、郑州、宁波、沈阳、长沙、哈尔滨、长春、兰州

数据来源：中国社会科学院城市竞争力指数数据库。

第二节　国家文化中心各层级城市介绍

一　国家文化中心：北京

北京是我国的国家文化中心。从排名和指数来看，北京毫无疑问是国家文化中心，对全国各个城市的文化发展具有突出的带动引领作用。根据数据库的测算，在国家中心城市文化功能综合排名中，北京占据绝对优势稳居首位，而且与其他城市之间拉开了较大距离。北京是首批国家历史文化名城和世界上拥有世界文化遗产数量最多的城市，北京在5A级景区，文化公司数量，博物馆、国家纪念地，全国著名文化艺术院校（四级），文化名人，全国连续性文化节，国家级文化演出单位等多个方面均体现了其全国文化中心地位。这里荟萃了中国灿烂的文化艺术，留下了许多名胜古迹和人文景观，有着博大精深的文化底蕴，彰显着不同时代的辉煌。北京是走在前列的著名都市，鳞次栉比的现代化建筑和现代艺术人文氛围，使古老的北京焕发出更加生机勃勃的活力。在《"十三五"时期加强全国文化中心建设规划》中，对于北京文化中心的定位是"凝聚荟萃、辐射带动、创新引领、展示交流和服务保障是文化中心建设新的功能定位"，突出了北京国家文化中心的定位。

二　国家重要文化中心：上海、广州

上海、广州是我国的重要文化中心。国家重要文化中心是仅次于北京的重要中心，它对全国各个城市的文化发展具有一定的带动引领作用。聚类分析结果表明上海和广州是仅次于北京的国家重要文化中心。这两座城市具有较高的文化辐射能力和联系能力，在国家中心城市文化功能中排名第2位和第3位。上海的文化被称为"海派文化"。海派文化既有江南文化（吴越文化）的古典与雅致，又有国际大都市的现代与时尚。区别于中国其他文化，具有开放而又自成一体的独特风格。上海的博物馆、国家纪念地多达5个，是中国共产党的诞生地，红色文化资源是这座城市光荣的基因。这里有中共一大、二大、四大会址纪念馆，也有经过改造即将正式开放的龙华烈士纪念馆。上海大剧院、上海音乐厅、上

海大世界传艺中心等国家级场馆多达19个之多。广州是国务院颁布的全国第一批历史文化名城之一。广州在年均外国入境旅游人数方面位列第二，有798万人之多。南越王墓、光孝寺、镇海楼、六榕寺、南海神庙、五仙观、怀圣寺、陈家祠、圣心堂、三元宫等，都是广州文化的见证。在融汇中外文化后，形成了独特的岭南文化，文化名人达到29人，全国著名文化艺术院校（四级）达到2所。

三　潜在的国家重要文化中心：杭州、武汉、济南等8个城市

潜在的国家重要文化中心是指目前尚未成为国家文化中心或国家重要文化中心。这一类城市经过发展，未来有发展为国家重要文化中心的可能性。目前，对国家文化中心指数的聚类分析结果表明杭州、武汉、济南、深圳、南京、西安、长沙、苏州8个城市处于潜在国家重要文化中心层级，分列第4—11位。其中，杭州以其独特的良渚文化、丝绸文化、茶文化以及流传下来的许多故事传说为代表，注重传统市井街巷与现代生活的自然过渡，形成了独特的“钱塘繁华”和“休闲雅致”的外部文化认识。杭州文化名人众多，具有4个全国性文化节，也体现了较好的文化联系度。武汉是有着三千多年文明传承史的古城，文化底蕴深厚，武汉的历史和文化多物化在山川湖泊之中。武汉有展示殷商时期制造业巅峰水平的殷商青铜器皿，木兰文化，还有萦绕于斯的黄鹤文化、佛教文化，该市共有4个国家级博物馆。济南是拥有“山、泉、湖、河、城”独特风貌的旅游城市，是国家历史文化名城、首批中国优秀旅游城市，史前文化——龙山文化的发祥地之一。文化名人有27位，全国文化节有5个。深圳的文化艺术事业日益繁荣。南京是中国四大古都、首批国家历史文化名城，是中华文明的重要发祥地。南京是中国绘画、书法的重镇。在六朝时有顾恺之等书画大家。古城西安古称“长安”“京兆”，是举世闻名的世界四大古都之一，是中国历史上建都时间最多、建都朝代最多、影响力最大的都城，是中华民族的摇篮、中华文明的发祥地、中华文化的代表。西安最突出的是博物馆方面，共有8个国家级博物馆。长沙是首批国家历史文化名城，历经三千年城名、城址不变，有“屈贾之乡”“潇湘洙泗”之称。长沙荣获有东亚文化之都、世界媒体艺术之都的美誉。

苏州有近2500年历史，是吴文化的发祥地。苏州共有6处全国5A级景区，其中，园林是中国私家园林的代表，被联合国教科文组织列为世界文化遗产。

第三节　郑州文化中心的发展状况

一　总体情况：郑州属于非国家文化中心层级，优势和短板明显

郑州在全部25个城市中排名第20位，按照文化中心的层级来看，属于非国家文化中心层级。全国文化中心的平均发展水平为0.184，郑州文化中心的发展水平为0.08，低于全国平均水平，这表明郑州的文化中心发展水平在全国的地位较低。具体来看，郑州市国家中心城市文化功能集聚度综合得分为0.28，在25个样本城市中排在第15位，属于非国家文化中心层级。郑州市国家中心城市文化功能联系度综合得分为0.1，在25个样本城市中仅排在第20位，同样属于非国家文化中心层级。郑州各分项在样本城市中的排名情况见表7—4，大多排名靠后。综合来看，可以判断文化功能是郑州发展中的明显短板领域。未来需要在强化国家文化中心功能方面做出更大的成绩以提升名次。

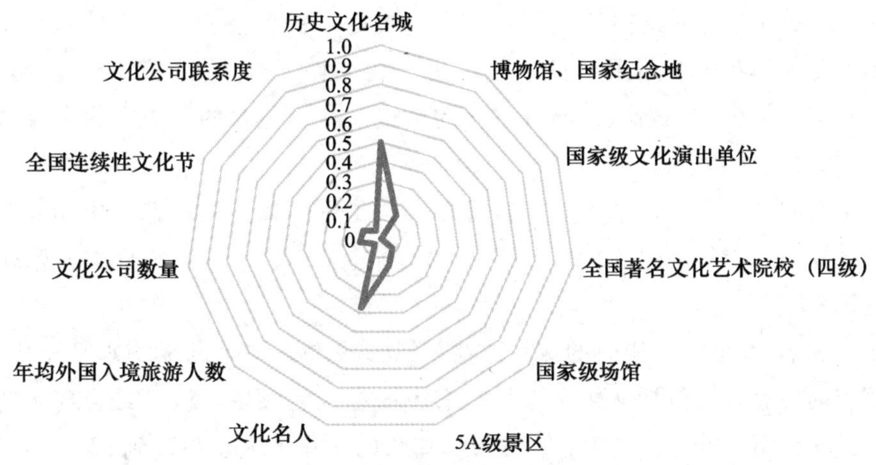

图7—1　郑州文化中心指数

数据来源：中国社会科学院城市竞争力指数数据库。

表 7—4　　郑州在样本城市中的排名情况

		评价要素	排名
国家文化中心	集聚度	历史文化名城	排第 17 位
		博物馆、国家纪念地	排第 13 位
		国家级文化演出单位	郑州等 24 个城市均为 0
		国家级场馆	郑州等 7 个城市并列第 7 位
		5A 级景区	郑州等 9 个城市并列第 16 位
		年均外国入境旅游人数	排第 20 位
		文化名人	排第 2 位
		全国著名文化艺术院校（四级）	郑州等 13 个城市均为 0
		文化公司数量	郑州等 8 个城市并列第 7 位
	联系度	全国连续性文化节	郑州等 4 个城市并列第 17 位
		文化公司联系度	郑州等 16 个城市并列第 9 位

数据来源：中国社会科学院城市竞争力指数数据库。

二　从全国来看，郑州的两个优势领域是文化名人、国家级场馆

本节通过计算各分项在全国的平均得分水平，然后与郑州在文化方面各个分项下的得分水平相比，如果在某一分项下郑州的得分更高，则表明郑州在该领域具有优势，反之则属于郑州的短板领域。对于短板领域，本节更进一步通过比较，归纳出郑州的主要短板领域。需要特别指出的是，郑州虽然是第三批入选历史文化名城，入选批次较晚。但是，郑州作为历史文化名城，拥有悠久的历史文化，包含的历史文化古迹和世界文化遗产十分丰富。同时，郑州是五帝、夏、商三朝的腹地而成为中华文明轴心区，是中国八大古都之一，是中华民族的摇篮、中华文明的发祥地、中华文化的代表，因此，本节并未将历史文化方面看作郑州的短板。

表 7—5 报告了相应的测算结果。可以发现，与全国平均水平相比，郑州的优势领域包括文化名人与国家级场馆两大领域。以下结合现实情况进行介绍：首先，文化名人方面，郑州的文化名人总数达到 32 人，远超全国均值 20. 3 人。文化名人包括在文化各个领域获得全国最高奖项的文化名人以及中国 100 位杰出思想家。具体包括戏曲类获得历届梅花奖的戏曲家，书画界获得全国美展终身成就奖的书画大家，文学界获得诺贝

尔文学奖、鲁迅文学奖、茅盾文学奖的作家，以及在音乐界入选《歌声飘过30年》的作曲家。其中，郑州知名作家多达12人、思想家多达16人。其次，国家级场馆是承担过全国性文艺演出、体育赛事或政治活动的国家级重要场馆。在国家级场馆方面，郑州的分值0.074高于全国平均分值0.066。其中，郑州体育馆自1984年正式建成并投入使用以来，是郑州市举办各类体育竞赛活动、业余训练、全民健身活动和其他大型活动的主要场所之一，还曾成功举办了2001年第七届中国郑州国际少林武术节开幕式，并承接了历届国际少林武术节的比赛项目，以及国家、省、市、区的各类体育赛事，在国家级场馆中具有重要地位。

表7—5　郑州相对于全国的优势和劣势领域

文化功能优势指标	郑州得分	全国平均水平	优势/短板
文化名人	0.28	0.185	优势
国家级场馆	0.074	0.066	优势
全国著名文化艺术院校（四级）	0	0.088	主要短板
文化公司数量	0.11	0.12	短板
历史文化名城	0.5	0.61	—
5A级景区	0.143	0.337	主要短板
年均外国入境旅游人数	0.041	0.208	主要短板
全国连续性文化节	0.1	0.268	主要短板
文化公司联系度	0	0.07	短板

数据来源：中国社会科学院城市竞争力指数数据库。

三　从全国来看，郑州突出短板领域主要包括年均外国入境旅游人数、5A级景区、全国著名文化艺术院校（四级）、全国连续性文化节四个领域

郑州市在年均外国入境旅游人数、5A级景区、全国著名文化艺术院校（四级）、全国连续性文化节方面短板严重，和领先城市具有较大差距。表7—5报告了相应的测算结果。可以发现，与全国平均得分水平相比，年均外国入境旅游人数、5A级景区、全国著名文化艺术院校（四级）、全国连续性文化节领域均落后于平均得分水平。以下结合现实情况进行介绍：首先，5A级景区仅有嵩山少林寺1个。年均外国入境旅游人

数方面，当前，中国城市正以悠久亘古的文化底蕴、得天独厚的自然风光吸引着众多国外游客前来游览。入境旅游自兴起后一直以较快的速度发展，外国入境旅游在中国旅游行业中占有极其重要的位置。郑州的年均外国入境旅游人数在25个样本城市排名全国第20位，仅有52万人次。说明郑州市在年均外国入境旅游人数、5A级景区方面劣势突出，严重拉低了综合排名。其次，全国著名文化艺术院校（四级）是能够培养具备各专业知识，能从事各专业门类教育和实践的人才的。从全国著名文化艺术院校（四级）教育资源来看，郑州等13个城市均为0。说明郑州等半数城市与国家中心城市在文化艺术院校水平上有一定差距。再次，文化节是文艺工作者及艺术家、文化爱好者之间学术交流与学习的重要渠道，是当地政府和组织为提高人民群众的艺术欣赏水平、丰富人民群众精神文化需要的主要举措。在全国连续性文化节方面，郑州等4个城市并列第17位，与国家中心城市和重要中心城市差距明显。以北京为例，连续文化节有北京菊花文化节、北京通州海棠文化节、北京端午美食文化节、北京国际旅游文化节、北京月季文化节等10种节日。未来郑州需要在郑州突出短板领域，即年均外国入境旅游人数、5A级景区、全国著名文化艺术院校（四级）、全国连续性文化节这四方面努力减少差距，弥补短板。

第四节　对标分析

城市在提升国家中心城市排位的过程中需要不断学习、效仿榜样，取长补短。对标分析的基本思想是通过连续追踪和比较分析，找出竞争对手、借鉴对象、追赶目标、合作伙伴，学习与合作缩小差距。通过比较，了解郑州与对标城市在国家中心城市文化功能上的优势和劣势，指出哪些领域和指标已经居前列，哪些领域还比较落后。为郑州提升国家中心城市文化功能找准定位，取长补短抓关键，促进郑州国家中心城市文化功能提升。

本节利用对标分析的方法，从国家中心城市文化功能的多个方面将郑州与4个城市进行对标分析。从郑州国家中心城市文化功能与对标城市分析对比中获取郑州在国家文化中心城市建设中的优势和短板。具体分析主要选定城市北京、西安、武汉、沈阳。郑州的借鉴城市为北京，合作城市为西安，追赶城市为武汉，潜在竞争城市为沈阳。郑州、沈阳、西安、武汉、北京的全国排名分别为第 20 名、第 22 名、第 6 名、第 5 名、第 1 名。从图 7—2 和图 7—3 的集聚度和联系度比较来看，郑州略微优于潜在竞争城市沈阳，落后于追赶城市、借鉴城市、合作城市，但具体差异明显，需要一一对比。

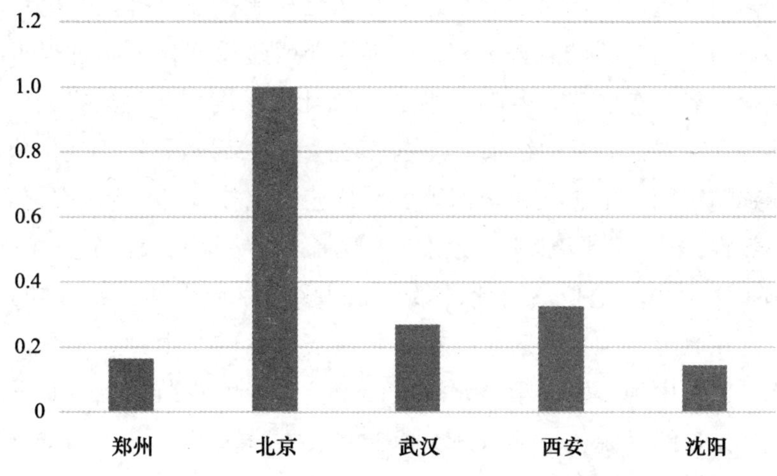

图 7—2　对标城市文化中心城市集聚度

数据来源：中国社会科学院城市竞争力指数数据库。

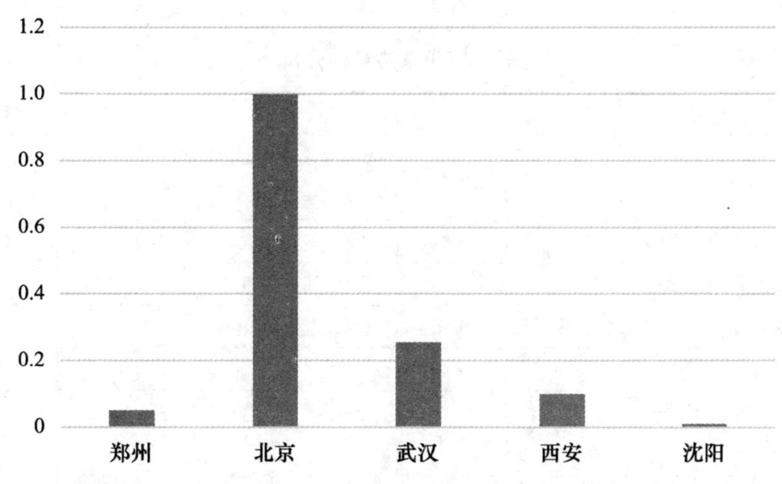

图 7—3　对标城市文化中心城市联系度

数据来源：中国社会科学院城市竞争力指数数据库。

一 借鉴城市：多个领域借鉴北京

借鉴城市主要反映了一个城市发展的愿景，也就是可以作为未来发展方向参照的城市，基本的选取原则是文化发展水平比郑州高的城市。北京国家文化中心发展水平显著高于郑州，可选取其作为郑州长期发展借鉴的城市。北京无论历史文化还是现代文化都在全国首屈一指。

课题组经过讨论选取了北京这一在文化功能领域具备显著优势的国家中心城市作为郑州的看齐目标，以期为郑州建设文化中心过程中的转型升级提供经验与借鉴。表7—6报告了文化联系度与文化集聚度各分项下郑州与北京对标分析的结果，具体来看：北京5A级景区，文化公司数量，博物馆、国家纪念地，全国著名文化艺术院校（四级），文化名人，全国连续性文化节，国家级文化演出单位等多个方面均大幅领先于郑州，稳居国家文化中心地位。因此，郑州可以多个领域借鉴北京成功经验。例如，北京具有八大艺术院校，包括中央戏剧学院、中央音乐学院、中央美术学院、中国传媒大学、北京电影学院、中国戏曲学院、北京服装学院、北京舞蹈学院。上述八所艺术院校，在全国乃至世界都享有很高的地位和声誉。郑州艺术院校向北京高水平院校借鉴学习，对于建成知名艺术院校很有帮助。

表7—6　　郑州与北京的对标分析

评价要素	北京	郑州	评价要素	北京	郑州
历史文化名城	1	0.5	全国著名文化艺术院校（四级）	1	0
博物馆、国家纪念地	1	0.142	文化公司数量	1	0.111
国家级文化演出单位	1	0	文化公司联系度	1	0
国家级场馆	1	0.074	全国连续性文化节	1	0.1
5A级景区	1	0.143			
年均外国人境旅游人数	0.383	0.041			
文化名人	1	0.373			

数据来源：中国社会科学院城市竞争力指数数据库。

二　合作城市：加强与西安合作

合作城市选取的基本原则是能通过不同城市间的合作补齐郑州自身发展中的短板、巩固并扩大自身优势。西安和郑州同为古都，历史悠久，且地理位置接近，便于交流合作，因此西安是郑州的合作伙伴。古城西安古称“长安”“京兆”，是举世闻名的世界四大古都之一，是中国历史上建都时间最多、建都朝代最多、影响力最大的都城，是中华民族的摇篮、中华文明的发祥地、中华文化的代表，有着“天然历史博物馆”的美誉。在《史记》中被誉为“金城千里，天府之国”，是中华民族的发祥之地，由周文王营建，建成于公元前 12 世纪，先后有 21 个王朝和政权建都于此，是 13 朝古都，中国历史上的四个最鼎盛的朝代周、秦、汉、唐均建都西安。

表 7—7 报告了文化联系度与文化集聚度各分项下郑州与西安对标分析的结果，结合现实情况来看：郑州市在文化名人和国家级场馆方面高于西安市，其中郑州有文化名人 32 人、西安有 19 人。西安在多数领域占据优势。其中，差距较大的领域有：博物馆、国家纪念地方面，郑州远远落后于西安，西安的 8 个高于郑州的 1 个。全国著名文化艺术院校（四级）方面，西安的 1.5 个高于郑州的 0 个。5A 级景区西安有 3 个，郑州仅有 1 个。文化公司数量方面，西安 2 个高于郑州的 1 个，联系度也更高。西安年均外国入境旅游人数 276.3 万人，同样高于郑州。全国连

表 7—7　　　　　　　　郑州与西安的对标分析

评价要素	西安	郑州	评价要素	西安	郑州
历史文化名城	1	0.5	全国著名文化艺术院校（四级）	0.12	0
博物馆、国家纪念地	0.571	0.142	文化公司数量	0.111	0.111
国家级文化演出单位	0	0	文化公司联系度	0	0
国家级场馆	0.07	0.074	全国连续性文化节	0.2	0.1
5A 级景区	0.428	0.143			
年均外国入境旅游人数	0.231	0.041			
文化名人	0.186	0.373			

数据来源：中国社会科学院城市竞争力指数数据库。

续性文化节数量方面，西安高达4个，郑州仅有1个。二者具有极佳的区位合作优势。例如，西安拥有丰富的高品级旅游资源，每年吸引着无数的中外游客，是驰名海外的旅游胜地。2016年，西安实现全年接待海内外游客1.5亿人次，旅游总收入达1200亿元，比同期均有较大幅度的增长。文化旅游中心落地的基础条件比较好。加强郑州和西安合作，充分利用两地资源，学习西安旅游业经验，对于郑州提升旅游业质量具有重要意义。

三 追赶城市：与武汉存在较大差距

课题组选取了武汉作为郑州的追赶城市，这主要是因为武汉文化中心发展水平高于郑州，并且距离郑州相对较近，参考意义较强。古城武汉在国家中心城市文化功能中排名第5位，武汉是有着三千多年文明传承史的古城，文化底蕴深厚，武汉的历史和文化多物化在山川湖泊之中。武汉有展示殷商时期制造业巅峰水平的殷商青铜器皿，有巾帼不让须眉的木兰文化，还有萦绕于斯的黄鹤文化、佛教文化。武汉以“勇立潮头、敢为人先、崇尚文明、兼收并蓄”作为该城市的城市精神。这也让武汉这个城市勇夺了多个“第一”，辛亥革命第一枪、万里长江第一桥等。

表7—8报告了文化联系度与文化集聚度各分项下郑州与武汉对标分析的结果，结合现实情况来看：武汉在除文化名人之外的各个领域全面

表7—8　郑州与武汉的对标分析

评价要素	武汉	郑州	评价要素	武汉	郑州
历史文化名城	0.75	0.5	全国著名文化艺术院校（四级）	0.2	0
博物馆、国家纪念地	0.285	0.142	文化公司数量	0.22	0.111
国家级文化演出单位	0	0	文化公司联系度	0.11	0
国家级场馆	0.11	0.074	全国连续性文化节	0.4	0.1
5A级景区	0.438	0.143			
年均外国入境旅游人数	0.139	0.041			
文化名人	0.2	0.373			

数据来源：中国社会科学院城市竞争力指数数据库。

占优。其中，差距较大的领域有：博物馆、国家纪念地方面，武汉的4个高于郑州的1个。全国著名文化艺术院校（四级）方面，武汉的1.5个高于郑州的0个。5A级景区武汉有3个，郑州仅有1个。文化公司数量上，武汉的2个高于郑州的1个，联系度也更高。全国连续性文化节数量方面，武汉高达4个，郑州仅有1个。郑州市在文化名人方面明显高于武汉市，郑州共有32人，武汉有19人。作为同处中部的省会城市，郑州需要以武汉文化的开拓精神为榜样。乐于接受新思想，敢想敢做。在此基础上，大力创新改革，补强短板。

四　潜在竞争城市：存在被沈阳赶超的风险

潜在竞争城市指的是尽管目前在排名上落后于郑州，但可能在未来赶超郑州的城市。课题组选取了沈阳作为潜在竞争城市。这主要是因为沈阳的文化中心指数落后于郑州。沈阳是闻名遐迩的历史文化名城。因地处古沈水（今浑河）之北而得名。沈阳地区孕育了辽河流域的早期文化，是中华民族的发祥地之一。沈阳别名盛京或奉天。沈阳是国家历史文化名城，有2300年建城史，素有“一朝发祥地，两代帝王都”之称。

表7—9报告了文化联系度与文化集聚度各分项下郑州与武汉对标分析的结果，郑州和沈阳在各方面普遍差距不大，国家文化中心功能均处在较低水平。郑州市仅仅在文化名人方面显著高于沈阳市，其中郑州有文化名人32人，沈阳有13人。结合现实来看，沈阳有3个世界文化遗产保护单位，是除北京之外中国世界文化遗产最多的城市，具有较强的文化旅游和文化产业发展潜力。未来郑州如不能及时提升，存在被沈阳赶超的可能。因此，郑州在文化上各个方面都不能放松，否则现在具备的微弱优势很容易丧失并被赶超。

表7—9　　郑州与沈阳的对标分析

评价要素	沈阳	郑州	评价要素	沈阳	郑州
历史文化名城	0.75	0.5	全国著名文化艺术院校（四级）	0	0
博物馆、国家纪念地	0.07	0.142	文化公司数量	0	0.111
国家级文化演出单位	0	0	文化公司联系度	0	0

续表

评价要素	沈阳	郑州	评价要素	沈阳	郑州
国家级场馆	0	0.074	全国连续性文化节	0	0.1
5A级景区	0.12	0.143			
年均外国入境旅游人数	0.04	0.041			
文化名人	0.14	0.373			

数据来源：中国社会科学院城市竞争力指数数据库。

第五节 重点指标分析

一 文化名人辈出，具备明显优势

郑州市在文化名人方面处于国家重要文化中心层级。郑州在全国的排名达到第2名，仅次于北京。历史文化名人达到32人，指数得分为0.28，高于全国平均水平22人和0.185。其中，郑州具有突出地位的作家高达12人，思想家高达16人。来自郑州的文化名人，对于中国文化的历史走向具有深远的影响力和代表性，是中华文明重要的组成部分，为郑州留下珍贵的文化遗存和不可估量的无形资产。

郑州历史上名人辈出，造就了一代又一代的杰出人物，在中国历史上产生过重大的影响。例如：人文始祖——黄帝、诗圣——杜甫、一代诗杰——白居易、法家鼻祖——韩非、建筑宗师——李诫、艺术巨匠——常香玉。此外，还有春秋时期政治家子产，战国早期道家名师列子，战国初期思想家、政治家、法家代表人物之一申不害，战国末年水利家郑国，秦末农民起义军领袖陈胜，东汉名臣杜密，西晋文学家潘安，唐代诗人李商隐等，五代宋初文学家梁周翰等。因此，郑州在建设文化中心的时候要充分利用自身在文化名人集聚度上的显著优势，提升自身的地位。

二 旅游景区质量和吸引力处于短板位置，提升潜力较大

郑州旅游景区质量和吸引力处于短板位置，处于非国家文化中心层

级。首先体现在5A级景区数量方面。郑州目前5A级景区仅有嵩山少林寺1个，指数为0.14。低于全国均值2.36个。其次，郑州的年均外国入境旅游人数在25个样本城市排名全国第20位，仅有52万人次，全国平均人数则达到250万人次。这种差距反映出郑州与国内领先城市在旅游领域还存在较大的差距。因此，郑州在旅游产品种类、旅游资源整体开发水平、旅游服务业、旅游产业管理体制管理水平等方面还需要逐步提升，从而补足短板。

结合现实来看，郑州旅游资源当中，嵩山风景名胜区是全国44个重点风景名胜区之一和全国文明风景旅游区示范点，“天下第一名刹”少林寺就坐落在嵩山脚下，威震海内外的少林功夫从这里走向世界。除此之外，郑州还有一些著名景区，例如：世纪欢乐园、黄河风景名胜区、二七纪念塔、黄帝故里等。这里还有我国最早的天文建筑周公测景台和元代观星台、中国宋代四大书院之一嵩阳书院、我国现存最大的道教建筑群中岳庙等。这些景区各具特色，有潜力提升为5A级景区。未来，郑州在旅游景区质量和吸引力方面提升空间较大，需要大力补足短板，提升旅游景区质量和吸引力。

三　文化联系度与全国总体情况相比处于明显劣势

文化联系度是提升国家中心城市文化功能的关键。通过提升联系度可以提升城市社会凝聚力、文化感召力、参与协调力等多个方面的力量，增加城市间文化合作共赢的机会。当前在城市文化集聚度竞争激烈且分化明显的情况下，提升文化联系度，对于提升国家中心城市文化功能具有重要意义。文化联系度包括文化公司联系度和全国连续性文化节两部分：文化公司是生产、经营和销售文化产品和服务的公司，现代文化产业需要文化公司联系合作形成完整产业链从而发挥范围经济。全国连续性文化节是文艺工作者及艺术家、文化爱好者之间学术交流与学习的重要渠道。文化节可以促进城市之间交流，是当地政府和组织为提高人民群众的艺术欣赏水平、丰富人民群众精神文化，促进文化交流合作需要的主要举措。

郑州文化联系度和总体相比，处于非国家文化中心层级。郑州国家中心文化功能联系度综合得分0.1，在25个样本城市中仅排在第20位。

与国家中心文化功能联系度综合得分均值0.185存在差距。即使在同一等级的城市中，郑州文化中心联系度发展水平也处于相对落后的地位。目前，郑州文化公司联系度较弱，文化公司联系度指数与沈阳等15个城市标准化后仅为0。因此，需要大力发展文化产业，补齐短板。在反映联系度的全国连续性文化节中，郑州等4个城市并列第17位，排名较为落后。郑州当前仅有的全国性质的文化节是“荥阳·中国嫘祖文化节”，嫘祖文化已成为中华民族灿烂辉煌文化中的重要组成部分。举行“荥阳·中国首届嫘祖文化节”，对于传承嫘祖文化，弘扬嫘祖精神，提高公民道德素质有重要意义。未来郑州需要以此为榜样，积极补齐文化节短板，办好“出彩郑州”系列文艺活动、群众文化艺术节、各类时尚文化赛事等群众文化活动，提高人民群众的艺术欣赏水平，丰富人民群众精神文化，促进文化交流合作。

第六节　结论与对策建议

本章的研究表明，郑州整体上属于非国家文化中心，其下一步的发展目标是建设成为潜在的国家重要文化中心。从目前来看，郑州的优势集中体现在文化名人方面；但需要注意的是，郑州文化中心发展水平在全国排名较低，文化发展的短板突出。在与其他城市的比较上，郑州在文化集聚度和文化联系度上多处于弱势地位，存在被潜在竞争城市赶超以及与追赶城市差距拉大的风险。要实现建设成为潜在国家重要文化中心的目标，需要做到“扬长、补短、抓关键”，具体而言，应当从以下几个方面入手。

一　传承发扬文化名人优势，挖掘历史名城潜力

应该继续发挥郑州市在文化名人方面的优势，促进郑州市文化名人领域大放异彩。同时，挖掘郑州历史文化名城潜力，凸显城市的文化内涵。一方面，需要注重文化的开发，深度挖掘商都文化、嵩山文化、黄帝文化、黄河文化、革命传统文化等资源，提升商都历史文化区、古荥大运河文化区、百年德化历史文化区、二砂文创广场等历史文化遗产的文化价值。积极塑造一批展示郑州文化特色、人文风貌的城市展厅、“会

客厅”、国际交流场所、城市文化地标，从而进一步展现郑州历史的厚重感和开放包容的现代感，更好地继续传承发扬传统文化。

另一方面，需要加强文化的保护。健全商都遗址等历史文化遗址和名镇名村、历史建筑、工业遗存的保护机制，着力巩固提升“天地之中”历史建筑群、大运河等世界文化遗产保护水平，实施“生态保遗”工程。加强文化名人资源的保护与传承，培养造就一批德艺双馨的文化名家、艺术大师。加强对黄帝、杜甫、白居易、韩非、李诚、常香玉等文化名人资源的保护。加强文化传播能力建设，不断提升郑州在国际上的文化影响力。

二　努力提升景区质量、艺术院校水平和国际知名度

郑州市应该在继续发展传统文化的同时，逐步补齐短板，从而实现郑州市国家中心文化功能的全面提高，对于提升郑州市文化实力具有重要的意义。首先，需要提高年均外国入境旅游人数和国家5A级旅游景区数量。加大景区项目推进力度，不断提升景区核心竞争力，全力打造富有吸引力的国家5A级旅游景区。要进一步加大管理与营销力度，不断增强景区的核心竞争力。要把历史文化和旅游结合起来、把保护和发展统一起来，努力将历史文化优势转化为发展优势，创造更多的绿色财富和生态福利。加快重点项目建设。

其次，加强高水平艺术类大学建设，坚持以人民为中心的创作导向，繁荣发展社会主义文艺，坚持创造性转换和创新性发展，建设具有东方特色的世界一流美术、音乐等艺术学科，创立以艺术创造为内核、社会美育为担当的新人文教育体系。

再次，郑州市应该努力宣传郑州文化，实现郑州文化走出国门、走向世界，提高郑州文化的国家影响力与国际知名度。

三　大力提升文化联系度

提升城市文化联系度需要从两个方面入手：第一，文化产业方面，郑州是一座享誉中外的历史文化名城，拥有悠久的历史文化，以文化为铺垫提升城市文化联系度具有良好基础，可以依托郑州文化塑造鲜明的城市品牌，延伸文化产业链，促进文化公司的合作。同时也需要加强与

国外文化公司交流，注意吸收国内外先进文化元素，赋予新的时代内涵和现代表达形式，为传统文化的创造性转化、创新性发展丰富郑州元素、贡献郑州力量。例如，第十二届中国（河南）国际投资贸易洽谈会的成功举办。郑州市文广新局邀请了利亚德集团、香港英尚国际餐饮管理有限公司、海普文化产业发展有限公司 3 家文化领域知名企业的 10 名客商参会，初步对接了伏羲文化产业园等 3 个合作项目，总投资超过 10 亿元。未来需要深化这类合作。

第二，文化节日方面，需要持续办好黄帝故里拜祖大典、国际少林武术节、嵩山论坛、国际旅游城市市长论坛、国际摄影艺术节展等重大活动。此外，可以借助申办一些重大的国家甚至国际性节庆、赛事、文化活动集聚全世界目光，吸引全球关注，通过“注意力经济”迅速提升城市知名度、扩大国际影响力。坚持保护和利用相结合、传承与创新相结合，繁荣现代文化，打造城市名片，提升城市品位，不断提升文化吸引力、影响力和传播力。

（执笔人：张洋子）

第八章

国家贸易中心指数坐标上的郑州方位

贸易中心城市建设的关键在于城市功能建设，这是城市贸易的内涵所在。贸易中心城市之所以能够在国家战略中为国家发展服务，就是因为其功能建设，具体包括物流、商品交易、电商公司等。因此本章定义的国家贸易中心是指：在一个国家内，一个城市的贸易水平能够起到决策、控制、管理、服务全国的城市。根据这一定义，本章结合中国城市物流贸易发展实际，分别从集聚度和联系度两个维度设计国家贸易中心评价要素。对于国家贸易中心集聚度，相应的评价要素包括物流公司、国际或全国性商品交易博览会、国家级自贸区、国家级保税区、国家交易中心、电商公司。对于国家贸易中心联系度，相应的评价要素则包括物流公司联系度等。值得注意的是，本章测量的国家贸易中心都是服务和影响全国的，强调的是城市资源和联系网络的重要性，而并不是城市的贸易量大，其就是贸易中心。从而在指标的选取上报告都是选择国家级性质的或全国排名靠前的，如国家级保税区、物流公司等。最后通过对各项指标的研究，然后用非线性加权法把集聚度和联系度合成为总的贸易中心指数。

全国25个样本城市中贸易中心排名前十的城市依次是上海、北京、天津、深圳、大连、重庆、广州、郑州、武汉、厦门。而从所有样本城市的具体得分来看，城市中层级效应明显，上海的贸易中心指数得分为为1.000，属于第一层级，即国家贸易中心。北京和天津的贸易中心指数分别为0.9106和0.7102，属于第二层级，即国家重要贸易中心。深圳、

表8—1　　国家贸易中心的指标体系

国家贸易中心	国家贸易中心集聚度	物流公司
		国际或全国性商品交易博览会
		国家级自贸区
		国家级保税区
		国家交易中心
		电商公司
	国家贸易中心联系度	物流公司联系度

大连、重庆、广州、郑州、武汉、厦门、长沙、青岛、杭州、成都、南京、西安13个城市的贸易中心指数在0.2—0.6区间，属于第三层级，即潜在的国家重要贸易中心。济南、苏州、哈尔滨、无锡、沈阳、兰州、长春、合肥、宁波9个城市的贸易中心指数低于0.2，属于第四层级，即非国家贸易中心。

表8—2　　国家贸易中心排名和层级

城市	标准化指数	排名	层级
上海	1.0000	1	国家贸易中心
北京	0.9106	2	国家重要贸易中心
天津	0.7102	3	国家重要贸易中心
深圳	0.5084	4	潜在的国家重要贸易中心
大连	0.4393	5	潜在的国家重要贸易中心
重庆	0.4385	6	潜在的国家重要贸易中心
广州	0.4185	7	潜在的国家重要贸易中心
郑州	0.3935	8	潜在的国家重要贸易中心
武汉	0.3651	9	潜在的国家重要贸易中心
厦门	0.3384	10	潜在的国家重要贸易中心
长沙	0.3171	11	潜在的国家重要贸易中心
青岛	0.3104	12	潜在的国家重要贸易中心

续表

城市	标准化指数	排名	层级
杭州	0.2864	13	潜在的国家重要贸易中心
成都	0.2425	14	潜在的国家重要贸易中心
南京	0.2368	15	潜在的国家重要贸易中心
西安	0.2074	16	潜在的国家重要贸易中心
济南	0.1864	17	非国家贸易中心
苏州	0.0736	18	非国家贸易中心
哈尔滨	0.0734	19	非国家贸易中心
无锡	0.0651	20	非国家贸易中心
沈阳	0.0567	21	非国家贸易中心
兰州	0.0452	22	非国家贸易中心
长春	0.0261	23	非国家贸易中心
合肥	0.0058	24	非国家贸易中心
宁波	0	25	非国家贸易中心

数据来源：中国社会科学院城市与竞争力研究中心。

第一节　国家贸易中心层级概况

一　国家贸易中心：上海

上海作为首批沿海开放城市，其地处长江入海口，是长江经济带的龙头城市、当之无愧的国家贸易中心。上海在电商公司、物流、国际或全国性商品交易博览会、自贸区、保税区、国家期货交易中心方面都处于前列。其拥有20家较强的电商公司，拥有5家全国排名前50位的物流公司。此外，全年举办各类展览会项目851个，总展出面积1512.98万平方米，比上年增长22.0%。其中，国际展览会项目292个，展出面积1124.06万平方米，比上年增长24.8%；国内展览会项目559个，展出面积388.92万平方米，比上年增长14.4%。而作为国内第一个自由贸易区，上海自贸区也在多方面实行了创新和改革，并且已经有所效果。如2017年上半年浦东新区实到外资41.19亿美元，占全市实到外资的51%，而自贸区的实到外资达到全区的90.8%。并且上海还是中国四大期货交易中心之一，与其他城市相比拥有绝对优势。

表 8—3　　上海贸易中心总体和分项指数

指标名称	所处层级	标准化数值
总体贸易中心	国家贸易中心	1.000
贸易中心联系度	国家重要联系中心	0.714
贸易中心集聚度	国家集聚中心	1.000
其中：电商公司	国家中心	1.000
物流公司	国家重要中心	0.714
国际或全国性商品交易博览会	国家中心	1.000
自贸区	国家中心	1.000
保税区	国家重要中心	0.333
国家期货交易中心	国家中心	1.000

数据来源：中国社会科学院城市与竞争力研究中心。

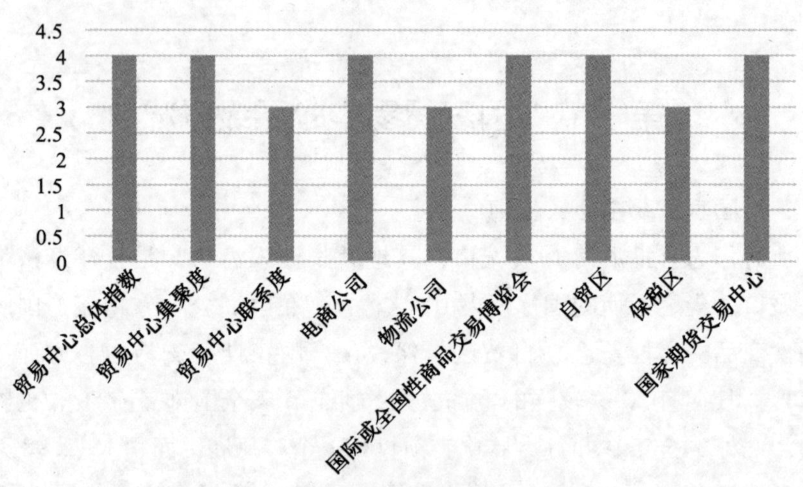

图 8—1　上海总体及分项中心层级

注：为了方便作图，此处我们把国家贸易中心、国家重要贸易中心、潜在的国家重要贸易中心和非国家贸易中心这四个层级分别用 4、3、2、1 数值表示，即 4 代表国家贸易中心、3 代表国家重要贸易中心、2 代表潜在的国家重要贸易中心、1 代表非国家贸易中心。

数据来源：中国社会科学院城市与竞争力研究中心。

通过分析上海贸易中心总体指数以及分项指数，然后通过聚类分析方法可以得出，上海在25个样本城市中属于国家贸易中心层级，在所有城市中居于首位。具体从二级指标集聚度和联系度角度来看，通过聚类分析方法，上海的集聚度也处于国家集聚中心层级，位列联系度之首，领先于总体贸易中心层级；上海的联系度处于国家重要联系中心层级，低于总体贸易水平。这表明上海要想从国家重要贸易中心提升到国家贸易中心，其集聚度已经达标，接下来上海应当着重提升其联系度，缩小其联系度与国家联系中心之间的差距，并最终在总体贸易中心水平上得到提升。

从电商公司、物流公司、国际或全国性商品交易博览会、自贸区、保税区、国家期货交易中心来看，上海的电商公司、国际或全国性商品交易博览会、自贸区和国家期货交易中心均处于国家中心层级，与总体层次相当。上海虽然已经是国家交易中心，但是其物流公司和保税区仍然落后于总体层级，其物流公司和保税区均处于国家重要中心层级，低于总体贸易中心水平。要从各方面均衡协调发展，上海就要提升其联系度、物流公司和保税区水平，使上海在各个方面都是国家中心。具体从各项指数来，上海建设贸易中心的优势在于其集聚度，其集聚度属于国家集聚中心，标准化指数为1.000；上海作为贸易中心的劣势在于其联系度，标准化

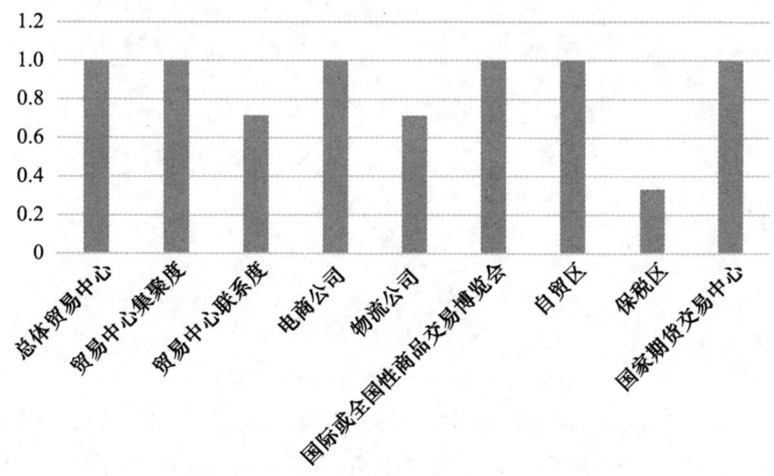

图8—2 上海贸易中心总体和分项指数比较

数据来源：中国社会科学院城市与竞争力研究中心。

指数为0.714，与处于贸易联系中心的北京相比还存在一定差距。此外，上海的物流公司指数和保税区指数分别为0.714和0.333，总体处于国家重要中心，落后于总体水平。因而未来上海若想要保持其贸易中心的均衡性和协调性，就必须在贸易中心联系度和保税区等方面进行努力。

二 国家重要贸易中心：北京、天津

根据北京贸易中心总体指数以及分项指数，然后通过聚类分析方法可以得出北京属于重要国家贸易中心层级，在总的层级中处于第二层级，仅次于上海这一国家贸易中心。具体从二级指标集聚度和联系度角度来看，通过聚类分析方法，北京的集聚度也处于国家重要集聚中心层级，与总体贸易中心层级相当；北京的联系度处于国家联系中心层级，位列联系度之首，领先于总体贸易中心层级。这表明北京要想从国家重要贸易中心提升到国家贸易中心，其联系度已经达标，接下来北京应当着重提升其集聚度，缩小其集聚度与国家集聚中心之间的差距，并最终在总体贸易中心水平上得到提升。

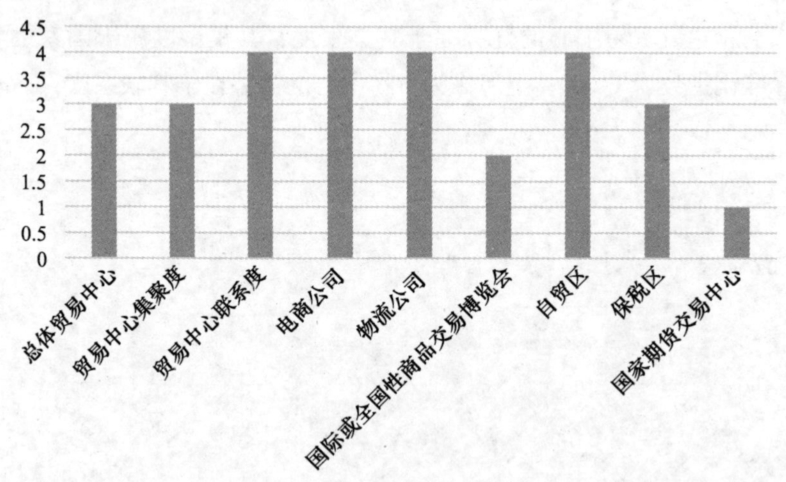

图8—3 北京总体及分项中心层级

注：为了方便作图，此处我们把国家贸易中心、国家重要贸易中心、潜在的国家重要贸易中心和非国家贸易中心这四个层级分别用4、3、2、1数值表示，即4代表国家贸易中心、3代表国家重要贸易中心、2代表潜在的国家重要贸易中心、1代表非国家贸易中心。

数据来源：中国社会科学院城市与竞争力研究中心。

从电商公司、物流公司、国际或全国性商品交易博览会、自贸区、保税区、国家期货交易中心来看，电商公司、物流公司和自贸区均处于国家中心层级，领先于总体层次，表明这也是北京的优势所在；保税区处于国家重要中心层级，与总体贸易中心层级相当；国际或全国性商品交易博览会处于潜在的国家重要贸易中心层级，落后于总体贸易中心层级；国家期货交易中心处于非国家中心，远远落后于总体贸易中心水平。从而表明国际或全国性商品交易博览会和期货交易是北京的劣势，北京要想提升其集聚度水平，使其从国家重要集聚贸易中心迈向国家贸易中心，就要敢于面对这两个劣势，通过弥补这两个劣势，来提升集聚度。

具体从各项指数来看，北京的贸易中心总体指数为 0.911，在 25 个样本城市中排在第 2 位，仅次于上海。从集聚度和联系度角度来看，北京建设贸易中心的优势在于其联系度，其联系度属于国家联系中心，标准化指数为 1.000；北京的贸易中心劣势在于其集聚度，标准化指数为 0.686，虽处于第 2 位，但是与国家贸易集聚中心的上海相比还存在一定差距。此外，北京的国际或全国性商品交易博览会指数虽然属于潜在的国家重要中心，但是其数值仅为 0.145。因而未来北京若想要提升其贸易中心程度成为国家贸易中心，就必须在贸易中心集聚度方面下足功夫。

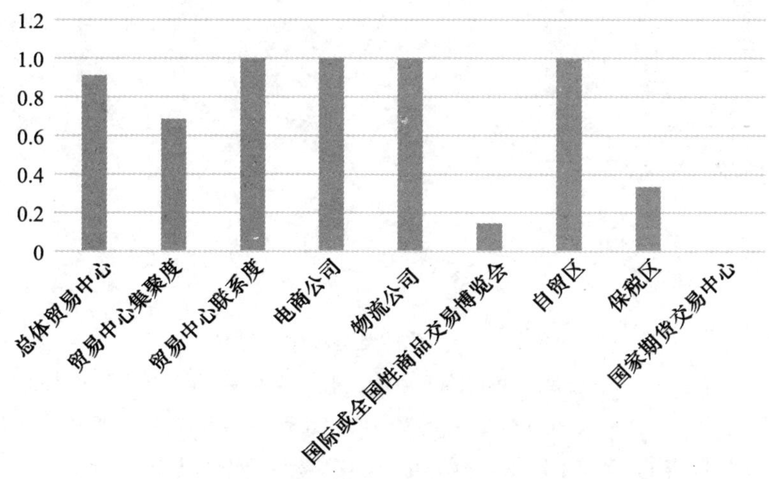

图 8—4　北京贸易中心总体和分项指数比较图

数据来源：中国社会科学院城市与竞争力研究中心。

表 8—4　　北京贸易中心总体和分项指数

指标名称	所处层级	标准化数值
总体贸易中心	国家重要贸易中心	0.911
贸易中心联系度	国家联系中心	1.000
贸易中心集聚度	国家重要集聚中心	0.686
其中：电商公司	国家中心	1.000
物流公司	国家中心	1.000
国际或全国性商品交易博览会	潜在的国家重要中心	0.145
自贸区	国家中心	1.000
保税区	国家重要中心	0.333
国家期货交易中心	非国家中心	0

数据来源：中国社会科学院城市与竞争力研究中心。

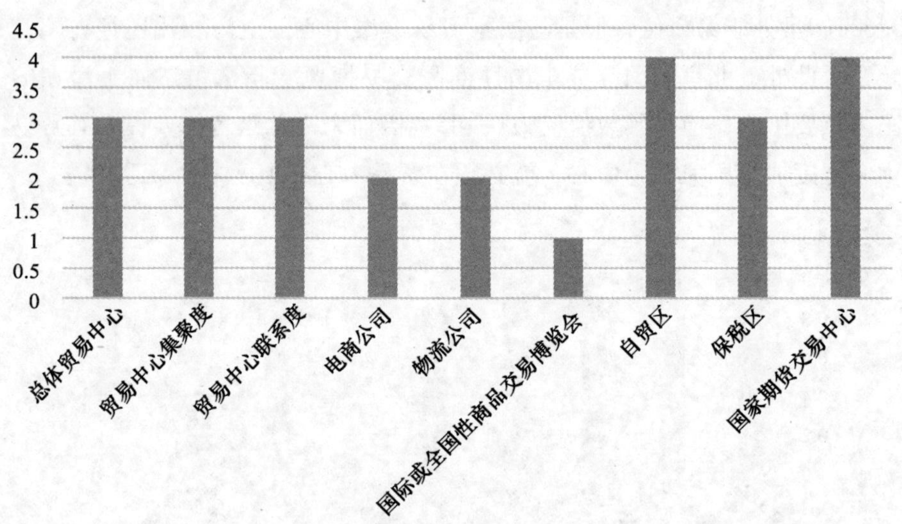

图 8—5　天津总体及分项中心层级

注：为了方便作图，此处我们把国家贸易中心、国家重要贸易中心、潜在的国家重要贸易中心和非国家贸易中心这四个层级分别用4、3、2、1 数值表示，即4 代表国家贸易中心、3 代表国家重要贸易中心、2 代表潜在的国家重要贸易中心、1 代表非国家贸易中心。

数据来源：中国社会科学院城市与竞争力研究中心。

通过分析来看，天津也属于国家重要贸易中心层级，在总的层级中与北京并列处于第二层级，层级间仅次于上海，层级内部稍弱于北京。具体从二级指标集聚度和联系度角度来看，通过聚类分析方法，天津的集聚度和联系度都处于国家重要中心层级，与总体贸易中心层级一致；特别的是天津的联系度，其不仅低于国家贸易中心层级的上海，还低于同一层级的北京。天津要想从国家重要贸易中心提升到国家贸易中心，就必须要同时提升集聚度和联系度这两个方面，缩小其集聚度、联系度与国家集聚中心、国家联系中心之间的差距，进而在总体贸易中心水平上有所提升。

从三级指标电商公司、物流公司、国际或全国性商品交易博览会、自贸区、保税区、国家期货交易中心来看，天津的自贸区、国家期货交易中心处于国家中心层级，领先于总体层次，尤其是国家期货交易中心领先于大部分城市，从而这也是天津的绝对优势所在；保税区处于国家重要中心层级，与总体贸易中心层级相当；电商公司、物流公司处于潜在的国家重要中心层级，总的来看落后于总体贸易中心层级；国际或全国性商品交易博览会处于非国家中心，远远落后于总体贸易中心水平。天津要想提升其总体水平就必须提升其电商公司水平、物流公司水平、国际或全国性商品交易博览会水平，通过弥补这三点劣势，来提升天津

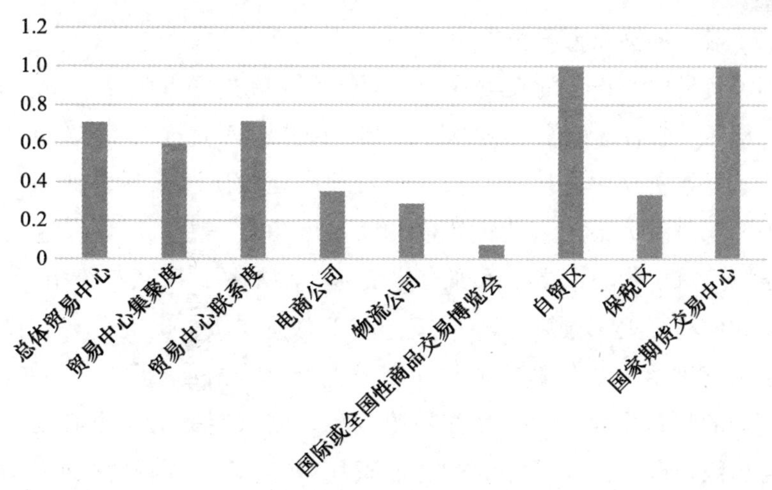

图 8—6　天津贸易中心总体和分项指数比较图

数据来源：中国社会科学院城市与竞争力研究中心。

总体贸易中心水平。具体从各项指数来看，天津的贸易中心总体指数为0.710，在25个样本城市中排在第3位，仅次于上海和北京。从集聚度和联系度来看，天津建设贸易中心的优势在于其联系度，其联系度指数要显著高于集聚度。此外，天津的国际或全国性商品交易博览会指数处于非国家中心，其数值仅为0.073。

表8—5　　天津贸易中心总体和分项指数

指标名称	所处层级	标准化数值
总体贸易中心	国家重要贸易中心	0.710
贸易中心联系度	国家重要联系中心	0.714
贸易中心集聚度	国家重要集聚中心	0.598
其中：电商公司	潜在的国家重要中心	0.350
物流公司	潜在的国家重要中心	0.286
国际或全国性商品交易博览会	非国家中心	0.073
自贸区	国家中心	1.000
保税区	国家重要中心	0.333
国家期货交易中心	国家中心	1.000

数据来源：中国社会科学院城市与竞争力研究中心。

三　潜在的国家重要贸易中心

国家贸易中心指数的聚类分析表明深圳、大连、重庆、广州、郑州、武汉、厦门、长沙、青岛、杭州、成都、南京、西安这13个城市处于潜在的国家重要贸易中心层级。从各个分项所处的层级来看，深圳在同一层级中的竞争潜力最大。从集聚度和联系度角度来看，深圳在这两方面都属于国家重要中心，高于深圳总体贸易中心水平；而从三级指标来看，自贸区和保税区处于国家中心层级，高于总体层级，电商公司、物流公司处于国家重要中心层级，同样也高于总体贸易中心水平所处的层级，但是深圳的国际或全国性商品交易博览会和国家期货交易中心处于非国家中心层级，严重拉低了深圳的总体贸易中心水平。因而深圳要想从潜在的国家重要贸易中心提升到国家重要贸易中心，就必须提升其国际或全国性商品交易博览会和国家期货交易中心层级。此外，通过表8—6我们还发现，广州各分项的层级大多也都处于较高的水平，具体来说，广州的自贸区处于国家中心层级，集聚度、联系度、电商公司、物流公司、国际或全国性商品交易博览会、保税区都处于国家重要中心层级，

表8—6 潜在的国家重要贸易中心城市分项的层级

城市	集聚度	联系度	电商公司	物流公司	国际或全国性商品交易博览会	自贸区	保税区	国家期货交易中心
深圳	国家重要中心	国家重要中心	国家重要中心	国家重要中心	非国家中心	国家中心	国家中心	非国家中心
大连	国家重要中心	国家重要中心	非国家中心	潜在的国家重要中心	非国家中心	国家中心	国家重要中心	国家中心
重庆	潜在的国家重要中心	国家重要中心	国家重要中心	潜在的国家重要中心	非国家中心	国家中心	国家重要中心	非国家中心
广州	国家重要中心	国家重要中心	国家重要中心	国家重要中心	国家重要中心	国家中心	国家重要中心	非国家中心
郑州	国家重要中心	潜在的国家重要中心	潜在的国家重要中心	非国家中心	潜在的国家重要中心	国家中心	国家重要中心	国家中心
武汉	潜在的国家重要中心	国家重要中心	潜在的国家重要中心	国家重要中心	非国家中心	国家中心	国家重要中心	非国家中心
厦门	潜在的国家重要中心	国家重要中心	潜在的国家重要中心	潜在的国家重要中心	非国家中心	国家中心	国家重要中心	非国家中心
长沙	潜在的国家重要中心	国家重要中心	潜在的国家重要中心	潜在的国家重要中心	非国家中心	国家中心	国家重要中心	非国家中心
青岛	非国家中心	国家重要中心	潜在的国家重要中心	潜在的国家重要中心	非国家中心	非国家中心	国家重要中心	非国家中心

续表

城市	集聚度	联系度	电商公司	物流公司	国际或全国性商品交易博览会	自贸区	保税区	国家期货交易中心
杭州	潜在的国家重要中心	国家重要中心	国家重要中心	非国家中心	非国家中心	国家中心	非国家中心	非国家中心
成都	潜在的国家重要中心	潜在的国家重要中心	潜在的国家重要中心	非国家中心	非国家中心	国家中心	国家重要中心	非国家中心
南京	潜在的国家重要中心	国家重要中心	国家重要中心	国家重要中心	非国家中心	非国家中心	国家重要中心	非国家中心
西安	潜在的国家重要中心	潜在的国家重要中心	非国家中心	非国家中心	潜在的国家重要中心	国家中心	国家重要中心	非国家中心

数据来源：中国社会科学院城市与竞争力研究中心。

均高于广州的总体贸易中心层级，仅有国家期货交易中心的层级属于非国家中心层级，低于广州的总体贸易水平。

四 非国家贸易中心

聚类分析表明，济南、苏州、哈尔滨、无锡、沈阳、兰州、长春、合肥、宁波等城市属于非国家贸易中心的层级，因而这些城市的首要目标应当是脱离这一层级向潜在的国家重要贸易中心层级奋斗，而不是盲目地去追逐国家贸易中心建设。从各个分项的层级也可以看出，这一层级城市的几个分项大多都属于非国家中心层级，特别是这一层级的集聚度均处于非国家中心，因而该层级的城市还是应当着力提升其总体集聚度。

表8—7　　非国家贸易中心城市分项的层级

城市	集聚度	联系度	电商公司	物流公司	国际或全国性商品交易博览会	自贸区	保税区	国家期货交易中心
济南	非国家中心	国家重要中心	潜在的国家重要中心	潜在的国家重要中心	非国家中心	非国家中心	非国家中心	非国家中心
苏州	非国家中心	潜在的国家重要中心	潜在的国家重要中心	非国家中心	非国家中心	非国家中心	国家重要中心	非国家中心
哈尔滨	非国家中心	国家重要中心	非国家中心	非国家中心	非国家中心	非国家中心	非国家中心	非国家中心
无锡	非国家中心	潜在的国家重要中心	非国家中心	潜在的国家重要中心	非国家中心	非国家中心	国家重要中心	非国家中心
沈阳	非国家中心	潜在的国家重要中心	非国家中心	非国家中心	非国家中心	非国家中心	国家重要中心	非国家中心
兰州	非国家中心	潜在的国家重要中心	非国家中心	非国家中心	非国家中心	非国家中心	国家重要中心	非国家中心
长春	非国家中心	非国家中心	潜在的国家重要中心	潜在的国家重要中心	非国家中心	非国家中心	国家重要中心	非国家中心
合肥	非国家中心	潜在的国家重要中心	非国家中心	非国家中心	非国家中心	非国家中心	非国家中心	非国家中心
宁波	非国家中心	非国家中心	非国家中心	非国家中心	非国家中心	非国家中心	国家重要中心	非国家中心

数据来源：中国社会科学院城市与竞争力研究中心。

第二节 国家贸易中心总体格局描述

一 国家贸易中心总体概况：总体贸易中心性水平较低，分化严重

25 个样本城市贸易中心的总体均值为 0. 306，中位城市的贸易中心指数为 0. 2864，在样本城市中有 12 个城市的贸易指数高于均值，剩余 13 个城市的贸易指数低于总体均值。虽然样本的总体均值将样本几乎等分，但是从均值大小来看，样本城市的贸易中心指数总体偏低。从样本城市内部差异来看，贸易中心指数的变异系数高达 0. 87，这表明贸易中心指数内部差距较大，两极分化严重。这一点从贸易中心指数的具体数值上也可以看出，第 1 位为上海，标准化指数大小为 1. 000；第 2 位为北京，标准化指数大小为 0. 9106；第 3 位为天津，标准化指数大小为 0. 7102；第 4 位为深圳，标准化指数大小为 0. 5084，第 1 位到第 4 位贸易中心指数的大小由 1. 000 迅速下降到 0. 5084，贸易中心指数高于 0. 5 的城市只有 4 个，仅占样本城市的 16%，这表明只有极少数城市的贸易中心指数处于较高水平，而多数城市的贸易中心指数都处于较低水平。从贸易中心指数的核密度估计图也可以看出（见图 8—7），样本城市的贸易中心指

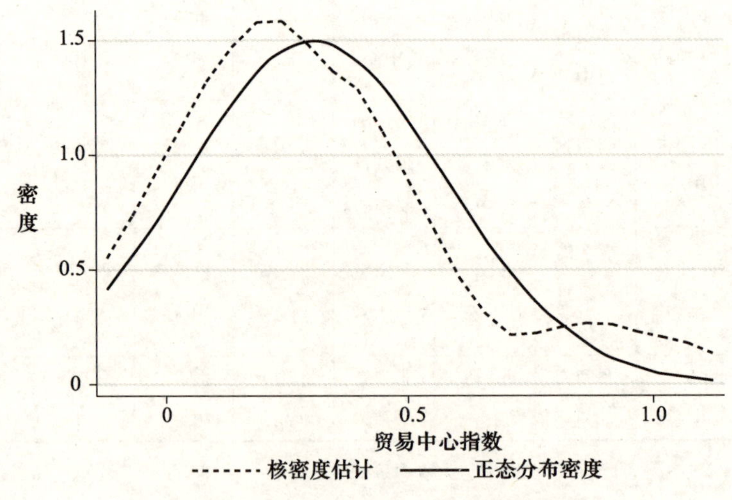

图 8—7 贸易中心指数核密度估计

数据来源：中国社会科学院城市与竞争力研究中心。

数呈右偏态分布，频数分布的高峰向左偏移，长尾向右侧延伸，而且与正态分布相比，城市综合发展水平得分的分布偏左，且波峰更高，充分表明了样本城市贸易中心水平整体表现一般，尤其是得分偏低的城市综合实力还有待挖掘和提升。

二　集聚度和联系度总体水平较低，集聚度分化更为严重

25 个样本城市贸易中心集聚度的总体均值为 0. 3116，中位城市的贸易中心集聚度为 0. 2955，在样本城市中有 12 个城市的贸易指数高于均值，剩余 13 个城市的贸易指数低于总体均值。从样本城市内部差异来看，贸易中心指数集聚度的变异系数达到 0. 8083，虽略低于总体贸易中心指数的变异系数，但数值也处于较大水平，从而贸易中心的集聚度指数两极分化也比较严重。从指数大小来看（见表 8—8），集聚度指数排名第 1 位是上海，标准化指数为 1. 000，排名第 2 位的是北京，标准化指数为 0. 6855，排名第 3 位的是天津，标准化指数为 0. 6036，由此表明上海的贸易中心集聚度处于一枝独秀的地位，其数值领先第 2 位高达 0. 3145。此外，贸易中心集聚度高于 0. 7 的城市仅有 1 个，占样本城市的 4%，贸易中心集聚度高于 0. 5 的城市只有 6 个，仅占样本城市的 24%，这表明多数城市的贸易中心集聚度都处于较低水平。

表 8—8　　　　贸易中心集聚度指数和排名

城市	标准化指数	排名	城市	标准化指数	排名
上海	1. 0000	1	西安	0. 2812	14
北京	0. 6855	2	南京	0. 2267	15
深圳	0. 6036	3	青岛	0. 1383	16
天津	0. 5979	4	长春	0. 1248	17
郑州	0. 5393	5	苏州	0. 0955	18
大连	0. 5077	6	宁波	0. 0886	19
广州	0. 4788	7	无锡	0. 0837	20
重庆	0. 4113	8	沈阳	0. 0720	21
武汉	0. 4047	9	济南	0. 0615	22
厦门	0. 3677	10	兰州	0. 0561	23
长沙	0. 3381	11	合肥	0. 0014	24
成都	0. 3298	12	哈尔滨	0	25
杭州	0. 2955	13			

数据来源：中国社会科学院城市与竞争力研究中心。

25 个样本城市贸易中心联系度的总体均值为 0. 3029，在样本城市中仅有 6 个城市的贸易中心联系度高于均值，仅占总样本的 24%，剩余 19 个城市的贸易指数均低于总体均值。从样本城市内部差异来看，贸易中心联系度的变异系数达到 0. 7741，低于总体贸易中心指数和贸易中心集聚度指数的变异系数。从指数大小来看（见表 8—9），联系度指数排名第 1 位的是北京，标准化指数为 1. 000，排名第 2 位的是上海和天津，标准化指数都为 0. 7143，由此表明北京的贸易中心联系度处于一枝独秀的地位。此外，贸易中心联系度高于 0. 7 的城市仅有 3 个，占样本城市的 12%，贸易中心联系度高于 0. 5 的城市只有 4 个，仅占样本城市的 16%，这表明多数城市的贸易中心联系度都处于较低水平。

表 8—9　　贸易中心联系度指数和排名

城市	标准化指数	排名	城市	标准化指数	排名
北京	1. 0000	1	南京	0. 2857	7
上海	0. 7143	2	哈尔滨	0. 2857	7
天津	0. 7143	2	郑州	0. 1429	16
青岛	0. 5714	4	成都	0. 1429	16
重庆	0. 4286	5	西安	0. 1429	16
济南	0. 4286	5	苏州	0. 1429	16
深圳	0. 2857	7	无锡	0. 1429	16
大连	0. 2857	7	沈阳	0. 1429	16
广州	0. 2857	7	兰州	0. 1429	16
武汉	0. 2857	7	合肥	0. 1429	16
厦门	0. 2857	7	长春	0	24
长沙	0. 2857	7	宁波	0	24
杭州	0. 2857	7			

数据来源：中国社会科学院城市与竞争力研究中心。

从贸易中心集聚度和联系度的核密度估计图（见图 8—8）可以看出，贸易中心集聚度和联系度均出现明显的右偏现象，且贸易中心集聚度更严重，这表明集聚度的分化更严重。从集聚度和联系度的波峰来看，联系度的波峰更高且相对于正态分布偏左，这也充分表明联系度的总体表现一般。

三　各分项指标特征明显，国际或全国性商品交易博览会指数差异突出

从各分项指标的均值来看（见图 8—9），自贸区指数的均值最高，达

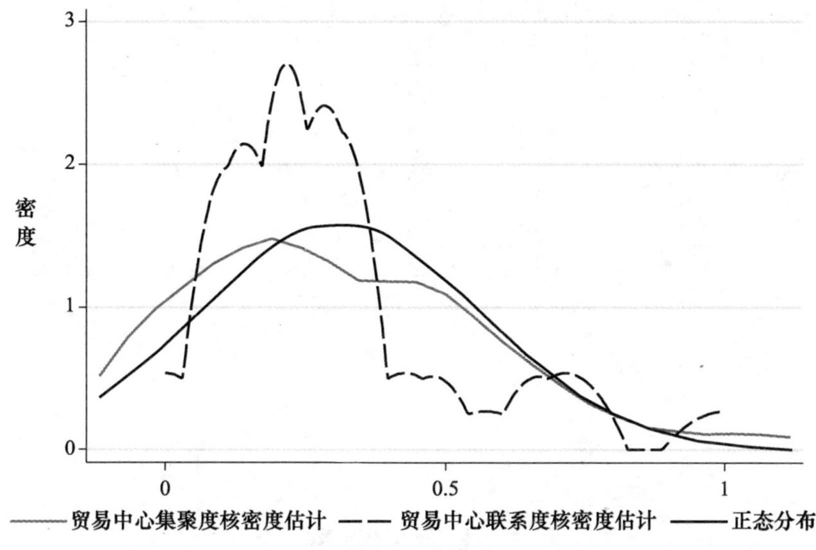

图 8—8　贸易中心集聚度和联系度的核密度估计

数据来源：中国社会科学院城市与竞争力研究中心。

到 0. 5600，这表明一半以上的样本城市都是自贸区；国际或全国性商品交易博览会指数的均值最低，仅为 0. 0868，从而表明在 25 个样本城市中大部分城市的国际或全国性商品交易博览会指数都处于较低状态；而电商公司指数、物流公司指数、国家期货交易中心指数和保税区指数的均值都基本处在 0. 3 以下，总体均值处于较低水平，从而对于这 4 个指标来说，在 25 个样本城市中仍然有一大部分城市处于较低水平。从各分项指标的变异系数来看，国家期货交易中心指数的变异系数远远高于其他 5 个分项指标，数值高达 2. 3385，这是由于在 25 个样本城市中只有上海、天津、大连和郑州 4 个城市是国家期货交易中心，因此其总体呈现两极分化特别严重。但是值得注意的是国际或全国性商品交易博览会指数的变异系数也处于非常高的水平，数值为 2. 2945，表明在 25 个样本城市中国际或全国性商品交易博览会指数显著存在“一家独大”的局面，两极分化现象非常严重。除此之外的其他 4 个指标的变异系数虽远低于国家期货交易中心指数和国际或全国性商品交易博览会指数的变异系数，但也处于较高水平，存在一定的两极分化现象。从各个分项指标的核密度估计图也可以看出以上特点（见图 8—10）。

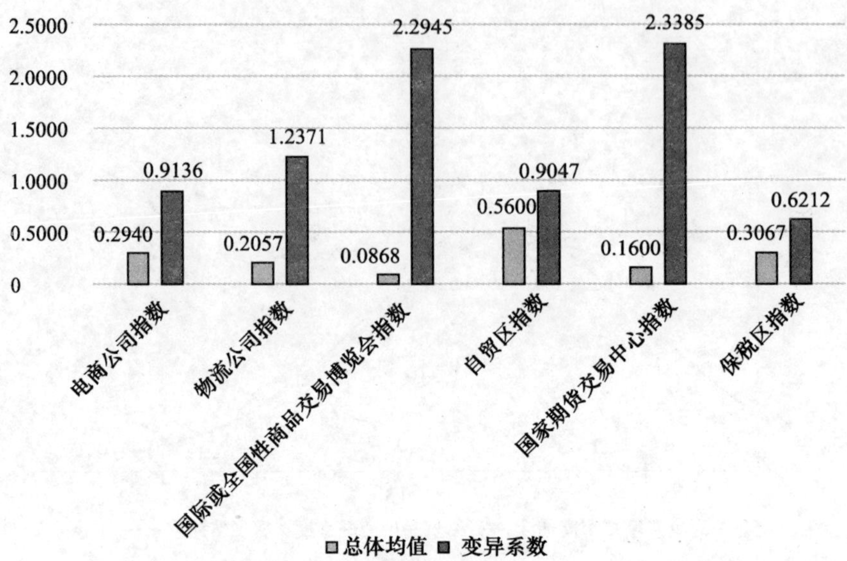

图 8—9　各分项指标的均值和变异系数

数据来源：中国社会科学院城市与竞争力研究中心。

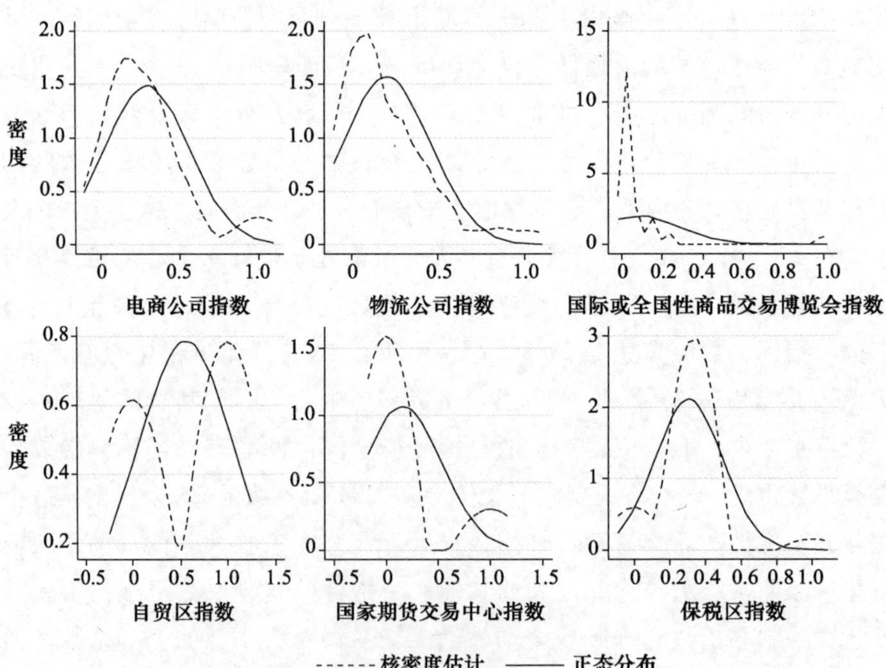

图 8—10　各分项指标的核密度估计

数据来源：中国社会科学院城市与竞争力研究中心。

第三节　郑州国家贸易中心概况

一　郑州总体贸易概况

郑州是中原经济区核心城市，其商贸发达，是国务院确定的3个商贸中心试点城市之一。拥有一大批高档次、多功能的大型商贸设施和辐射全国的商品集散市场，年成交额超亿元的就有30多家；每年在郑州举办的各类全国性、区域性、专业性交易会、国际或全国性商品交易博览会、洽谈会达上百次；国内外万余家商贸机构在郑州设有办事处或经营场所。从郑州市国内贸易角度来看，2017年郑州完成社会消费品零售总额4057.2亿元，比上年增长10.7%。从郑州市2017年对外贸易角度来看，全市直接进出口贸易总额596.4亿美元，比上年增长8.4%，其中，进口250.7亿美元，增长7.5%；出口345.6亿美元，增长9%。在出口总额中，一般贸易出口51.7亿美元，比上年增长32.8%；加工贸易出口290.9亿美元，比上年增长5.5%；机电产品出口317亿美元，比上年增长8.1%；高新技术产品出口298.9亿美元，比上年增长8.1%。此外，2017年，全市跨境电商公司年交易额比上年增长25%，培育10家省级跨境电商公司园区、100家跨境电商公司重点企业，设立5家公共海外仓。从具体样本指标来看，郑州拥有5家电商公司，举办国际或全国性商品交易博览会99次，还拥有1个国家期货交易中心。总体来看，郑州商贸优势明显、特点突出，从而应当逐步把郑州建设成为具有中原文化特色的社会主义现代化商贸城市和全国贸易中心城市。

二　总体情况：联系度是制约郑州贸易中心提升的决定因素

分析郑州贸易中心总体指数以及分项指数，然后通过聚类分析方法可以得出，郑州在25个样本城市中属于潜在的国家重要贸易中心城市，而从其二级指标集聚度和联系度角度来看，郑州的集聚度处于国家重要集聚中心，领先于郑州总体贸易中心层级；郑州的联系度处于潜在的国家重要联系中心层级，与总体贸易中心层级相当。这表明郑州目前的优势在于其集聚度，劣势在其联系度，从而郑州要想从潜在的国家重要贸易中心提升到国家重要贸易中心，其就必须着力提升其联系度，缩小郑州与国家贸易中心在联系度上的差异，并最终在总体贸易中心水平上得到提升。

具体从郑州贸易中心水平、集聚度和联系度指数来看，郑州的贸易中心总体指数为0.3935，在25个样本城市中排第8位，与深圳、大连、重庆、广州、武汉、厦门、长沙、青岛、杭州、成都、南京、西安并列位于潜在的国家重要贸易中心层级。郑州的优势项集聚度指数为0.5393，在25个样本城市中排在第5位，居于样本城市的前列，仅排在上海、北京、深圳和天津之后，这表明郑州的贸易中心集聚度已经进入了全国前列，领先于大部分城市。郑州的弱势项联系度，其指数为仅为0.1429，在25个样本城市中与成都、西安、苏州、无锡、沈阳、兰州和合肥并列排在第16位，处于中等偏下位置，联系度是制约郑州贸易中心提升的决定因素（见图8—11、图8—12）。未来郑州若想要提升其贸易中心程度就必须在贸易中心联系度方面下足功夫，其贸易中心联系度相对于其他城市来说还有很大的提升空间。

表8—10　　郑州贸易中心总体和分项指数排名

指标名称	所处层级	标准化数值
贸易中心总体指数	潜在的国家重要贸易中心	0.3935
贸易中心集聚度指数	国家重要集聚中心	0.5393
贸易中心联系度指数	潜在的国家重要联系中心	0.1429

数据来源：中国社会科学院城市与竞争力研究中心。

三　分项情况：电商公司和物流公司指数是影响郑州贸易中心提升的关键要素

郑州自贸区指数与上海、广州、北京、西安、天津等13个城市排名并列第一名，属于第一层级，显著领先于总指数。与其他指数相比较来看，郑州自贸区指数明显领先其他分项指数。但虽然郑州自贸区指数处于国家中心层级，但是这一绝对优势只是相对于不是自贸区的城市而言；对于同是自贸区的城市，郑州在这一点上并没有优势。所以从总体来看，郑州自贸区是郑州处于潜在的国家重要贸易中心的关键因素，但是从潜在的国家重要贸易中心这一层级来看，自贸区并不是决定郑州总体贸易

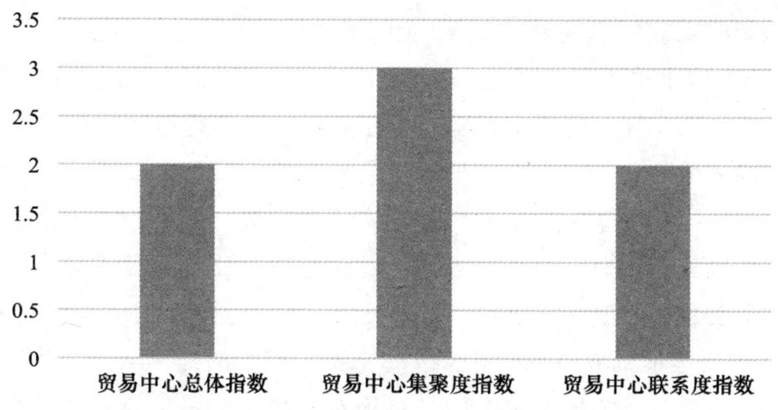

图 8—11　郑州总体及分项中心层级

注：为了方便作图，此处我们把国家贸易中心、国家重要贸易中心、潜在的国家重要贸易中心和非国家贸易中心这四个层级分别用4、3、2、1数值表示，即4代表国家贸易中心、3代表国家重要贸易中心、2代表潜在的国家重要贸易中心、1代表非国家贸易中心。

数据来源：中国社会科学院城市与竞争力研究中心。

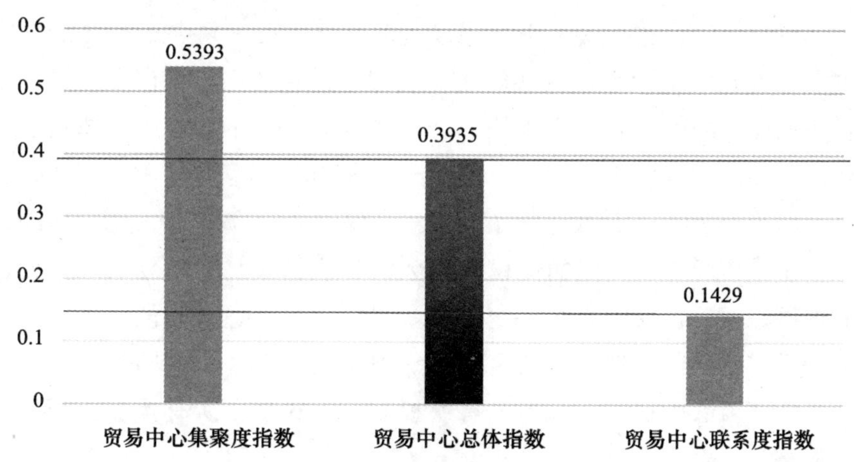

图 8—12　郑州贸易中心总体及分项指数

数据来源：中国社会科学院城市与竞争力研究中心。

中心提升的关键因素，郑州要想从潜在的国家重要贸易中心发展到国家重要贸易中心，就必须在13个自贸区城市中脱颖而出，突出自己与其他自贸区城市的不同。未来郑州如何与其他相同的城市拉开差距，把自贸区指数与其他城市区分开至关重要。

郑州国家期货交易中心指数与上海、天津、大连排名并列第 1 位，属于全国四大期货交易中心之一，处于国家中心层级，相对于剩余的 20 个城市具有实实在在的绝对优势。也正是由于郑州拥有国家期货交易中心，从而才使郑州处于潜在的国家重要贸易中心层级。此外，虽然郑州只是在自贸区和国家期货交易中心具有绝对优势，但是相对于自贸区指数而言，国家期货交易中心指数的绝对优势情况又有明显不同。郑州在国家期货交易中心这一方面与上海、天津、大连这三个城市并列第 1 位，领先 84% 的样本城市；而自贸区指数仅领先 44% 的样本城市。从而对于大部分城市而言，郑州在这方面具有绝对优势，是郑州领先其他城市的关键。但是郑州如果想要在这一方面继续有所突破就必须要超过上海、天津和大连这 3 个城市。

郑州保税区指数与上海、天津、大连、广州、北京等 19 个城市排名并列第 2 位，属于国家重要中心城市，高于总体潜在的国家重要贸易中心层级。仔细分析郑州保税区指数，报告发现虽然其处于国家重要中心层级，仅次于深圳这一国家中心层级，但是这一国家重要中心层级并不是“实实在在”或“名副其实”的，相对于潜在的中心城市和非国家中心城市而言其的确具有一定优势，但是在全部的样本城市中，郑州这一优势并不突出，有高达 19 个城市与郑州同样处于国家重要中心层级，占总样本城市的 76%，其数值大小仅大于 20% 的样本城市。因而，对绝大多数样本城市而言，郑州的保税区指数没有优势，并不是导致郑州处于潜在的国家重要贸易中心的决定因素。因此郑州要想与其他城市拉开差距并提升其贸易中心性，使其由潜在的国家贸易中心步入国家重要贸易中心，郑州就必须在这一指标上有所提升，使郑州在所有重要保税区中心中脱颖而出。

郑州国际或全国性商品交易博览会指数在 25 个样本城市中仅次于上海、广州，与北京、西安并列处于潜在的国家重要中心层级，与郑州总体国家贸易中心所处的层级相当，但其具体内部又有所不同。首先，相对于总体国家贸易中心而言，虽然其所处在同一层级，但郑州在这一分项方面的优势又比总体更加显著。其次，相对于自贸区指数和保税区指数而言，郑州国际或全国性商品交易博览会指数所处的位置可以说是“名副其实”，其仅次于国家博览会中心上海和重要国际或全国性商品交易博览会中心广州，高于 88% 的样本城市，对绝大部分样本城市而言，郑州在这一方面具有绝对优势。此外，我们还发现郑州国际或全国性商品交易博览会指数与处于国家博览会中心层级的上海还存在显著差距。因此，未来郑州如何缩小与国家博览会中心上海之间的差距，从而发挥其绝对优势是郑州必须要注意的问题。

郑州电商公司指数与天津、成都、武汉、厦门、青岛、长沙、济南、长春、苏州等城市并列处于潜在的国家重要中心层级，与总体层级相当。从这一分项总体来看，郑州的电商公司指数低于 36% 的样本城市，高于 48% 的样本城市，相对于大部分城市而言具有一定优势，但是优势并不明显。这一分项指数是使郑州有别于非国家中心的关键所在，但是郑州如果想要从潜在的国家重要中心上升到国家重要中心，就必须要向国家重要中心深圳、杭州、广州、重庆和南京学习，从而从分项提升发展到总体提升。

郑州贸易中心发展最大的挑战为物流公司指数，其物流公司指数与杭州、成都、苏州、宁波等 9 个城市并列排在最后，处于非国家中心城市，显著低于总体的潜在国家重要中心城市。从该指数来看，郑州低于 64% 的样本城市，与剩余 36% 的样本城市水平相当。未来郑州在该项指数上的发展目标应当定位于向潜在的国家重要中心奋斗，步入第三梯队，不能让该方面成为郑州建设贸易中心的短板。因此，只要郑州在这一个指标上有所提升，那么郑州在总体贸易中心上就一定会有实质性的提升，物流公司指数是提升郑州贸易中心的决定性因素。

表 8—11　　郑州各分项指标数值和排名

分项指标	所处层级	同等层级城市
电商公司	潜在的国家重要中心	天津、成都、武汉、厦门、青岛、长沙、济南、长春、苏州
物流公司	非国家中心	杭州、成都、苏州、宁波、沈阳、合肥、哈尔滨、西安、兰州
国际或全国性商品交易博览会	潜在的国家重要中心	北京、西安

续表

分项指标	所处层级	同等层级城市
自贸区	国家中心	上海、广州、北京、西安、天津、武汉、深圳、重庆、杭州、厦门、成都、长沙、大连
国家期货交易中心	国家中心	上海、天津、大连
保税区	国家重要中心	上海、天津、大连、广州、北京、西安、武汉、重庆、厦门、成都、长沙、沈阳、南京、青岛、宁波、长春、兰州、苏州、无锡

数据来源：中国社会科学院城市与竞争力研究中心。

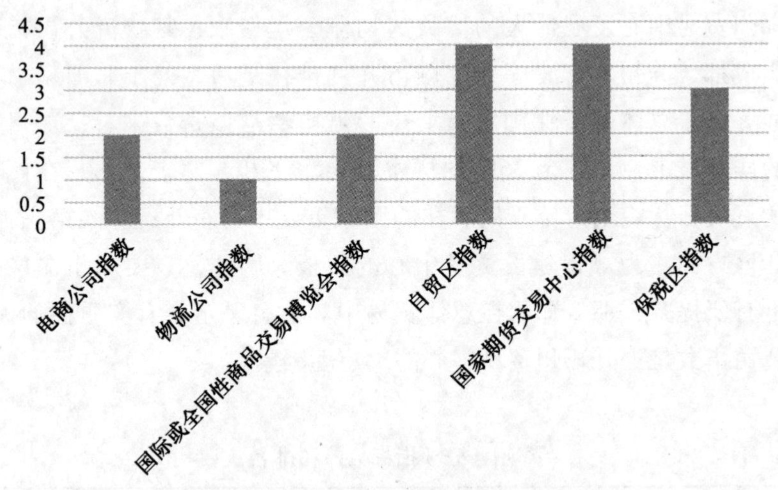

图 8—13　郑州总体及分项中心层级

注：为了方便作图，此处我们把国家贸易中心、国家重要贸易中心、潜在的国家重要贸易中心和非国家贸易中心这四个层级分别用4、3、2、1数值表示，即4代表国家贸易中心、3代表国家重要贸易中心、2代表潜在的国家重要贸易中心、1代表非国家贸易中心。

数据来源：中国社会科学院城市与竞争力研究中心。

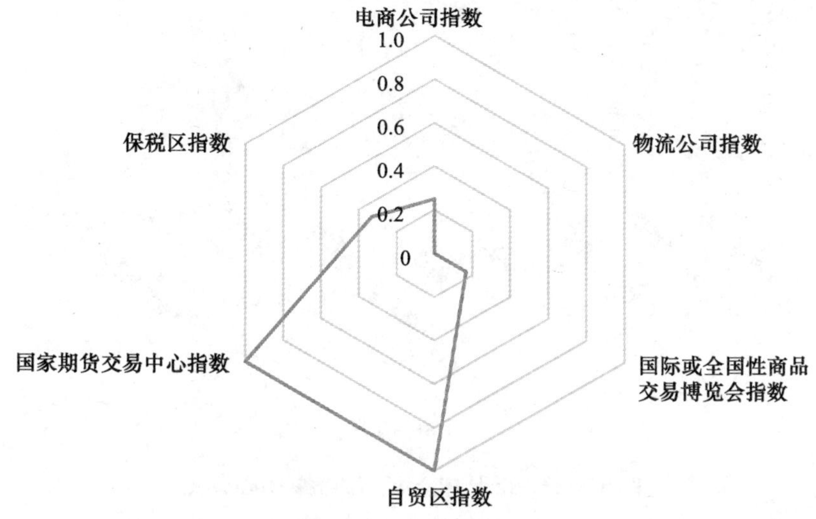

图 8—14　郑州各分项指标

数据来源：中国社会科学院城市与竞争力研究中心。

第四节　对标分析

一　借鉴城市：上海

上海是国际经济、金融、贸易、航运、科技创新中心，地处长江入海口，是长江经济带的龙头城市。从各项指标上来看，郑州应该把上海作为借鉴城市。上海作为国家贸易中心，其贸易中心水平是郑州建设贸易中心未来奋斗的目标，郑州需要总结上海关于国家贸易中心建设方面的先进和优秀经验，通过模仿、借鉴和改进最终吸收、消化和提升。

从集聚度和联系度指标来看，郑州与上海的集聚度仍旧存在明显差距，因此郑州应当把上海的集聚度作为最终目标；此外，从联系度角度来看，郑州与上海在联系度方面存在较大差距，郑州的联系度水平均明显低于上海的联系度水平，因此向上海学习如何提升联系度并最终达到目标城市的水平，才是郑州与目标城市的关键所在。从具体分项指标来看，郑州与上海在国家期货贸易中心指数和自贸区指数上水平相当，但上海在电商公司指数、物流公司指数和国际或全国性商品交易博览会指数这 3 个指标上要显著高于郑州。因此，郑州在把上海作为首要借鉴城

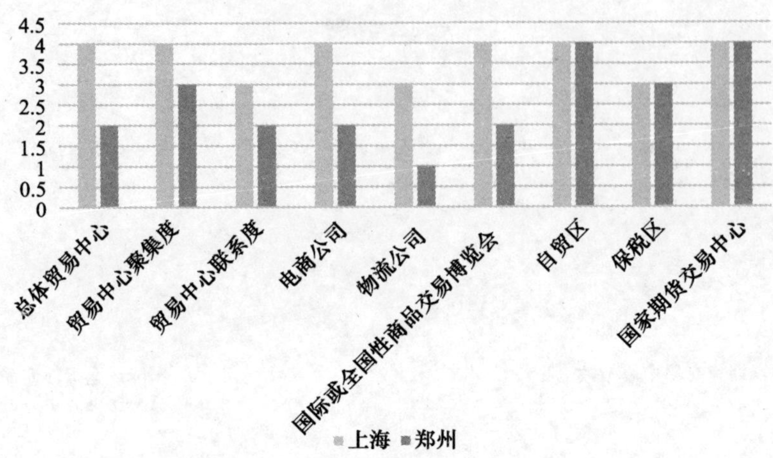

图 8—15 郑州与借鉴城市的贸易中心层级

注：为了方便作图，此处我们把国家贸易中心、国家重要贸易中心、潜在的国家重要贸易中心和非国家贸易中心这四个层级分别用4、3、2、1 数值表示，即4 代表国家贸易中心、3 代表国家重要贸易中心、2 代表潜在的国家重要贸易中心、1 代表非国家贸易中心。

数据来源：中国社会科学院城市与竞争力研究中心。

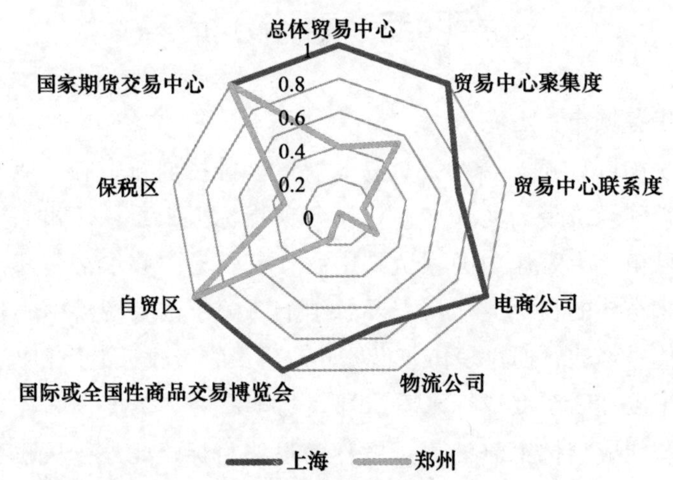

图 8—16 郑州与借鉴城市的各分项指标

数据来源：中国社会科学院城市与竞争力研究中心。

市的同时，要努力借鉴上海在特有领域的贸易发展理念，然后融合自身优势，从而最终赶上首要目标城市。此外，郑州也应当重视 6 个分项指标的均衡协调发展，向着最终目标上海奋斗。

二　追赶城市：天津

天津作为国家中心城市、超大城市、环渤海地区经济中心、首批沿海开放城市，其位于华北平原海河五大支流汇流处，东临渤海，北依燕山。从各项指标上来看，郑州应该把天津作为追赶城市。天津作为国家重要贸易中心，其贸易中心水平是郑州建设贸易中心必须要赶上的目标，郑州需要总结天津关于国家贸易中心建设方面的先进和优秀经验，通过模仿、借鉴和改进最终吸收、消化和提升。

从集聚度和联系度指标来看（见图8—17、图8—18），郑州与天津在集聚度方面差异不大；但从联系度角度来看，郑州与天津存在较大差距，郑州的联系度水平均明显低于天津的联系度水平，因此向天津学习如何提升郑州的联系度并最终达到追赶城市的水平，才是郑州与追赶城市的关键所在。从具体分项指标来看，郑州与天津在国家期货交易中心指数、保税区和自贸区指数上水平相当，但天津在物流公司指数指标要

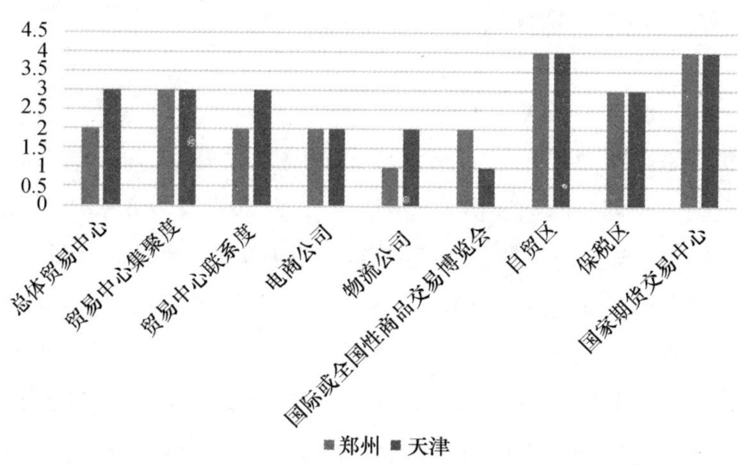

图8—17　郑州与追赶城市的贸易中心

注：为了方便作图，此处我们把国家贸易中心、国家重要贸易中心、潜在的国家重要贸易中心和非国家贸易中心这四个层级分别用4、3、2、1数值表示，即4代表国家贸易中心、3代表国家重要贸易中心、2代表潜在的国家重要贸易中心、1代表非国家贸易中心。

数据来源：中国社会科学院城市与竞争力研究中心。

显著高于郑州，而郑州在国际或全国性商品交易博览会指数上要高于天津。因此，郑州在把天津作为首要超越城市的同时，要努力借鉴天津在特有领域的贸易发展理念，然后融合自身优势，从而最终赶上首要目标城市。此外，郑州也应当重视6个分项指标的均衡协调发展，向着最终目标上海奋斗。

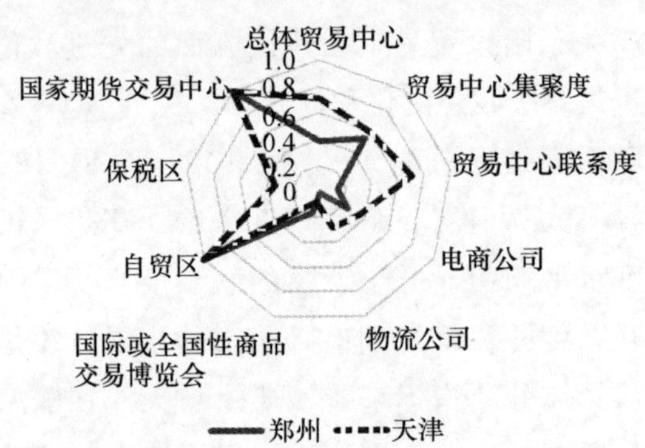

图8—18 郑州与追赶城市的各分项指标

数据来源：中国社会科学院城市与竞争力研究中心。

三 合作城市：重庆和大连

重庆市是国家中心城市、超大城市、国际大都市，长江上游地区的经济、金融、科创、航运和商贸物流中心，西部大开发重要的战略支点、"一带一路"和长江经济带重要联节点以及内陆开放高地。大连市位于辽宁省辽东半岛南端，地处黄渤海之滨，背依中国东北腹地，与山东半岛隔海相望，是中国东部沿海重要的经济、贸易、港口、工业、旅游城市。郑州应该把大连和重庆两座城市确定为合作城市，郑州应该充分利用合作城市的优势，借助合作城市的资源优势来促进自身贸易水平的提升。

从集聚度和联系度指标来看（见图8—19、图8—20），郑州的集聚度指数略高于大连和重庆的集聚度指数；但从联系度角度来看，郑州的联系度水平均低于大连和重庆的联系度水平。因此郑州与大连和重庆在集聚度和联系度方面可以进行完美的合作，郑州向大连和重庆学习如何提升联系度，大连和重庆向郑州学习如何提升集聚度，从而最终达到"双赢"状态。此外，从图8—19和图8—20还可以看出，重庆在集聚度和联系度这两个指标上基本处于平衡状态，两个指标的差值仅为0.0173，远远小于郑州集聚度和联系度两个指标之间的差值（0.3964），因此郑州在与重庆合作的过程中如何向重庆学习保持两个指标的平衡性或协调性也是必须的。从具体分项指标来看，郑州与大连和重庆在电商公司指数、物流公司指数、国际或全国性商品交易博览会指数、自贸区指数、国家期

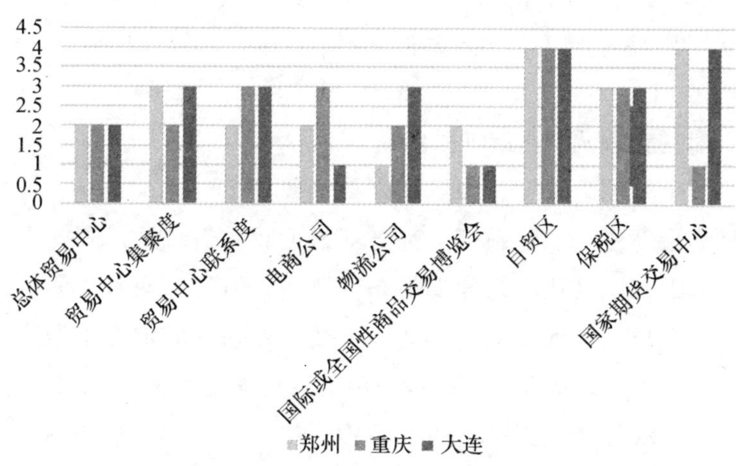

图8—19　郑州与合作城市的贸易中心层级

注：为了方便作图，此处我们把国家贸易中心、国家重要贸易中心、潜在的国家重要贸易中心和非国家贸易中心这四个层级分别用4、3、2、1数值表示，即4代表国家贸易中心、3代表国家重要贸易中心、2代表潜在的国家重要贸易中心、1代表非国家贸易中心。

数据来源：中国社会科学院城市与竞争力研究中心。

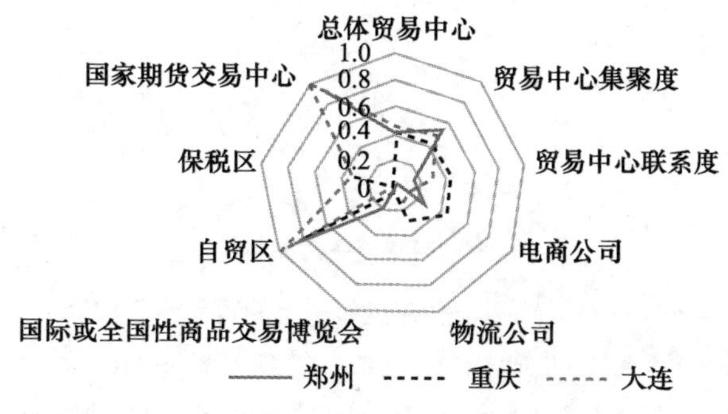

图8—20　郑州与合作城市的各分项指标雷达图

数据来源：中国社会科学院城市与竞争力研究中心。

货交易中心指数和保税区指数6个指标上各有优势，具体从郑州与重庆合作的角度来看，重庆在电商公司指数和物流公司指数上具有绝对优势，郑州在国家期货交易中心指数和国际或全国性商品交易博览会指数上具有绝对优势，因此郑州和重庆可以在这几个方面学习其成功的经验；从郑州和大连的合作角度来看，大连在物流公司指数上具有绝对优势，郑州在电商公司指数上具有绝对优势，除此之外，郑州和大连在其他4个指标上基本相同，因此郑州和大连应当在物流和电商公司方面进行合作。

四 潜在竞争城市：武汉和青岛

从这三个城市集聚度和联系度来看（见图8—21、图8—22），武汉无论是在集聚度还是在联系度上都与郑州比较接近，虽然郑州在集聚度上略高于武汉，武汉在联系度上略高于郑州，但是这两者之间的差距并不明显，没有拉开特别大距离。这三个城市如果有城市在集聚度和联系度的关键指标上有所提升，那么该城市就有可能把其他竞争城市比下去，因此郑州与武汉处于较强的竞争关系中。从具体分项指标来看，各个城

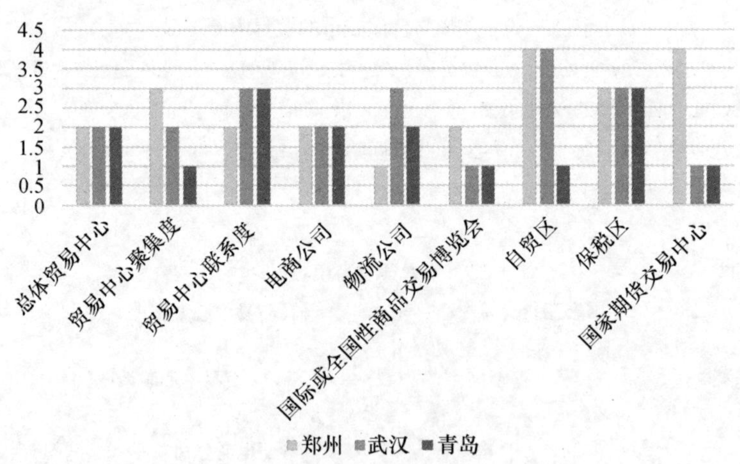

图8—21 郑州与潜在竞争城市的贸易中心层级

注：为了方便作图，此处我们把国家贸易中心、国家重要贸易中心、潜在的国家重要贸易中心和非国家贸易中心这四个层级分别用4、3、2、1数值表示，即4代表国家贸易中心、3代表国家重要贸易中心、2代表潜在的国家重要贸易中心、1代表非国家贸易中心。

数据来源：中国社会科学院城市与竞争力研究中心。

市不同分项指标上的绝对优势并不大，随时有被超越的可能。武汉在物流公司指数上具有些许优势，郑州则在国家期货交易中心指数上具有些许优势。而在其他指标上郑州和武汉、青岛这两个城市旗鼓相当，因此总的来看谁都有可能被超越。所以郑州要想体现其在全国贸易中心中的作用，就必须把武汉、青岛这两个最具竞争的城市赶超下去。

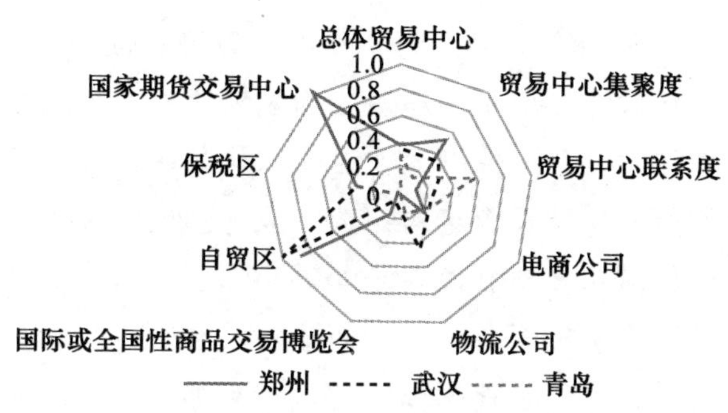

图 8—22　郑州与潜在竞争城市的各分项指标雷达图

数据来源：中国社会科学院城市与竞争力研究中心。

青岛是排名在郑州后面的贸易中心程度较高的城市，从而是郑州需要特别注意的城市，虽然从总体上看，郑州在总体上的贸易中心指数领先青岛，但是这种差距并不是特别大。从郑州和青岛的集聚度和联系度角度来看（见图 8—21、图 8—22），郑州的联系度都低于青岛的联系度，特别是青岛的联系度高达 0. 5714，如果青岛接下来着重提升其集聚度，那么郑州就很有可能被超越。此外，从各个分项指标角度来看，郑州的优势仅仅是体现在国家期货交易中心指数这一点上，而在电商公司指数、物流公司指数、国际或全国性商品交易博览会指数、自贸区指数和保税区指数上与青岛相差无几。总体来看，与武汉、青岛这两个追赶城市相比，郑州没有明显的软肋，但也没有特别显著的优势，因而郑州未来需要提升整体水平，警惕被追赶城市超越。

第五节　郑州重点指标分析

一　国家期货交易所：绝对优势

郑州期货交易所作为中国四家期货交易所之一，是经中国国务院批准的首家期货市场试点单位，成立于1990年10月12日，在现货远期交易成功运行两年以后，于1993年5月28日正式推出期货交易。郑州相比于其余20个城市，在国家期货交易指数上具有绝对优势并且这也是其最大的优势所在。在对标城市中，郑州的国家期货交易所指数与借鉴城市上海、追赶城市天津、合作城市大连相当，均处于国家中心层级，从而郑州与这三个城市相比并没有绝对优势。但郑州的国家期货交易中心指数要显著优于合作城市重庆和潜在竞争城市武汉、青岛，从而郑州相对于这三个城市而言具有绝对优势。因而郑州已经在这项指数上超过合作城市和潜在竞争城市，但是郑州要想超过追赶城市，就必须要在这项指数上有所突破。

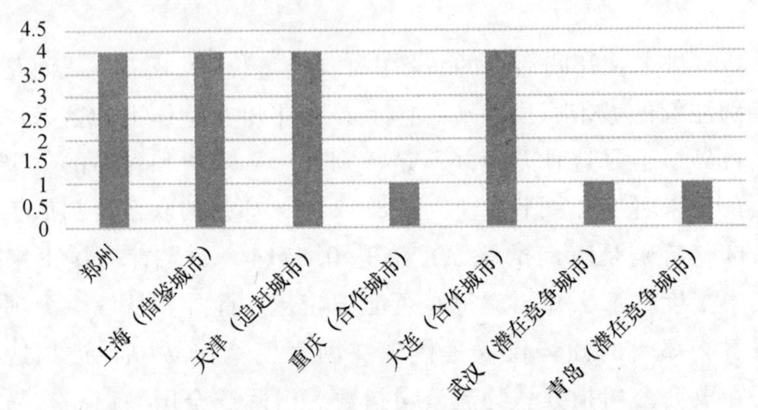

图8—23　郑州与对标城市的国家期货交易中心指数

注：为了方便作图，此处我们把国家贸易中心、国家重要贸易中心、潜在的国家重要贸易中心和非国家贸易中心这四个层级分别用4、3、2、1数值表示，即4代表国家贸易中心、3代表国家重要贸易中心、2代表潜在的国家重要贸易中心、1代表非国家贸易中心。

数据来源：中国社会科学院城市与竞争力研究中心。

二　联系度指数：联系度总体偏弱，亟待提升

联系度总体偏弱，亟待提升。从郑州与其借鉴城市、追赶城市、合作城市和潜在竞争城市的联系度指数直方图可以看出（见图 8—24、图 8—25），郑州在联系度上不仅落后于借鉴城市、追赶城市，甚至落后于合作城市和潜在竞争城市，但是其与借鉴城市和追赶城市的差距并不是特别大。

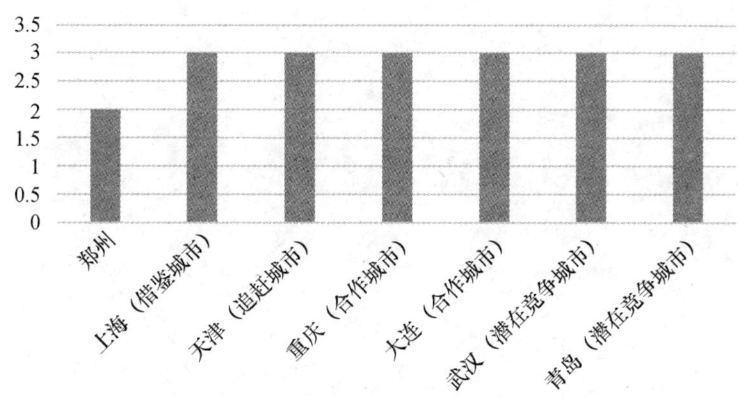

图 8—24　郑州与主要城市的联系度层级

注：为了方便作图，此处我们把国家贸易中心、国家重要贸易中心、潜在的国家重要贸易中心和非国家贸易中心这四个层级分别用 4、3、2、1 数值表示，即 4 代表国家贸易中心、3 代表国家重要贸易中心、2 代表潜在的国家重要贸易中心、1 代表非国家贸易中心。

数据来源：中国社会科学院城市与竞争力研究中心。

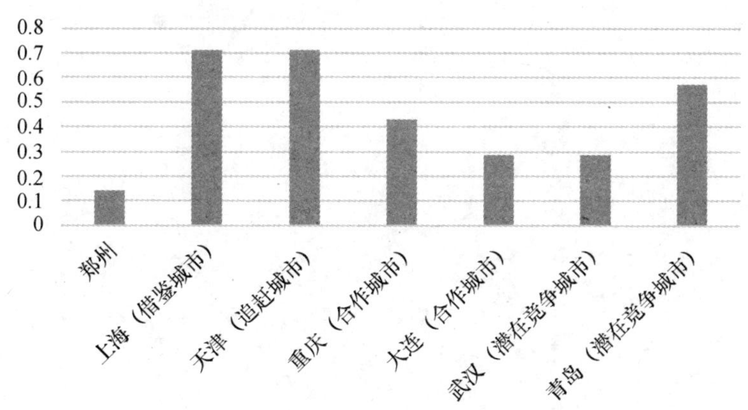

图 8—25　郑州与主要城市的联系度指数

数据来源：中国社会科学院城市与竞争力研究中心。

三 电商公司：电商公司指数并不突出

电商公司指数并不突出。在所有对标城市中（见图 8—26、图 8—27），上海的电商公司指数优势明显，郑州的电商公司指数处于中等位置，上海、天津和重庆的电商公司指数高于郑州，大连的电商公司指数低于郑州。此外，郑州的电商公司指数与潜在竞争城市武汉、青岛旗鼓

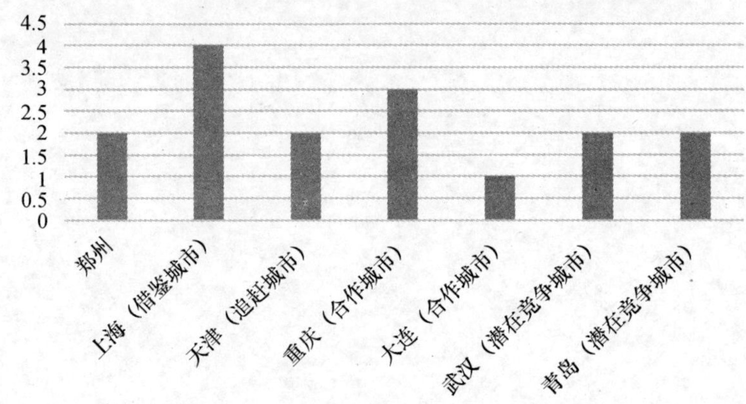

图 8—26 郑州与主要城市的电商公司层级

注：为了方便作图，此处我们把国家贸易中心、国家重要贸易中心、潜在的国家重要贸易中心和非国家贸易中心这四个层级分别用 4、3、2、1 数值表示，即 4 代表国家贸易中心、3 代表国家重要贸易中心、2 代表潜在的国家重要贸易中心、1 代表非国家贸易中心。

数据来源：中国社会科学院城市与竞争力研究中心。

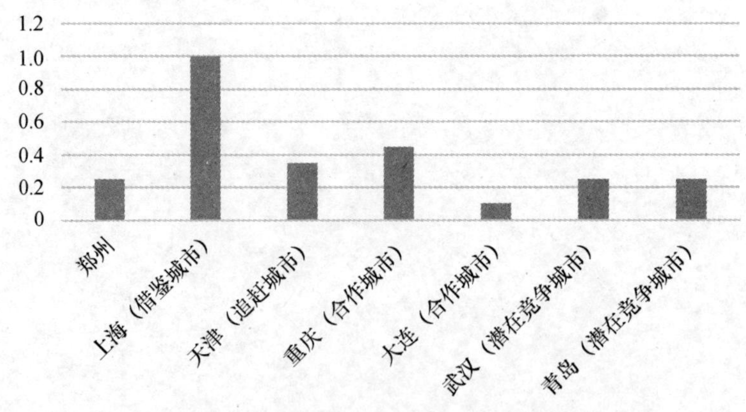

图 8—27 郑州与主要城市的电商公司指数

数据来源：中国社会科学院城市与竞争力研究中心。

相当，这表明郑州在这一方面并不具有优势，如果不注意发展，很有可能就会被潜在竞争城市超越，从而在总体贸易中心指数上落后于其他城市。近年来，郑州陆续发布了《关于开展电商公司示范体系创建工作的实施意见》《郑州市人民政府关于加快推进跨境电商公司发展的实施意见》《郑州市人民政府关于印发郑州市跨境电商公司综合试验区发展规划（2018—2020 年）的通知》《郑州市人民政府关于印发郑州市跨境电商公司综合试验区发展实施方案的通知》等文件，显然郑州已经认识到电商公司的重要性，相信随着这些文件的落实和实施，郑州的电商公司指数将会有比较大的提升。

四　物流公司指数：物流公司指数毫无优势

物流公司指数毫无优势。在所有对标城市中（见图 8—28、图 8—29），郑州的物流公司指数毫无优势可言，其标准化系数为 0，处于所有城市的垫底位置，从层级上看也是处于非国家中心状态。由于这一指标的具体含义为城市所拥有的前 50 名物流公司的数量，从而表明在郑州没有一个物流公司排在前 50 名内，即与任何一个对标城市相比，郑州都处于绝对弱势地位，并且与各个对标城市之间还存在较大的差距。因而提升物流公司水平，使郑州的物流公司指数达到重庆和武汉的水平至关重要。

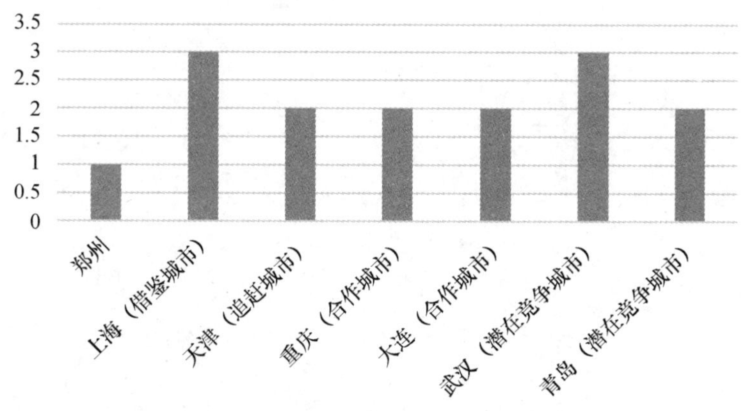

图 8—28　郑州与主要城市的物流公司层级

注：为了方便作图，此处我们把国家贸易中心、国家重要贸易中心、潜在的国家重要贸易中心和非国家贸易中心这四个层级分别用 4、3、2、1 数值表示，即 4 代表国家贸易中心、3 代表国家重要贸易中心、2 代表潜在的国家重要贸易中心、1 代表非国家贸易中心。

数据来源：中国社会科学院城市与竞争力研究中心。

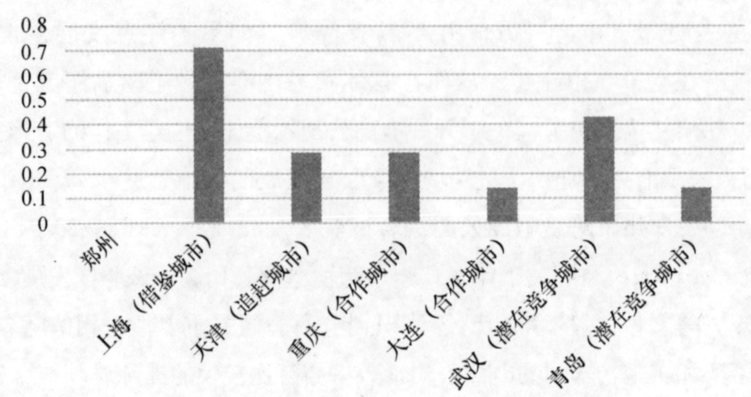

图 8—29 郑州与主要城市的物流公司指数

数据来源：中国社会科学院城市与竞争力研究中心。

五 国际或全国性商品交易博览会指数：优势并不明显，与首位城市存在明显差距

具有优势，但优势并不突出。从所有对标城市来看（见图 8—30、图 8—31），郑州的国际或全国性商品交易博览会指数仅低于借鉴城市上海，高于其他的对标城市，这表明对于大多数城市来说，郑州在国际或全国

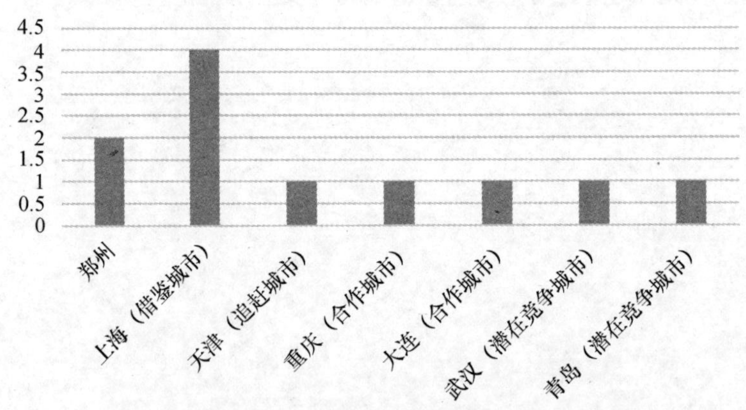

图 8—30 郑州与主要城市的国际或全国性商品交易博览会层级

注：为了方便作图，此处我们把国家贸易中心、国家重要贸易中心、潜在的国家重要贸易中心和非国家贸易中心这四个层级分别用 4、3、2、1 数值表示，即 4 代表国家贸易中心、3 代表国家重要贸易中心、2 代表潜在的国家重要贸易中心、1 代表非国家贸易中心。

数据来源：中国社会科学院城市与竞争力研究中心。

性商品交易博览会指数这一方面具有一定优势。但是具体从数值大小来看，这一优势又并不明显。郑州与借鉴城市上海之间的差距高达0.8339，而与天津、重庆、大连、武汉和青岛之间的差距仅在0.1左右，并不特别明显，从而郑州在国际或全国性商品交易博览会指数上随时都有可能被其他城市超越的可能。

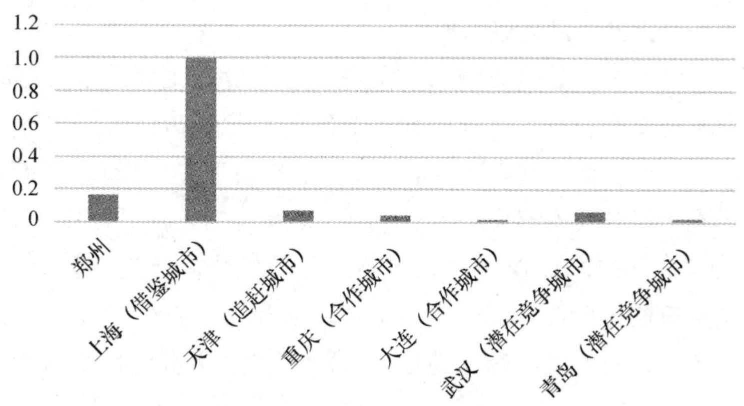

图8—31　郑州与主要城市的国际或全国性商品交易博览会指数

数据来源：中国社会科学院城市与竞争力研究中心。

第六节　结论与建议

综上，郑州处于潜在的国家重要贸易中心层次，未来的奋斗目标是国家重要贸易中心。但其地位并不牢固，稍有不慎就会被潜在竞争城市甩在后面。此外，郑州的贸易中心优势在于国家期货交易中心和国际或全国性交易国际或全国性商品交易博览会，劣势在于电商、物流和联系度方面。因此郑州若想在未来有所突破，就必须遵守“扬长、补短、抓关键”这一总体方针，最大限度发挥其优势，并与其他城市交流、合作弥补其劣势。

一　扩大其国际或全国性交易博览会优势

郑州作为全国八大古都之一，被称为商都，几千年来在商贸领域广泛发展，引领了多个经济发达朝代的主流市场。而郑州的全国商品交易会，自1995年以来已成功举办了20届。毫无疑问，国际或全国性商品交易博览会已经成为郑州的一面旗帜、一个独特的优势，在25个样本城市中，郑州这一项指数超过了88%的城市。因此，接下来郑州应当继续扩大这种优势，进而把这种优势扩大到绝对领先地位。

二 着力提升其总体联系度

郑州的联系度指数是影响郑州贸易中心建设的主要因素，总的来看郑州的联系度指数较低，远低于同一等级的其他城市，甚至比下一等级城市的联系度还要低，其联系度指数仅高于8%的样本城市。而扩大联系度的关键在于提升其物流公司实力，因此郑州应当发挥其国家中心城市、“三区一群”、郑州国际现代物流中心等各种优势，依托其公路、铁路、航空、信息通信等现代化和综合性交通枢纽作用，整合本地优势物流资源和服务资源，协同发展物流通道，以此来扩大郑州与其他城市的总体联系。

三 促进电商和物流建设

郑州的电商公司指数虽没有明显的劣势，但也不存在显著优势，总体处于中等水平，因此要想超过绝大部分的样本城市，郑州就必须大力建设其电商公司，提升其电子商务产业发展水平，将郑州打造成中西部地区电子商务中心。为此，郑州应当大力扶持电子商务新兴产业、着力引进电子商务龙头企业、建设和完善电子商务综合服务体系、加快电子商务物流建设，从而打造完整的电子商务产业链，为带动郑州传统的产业转型升级提供活力。此外，郑州还应当扶持其城市内部物流公司的发展，以物流行业来带动郑州整体贸易中心的集聚度和联系度，从而使其拥有与国家贸易中心相匹配的能力和实力。

（执笔：徐海东）

第九章

国家信息中心指数坐标上的郑州方位

国家信息中心的建设发展是新形势下迎接世界信息技术革命挑战、适应我国改革发展形势需要而建立发展起来的。信息中心拥有覆盖全域的先进的通信信息资源、较高的信息研发投入—产出效率、具有多家信息咨询公司及信息媒体，信息中心的建立缩短了时空的距离，信息中心的建立发展是构建新型智慧城市发展的关键环节。以信息资源的开发共享为核心，以服务科学决策为使命，信息中心形成了具有区域特色的数据中心、信息技术平台、专业化的信息技术人才队伍建设。这对于科学处理不同部门的分工与协作，科学指导信息化中心建设，科学服务中心的经济发展，更好地推动城市间的协调发展具有重要的意义。

国家信息中心的功能和定位主要体现样本城市通过主流媒体收集、加工、传递、发布国家重大信息的能力。随着互联网技术的普及，各样本城市信息收集和发布方式越来越多样，本章结合中国城市通信网络发展实际，分别从集聚度和联系度两个维度设计国家信息中心评价要素。国家信息中心集聚度要求城市拥有全国领先的信息收集、加工和发布渠道，完善且先进的基础设施等。国家信息中心集聚度的分项指标是由信息咨询公司数量、电信业务总量、5G 试点城市、国家级重要媒体和省部级重要媒体所构成。根据国家中心城市联系度的内涵，国家信息中心联系度主要衡量样本城市拥有的在全国具有重要影响力的前十名咨询公司和重要媒体服务、联系全国的能力。国家信息中心的集聚度和联系度的综合得分作为衡量信息中心竞争力高低的最终指标。国家信息中心的指标体系如表 9—1 所示。

表 9—1　　国家信息中心指标体系

	一级指标	二级指标
国家信息中心	集聚度	信息咨询公司数量
		电信业务总量
		5G 试点城市
		国家级重要媒体
		省部级重要媒体
	联系度	前十名信息咨询公司联系度
		前十名重要媒体联系度

第一节　国家信息中心层级分析

国家信息中心发展指数是由信息咨询公司数量、电信业务总量、5G 试点城市、国家级重要媒体、省部级重要媒体、前十名信息咨询公司联系度以及前十名重要媒体联系度 7 个三级指标经加权计算与标准化处理而成，信息中心发展指数越高，说明该城市信息中心的经济竞争力越强。利用聚类分析的方法，课题组将全部 25 个城市按照信息中心发展水平的高低，分成了国家信息中心、国家重要信息中心、潜在的国家重要信息中心和非国家信息中心这 4 个不同的层级类型。其中，北京是国家信息中心，上海是国家重要信息中心，广州、成都、深圳、重庆、武汉、南京、郑州、天津、杭州、兰州、厦门这 11 个城市是潜在的国家重要信息中心，青岛、苏州、西安、长沙、合肥、沈阳、哈尔滨、济南、大连、长春、宁波、无锡这 12 个城市属于非国家信息中心，这 4 个层级总体上呈金字塔状的形态。

表 9—2　　是全国信息中心的层级分布

层级	定位	包含城市
第一层级	国家信息中心	北京
第二层级	国家重要信息中心	上海

续表

层级	定位	包含城市
第三层级	潜在的国家重要信息中心	广州、成都、深圳、重庆、武汉、南京、郑州、天津、杭州、兰州、厦门
第四层级	非国家信息中心	青岛、苏州、西安、长沙、合肥、沈阳、哈尔滨、济南、大连、长春、宁波、无锡

数据来源：中国社会科学院城市竞争力指数数据库。

表9—3至表9—6中的数据详细介绍了国家信息中心、国家重要信息中心、潜在的国家重要信息中心和非国家信息中心的各项综合得分及排名，其中，小括号里面的数据为各项指标对应的排名。

一　国家信息中心

作为“首善之地”的北京是全国信息中心，北京的信息中心集聚度和信息中心的联系度的标准化指数均是1，在全国25个样本城市中排名第1位。首先，在北京的信息中心集聚度的分项指标中，北京是5G试点城市，北京的信息咨询公司数量、国家级重要媒体数量及省部级重要媒体的数量均处于全国首位，北京的电信业务总量的标准化指数为0.8247，略低于上海的电信业务总量的标准化指数1，在全国处于第2位。其次，在信息中心联系度的分项指标中，北京的前十名重要媒体联系度遥遥领先，北京的媒体联系度的标准化指数是1，比上海的媒体联系度的标准化指数高出0.5625，远高于全国的媒体联系度的标准化指数均值0.2888。北京的前十名信息咨询公司联系度的指数为0.9286，略低于上海信息咨询公司联系度的指数1，在全国处于第2位。

表9—3　　国家信息中心具体指标

城市	综合得分	集聚度	联系度	信息咨询公司数量	电信业务总量	5G试点城市	国家级重要媒体	省部级重要媒体	前十名重要媒体联系度	前十名信息咨询公司联系度
北京	1 (1)	1 (1)	1 (1)	1 (1)	0.8247 (2)	1 (1)	1 (1)	1 (1)	1 (1)	0.9286 (2)

数据来源：中国社会科学院城市竞争力指数数据库。

二 国家重要信息中心

国家重要信息中心是仅次于北京的重要信息中心，它对全国信息的发展具有一定的带动引领作用。具有充分经济活力的上海是国家重要信息中心，上海的国家重要信息中心集聚度和信息中心联系度的标准化指数依次是0.5253和0.7454，在全国25个样本城市中均排名第2位。首先，在上海的信息中心集聚度的分项指标中，上海和北京一样是5G试点城市，上海的电信业务总量是1102.2亿元，比北京的电信业务总量高出178.7亿元，上海的电信业务总量在全国首屈一指。上海的国家级重要媒体有澎湃新闻，除此之外，上海还有3家省部级重要媒体。上海的信息咨询公司数量、国家级重要媒体数量以及省部级重要媒体数量均追随北京，在全国排名中处于第2位。其次，在上海的信息中心联系度的分项指标中，上海的前十名信息咨询公司联系度的标准化指数远高于前十名重要媒体联系度的标准化指数，分别居全国第1位和第2位。

表9—4 国家重要信息中心具体指标

城市	综合得分	集聚度	联系度	信息咨询公司数量	电信业务总量	5G试点城市	国家级重要媒体	省部级重要媒体	前十名重要媒体联系度	前十名信息咨询公司联系度
上海	0.6133（2）	0.5253（2）	0.7454（2）	0.2619（2）	1（1）	1（1）	0.0556（2）	0.2308（2）	0.4375（2）	1（1）

数据来源：中国社会科学院城市竞争力指数数据库。

三 潜在的国家重要信息中心

潜在的国家重要信息中心是指目前尚未成为全国性信息中心，但是未来有成为全国重要信息中心潜力的城市。目前，全国潜在的国家重要信息中心主要有广州、成都、深圳、重庆、武汉、南京、郑州、天津、杭州、兰州、厦门11个城市，它们在信息中心综合得分上分别排名第3—12位。就信息中心集聚度和信息中心联系度来说，除兰州、厦门外，这些城市的指数均较高。具体观察信息中心集聚度的5个分项指标及联系度的2个分项指标，也可以发现这些城市绝大部分的指数均较高，并且城市之间的差异很小，互相之间非常接近，拉开城市之间距离的重要分项指标是5G试点城市、国家级重要媒体和前十名信息咨询公司联系度。

表9—5　　潜在的国家重要信息中心具体指标

城市	综合得分	集聚度	联系度	信息咨询公司数量	电信业务总量	5G试点城市	国家级重要媒体	省部级重要媒体	前十名重要媒体联系度	前十名信息咨询公司联系度	总指数排名
广州	0.2983 (3)	0.3397 (4)	0.2361 (3)	0.119 (3)	0.2526 (8)	1 (1)	0.0556 (2)	0.2308 (2)	0.3125 (3)	0.1429 (4)	3
成都	0.2929 (4)	0.3307 (6)	0.2361 (3)	0.0476 (5)	0.3365 (5)	1 (1)	0 (5)	0.2308 (2)	0.3125 (3)	0.1429 (4)	4
深圳	0.2885 (5)	0.342 (3)	0.2083 (5)	0.119 (3)	0.4945 (3)	1 (1)	0.0556 (2)	0 (20)	0.1875 (20)	0.2143 (3)	5
重庆	0.2801 (6)	0.3342 (5)	0.1991 (6)	0 (9)	0.4006 (4)	1 (1)	0 (5)	0.2308 (2)	0.3125 (3)	0.0714 (7)	6
武汉	0.2559 (7)	0.3185 (7)	0.162 (9)	0 (9)	0.3257 (6)	1 (1)	0 (5)	0.2308 (2)	0.3125 (3)	0 (9)	7
南京	0.2553 (8)	0.2927 (10)	0.1991 (6)	0.0476 (5)	0.1543 (14)	1 (1)	0 (5)	0.2308 (2)	0.3125 (3)	0.0714 (7)	8
郑州	0.2493 (9)	0.3075 (8)	0.162 (9)	0 (9)	0.2728 (7)	1 (1)	0 (5)	0.2308 (2)	0.3125 (3)	0 (9)	9
天津	0.2449 (10)	0.3002 (9)	0.162 (9)	0.0238 (8)	0.2139 (10)	1 (1)	0 (5)	0.2308 (2)	0.3125 (3)	0 (9)	10
杭州	0.2285 (11)	0.2728 (11)	0.162 (9)	0 (9)	0.1062 (17)	1 (1)	0 (5)	0.2308 (2)	0.3125 (3)	0 (9)	11
兰州	0.2215 (12)	0.2611 (13)	0.162 (9)	0 (9)	0.0502 (23)	1 (1)	0 (5)	0.2308 (2)	0.3125 (3)	0 (9)	12
厦门	0.1905 (13)	0.2634 (12)	0.081 (21)	0 (9)	0.0614 (22)	1 (1)	0 (5)	0.2308 (2)	0.1563 (21)	0 (9)	13

数据来源：中国社会科学院城市竞争力指数数据库。

四　非国家信息中心

非国家信息中心总体处于四大层级的最底层。目前，非国家信息中心主要有青岛、苏州、西安、长沙、合肥、沈阳、哈尔滨、济南、大连、长春、宁波、无锡12个城市，它们在信息中心综合得分上分别排名第14—25位。从12个非国家信息中心分项指标来看，各个分项所处的层级基本上都是潜在的国家重要信息中心或非国家信息中心，基本都与总体综合层级一致。非国家信息中心的城市之间的各项指标之间有差异但比较接近，各项指标指数普遍偏低，甚至个别指标的普遍指数为零。

表 9—6 非国家信息中心具体指标

城市	综合得分	集聚度	联系度	信息咨询公司数量	电信业务总量	5G 试点城市	国家级重要媒体	省部级重要媒体	前十名重要媒体联系度	前十名信息咨询公司联系度
青岛	0.1621 (14)	0.2378 (14)	0.0486 (22)	0 (9)	0.1691 (12)	1 (1)	0 (5)	0 (20)	0.0938 (22)	0 (9)
苏州	0.148 (15)	0.225 (15)	0.0324 (23)	0 (9)	0.1079 (16)	1 (1)	0 (5)	0 (20)	0.0625 (23)	0 (9)
西安	0.1204 (16)	0.0927 (16)	0.162 (9)	0 (9)	0.2427 (9)	0 (16)	0 (5)	0.2308 (2)	0.3125 (3)	0 (9)
长沙	0.1147 (17)	0.0832 (17)	0.162 (9)	0 (9)	0.1972 (11)	0 (16)	0 (5)	0.2308 (2)	0.3125 (3)	0 (9)
合肥	0.1109 (18)	0.0769 (18)	0.162 (9)	0 (9)	0.1667 (13)	0 (16)	0 (5)	0.2308 (2)	0.3125 (3)	0 (9)
沈阳	0.1012 (19)	0.0606 (19)	0.162 (9)	0 (9)	0.0887 (19)	0 (16)	0 (5)	0.2308 (2)	0.3125 (3)	0 (9)
哈尔滨	0.1009 (20)	0.0602 (20)	0.162 (9)	0 (9)	0.0867 (20)	0 (16)	0 (5)	0.2308 (2)	0.3125 (3)	0 (9)
济南	0.0991 (21)	0.0571 (21)	0.162 (9)	0 (9)	0.072 (21)	0 (16)	0 (5)	0.2308 (2)	0.3125 (3)	0 (9)
大连	0.0957 (22)	0.0346 (23)	0.1875 (8)	0.0476 (5)	0.147 (15)	0 (16)	0 (5)	0 (20)	0.2188 (19)	0.1429 (4)
长春	0.0901 (23)	0.0421 (22)	0.162 (9)	0 (9)	0 (25)	0 (16)	0 (5)	0.2308 (2)	0.3125 (3)	0 (9)
宁波	0.0209 (24)	0.0132 (24)	0.0324 (23)	0 (9)	0.0923 (18)	0 (16)	0 (5)	0 (20)	0.0625 (23)	0 (9)
无锡	0 (25)	0 (25)	0 (25)	0 (9)	0.0288 (24)	0 (16)	0 (5)	0 (20)	0 (25)	0 (9)

数据来源：中国社会科学院城市竞争力指数数据库。

第二节　国家信息中心总体描述

按照课题组设计的指标体系，课题组计算了全国25个城市的信息中心发展指数，图9—1报告了全部样本的测算结果。从信息中心的发展格局来看，全国信息中心的平均发展水平为0.223，北京的信息发展水平最高，其次是上海，无锡的信息发展水平最低。北京的信息中心发展指数为1，上海的信息发展指数为0.6133，北京是全国的信息中心，上海是全国的重要信息中心。高于全国信息中心发展指数均值的城市有北京、上海、广州、成都、深圳、重庆、武汉、南京、郑州、天津、杭州共11个城市，低于全国信息中心发展指数均值的城市有厦门、青岛、苏州、西安、长沙、合肥、沈阳、哈尔滨、济南、大连、长春、宁波、无锡共13个城市。

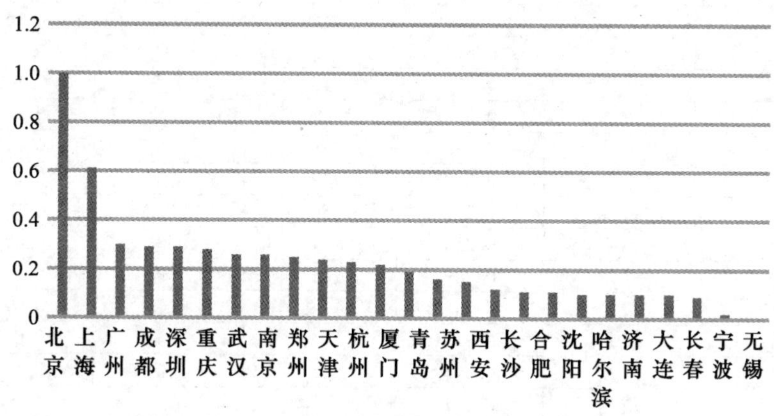

图9—1　不同城市的信息中心指数测算结果

数据来源：中国社会科学院城市竞争力指数数据库。

一　全国信息中心的整体发展水平较低，存在明显的层级分化，发展很不平衡

研究发现：（1）中国25个样本城市信息中心发展指数的均值为0.223，中位数为0.191，标准差0.203，变异系数为0.911，最小值为0，最大值为1，耦合协调度的均值为0.433。低于信息中心发展指数均值的城市数量达到14个，占25个样本城市总量的56%，表明中国25个样本城市的信息中

心发展的整体水平偏低，信息资源高度集中于少数高度发达的城市。(2) 不同类型的信息中心发展水平相差较大，存在明显的分化现象。从不同类型的信息中心发展指数均值来看，国家信息中心的发展水平是国家重要信息中心的 1.63 倍，是潜在的国家重要信息中心的 3.92 倍，是非国家信息中心的 10.31 倍，这表明我国不同类型的信息中心间存在着显著的差距，仅有少数城市的信息中心发展水平高，大部分城市的信息水平较低，发展很不平衡。(3) 从不同类型的信息中心的内部差距来看，国家信息中心、国家重要信息中心和潜在的国家重要信息中心的信息中心发展指数的变异系数均小于 0.15，这三种类型的内部信息中心差距较小，而非国家信息中心的信息中心发展指数的变异系数为 0.473，其内部差距较大。

表 9—7　　全国 25 个样本城市的综合得分及排名

排名	城市	综合得分	排名	城市	综合得分
1	北京	1.000	14	青岛	0.162
2	上海	0.613	15	苏州	0.148
3	广州	0.298	16	西安	0.120
4	成都	0.293	17	长沙	0.115
5	深圳	0.286	18	合肥	0.111
6	重庆	0.280	19	沈阳	0.101
7	武汉	0.256	20	哈尔滨	0.101
8	南京	0.255	21	济南	0.099
9	郑州	0.249	22	大连	0.096
10	天津	0.245	23	长春	0.090
11	杭州	0.226	24	宁波	0.021
12	兰州	0.223	25	无锡	0
13	厦门	0.191			

数据来源：中国社会科学院城市竞争力指数数据库。

表 9—8　　不同层级的信息中心的综合得分

层级	城市数量	平均发展水平	最小值	最大值	变异系数	包含城市
国家信息中心	1	1	1	1	0	北京
国家重要信息中心	1	0.613	0.613	0.613	0	上海

续表

层级	城市数量	平均发展水平	最小值	最大值	变异系数	包含城市
潜在的国家重要信息的中心	11	0.255	0.191	0.298	0.131	广州、成都、深圳、重庆、武汉、南京、郑州、天津、杭州、兰州、厦门
非国家信息中心	12	0.097	0	0.162	0.473	青岛、苏州、西安、长沙、合肥、沈阳、哈尔滨、济南、大连、长春、宁波、无锡

数据来源：中国社会科学院城市竞争力指数数据库。

课题组用 stata12.0 软件绘制样本城市的信息中心指数的核密度估计和正态分布对比图，以进一步分析中国 25 个城市的信息资源的总体分布情况。其中，实线表示核密度分布，虚线表示正态分布，如图 9—2 所示。图 9—2 至图 9—3 分别给出了 25 个样本城市、潜在的国家重要信息中心城市和非国家信息中心的综合发展指数的核密度估计和正态分布对比图，广州、成都、深圳、重庆、武汉、南京、郑州、天津、杭州、兰州、厦门共 11 个潜在的国家重要信息中心的核密度估计和正态分布对比图，青岛、苏州、西安、长沙、合肥、沈阳、哈尔滨、济南、大连、长春、宁波、无锡共 12 个非国家信息中心的核密度估计和正态分布对比图。由图 9—2 的中国 25 个样本城市信息中心总指数的分布图可知，全样本城市的集聚度和联系度的综合得分的核密度并不服从完整意义上的正态分布，但通过深入分析可得到如下分布规律：全样本城市的综合发展指数呈右偏态分布，频数分布的高峰向左偏移，长尾向右侧延伸，出现两个次波峰，而且与正态分布相比，城市综合发展水平指数的分布偏左，且波峰更高，充分说明我国的潜在的国家重要信息中心和非国家信息中心的综合信息发展水平整体表现一般，尤其是那些指数偏低的城市的综合实力还有待挖掘和提升。

鉴于国家信息中心和国家重要信息中心的样本城市的数量偏小，无法画出样本城市的核密度图，故在图 9—3 中用 stata12.0 计量软件画出了

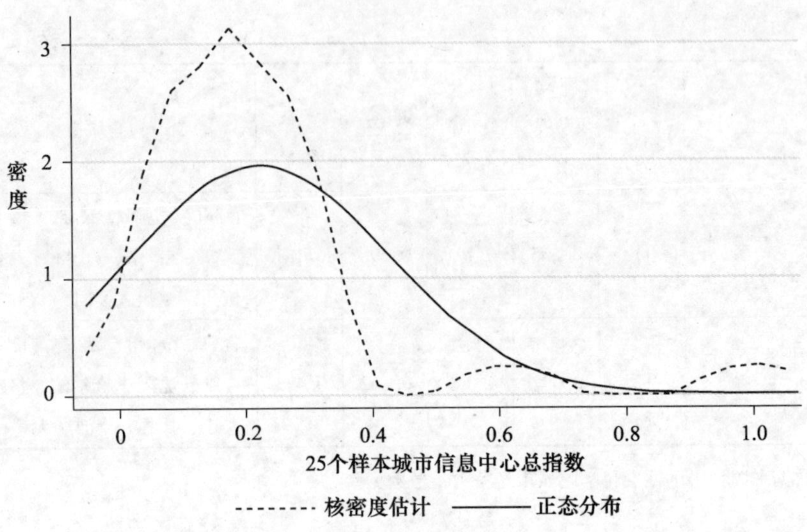

图 9—2　25 个样本城市综合得分的核密度

数据来源：中国社会科学院城市竞争力指数数据库。

潜在的国家重要信息中心和非国家信息中心的信息中心发展指数的核密度估计和正态分布对比图。从图 9—2 的核密度分布图中可以更为清晰地观察到潜在的国家重要信息中心和非国家信息中心的各自分布特征。潜在的国家重要信息中心的信息中心总指数的核密度估计基本上符合正态分布，其 11 个样本城市的综合信息发展指数的核密度分布存在一定程度的右偏现象，有一个峰值且偏右，这略高于正态分布的峰值，说明较多第三组的信息中心城市总体偏低、分布较为平滑。非国家信息中心的信息中心总指数的核密度估计出现两个峰值，不符合完整意义上的正态分布，其 12 个样本城市的综合信息发展指数的核密度图的左尾浮动较大，最高的峰值远偏向于右，最低峰值靠左，这说明第四组的信息中心总指数水平偏低且内部差距也比较大。这还揭示了一个重要信息，即综合得分在 0.6 和 0.9 附近出现了 2 个次高峰，说明排名比较靠前的几个城市的变异系数综合得分比较高，与其他城市拉开了较大差距。这充分说明即使在全国城区人口超过 1000 万的城市样本中，城市之间的差距也非常大，城市之间两极分化现象比较严重。除北京、上海外，第三、第四层级的信息中心的发展仍有很长远的路要走。

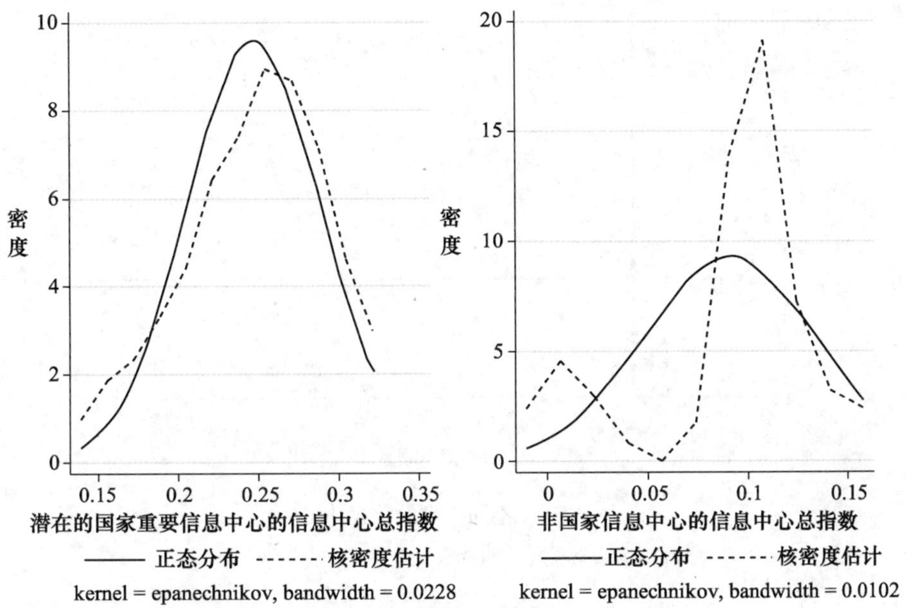

图 9—3　潜在的国家重要信息中心和非国家信息中心综合得分的核密度

资料来源：中国社会科学院城市竞争力指数数据库。

二　从内部分化来看，大部分信息中心的城市属于“强集聚—弱联系”或者“弱集聚—弱联系”型的，不存在“弱积聚—强联系”型的信息中心

根据本课题构造的信息中心指数，信息中心的发展水平可以从信息集聚度与信息联系度两个维度来衡量，课题组进一步从这两个维度来分析不同城市信息中心发展水平的内部分化。根据测算结果，可以将全部 25 个城市分为四类，分别为：强集聚—强联系型信息中心、强集聚—弱联系型信息中心、弱集聚—强联系型信息中心以及弱集聚—弱联系型信息中心，图 9—4 与表 9—9 分别报告了相应的分类结果。

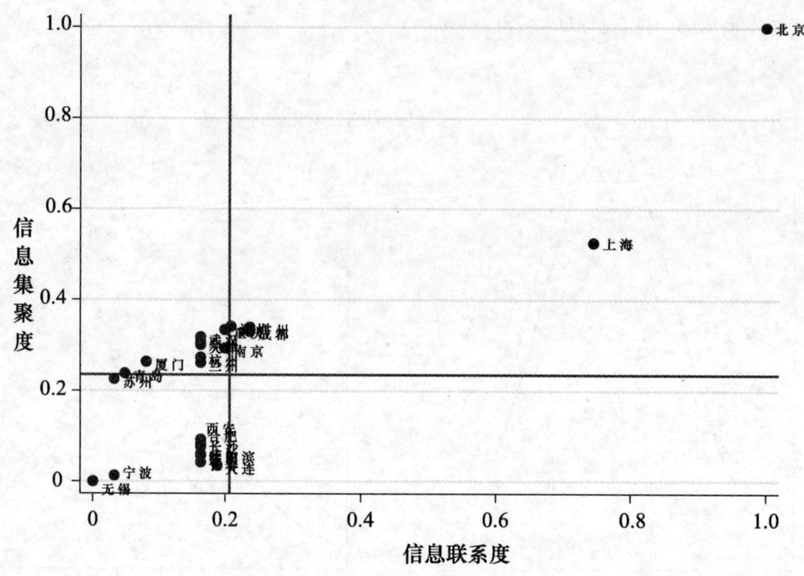

图 9—4 不同类型的信息中心

数据来源：中国社会科学院城市竞争力指数数据库。

表 9—9 不同类型的信息中心

类型	城市数量	包含城市
强集聚—强联系	5	北京、上海、广州、成都、深圳
强集聚—弱联系	9	重庆、武汉、南京、郑州、天津、杭州、兰州、厦门、青岛
弱集聚—强联系	0	无
弱集聚—弱联系	11	苏州、西安、长沙、合肥、沈阳、哈尔滨、济南、长春、大连、宁波、无锡

数据来源：中国社会科学院城市竞争力指数数据库。

综合图 9—4 与表 9—9 的结果可以发现，发展水平最完善的强集聚—强联系型信息中心有 5 个城市，按照信息中心指数的高低依次为北京、上海、广州、成都、深圳；属于强集聚—弱联系型信息中心的有 9 个城市，按照信息中心指数的高低依次为重庆、武汉、南京、郑州、天津、杭州、兰州、厦门、青岛；不存在属于弱集聚—强联系型信息中心的城市；弱集聚—弱联系型信息中心，包含了 11 个城市，按照信息中心指数的高低依次为苏州、西安、长沙、合肥、沈阳、哈尔滨、济南、长春、大连、宁波、无锡。“强集聚—弱联系”型的城市和“弱集聚—弱联系”型的城市分别占到全部样本的36%和44%。上述结果一方面进一步印证了我国信息中心的整体发展水平较弱、内部差距大这一结论；另一方面表明导致我国城市信息中心整体发展水平较弱的原因在于信息中心的集聚度与信息中心的联系度发展水平都较弱，特别是信息中心的联系度比信息中心的集聚度更弱。

三　不同类型信息中心信息集聚度的最大优势主要集中在5G试点城市，最弱短板主要集中在国家级重要媒体的数量

根据信息中心的指标体系，课题组从信息咨询公司数量、电信业务总量、5G试点城市、国家级重要媒体、省部级重要媒体这5个方面的集聚度来衡量了不同类型信息中心城市总体的信息集聚度水平，下面我们进一步从上述5个方面来分析不同类型信息中心信息集聚度的优势与短板，图9—5利用雷达图报告了相应的测算结果。

具体来看：（1）国家信息中心的优势是信息咨询公司数量、5G试点城市、国家级重要媒体、省部级重要媒体，而最弱短板是电信业务总量。信息中心的信息咨询公司数量、5G试点城市、国家级重要媒体、省部级重要媒体的标准化指数均为1，而电信业务总量的标准化指数为0.8247。（2）国家重要信息中心的优势是电信业务总量和5G试点城市，而最弱短板是国家级重要媒体。电信业务总量和5G试点城市的标准化指数均为1，而国家级重要媒体的标准化指数为0.0556。（3）潜在的国家重要信息中心的最大优势是5G试点城市，其次是电信业各总量，而最弱短板是国家级重要媒体。5G试点城市的标准化指数为1，电信业务总量的标准化指数为0.2426，国家级重要媒体的标准化指数为0.0101。（4）非国家信息中心的最大优势是5G试点城市，其次是省部级重要媒体，而最弱短板是国家级重要媒体。

因此，总体来看，不同类型的信息中心在5G试点城市上均有优势，除此之外，在其他反面的优势各不相同，这主要反映了不同类型信息中心在全国信息体系中的功能与定位差异。从短板领域来看，除了国家信息中心的短板在电信业务总量之外，其他三个类型城市的短板均集中在

国家级重要媒体方面，这说明我国在信息化建设过程中有待进一步加大对国家级重要媒体的投入。

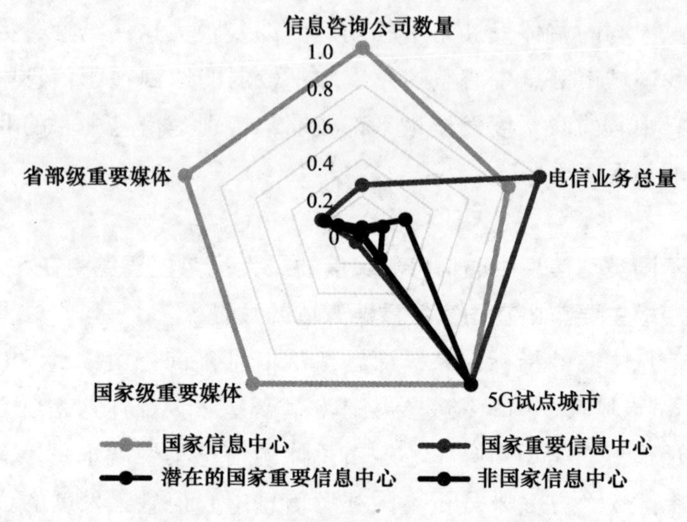

图 9—5 不同类型信息中心集聚度

数据来源：中国社会科学院城市竞争力指数数据库。

四 不同类型信息中心信息联系度的最大优势主要集中在前十名重要媒体联系度，最弱短板主要集中在前十名信息咨询公司联系度

根据信息中心的指标体系，课题组从前十名重要媒体联系度和前十名信息咨询公司联系度这两个方面衡量了不同类型的信息中心的信息联系度。下面我们进一步从上述两个方面来分析不同类型信息中心信息联系度的优势与短板，图 9—6 利用直方图报告了相应的测算结果。

由图 9—6 可以直观地发现：（1）国家信息中心的前十名重要媒体联系度领先于全国，是国家重要信息中心的 2. 29 倍，但其前十名信息咨询公司联系度的标准化指数为 0. 929，相对偏低。（2）国家重要信息中心的信息咨询公司联系度领先全国，但前十名重要媒体联系度的标准化指数比前十名信息咨询公司联系度低 0. 562。（3）潜在的国家重要信息中心、非国家信息中心的前十名重要媒体联系度和前十名信息咨询公司联系度的标准化指数均远比前两层级信息中心的低，且其前十名重要媒体联系度具有相对比较优势但前十名信息咨询公司联系度是短板。

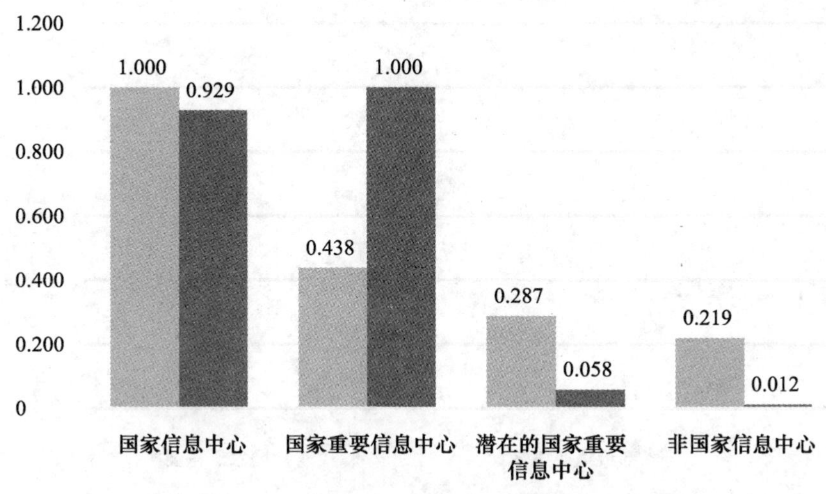

图9—6　不同类型信息中心联系度

数据来源：中国社会科学院城市竞争力指数数据库。

五　从信息中心发展的协调性来看，国家信息中心的前十名重要媒体联系度的协调性最强，国家级重要媒体的协调性最差

为了衡量信息中心的协调水平，课题组分别测算了全部样本层面不同类型信息中心的变异系数。其中，变异系数越小，表明内部差异越小，发展的协调性也就越高。

图9—7报告了信息中心三级指标的七个不同方面的变异系数，可以发现，变异系数最小的是前十名重要媒体联系度，其值为0.63，表明媒体联系发展的协调性最强；其他不同方面发展的协调性由强到弱分别是5G试点城市（0.83）、省部级重要媒体（0.94）、电信业务总量（1.01）、前十名信息咨询公司联系度（2.44）、信息咨询公司数量（3.05）、国家级重要媒体（4.27）。因此，国家级重要媒体在不同城市之间的协调性最差。之所以出现这种情况，是由于国家级重要媒体主要集中于北京、上海、广州、深圳等国家重要信息中心以上级别的发达城市，潜在的国家重要信息中心以及非国家信息中心的欠发达城市缺乏相应的国家级重要媒体的支持。

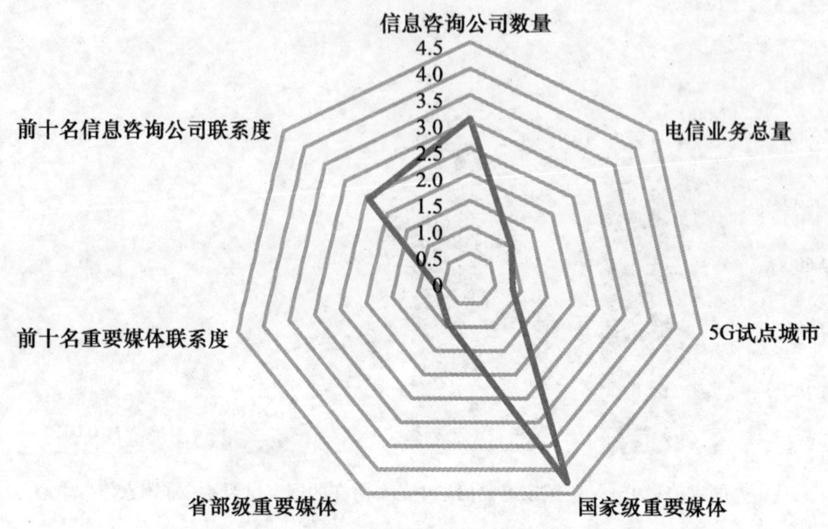

图9—7 信息中心的七个方面指标的变异系数

数据来源：中国社会科学院城市竞争力指数数据库。

第三节 郑州潜在的国家重要信息中心的发展情况

2017年郑州的“互联网+”指数居全国城市第14位，获批开通国际通信专用通道，入围中国信息化城市15强，电子商务完成交易额4900亿元，比上年增长33%。郑州大力发展网络经济，贯彻落实网络强国战略、国家大数据战略及国家“互联网+”行动计划，以统筹电子政务集约化建设为抓手，深化信息技术在经济社会各领域的广泛应用，推进网络强市建设。大力发展大数据经济、智慧经济、分享经济、创意经济等新经济，加快推进郑东新区龙子湖大数据产业基地、高新区大数据应用产业园建设，着力打造国家大数据综合试验区核心区。

一 郑州属于潜在的国家重要信息中心，其信息中心的发展存有一定的潜在优势，属于“强集聚—弱联系”型

从郑州信息中心指数在全国的排名来看，郑州在全部25个城市中排名第9位，按照信息中心的层级类型来看，属于潜在的国家重要信息中

心，在全国位于第三梯队。具体来看，郑州信息中心的发展水平为0.249，全国信息中心的平均发展水平为0.223，是全国平均水平的1.12倍，这表明郑州的信息中心发展水平不高，但在全国有一定的潜在优势。更详细地来看，郑州所属的信息中心层级共包括11个城市，在潜在的国家重要信息中心这一类型的城市中，郑州信息中心发展水平排名第9位，处于相对偏低的地位。

由于信息中心指数是由信息集聚度与信息联系度两个指标来合成的，下面进一步从这两个维度来分析郑州信息中心的发展水平。从表9—10的结果可以发现，郑州属于“强集聚—弱联系”类型，其中，郑州的信息集聚度在全国排名第8位，略高于信息中心指数的排名1个位序；而信息联系度的排名是第10位，略高于信息中心指数的排名1个位序。因此，相对于全国平均水平，郑州的信息集聚度与信息联系都在全国有一定的潜在优势。进一步地，课题组还利用聚类分析的方法分别按照信息集聚度与信息联系度的指数将全部25个城市分为四个等级，可以发现郑州的信息集聚度与信息联系度都处于第三层级，这也进一步印证了郑州信息集聚度与信息联系度发展水平不高，但是有一定的潜在优势。

表9—10　　郑州信息中心指数的总体与分项排名

项目	指数	排名	所属层级
信息中心总体水平	0.249	9	第三层级
信息集聚度	0.308	8	第三层级
信息联系度	0.162	10	第三层级

数据来源：中国社会科学院城市竞争力指数数据库。

二　从全国来看，郑州潜在的国家重要信息中心最具有优势的领域有电信业务总量、5G试点城市、省部级重要媒体和前十名重要媒体联系度，最突出的短板领域则包括信息咨询公司数量、国家级重要媒体和前十名信息咨询公司联系度

为了从全国层面来综合衡量郑州潜在的国家重要信息中心各分项指标的优势与短板领域，课题组首先选取并计算了电信业务总量、5G试点城市、省部级重要媒体和前十名重要媒体联系度、信息咨询公司数量、

国家级重要媒体和前十名信息咨询公司联系度这七个分项指标在全国的平均指数水平，然后与郑州信息中心各分项指标的指数相比，如果郑州信息中心各分项指标的指数高于该指标在全国的平均指数水平，那么就认为郑州在该分项领域具有比较优势，属于优势领域；反之，则认为其在该分项不具有比较优势，属于短板领域。

按照上述原则，表9—11的测算结果显示，在所有信息中心的七个分项指标中，郑州潜在的国家重要信息中心在电信业务总量、5G试点城市、省部级重要媒体和前十名重要媒体联系度这四个指标方面具有比较优势，而在信息咨询公司数量、国家级重要媒体和前十名信息咨询公司联系度这三个指标方面则属于短板领域。从优势或短板领域的具体程度来看，在郑州的潜在的国家重要信息中心分项指标中最具有优势的电信业务总量、5G试点城市、省部级重要媒体和前十名重要媒体联系度这四个领域高于全国平均水平的值分别高达16%、67%、12%和8%，优势领域还是明显的；而在信息咨询公司数量、国家级重要媒体和前十名信息咨询公司联系度这三个短板领域都落后全国平均水平100%，差距非常明显。由于电信业务总量、5G试点城市、国家级重要媒体、省部级重要媒体这四个方面属于信息中心的集聚度的领域，而媒体联系度和前十名信息咨询公司联系度属于信息中心的信息度的领域。这说明郑州潜在的国家重要信息中心的集聚度和联系度均既有优势又有短板，且优势领域超过短板领域。

表9—11　　郑州信息中心分项指标相对于全国的优势与短板

信息中心分项指标	郑州指数	郑州排名	全国平均水平	与全国平均水平差距	优势/短板
信息咨询公司数量	0	9	0.07	100%	短板
电信业务总量	0.27	7	0.24	-16%	优势
5G试点城市	1.00	1	0.60	-67%	优势
国家级重要媒体	0	5	0.05	100%	短板
省部级重要媒体	0.23	2	0.21	-12%	优势
前十名重要媒体联系度	0.31	9	0.29	-8%	优势
前十名信息咨询公司联系度	0	9	0.11	100%	短板

注：与全国平均水平的差距为负则表明领先于全国平均水平，因此具有优势地位。

数据来源：中国社会科学院城市竞争力指数数据库。

因此，郑州未来要建设信息中心补短板的关键是既要提高其信息公司和国家级重要媒体领域的集聚度，又要提高前十名信息咨询公司领域的联系度。

三　郑州信息中心协调性的分析：总体发展协调，但有薄弱环节

信息中心的综合发展指数是由信息中心的集聚度和信息中心的联系度这 2 个二级分项指标所构成，且信息中心的集聚度由 5 个三级分项指标所构成，信息中心的联系度由 2 个三级分项指标所构成，从而，信息中心的综合发展指数用 7 个分项指标来衡量。为了衡量郑州潜在的国家重要信息中心发展的内部协调性，课题组计算了全国 25 个城市信息中心的集聚度和联系度共 7 个分项指标的变异系数，变异系数越小，表明信息中心联系度内部的不同分项间发展的差距越小，发展也就越平衡，发展的协调性也就越高，图 9—8、图 9—9 分别报告了信息集聚度和信息联系度的测算结果。首先，从信息集聚度方面来说，全部 25 个城市的信息集聚度变异系数的均值为 1. 5，郑州排在第 8 位，变异系数为 1. 37，低于全国平均水平 9%，而且也和郑州信息集聚度在全国的排名（第 8 位）一致，郑州信息集聚度的内部协调性在全国处于一定的潜在优势地位；其次，从信息联系度方面来说，全部 25 个城市信息联系度变异系数的均值为 0. 303，郑州排在第 15 位，变异系数为 0. 3，略高于全国平均水平

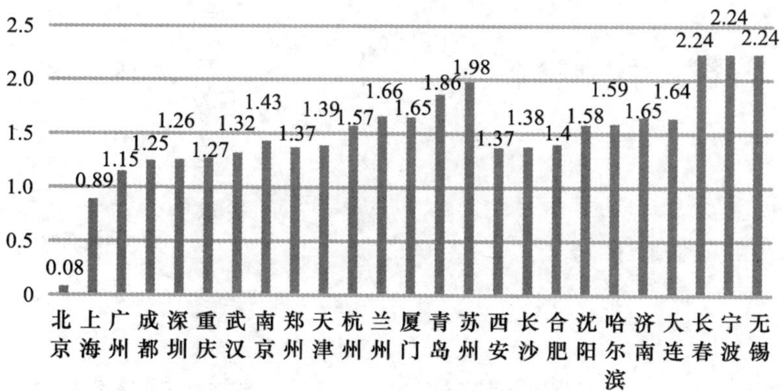

图 9—8　全国 25 个样本城市信息集聚度变异系数的排名

数据来源：中国社会科学院城市竞争力指数数据库。

1%，比郑州信息联系度在全国的排名低，这意味着一些比郑州信息联系度发展水平低的城市，包括西安、兰州、长沙、杭州、合肥、天津等城市的信息联系度的内部协调性要高于郑州，这表明郑州要在促进信息联系度的协调性上下功夫。

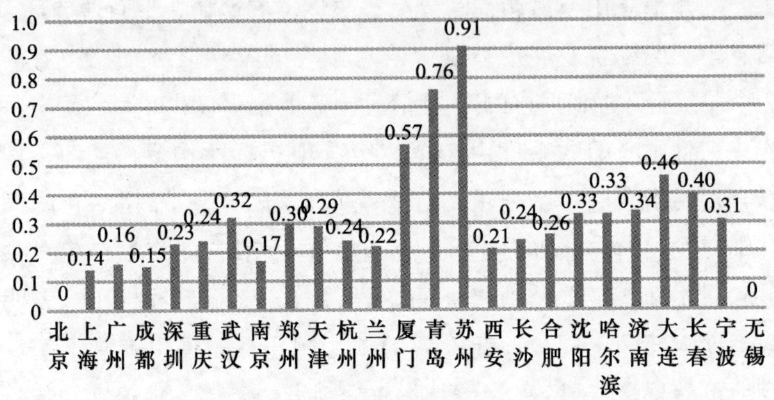

图 9—9　全国 25 个样本城市信息联系度变异系数的排名

数据来源：中国社会科学院城市竞争力指数数据库。

从郑州信息集聚度、信息联系度的各分项指标来看，图 9—10 的雷达图表明，郑州信息集聚度、信息联系度的各分项指标发展非常不平衡，过度倚重 5G 试点城市、电信业务总量、省部级重要媒体等，而在信息咨

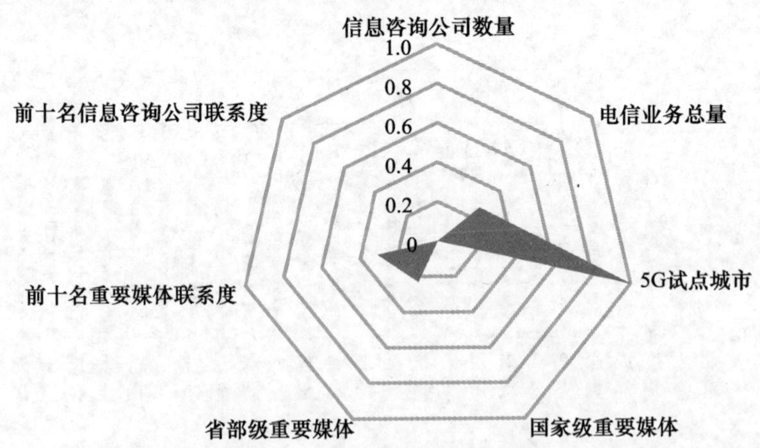

图 9—10　郑州信息集聚度、信息联系度的分项协调性分析

数据来源：中国社会科学院城市竞争力指数数据库。

询公司数量、国家级重要媒体、前十名信息咨询公司联系度等方面的水平非常低，指数都为0，这加剧了郑州信息集聚度与联系度内部的不同协调性与不均衡性。因此，进一步提高郑州在信息咨询公司数量、国家级重要媒体的集聚度和前十名信息咨询公司联系度，这是郑州建设协调发展的信息中心必须要重点关注的。

第四节　城市对标分析

一　借鉴城市：北京

借鉴城市主要反映了一个城市发展的愿景，也就是说可以作为未来发展方向参照的城市，其基本的选取原则是信息化发展水平比郑州（郑州属于潜在的国家重要信息中心城市）高的且属于第一类型的中心城市。而在全国25个样本城市中，只有北京是国家信息中心，北京是中国的首都，中国的经济、政治和文化中心，引领京津冀及全国的发展。北京的信息化发展引领全国的信息发展，郑州应学习北京信息化水平发展的经验，把北京的信息化发展水平作为自己未来奋斗的长远目标。

在信息集聚度、信息联系度、信息发展综合得分中，北京的信息集聚度、信息联系度、信息发展综合得分各项指数依次为1、1、1，排名均为第一；郑州的信息集聚度、信息联系度、信息发展各项指数的综合得分为0.31、0.16、0.25，在全国分别排名第八名、第十名和第九名。表9—12和图9—11以不同形式显示了郑州与借鉴城市在信息集聚度和信息联系度上的对照表。其中，郑州在电信业务总量、省部级重要媒体和前十名重要媒体联系度上的得分的分别为0.27、0.23和0.31，而在信息咨

表9—12　　郑州与借鉴城市的信息集聚度与联系度对照

城市	信息中心集聚度					信息中心联系度	
	信息咨询公司数量	电信业务总量	5G试点城市	国家级重要媒体	省部级重要媒体	前十名重要媒体联系度	前十名信息咨询公司联系度
北京	1.00	0.82	1.00	1.00	1.00	1.00	0.93
郑州	0	0.27	1.00	0	0.23	0.31	0

数据来源：中国社会科学院城市竞争力指数数据库。

询公司数量、国家级重要媒体以及前十名信息咨询公司联系度指数上的得分均为0。因此，借鉴北京信息中心的发展，郑州除了要进一步提升郑州在电信业务总量、省部级重要媒体和前十名重要媒体联系度的发展力度之外，更需要在短期内突破其在信息咨询公司数量、国家级重要媒体以及前十名信息咨询公司联系度的短板。

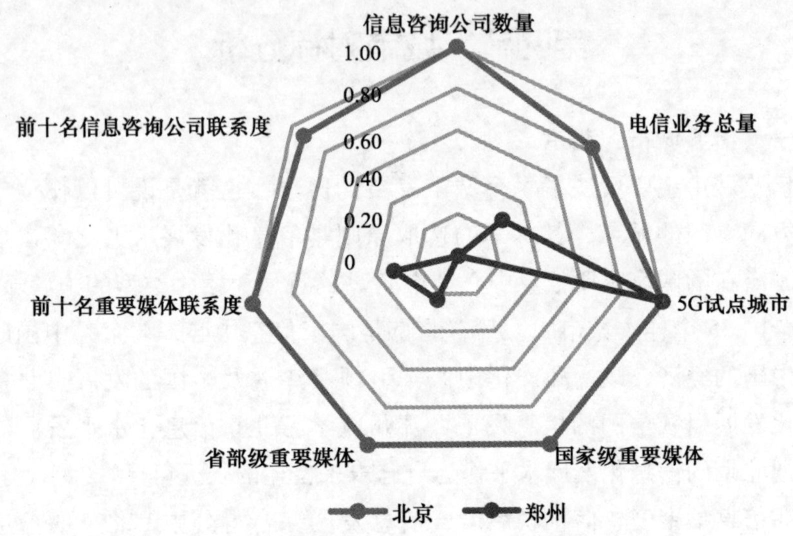

图9—11 郑州与借鉴城市的各分项指标

数据来源：中国社会科学院城市竞争力指数数据库。

二 追赶城市：上海

课题组选取上海作为郑州的追赶城市，这主要是因为上海属于第二层级的国家重要信息中心，上海的信息发展水平比郑州高，上海属于长江三角洲地区经济发展最为活跃的城市，郑州属于中原地区的城市。在信息集聚度、信息联系度、信息发展综合得分中，上海的各项指数得分依次为0.53、0.75、0.61，在全国均排名第二名；郑州的信息集聚度、信息联系度、信息发展综合得分的各项指数为0.31、0.16、0.25，在全国分别排名第八名、第十名和第九名。表9—13和图9—12以不同形式显示了郑州与追赶城市在信息集聚度和信息联系度方面的对照情况。郑州和上海在5G试点城市、省部级重要媒体指数上是一样的，而在电信业务总量和前十名重要媒体联系度方面，郑州虽然比上海低，但未来可以学习发展并进而赶上上海。但是信息咨询公司数量、国家级重要媒体以及前十名信息咨询公司联系度领域是其超越上海发展的主要短板。

表 9—13　　郑州与追赶城市的信息集聚度与联系度对照

城市	信息中心集聚度					信息中心联系度	
	信息咨询公司数量	电信业务总量	5G 试点城市	国家级重要媒体	省部级重要媒体	前十名重要媒体联系度	前十名信息咨询公司联系度
上海	0.26	1.00	1.00	0.06	0.23	0.44	1.00
郑州	0	0.27	1.00	0	0.23	0.31	0

数据来源：中国社会科学院城市竞争力指数数据库。

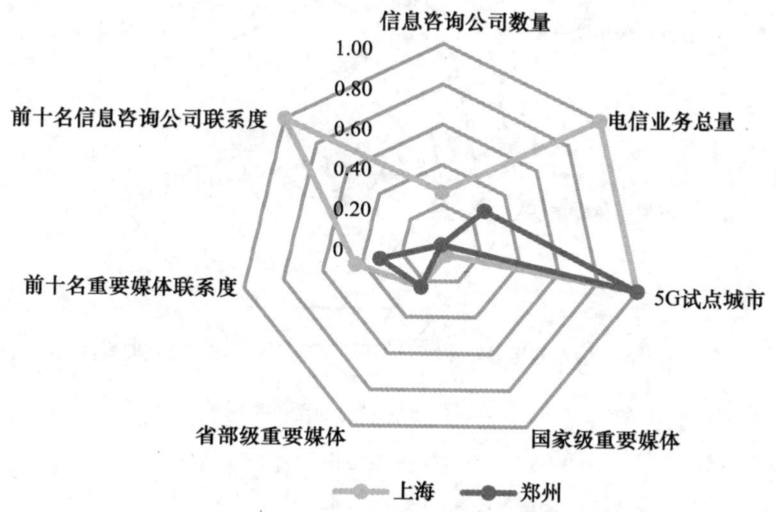

图 9—12　郑州与追赶城市的各分项指标

数据来源：中国社会科学院城市竞争力指数数据库。

三　合作城市：广州

合作城市选取的基本原则是能通过不同城市间的合作补齐郑州自身发展中的短板，巩固并扩大自身优势；同时，合作城市的选取应该避免那些与郑州存在直接竞争的城市。广州属于珠江三角洲地区，是中国最早的一批沿海开放城市，广州是沿海开放城市的前沿阵地。郑州与广州

表 9—14 郑州与合作城市的信息集聚度与联系度对照

城市	信息中心集聚度					信息中心联系度	
	信息咨询公司数量	电信业务总量	5G 试点城市	国家级重要媒体	省部级重要媒体	前十名重要媒体联系度	前十名信息咨询公司联系度
广州	0.12	0.25	1.00	0.06	0.23	0.31	0.14
郑州	0	0.27	1.00	0	0.23	0.31	0

数据来源：中国社会科学院城市竞争力指数数据库。

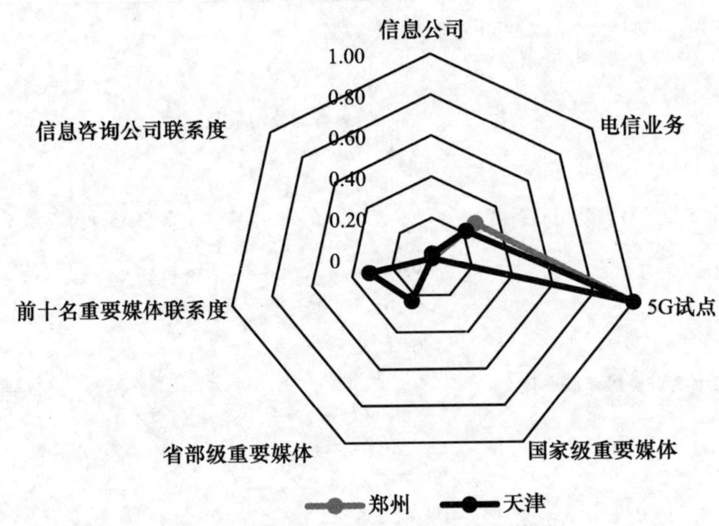

图 9—13 郑州与合作城市的各分项指标

数据来源：中国社会科学院城市竞争力指数数据库。

同在京广交通大动脉上，广州属于珠江三角洲的重要城市，而郑州是中部崛起的新型城市，郑州与广州有很多的互补之处，郑州与广州合作可以提升其自身的信息发展水平。广州和郑州一样同属于第三层级的潜在的国家重要信息中心，广州潜在的国家重要信息中心的信息中心综合得分为 0.298，在全国排第三名，而信息集聚度和信息联系度的指数分别为 0.34 和 0.24，在全国的排名分别为第四名和第三名，这和其在全国信息中心中的层级位置基本一致。表 9—14 和图 9—13

以不同形式显示了郑州与合作城市在信息集聚度和信息联系度的对照。通过对比分析可以发现，郑州可以在信息咨询公司数量、国家级重要媒体以及前十名信息咨询公司联系度等领域与广州深化合作，突破其在信息中心发展中的瓶颈。

四　潜在竞争城市：天津

潜在竞争城市指的是尽管目前在排名上落后于郑州，但可能在未来赶超郑州的城市。课题组选取了天津这个城市作为潜在竞争城市，是因为天津和郑州同属于第三层级，天津信息中心的综合得分比郑州低一个位次，但天津位于环渤海附近，与中国的首都离得比较近，具有先天的地理区位优势，未来有赶超郑州的可能。天津的信息集聚度、信息联系度、信息发展综合得分各项指数依次为 0.3、0.16、0.25，在全国的信息集聚度、信息联系度及信息发展综合得分排名分别为第 9 位、第 11 位和第 10 位。表 9—15 和图 9—14 以不同形式显示了郑州与潜在竞争城市在信息集聚度和信息联系度的对照情况。通过比较分析发现，与天津相比较，郑州 5G 试点城市、省部级重要媒体和前十名重要媒体联系度的指数是同天津一样的，而在电信业务方面具有绝对优势，信息咨询公司是其薄弱环节。郑州需要进行改革创新，提供更全面的信息服务，维持其潜在的国家重要信息中心的地位。

表 9—15　　郑州与潜在竞争城市的信息集聚度与联系度对照

城市	信息中心集聚度					信息中心联系度	
	信息咨询公司数量	电信业务总量	5G 试点城市	国家级重要媒体	省部级重要媒体	前十名重要媒体联系度	前十名信息咨询公司联系度
郑州	0	0.27	1.00	0	0.23	0.31	0
天津	0.02	0.21	1.00	0	0.23	0.31	0

数据来源：中国社会科学院城市竞争力指数数据库。

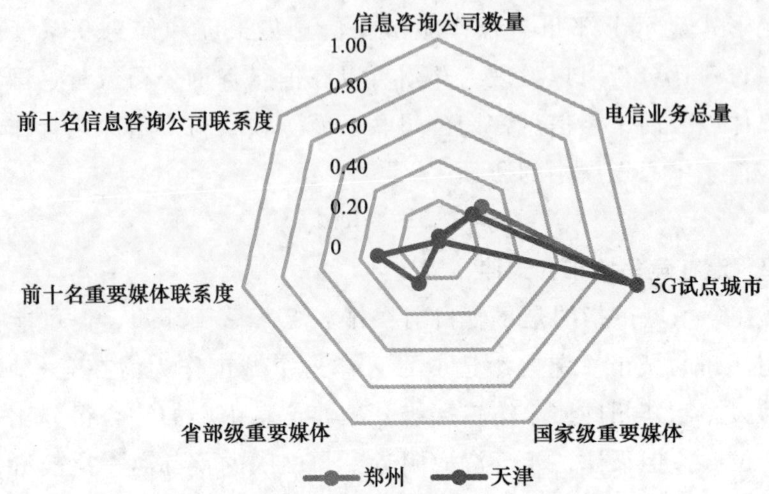

图9—14 郑州与潜在竞争城市的各分项指标

数据来源：中国社会科学院城市竞争力指数数据库。

第五节 重点指标分析

一 郑州的信息集聚度相对于对标城市具备一定优势，但优势地位不稳固

信息集聚度的高低是指一个城市所必备的完善且先进的基础设施，以及具有领先全国的信息收集、加工和发布渠道的能力。表9—16和图9—15分别给出了25个样本城市信息集聚度指数及排名、郑州与对标城市集聚度的对比分析。首先，深圳、重庆、郑州、天津、厦门、长春等信息集聚度的排名高于其相应的信息综合得分的排名，除深圳高于其信息综合得分的2个位次外，重庆、郑州、天津、厦门、长春这5个城市的信息集聚度的排名高于其相应的信息综合得分的排名。广州、兰州、大连、成都和南京这5个城市的信息集聚度的排名低于其相应的信息综合得分的排名，广州、兰州、大连低了1个位序，成都和南京均低了1个位序。北京、上海、武汉、杭州、青岛、苏州、西安、长沙、合肥、沈阳、哈尔滨、济南、宁波、无锡这14个城市的信息集聚度的排名与其相应的信息综合得分的排名是一致的，无任何起伏波动。其次，郑州的信息集聚度低于借鉴城市北京的指数（北京的指数为1.00），追赶城市上海的指数

（上海的指数为0.53），也低于合作城市广州的指数（广州的指数为0.34），但略高于潜在竞争城市天津的指数（天津的指数为0.30）。

表9—16　　25个样本城市信息集聚度指数及排名

城市	集聚度指数	排名	城市	集聚度指数	排名
北京	1.00	1	青岛	0.24	14
上海	0.53	2	苏州	0.23	15
广州	0.34	4	西安	0.09	16
成都	0.33	6	长沙	0.08	17
深圳	0.34	3	合肥	0.08	18
重庆	0.33	5	沈阳	0.06	19
武汉	0.32	7	哈尔滨	0.06	20
南京	0.29	10	济南	0.06	21
郑州	0.31	8	大连	0.03	23
天津	0.30	9	长春	0.04	22
杭州	0.27	11	宁波	0.01	24
兰州	0.26	13	无锡	0	25
厦门	0.26	12			

数据来源：中国社会科学院城市竞争力指数数据库。

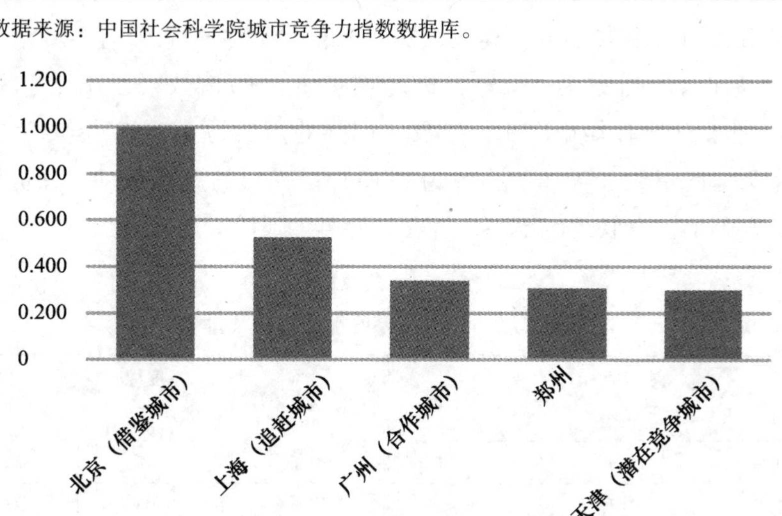

图9—15　郑州与对标城市信息集聚度的对比分析

数据来源：中国社会科学院城市竞争力指数数据库。

二　郑州的信息联系度不高，存在被超越的风险

根据国家中心联系度的内涵，国家信息中心联系度的评价要素主要衡量样本城市拥有的在全国具有重要影响力的信息咨询公司和主流媒体服务、联系全国的能力。结合国家信息中心集聚度的设计方案，信息中心联系度的考察具体反映在相关集聚度指标的全国影响力上，即选取排名前十名的信息咨询公司和重要媒体在样本城市信息收集和发布业务情况。表9—17和图9—16分别给出了25个样本城市信息联系度指数及排名、郑州与对标城市联系度的对比分析。

首先，全国有长春、济南、哈尔滨、沈阳、合肥、长沙、西安、兰州、杭州、南京、天津、成都、重庆、郑州、广州、武汉共16个城市的前十名重要媒体联系度的指数为0.31，宁波和苏州前十名重要媒体联系度的指数均为0.06。北京、上海的前十名重要媒体联系度指数分别为1、0.44，成都、广州、南京、重庆的前十名重要媒体联系度指数均为0.31，深圳、大连的前十名重要媒体联系度指数分别为0.19、0.22，只有这8个城市的前十名信息咨询公司联系度指数不为0，其余17个城市的前十名信息咨询公司联系度得分均为0。综合以上数据可以得知信息中心的联系度存有相同的指数排名。其次，郑州的信息联系度低于借鉴城市北京的指数（北京的指数为1.00），追赶城市上海的指数（上海的指数为0.75），也低于合作城市广州的指数（广州的指数为0.24），但与潜在竞争城市天津的指数（天津的指数为0.16）是一致的。综合以上分析可以得知，郑州的信息联系度不高，存在被超越的风险。

表9—17　　25个样本城市信息联系度综合得分及排名

城市	联系度综合得分	排名	城市	联系度综合得分	排名
北京	1.00	1	青岛	0.05	22
上海	0.75	2	苏州	0.03	23
广州	0.24	3	西安	0.16	9
成都	0.24	3	长沙	0.16	9
深圳	0.21	5	合肥	0.16	9

续表

城市	联系度综合得分	排名	城市	联系度综合得分	排名
重庆	0.20	6	沈阳	0.16	9
武汉	0.16	9	哈尔滨	0.16	9
南京	0.20	6	济南	0.16	9
郑州	0.16	9	大连	0.19	8
天津	0.16	9	长春	0.16	9
杭州	0.16	9	宁波	0.03	23
兰州	0.16	9	无锡	0	25
厦门	0.08	21			

数据来源：中国社会科学院城市竞争力指数数据库。

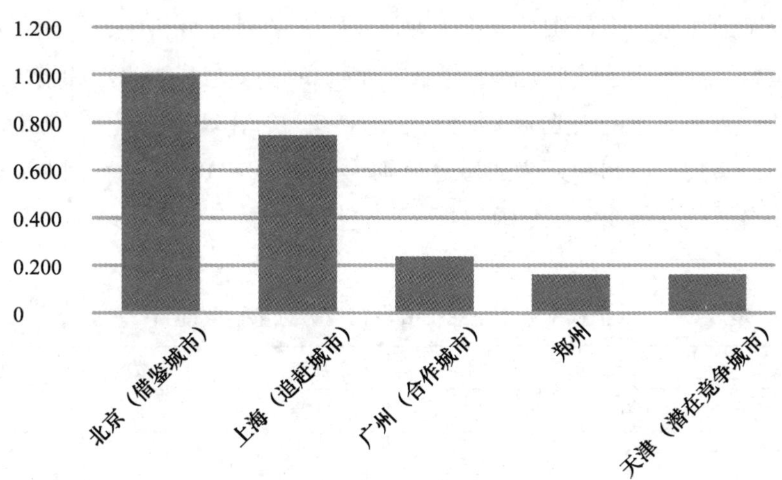

图9—16　郑州与对标城市信息联系度的对比分析

数据来源：中国社会科学院城市竞争力指数数据库。

三　与总体相比，郑州电信业务这个关键指标具有比较明显的比较优势

电信业务是以货币形式表示的电信企业为社会提供的各类电信服务的总数量，反映样本城市信息收集、发布的总体能力。在郑州的潜在的国家重要信息中心的分项指标中，郑州的电信业务总量、5G 试点城市、

省部级重要媒体和前十名重要媒体联系度是郑州指数较高的领域，其中，郑州乃至全国的电信业务和前十名重要媒体联系度的指数均在平缓地波动，不像信息咨询公司数量、5G 试点城市、国家级重要媒体这样的跳跃式的变化，因此课题组选择电信业务这一关键指标进行分析。其中，表 9—18 和图 9—17 分别展示了 25 个样本城市信息中心电信业务总量指数排名、郑州与对标城市的电信业务总量对比分析直方图。首先发现，在表 9—18 中，郑州的电信业务总量的指数为 0. 2728，在全国排名第 7 位，高于其信息中心的综合排名 2 个位次。上海、深圳、重庆、武汉、郑州、西安、长沙、青岛、合肥、大连、宁波、无锡这 12 个城市的电信业务排名均比其相应的信息中心的综合得分排名要高，其中，深圳、重庆、郑州和青岛的电信业务排名均比信息中心的综合排名高出 2 个位次，武汉和无锡的高出 1 个位次，长沙和宁波的高出 6 个位次，西安和大连的高出 7 个位次，合肥的高出 5 个位次。其次，在图 9—17 的对标分析中，郑州的电信业务指数远低于追赶城市上海的指数（上海的指数为 1. 0000）和借鉴城市北京的指数（北京的指数为 0. 8247），但是超过合作城市广州、潜在竞争城市天津的指数（广州和天津的指数分别为 0. 2526 和 0. 2139）。因此，郑州要利用自己在电信业务在全国的相对比较优势，提升自己的地位。

表 9—18　　25 个样本城市信息中心电信业务总量指数排名

城市	指数	排名	城市	指数	排名
上海	1. 00	1	南京	0. 15	14
北京	0. 82	2	大连	0. 15	15
深圳	0. 49	3	苏州	0. 11	16
重庆	0. 40	4	杭州	0. 11	17
成都	0. 34	5	宁波	0. 09	18
武汉	0. 33	6	沈阳	0. 09	19
郑州	0. 27	7	哈尔滨	0. 09	20
广州	0. 25	8	济南	0. 07	21
西安	0. 24	9	厦门	0. 06	22
天津	0. 21	10	兰州	0. 05	23
长沙	0. 20	11	无锡	0. 03	24

续表

城市	指数	排名	城市	指数	排名
青岛	0.17	12	长春	0	25
合肥	0.17	13			

数据来源：中国社会科学院城市竞争力指数数据库。

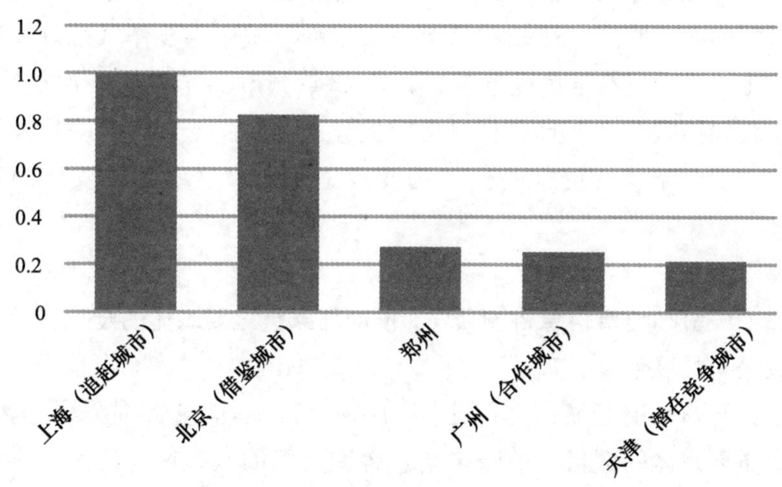

图9—17　郑州与对标城市的电信业务总量对比分析

数据来源：中国社会科学院城市竞争力指数数据库。

第六节　结论与建议

通过对郑州现在、未来位置的分析，以及对未来信息发展的愿景展望，课题组一致认为郑州的优势领域主要集中在电信业务总量、5G试点城市、省部级重要媒体和前十名重要媒体联系度等领域，最突出的短板体现在信息咨询公司数量、国家级重要媒体和前十名信息咨询公司联系度等领域。郑州目前是潜在的国家重要信息中心，其未来的功能定位是从潜在的国家重要信息中心向国家重要信息中心迈进。在对策上，郑州建设信息中心的关键在于扬长避短、抓住关键领域实现重点突破，课题组提出以下发展建议。

一 作为5G试点城市，积极发挥省部级媒体的作用，提高电信公司的业务收入

课题组所选的25个样本城市中，有40%的城市尚未实现第五代移动通信网络。由省部级以上政府直接管辖，服务于全国乃至国际范围的省部级官方媒体可以有效利用高速通信网络与基础电信企业及互联网企业的合作，加强媒体的宣传媒介作用，提高企业间的运行效率，从而提高电信公司的业务收入。郑州与借鉴城市、赶超城市、合作城市以及潜在竞争城市一样，均在电信业务总量、5G试点城市、省部级重要媒体和前十名重要媒体联系度上具有相对比较优势，它们优于全国的平均发展水平，但“百尺竿头，更进一步”的发展是郑州在这些领域发展的重要目标。

二 吸引和培育信息咨询公司，推动国家级重要媒体的建设，提高信息咨询公司的联系度

拉开郑州与追赶城市之间距离的制约因素是信息咨询公司的数量、国家级重要媒体的数量和前十名信息咨询公司的联系度。信息咨询是一种基于各种信息的收集、加工和反馈的业务活动，吸引和培育信息咨询公司，提高信息咨询公司的联系度，推动国家级重要媒体的建设，可以提高该城市的信息决策与执行效力，提高城市的信息发展的公信力。广州是珠江三角洲地区的港口城市、中国对外开放的前沿阵地，广州的信息咨询公司数量、国家级重要媒体数量和前十名信息咨询公司联系度在全国的信息中心的发展中都占有一定的比较优势。郑州可以加强与合作城市广州的合作，实现优势互补，突破城市发展的短板，做到他山之石、可以攻玉。

三 加快科技创新，积极吸纳人才，提高信息化关键领域的投入—产出效率

郑州要顺利完成城市转型，在不久的将来建成国家信息中心，最根本的出路还是要加快科技创新，用科技引领进步，用创新引领发展。借鉴国家信息中心和国家重要信息中心的发展经验。郑州的信息化建设投入力度不够，其信息化科研投入力度及信息化基础设施的建设力度远低

于北京和上海，甚至在有些领域还低于排名靠后的其他城市。在信息化的关键领域，特别是攻坚环节，郑州可能不具备攻坚的条件，但郑州可以积极寻求与北京、上海、广州等发达城市的合作，借助其优质高校和优质科研机构，吸引更多的人才尤其是北京溢出的人才来郑州发展。优质平台带来优质人才，优质人才又进一步促进优质平台建设，从而形成良性循环，促进郑州信息化水平的持续、快速、健康的发展。

（执笔人：刘笑男）

第十章

国家对外交往中心指数坐标上的郑州方位

第一节　对外交往中心介绍

国家对外交往中心是指在国际对外交往中具有一定影响，能够在地区或全球发挥决策、控制、管理、服务全国功能的城市。城市的外在表现形式，能对国家对外交往中心的确立和发展产生积极影响。成为国家对外交往中心，有利于城市全方位对外开放水平的提升，进一步释放城市对外交往的活力。城市对外交往活力是指城市经济、政治、文化和社会交往的深度和广度。因此，构建用于服务全国有关城市对外交往活力的指标体系，是评估全国城市对外交往的重要基础。

评估城市对外交往活力指标体系的一级指标即指城市对外交往活跃度指标，主要研究对象是中国主要省会城市以及直辖市，反映了在经济、政治、文化和社会交往层面城市对外交往活力的深度、广度上。城市对外交往活跃度指标由两个二级指标构成，分别是城市集聚度和城市联系度，城市集聚度反映城市在国际交流层面吸引国外优秀人才、优秀资源的能力，体现了城市在对外交往中的魅力和城市吸引力，是评估城市对外交往活力重要的指标之一；城市联系度反映城市交通等方面与外界的联通程度，也体现出城市的对外辐射力，强辐射力的城市会向周边城市输送更多的商品、资源与人才，弱辐射力的城市往往处于被动接收辐射的地位，因此城市对外联系度是城市重要的竞争力之一。

城市吸引国际人员、活动的集聚度和城市参与国际交往的联系度着眼于每个城市在参与国际活动各分项上的数量变化，体现了城市在吸引国际交流方面的优势以及参与国际交流活动的活跃度。指标体系的两个二级指标又进一步分别采用 4 个和 3 个具有典型性和代表性的三级指标加以度量（具体如表 10—1 所示），其中，城市集聚度包括领事馆数、国际组织办事处数、留学生数，以及 2011—2016 年外国游客年均入境人数 4 个指标，而城市联系度由 3 个指标构成，即对外友好城市、国际会议以及国际航线数，这些指标数据通过直观的城市吸引国际活动和国际友人的数量变化，以及对外的交流程度体现城市的吸引力和对外交流活跃度。

表 10—1　　国家对外交往中心指标体系描述

准则层		体系指标层
城市对外交往活跃度（总指标）	集聚度	领事馆数
		国际组织办事处数
		留学生数
		2011—2016 年外国游客年均入境人数
	联系度	对外友好城市
		国际会议
		国际航线数

一　国家对外交往中心：北京

北京是全国的文化中心，拥有全国最集中和第一流水平的科研单位、教育机构、文艺和体育团体和新闻媒体，每年都举办大量的国际国内文化、艺术、体育等交流活动，在亚洲乃至世界都具有相当的国际交流影响力；北京同样也是全国的科技、信息中心，具有较强的知识生产和传播能力，科技、信息对外交流日趋频繁。北京是世界著名的历史文化名城，拥有 3000 多年的建城史和 800 多年的建都史，已成为世界著名的观光旅游城市，也对国际游客产生了极大的吸引力。

观察具体指标可以发现，在一级指标城市对外交往活力指标总得分方面，北京排名第一，位居全国之首，得分也远超全国其他城市，说明了建设国家对外交往中心是北京对外开放工作的组成部分和关键环节，是充分发挥首都优势、提升对外开放层次的现实选择。在二级指标城市集聚度和城市对外联系度方面，北京以总得分 1.000 的成绩位列榜首，说明了北京在城市对外吸引力和对外影响力方面均起到带头作用，优势明显。

表 10—2　　四个层级城市的总体指标

城市	总体指标	集聚度	联系度
国家对外交往中心	1.000	1.000	0.960
国家重要对外交往中心	0.354	0.287	0.440
潜在的国家重要对外交往中心	0.159	0.105	0.234
非国家对外交往中心	0.043	0.026	0.069

数据来源：中国社会科学院城市与竞争力指数数据库。

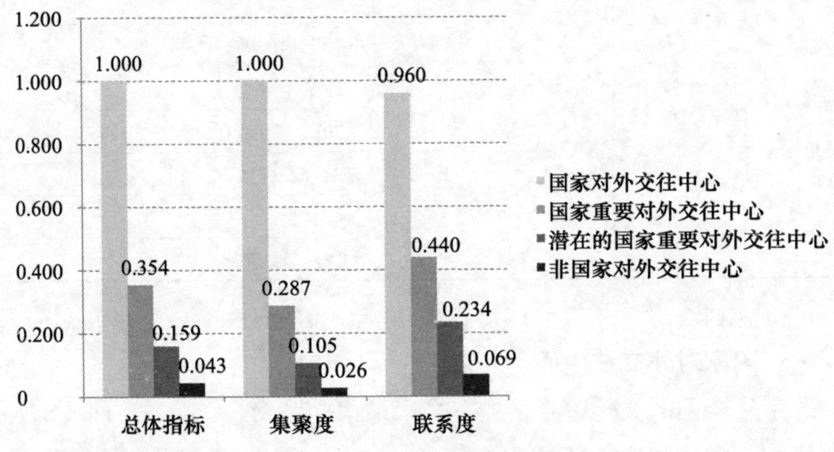

图 10—1　四个层级城市的总体指标

数据来源：中国社会科学院城市与竞争力指数数据库。

观察对外交往活跃度三级指标可以发现，在领事馆数和国际组织办事处数方面，北京均有明显优势，体现了北京作为国家对外交往中心在国际盛事举办方面较为活跃。在 2011—2016 年外国游客年均入境人数指标方面，北京虽仍具有较强优势但得分略低于国家重要对外交往中心，说明北京作为文化中心在城市吸引力方面的建设还有进步空间。在对外友好城市指标方面，对外开放活跃度不同的四类城市呈现阶梯状下降的趋势，各级别城市之间的差距较小。加强对外友好城市建设会极大推动北京市产业向规模化、国际化方向发展，为打造世界知名品牌起到巨大的助推作用。

表 10—3　　　　四个层级城市具体指标对比

城市	领事馆数	国际组织办事处数	留学生数	2011—2016 年外国游客年均入境人数	对外友好城市	国际会议	国际航线数
国家对外交往中心	1.000	1.000	1.000	0.383	0.584	1.000	0.882
国家重要对外交往中心	0.163	0.008	0.368	0.472	0.466	0.203	0.521
潜在的国家重要对外交往中心	0.032	0.001	0.203	0.170	0.312	0.078	0.293
非国家对外交往中心	0.006	0	0.078	0.057	0.122	0.022	0.131

数据来源：中国社会科学院城市与竞争力指数数据库。

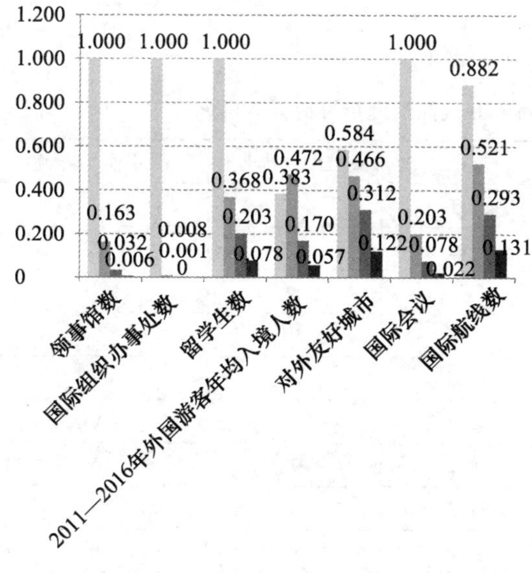

图 10—2　四个层级城市具体指标对比

数据来源：中国社会科学院城市与竞争力指数数据库。

二 国家重要对外交往中心

全国重要的国家对外交往中心除了遥遥领先的首都北京之外，对外交流活跃度总体排名在第2—8名的城市（见表10—4）在对外交往方面活跃度也较为领先，分别是上海、广州、西安、深圳、天津、成都、杭州。首先在一级指标城市对外交往活跃度总分方面，上海城市对外交往较为活跃。在二级指标城市集聚度角度，上海、广州同样优势明显，对外城市吸引力较强，在这一方面东部沿海地区城市对外吸引力显著高于其他地区，位于西部地区的西安市则处于劣势水平。从城市联系度角度，上海得分排名第一，对外交往最为频繁，联系最为密切，西安作为西部地区中心，较好地发挥中心枢纽作用，联系度指标得分较高。从变异系数等反映差异的数据变化可以看出（见表10—5），重点对外交往城市之间在对外交往活跃度总体得分方面变异系数小于1，说明其城市间在对外交往活动方面差距并不明显，交往活跃度较为接近，而二级指标城市集聚度和城市联系度情况类似，但相比而言在集聚度上变异系数稍高，说明重点对外交往城市在对外开放建设、增强城市吸引力方面差异较联系度方面较为明显，但仍小于1。

表10—4　　全国十强城市对外开放活跃度指标得分及排名

总指标排名	总评价指数	城市	集聚度（排名）	联系度（排名）
1	1.000	北京	1	2
2	0.787	上海	2	1
3	0.433	广州	3	4
4	0.281	西安	9	3
5	0.261	深圳	4	11
6	0.250	天津	5	10
7	0.243	成都	7	5
8	0.223	杭州	8	7
9	0.197	武汉	6	9
10	0.183	重庆	10	8

数据来源：中国社会科学院城市与竞争力指数数据库。

表 10—5　　国家重要对外交往中心总体指标

变量	样本数	平均值	标准差	最小值	最大值	变异系数	基尼系数	泰尔指数
对外交往活跃度总分	7	0.354	0.203	0.223	0.787	0.575	0.243	0.117
集聚度	7	0.287	0.183	0.115	0.624	0.638	0.315	0.162
联系度	7	0.440	0.271	0.209	1.000	0.616	0.287	0.142

数据来源：中国社会科学院城市与竞争力指数数据库。

表 10—6　　国家重要对外交往中心具体指标

变量	样本数	平均值	标准差	最小值	最大值	变异系数	基尼系数	泰尔指数
领事馆数	7	0.163	0.237	0	0.555	1.456	0.672	0.371
国际组织办事处数	7	0.008	0.011	0	0.029	1.377	0.643	0.059
留学生数	7	0.368	0.318	0	0.885	0.866	0.426	0.190
2011—2016 年外国游客年均入境人数	7	0.472	0.312	0.220	1.000	0.661	0.319	0.178
对外友好城市	7	0.466	0.365	0.156	1.000	0.783	0.360	0.237
国际会议	7	0.203	0.183	0.032	0.579	0.899	0.413	0.298
国际航线数	7	0.521	0.261	0.265	1.000	0.500	0.243	0.100

数据来源：中国社会科学院城市与竞争力指数数据库。

观察具体的三级指标（见表 10—6），多数重要对外交往城市在领事馆和国际组织办事处建设方面较为欠缺，对外交往基础设施建设不够完善，需要加强城市建设弥补缺陷；留学生数指标城市之间得分差距较大，而经济基础雄厚的城市在教育建设方面较为完善，因此对大批国外留学生产生较大吸引力，也从侧面折射出城市间经济水平的差异；国际航线建设方面处于交通枢纽位置的城市得分较高，充分发挥其交通地理优势。从重点对外交往城市三级指标城市之间的差异可以看出只有领事馆和国际组织办事处建设方面变异系数大于 1，说明城市在这两项指标建设方面存在较大差异，有些城市甚至在此方面较为欠缺；国际航线建设方面城市之间差异最小，说明大多重要对外交往城市都非常重视交通建设，有利于加强城市与外界交流联络。

三 潜在的国家重要对外交往中心

潜在的国家重要对外交往中心城市意为当前城市在国际对外交往方面整体排名居中，但具有较大潜力发展成为国家重要对外交往中心，分别有武汉、重庆、青岛、南京、厦门。研究具体指标可以发现，一级指标城市对外交往活跃度方面，武汉和重庆排名分别在第9位和第10位，总体位置居中。在二级指标城市集聚度和联系度方面，都相对落后，尤其是重庆在城市集聚度方面较前十城市排名最后，说明其由于受地理位置的局限性，城市对外建设吸引力不足，城市建设魅力方面有待进一步提升。考察潜在的国家重要对外交往中心城市具体指标的变异系数可以发现，大多城市之间在总体对外交往度得分方面差距较小，但在二级指标方面，城市在对外联系度方面差异较为明显，说明在建设城市对外联系角度应当加大关注力度，加强城市对外联系，提高城市对外交往活跃性。

表10—7　　　潜在的国家重要对外交往中心总体指标

变量	样本数	平均值	标准差	最小值	最大值	变异系数	基尼系数	泰尔指数
对外开放交往活跃度总分	5	0.159	0.031	0.119	0.197	0.196	0.099	0.016
集聚度	5	0.105	0.053	0.028	0.161	0.503	0.247	0.118
联系度	5	0.234	0.088	0.131	0.338	0.378	0.189	0.059

数据来源：中国社会科学院城市与竞争力指数数据库。

表10—8　　　潜在的国家重要对外交往中心具体指标

变量	样本数	平均值	标准差	最小值	最大值	变异系数	基尼系数	泰尔指数
领事馆数	5	0.032	0.025	0	0.066	0.764	0.382	0.085
国际组织办事处数	5	0.001	0.002	0	0.005	2.236	0.800	0
留学生数	5	0.203	0.193	0.042	0.423	0.949	0.440	0.373

续表

变量	样本数	平均值	标准差	最小值	最大值	变异系数	基尼系数	泰尔指数
2011—2016 年外国游客年均入境人数	5	0.170	0.091	0.074	0.283	0.534	0.263	0.115
对外友好城市	5	0.312	0.261	0.091	0.740	0.836	0.390	0.255
国际会议	5	0.078	0.063	0	0.168	0.809	0.400	0.108
国际航线数	5	0.293	0.116	0.169	0.434	0.397	0.197	0.063

数据来源：中国社会科学院城市与竞争力指数数据库。

观察具体三级指标（见表 10—8）可以发现，潜在的国家重要对外交往中心的大部分城市在国际组织办事处的建立和国际会议召开方面有较大空缺，说明城市对外交往基础设施建设不够完善致使城市对外建设吸引力不足。具体观察城市指标差异可以发现，在国际组织办事处建设方面变异系数高达 2.236，说明潜在的国家重要对外交往中心之间在对外基础设施建设方面差距较为明显，需要引起政府层面的关注和重视，另外在留学生数等方面变异系数数值也在 0.8 以上，虽小于 1，但仍说明在这些指标层面城市建设之间存在明显差距，可以通过进一步城市对外建设弥补差距。

四　非国家对外交往中心

本章的研究对象为我国重点省会级城市及直辖市，研究发现部分城市在总体城市对外交往活跃度方面排名较为落后（见表 10—9），属于短期不可能成为潜在的国家重要对外交往中心，包括苏州、哈尔滨、沈阳、大连、济南、长沙、兰州、长春、郑州、宁波、无锡和合肥，在指标数据中反映出一级指标城市对外交往活跃度方面排名较为落后，在二级指标城市联系度和城市集聚度上，郑州排名倒数，城市对外交流活跃度较差。对比非国家对外交往中心对外交往活跃度指标的变异系数等可以发现，大多城市之间在总体对外交往度得分方面差距较小，但在二级指标方面城市在对外集聚度方面差异较为明显，说明在建设城市对外集聚角度上应当加大关注力度，增加城市吸引力，加强城市对外联系。

表 10—9　　非国家对外交往中心总体指标

变量	样本数	平均值	标准差	最小值	最大值	变异系数	基尼系数	泰尔指数
对外交往活跃度总分	12	0.043	0.029	0	0.093	0.662	0.360	0.155
集聚度	12	0.026	0.021	0	0.070	0.813	0.424	0.224
联系度	12	0.069	0.055	0	0.161	0.803	0.436	0.262

数据来源：中国社会科学院城市与竞争力指数数据库。

表 10—10　　非国家对外交往中心具体指标

变量	样本数	平均值	标准差	最小值	最大值	变异系数	基尼系数	泰尔指数
领事馆数	12	0.006	0.017	0	0.058	2.748	0.867	0.460
国际组织办事处数	12	0	0.001	0	0.005	3.464	0.917	0
留学生数	12	0.078	0.028	0.029	0.119	0.363	0.196	0.066
2011—2016 年外国游客年均入境人数	12	0.057	0.053	0	0.191	0.927	0.450	0.268
对外友好城市	12	0.122	0.119	0	0.338	0.971	0.498	0.351
国际会议	12	0.022	0.026	0	0.074	1.201	0.610	0.081
国际航线数	12	0.131	0.078	0	0.279	0.599	0.323	0.109

数据来源：中国社会科学院城市与竞争力指数数据库。

具体到三级指标方面（见表 10—10），除国家对外交往中心和国家重要对外交往中心的城市之外排名较为靠后的非国家对外交往中心在国际组织办事处建设和国际会议举办方面都较为逊色，城市在对外交往基础设施建设方面较为落后；在吸引留学生方面，留学生数量较少，部分原因还是由于这类城市大多位于中部或西部地区，对外联系通道较为闭塞，导致国外优秀资源渗透困难，对对外交往的发展造成一定阻碍。具体观察城市指标差异可以发现，国际组织办事处和领事馆建设层面数值都大于 2，说明城市之间三级指标差距明显，甚至有些城市在这方面空白，例如郑州。只有在国际航线建设方面，大多城市为地区中心城市或处于全国交通枢纽地区，差距较小，应当保持其优势，增加城市对外开放。

第二节　总体描述

城市的对外交往活力是反映其在国际社会中影响力和吸引力的重要指标，体现在社会、文化、经济及政治等多个领域。在全球化不断深入发展的时代背景下，城市作为财富、技术和人才的集聚地，全球化发展节点的功能日益突出。随着城市对外交往活动的蓬勃发展，城市自身国际交往活动日益增加，在国际事务中的行为能力也不断增强，因此中国城市的自身行为能力也得到增强。随着我国国际影响力的不断提升以及“一带一路”建设的深入推进，具有中国特色的国际化城市框架也在持续推进，促使我国城市的国际交往活动越来越频繁，吸引着越来越多的国际资源集聚，国际交往的影响力和话语权都得到了进一步提升，城市的国际地位也明显上升。郑州市地处中国地理中心，是全国重要的铁路、航空、高速公路、电力、邮政电信主枢纽城市，中国中部地区重要的工业城市，重要的地理位置决定其增强对外交往活跃度至关重要。增强郑州城市对外交往活力，有利于充分发挥其交通枢纽的优势地位，在密切的国际交往中提升城市本身的国际化水平，并建立起国际声誉。本部分通过建立以典型城市为样本的城市对外交往活跃度研究，深入剖析郑州市对外交往活跃度较低的内在原因，进而提出相关建议和针对性措施，以提高郑州市对外交往活力，树立优质的国际城市形象。

一　概况

1. 总体特征：多数城市国际交往活跃度差，城市间对外交往活力差距较大

综合考察全国25个省会城市以及直辖市对外交往活力度指标，对比综合得分方面和排名情况，可以发现，我国城市对外交往活跃度指标在不同类型城市之间呈现出总体较差、中心突出、差距悬殊和各具特色的特点。其中，样本城市对外交往活跃度指标总体得分均值为0.192，但城市之间对外交往活跃度指标得分差距较大，处在中位城市的得分为0.119，说明半数以上的城市对外交流活跃度低于平均水平，总体对外交流活跃度较差，只有一部分较大型城市和经济实力较强的大型城市对外

活动活跃度较高、对外交流频繁，但还是有 12 个城市的活跃度得分均在 0.1 以下，表明只有少数城市得分明显高于其余城市，而多数得分较低的占据多数比例的城市将均值拉到了中位数的附近。具体分析指标数据可以发现，以北京为代表性的大型城市对外交往活跃度较强，其中以北京得分最高，排名第一。北京作为我国特大型城市以及首都城市的积极影响和城市吸引力，截止到 2016 年 7 月，已与全球 54 个城市建立了友好城市关系，其国际化程度和对外交往资源领先于全国，城市对外交往活跃度得分明显领先。相比之下，郑州作为中部城市的中心，对外交往活跃度总体得分较低，总体排名处于末位，并未充分发挥其城市的吸引力和对外辐射力，处在对外活跃度较差的城市梯队中，在对外交往建设方面有较大进步空间。我国主要城市之间对外交往活跃度变异系数大于 1，说明各城市对外交往活跃度指标总得分差异明显，体现出一线城市和其他城市之间在对外交往活跃度方面差异较大，大多城市对外交往活跃度较差，而少数城市与国际联系较为密切，这就需要协调城市之间发展差异，促进城市之间对外交往，促进城市共同开放和繁荣。

对比对外交往活跃度二级指标城市集聚度和城市联系度方面（见表 10—11），发现城市联系度均值高于城市集聚度均值，说明大多城市在对外交往方面与外部联系和沟通较为发达，而城市本身的吸引力较弱，对外交往中缺乏较强的城市魅力，这就要求进一步加强城市开放程度，打造便利的城市开放条件和基础设施建设，拓宽开放渠道。主要城市集聚度和联系度的变异系数均大于 1，说明城市之间在这两项指标方面差异明显，城市间集聚度和联系度差距较大，且集聚度指标变异系数得分高于联系度，说明在集聚度上典型城市间差异更加显著。

表 10—11　　主要城市对外活跃度指数得分

指标		样本数	均值	中位数	标准差	变异系数	基尼系数	泰尔指数
城市对外交往活跃度	总指标	25	0.192	0.119	0.240	1.245	0.558	0.517
	联系度	25	0.241	0.704	0.263	1.090	0.524	0.440
	集聚度	25	0.153	0.070	0.230	1.494	0.638	0.704

数据来源：中国社会科学院城市与竞争力指数数据库。

表 10—12　　　　主要城市具体对外交往活跃度指标数据

指标	样本数	均值	中位数	标准差	变异系数	基尼系数	泰尔指数
领事馆数	25	0.095	0	0.233	2.460	0.849	0.884
国际组织办事处数	25	0.042	0	0.200	4.673	1.228	1.175
留学生数	25	0.221	0.259	0.271	1.228	0.561	0.517
2011—2016 年外国游客年均入境人数	25	0.208	0.114	0.245	1.175	0.554	0.494
对外友好城市	25	0.275	0.195	0.279	1.013	0.501	0.393
国际会议	25	0.123	0.053	0.221	1.796	0.694	0.840
国际航线数	25	0.303	0.228	0.254	0.626	0.427	0.267

数据来源：中国社会科学院城市与竞争力指数数据库。

具体观察反映城市对外交往活跃度的三级指标数据可以发现（见表10—12），以25个城市为样本的前提下，均值低于0.1的两项指标分别为领事馆数和国际组织办事处数。领事馆和国际组织办事处的设立说明了该城市吸引国际优秀资源的能力，此外国际组织办事处数量能够从侧面反映城市对外交往的能力。此项指标的得分均值较低且变异系数值较大，说明除一线城市外大多城市设立的领事馆和国际组织办事处数量较少，城市之间设立数量差异较大，国际组织办事处在城市的落户需要当地政府在政策和配套设施上的支持，也说明了一般性城市对外开放意识不强，吸引国际投资方面能力不足，开展国际活动不够频繁，需要进一步提高城市魅力。吸引外籍人员数量如留学生或者外籍游客年均入境人数的数量变化也反映了城市对外交往的层级，此项指标的均值较高反映出大多城市在教育和吸纳人才方面比较到位。另一指标国际航线数量均值明显高于其他指标，说明了多数城市在对外交通联系度建设方面较为关注并取得了一定效果。国际会议数代表国际会议和会展集聚国际专业人士、企业在城市中交流专业知识以及展示公司产品，体现各界人士与外界交流的信息和知识流量，此项指标得分较低，说明大多城市对举办国际会议的接纳度并不高，信息和知识的传播有待加强。总之，二级指标城市集聚度包含的所有三级指标数值均得分较低，说明大多城市对外活动的吸引力不足，有较大进步空间。二级指标城市联系度得分方面国际航线数指标的均值得分明显高于其他三级指标，说明大多城市在对外联系的交通建设方面较为重视且整体建设得较为完善，其他方面的对外联系建设上还需要进一步加强。另外，三级指标中除国际航线指标得分的变异系数小于1以外，其余均大于1，体现了城市间对外联系和交流的差异明显、分化严重。

2. 全国十强：一线城市位列前三，省会城市对外活跃度明显

习近平总书记在中国国际友好大会暨中国人民对外友好协会成立60周年纪念活动的讲话中指出，要更好地推进城市外交，大力开展中国国际友好城市工作，促进中外地方政府交流，推动实现资源共享、优势互补、合作共赢。这充分说明了党和政府对城市外交工作的高度重视，对中国城市外交在全球化背景下所应发挥的作用提出了更高的要求。从表10—4城市对外交流活跃度评价指标得分来看，以中国25个省会城市及直辖市的对外交流活跃度排名为例，北京、上海、广州、西安、深圳、天津、成都、杭州、武汉、重庆位居前十名。从前十强城市的区域分布看，经济发达的一线大型城市得分明显高于其他城市，排名稳居前列。北京、上海和广州属于我国特大型城市，又是少数几个兼具经济中心重要地位的城市，故而其既有的国际化程度和对外交往资源都较多，并且这些城市居民无论是经济水平还是教育水平都在我国位居前列，故而也有较强的意愿走出国门、了解世界，这一系列的主客观因素使这些大城市成为中国当前最具对外交往活力的三大城市。其余城市中对外交流活跃度较高的城市大多位于东部地区，而这一类城市属于城市交往获利中的二线城市，这一部分城市由三个类型组成：首先是如天津、重庆等直辖市，由于地理位置优越，受到周围城市辐射效应影响，因而对外交流活动频繁。其次是成都、西安、杭州、武汉等省会城市，这些省会城市中既有传统的东部地区和中部省份的省会如武汉、杭州，也有西部地区的省会如成都、西安，此类大都市对外交流活跃度相对较高。最后是如深圳这样毗邻香港、经济发展程度较高的非省会性城市，由于地理位置较为开放，加之周边城市的带动作用，因而城市对外交往相对活跃。

二 格局

1. 总体格局东强西弱，东部城市对中西部起到带动作用

除了对调查城市整体进行分类评估外，我们还将这些城市按照东、

中、西、东北进行了大类区分并对区域间和区域内不同城市的对外活力指数进行比较研究（见表10—13）。从区域视角看，东部地区无论是在整体指标还是具体每个分指标上都优于其他区域。中国城市的国际交往活跃度整体呈现东强西弱的格局，这在一定程度上也与我国当前东强西弱的发展格局相匹配，进一步反映了经济发展是决定城市对外交往活力的关键要素。我国东部地区对外交往活跃度均值为0.273，位列四大区域对外交往活跃度得分之首。一部分原因是因为东部地区地理位置对外开放性强，进行国际互动交流的机会随之增加，因此城市的对外交流活跃度较高，城市建设的吸引力较强，与国外经济等各方面联系密切，总体活跃度呈现较高水平，其余区域对外交往活跃度均值排名依次为东北地区、中部地区和西部地区。东北地区城市对外交往活跃度均值较高但变异系数相对较小，说明东北地区城市对外交往活跃度建设发展较为均衡。相反的是中部地区，对外交往活跃度均值总体得分偏低但是变异系数数值较大，说明在中部地区的城市在对外交往建设方面总体上还存在较大差距，对外联系交流并不频繁，并且内部城市之间对外交往活跃度差异明显，只有少数城市对外交往较为活跃。西部城市对外活跃度均值小，说明这类城市对外交往活动相对较少，一方面是由于这些城市的构成主要集中在西部边陲、内陆城市和欠发达地区，另一方面是西部城市地理上位于内陆，缺乏东部沿海的有利环境，故而其与外部世界进行沟通相对而言阻碍更多，这也限制了此地区的对外交往活力。这也充分反映了我国城市对外交往活力的发展态势如同经济发展一样，呈现出了从东部向中西部辐射的发展趋势。但是伴随着近年来我国经济结构调整的加速，

表10—13　　四大地区城市对外交流活跃度指数综合得分

地区	城市数量	平均值	标准差	最小值	最大值	变异系数	基尼系数	泰尔指数
东	13	0.273	0.301	0.009	1.000	1.105	0.527	0.482
东北	4	0.186	0.107	0.033	0.075	0.308	0.134	0.040
中	4	0.066	0.301	0	0.197	1.342	0.569	0.357
西	4	0.060	0.018	0.038	0.281	0.572	0.264	0.156

数据来源：中国社会科学院城市与竞争力指数数据库。

我国发展格局及全民科学文化素质和视野眼界全面提升，并且我国基础设施的大发展和全覆盖也将促使中西部地区出现一批具有较强对外交往活力的城市，并且在缩小城市间对外交往活力差异方面有所进步和改善。

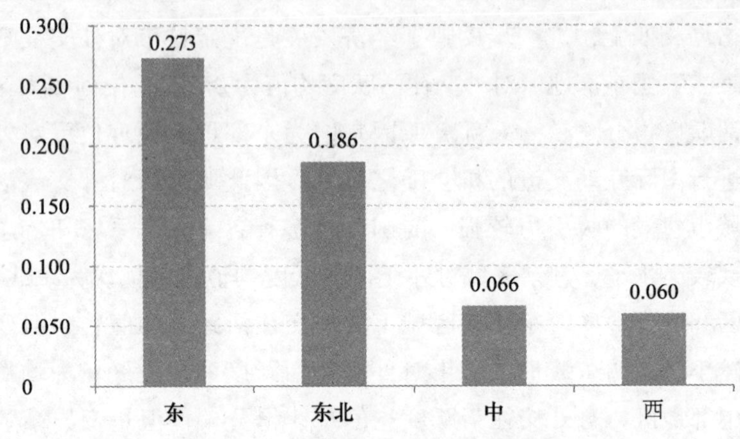

图 10—3 分区域对外交流活跃度平均值

数据来源：中国社会科学院城市与竞争力指数数据库。

2. 对外交往活跃度南高北低，阶梯城市内部分化严重

位于东部地区的部分省会级城市以及直辖市在对外交往活跃度方面具有较为明显的优势，对外交往活跃度水平较高的大多集中于珠三角与长三角地区的一线城市。而中西部地区只有个别城市在对外交往活跃度方面具有较好的水平例如西安，其余多数城市对外交往活跃度得分普遍较低，与高水平城市的差距明显。另外南方城市的对外交往活力指数略高于北方城市，南方城市地理位置较为开阔，经济发展模式较为开放，导致城市对外交流活跃度略高于北方地区，但整体而言，差距并不明显。郑州位于中部地区，对外活跃度受地理位置的局限使得分较低，排名落后，但由于其重要的交通枢纽关系，对外交往具有较大的发展空间。整体而言，我国每个子区域中的城市对外活力指数呈现出中心突出、差异悬殊、各有特色的特征。所谓中心突出，是指每个区域都存在一个对外交流活力的中心，例如华南地区的广州、华东地区的上海、西北地区的西安，这些地区往往在对外交往上呈现出明显的领先地位，是这一地区与外部世界交流的枢纽和窗口。另外，每个区域内，不同城市之间的对

外交流活力差距悬殊，总体阶梯分布的大格局下内部分化较为严重，例如在华北地区，北京与其临近的石家庄和太原之间的对外交流活力差距非常大，一方面这与每个城市自身的发展程度有关，另一方面中心城市在对外活力上的虹吸效应也值得关注。

3. 城市对外交往处于迅速发展阶段

随着我国城市化加速发展，有越来越多的城市确立国际化大城市战略，城市外交成为支撑这一战略的重要载体。地方城市外交在服务国家总体外交的基础上，以实现城市国际化为价值取向，这就形成了我国城市对外交流的主要活动之一。自 1973 年开展友好城市活动以来，中国的城市外交从无到有，逐步走向成熟。目前，中国已与世界 133 个国家建立了 2258 对友好城市关系，成为世界上拥有正式友好城市数量最多的国家之一。

城市对外交往在服务城市国际化的过程中发挥了桥梁和纽带的功能。观察数据、对比典型城市对外交流活跃度，可发现一线城市处于较高水平且保持着与其他城市较大的差距。一些直辖市，由于其重要的政治地位和近年来高速增长的经济，也具备了较高的对外交往基础，成为具有较高对外交往活力的城市。近年来随着西部大开发和我国经济结构调整的加速，我国发展格局及全民科学文化素质和视野眼界全面提升，加上我国基础设施的大发展和全覆盖，中西部地区出现了一批具有较强对外交往活力的城市，处在迅速发展壮大、对外交流日益频繁的阶段。另外，部分经济发展较为优越的省会城市如西安，部分交通枢纽城市例如郑州，以及深圳这样毗邻香港、经济发展程度较高的地理位置型非省会性城市在对外交往方面也颇具优势，处于迅速发展阶段，具有较大发展潜力。

第三节　郑州对外交往中心的发展状况

一　郑州总体概况

作为华夏文明的发祥地，河南可以说是新时期内陆对外开放的新高地，近年来也在大力拓展“空中丝绸之路”“陆上丝绸之路”“网上丝绸之路”三条丝绸之路。而河南省会城市郑州是中国公路、铁路、航空、通信兼具的综合交通枢纽。郑州作为郑欧班列起点，以及连接陇海、兰新铁路重要的中转站，在丝绸之路经济带建设中地位凸显，也在对外交流中作用显著。2015 年郑州承办上合组织政府首脑会议，也展示了我国中部地区改革开放的成就。

总的来说，在二十多年的改革开放中，郑州在经济方面取得了较快发展，城市的国际利益不断增加，城市竞争力和国际化程度不断提高，并且通过不断扩大对外交往，郑州的国际行为能力也在不断增强，对外交往的范围和程度不断深化，外部环境更加优化。诚然，与其他大型城市相比，郑州尚有明显差距，也有自身各方面的不足，这些是其拓宽对外交往、增强对外交流活跃度、实现区域中心城市战略不可回避的问题。

二 各项指标说明

1. 总体水平较低，城市集聚度对比差距大

表 10—14 郑州与全部城市对外活跃度总指标

城市	总体指标	集聚度	联系度
全部城市均值	0.192	0.154	0.241
郑州	0.028	0.016	0.042

数据来源：中国社会科学院城市与竞争力指数数据库。

具体分析郑州与全部典型城市对外活跃度总指标发现（见表 10—14），在总体对外活跃度平均值方面，郑州对外交往活跃度明显低于平均值且差距较大，说明郑州总体对外交往活跃度较差，但是郑州作为中部地区重要的交通枢纽，优越的地理位置在国际对外交往中颇具发展优势和潜力。表 10—14 从城市集聚度和城市联系度两个方面综合测评得出了郑州在全国典型城市对外交流活跃度排名中位于倒数，排名较为落后。一方面是由于郑州近年来遇到了经济结构转型的瓶颈期，另一方面是其对外交往基础较薄弱，故而无法开展较为活跃的城市对外交往。具体分析二级指标数据可以发现，在城市集聚度和城市联系度方面，郑州的分指标得分不到每个分指标平均水平的一半，由于缺乏独特的城市发展模式和城市

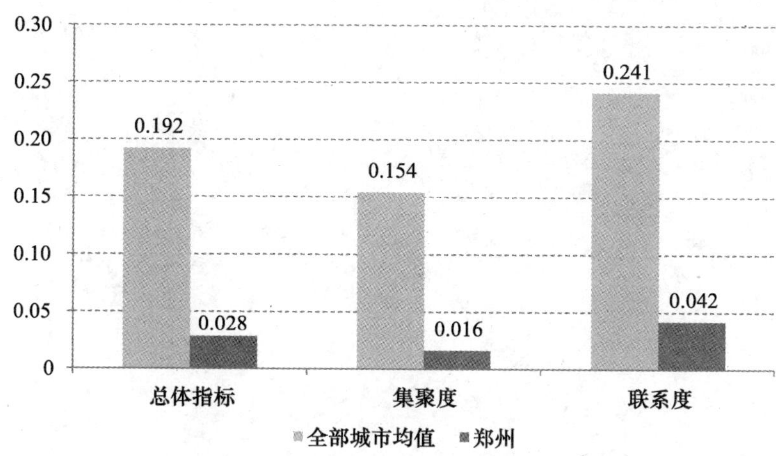

图 10—4　郑州与全部城市对外活跃度总指标

数据来源：中国社会科学院城市与竞争力指数数据库。

对外吸引力，郑州在联系度和集聚度方面都需要进一步加强建设，拓宽城市开放思路。

2. 交通枢纽地位突出，与平均水平差距较大

表 10—15　　郑州与全部城市对外活跃度指数具体指标

城市	领事馆数	国际组织办事处数	留学生数	2011—2016年外国游客年均入境人数	对外友好城市	国际会议	国际航线数
全部城市均值	0. 095	0. 043	0. 221	0. 209	0. 275	0. 123	0. 303
郑州	0	0	0. 077	0. 041	0. 026	0	0. 184

数据来源：中国社会科学院城市与竞争力指数数据库。

观察城市对外交往活跃度三级指标数据可以发现（见表 10—15），城市集聚度包括的三级指标中，郑州在领事馆数量和国际组织办事处数量上都为 0，低于平均值，但是总体上讲领事馆在大多城市测评指标中得分向来最低，也是大多城市需要进一步加强城市基础设

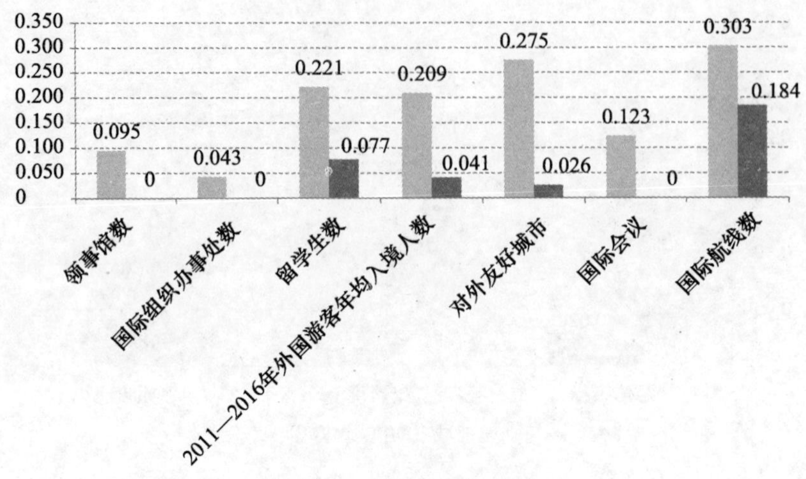

图 10—5 郑州与全部城市对外活跃度指数具体指标

数据来源：中国社会科学院城市与竞争力指数数据库。

施建设的重点问题之一。外国常驻领事馆对于驻在国的意义在于为本地经济、社会发展发挥媒介、桥梁作用，而国际城市多边组织的崛起，不但体现了经济全球化、一体化和城市化进程的发展，也体现了国际民间多边交往已成为一种发展趋势，说明了郑州作为中部地区的省会级别城市国际活动较为匮乏、国际化程度低，郑州在参与国际性活动方面还有相当大的差距，需要进一步加强开放以缩小差距。城市集聚度的另外两个三级指标是城市所拥有的留学生数量以及从2011—2016年郑州的外国游客年均入境人数，数据显示大多城市2011—2016年外国游客年均入境人数平均水平为0.209，郑州得分仅为0.041，留学生数平均水平为0.221，而郑州数值仅为0.077，与平均水平相差甚远，集中体现了郑州的城市吸引力和凝聚力相对较差，这也是对城市经济发展状况的部分折射，说明郑州在今后的发展中需要进一步加强城市对外教育建设和经济建设，增强城市对外交流的吸引力。

城市对外联系度的三个三级指标构成中，对外友好城市平均水平为0.275，而郑州得分仅为0.026，与平均水平差距较大，说明郑州在对外经济交往等各方面有诸多不足之处，经济交往是友好城市活动的基础，以各国间的友好城市及友好交流合作城市为载体，通过双边的经贸交流活动，共同推动双边及多边的经济共同发展是中国城市开展“友城”工作的宗旨之一，郑州需要进一步瞄准“友城”建设的目标，进而推动城市经济发展，增强城市吸引力。郑州属于交通枢纽城市，但在国际航线数指标上的得分与平均水平相比仍有较大差距，平均值为0.303，而郑州仅有0.184，虽然在多个指标数据中郑州的国际航线数与平均水平差距最小，但仍显示出其在对外交往枢纽建设方面较弱、与外部联系度低、密切程度较差，在与国外的联系枢纽建设方面还需进一步加强建设。在反映国际事务承办能力方面，国际会议数量的平均值较低仅为0.123，对比来讲，郑州为0，在国际会议承办方面郑州极为欠缺，体现出城市经济能力相对落后以及城市吸引力和城市特色建设不够完善。

第四节　对标城市

一　借鉴城市：北京

北京建设国家对外交往中心城市，完全符合首都的性质与功能，一方面可以与沿海和西部地区分工合作、优势互补、共同发展。同时，也可以使北京的对外开放从企业、行业甚至是产业层次，提高到国家对外交往中心城市层次，为北京扩大对外开放领域、提高对外开放深度提供良好的空间载体。

郑州与北京相比，在国家对外交往中心的建设方面相距甚远（见表10—16）。首先在对外交往整体层面上，郑州差距较大，并且在城市集聚度和城市联系度方面有较大进步空间。观察具体指标发现，北京在领事

表10—16　　　　北京与郑州对外交往活跃度总指标

城市	总体指标	集聚度	联系度
北京	1.000	1.000	0.960
郑州	0.028	0.016	0.042

数据来源：中国社会科学院城市与竞争力指数数据库。

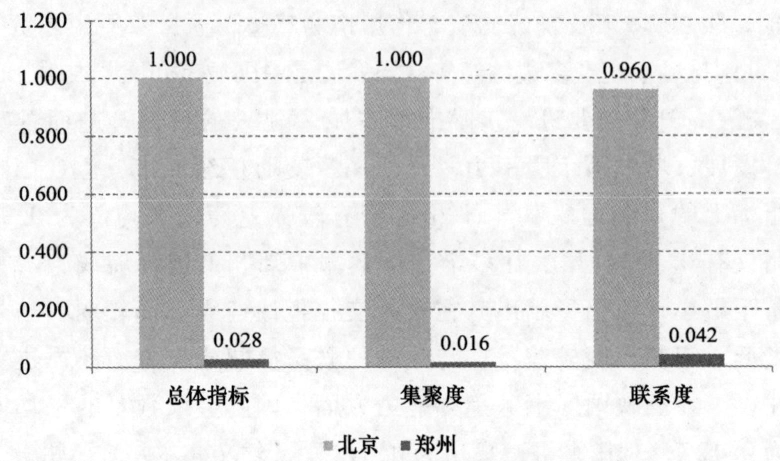

图 10—6　北京与郑州对外交往活跃度总指标

数据来源：中国社会科学院城市与竞争力指数数据库。

表 10—17　　北京与郑州对外交往活跃度具体指标

城市	领事馆数	国际组织办事处数	留学生数	2011—2016年外国游客年均入境人数	对外友好城市	国际会议	国际航线数
北京	1.000	1.000	1.000	0.383	0.584	1.000	0.882
郑州	0	0	0.077	0.041	0.026	0	0.184

数据来源：中国社会科学院城市与竞争力指数数据库。

馆和国际组织办事处建设方面优势明显，而郑州在此方面劣势尤为明显，因此下一步需要建设较为完善的对外基础设施，基础设施能力的提高可以为建设国际交往中心创造必要条件；其次，国际会议指标郑州较为落后，这与其地理位置与经济发展有密切的联系，因此更应该大力建设开放经济，吸引人才进而不断吸引国外优秀资源投入郑州，建设更加开放的新型对外交往城市。

二　追赶城市：成都

成都是四川省省会，是西南地区的科技、商贸、金融中心和交

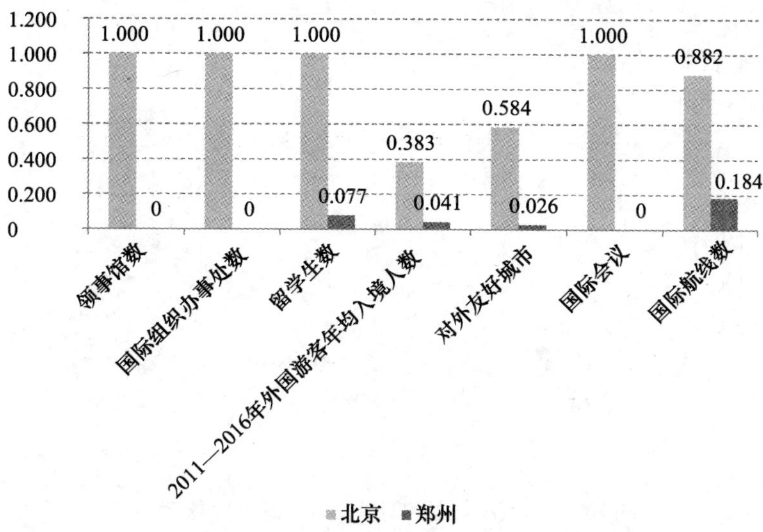

图 10—7　北京与郑州对外交往活跃度具体指标

数据来源：中国社会科学院城市与竞争力指数数据库。

通、通信枢纽，是设立外国领事馆数量最多、开通国际航线数量最多的中西部城市。2015 年由国务院批复并升格为国家重要的高新技术产业基地、商贸物流中心和综合交通枢纽，为西部地区重要的中心城市。作为郑州的追赶城市，成都与郑州总体指标得分差距较大（见表 10—18）。成都凭借其枢纽位置大力拓宽对外交往渠道，积极建设对外交往基础设施，如领事馆建设，但在国际组织办事处入驻的吸引力方面略有欠缺。郑州应当学习其作为交通枢纽在领事馆方面的建设，加强对外基础设施建设，另外要充分发挥其地理优势作用，积极开通建设国际对外航线，加大开放力度，吸引国际优秀资源在郑州发挥其作用。

表 10—18　　成都与郑州对外交往活跃度总体指标

城市	总体指标	集聚度	联系度
成都	0. 243	0. 147	0. 377
郑州	0. 028	0. 016	0. 042

数据来源：中国社会科学院城市与竞争力指数数据库。

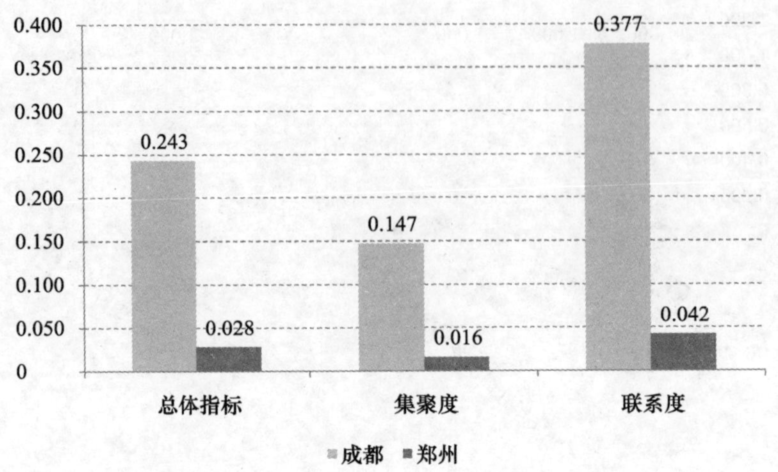

图 10—8　成都与郑州对外交往活跃度总体指标

数据来源：中国社会科学院城市与竞争力指数数据库。

表 10—19　　成都与郑州对外交往活跃度具体指标

城市	领事馆数	国际组织办事处数	留学生数	2011—2016年外国游客年均入境人数	对外友好城市	国际会议	国际航线数
成都	0. 124	0	0. 200	0. 222	0. 273	0. 137	0. 625
郑州	0	0	0. 077	0. 041	0. 026	0	0. 184

数据来源：中国社会科学院城市与竞争力指数数据库。

三　合作城市：青岛

青岛是山东省地级市，东部重要的中心城市、沿海开放城市以及国家历史文化名城，与郑州类似，在航运方面也是交通枢纽，是国际性港口城市，被誉为“东方瑞士”。青岛在对外友好城市建设方面较为突出，且与郑州相同，青岛同样作为“一带一路”重要关节地区。随着交通基础设施的不断完善，青岛与“一带一路”沿线国家和地区的贸易交往也更趋便捷深入，着力打造强枢纽、构建大通道、发展大产业，充分发挥大交通优势，以铁路和公路为骨干、以多式联运为鲜明特点的交通融合

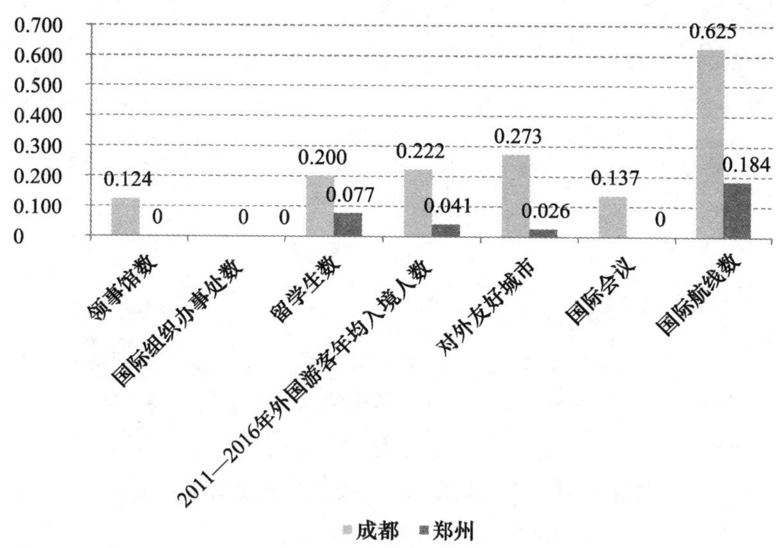

图 10—9　成都与郑州对外交往活跃度具体指标对比

数据来源：中国社会科学院城市与竞争力指数数据库。

发展体系，进一步拓展与上合组织成员国在“一带一路”框架下的合作空间，从而增强了其对外交往活跃性。郑州与其相比（见表 10—21），在

表 10—20　青岛与郑州对外交往活跃度总体指标

城市	总体指标	集聚度	联系度
青岛	0. 154	0. 028	0. 338
郑州	0. 028	0. 016	0. 042

数据来源：中国社会科学院城市与竞争力指数数据库。

表 10—21　青岛与郑州对外交往活跃度具体指标对比

城市	领事馆数	国际组织办事处数	留学生数	2011—2016年外国游客年均入境人数	对外友好城市	国际会议	国际航线数
青岛	0. 124	0	0. 200	0. 222	0. 272	0. 137	0. 625
郑州	0	0	0. 077	0. 041	0. 026	0	0. 184

数据来源：中国社会科学院城市与竞争力指数数据库。

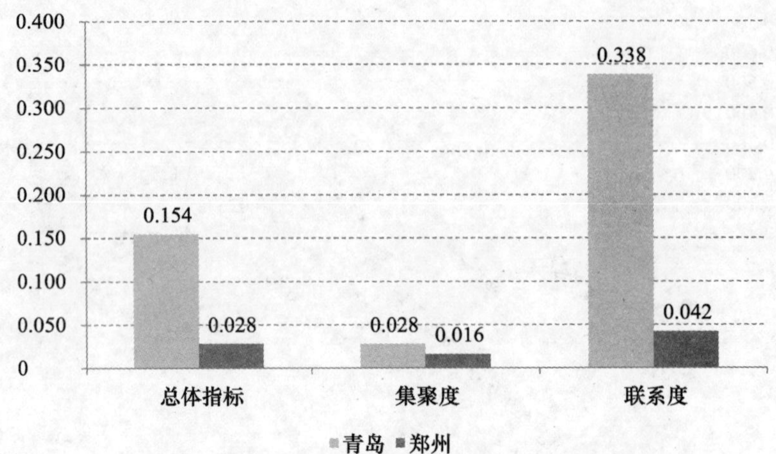

图 10—10 青岛与郑州对外交往活跃度总体指标

数据来源：中国社会科学院城市与竞争力指数数据库。

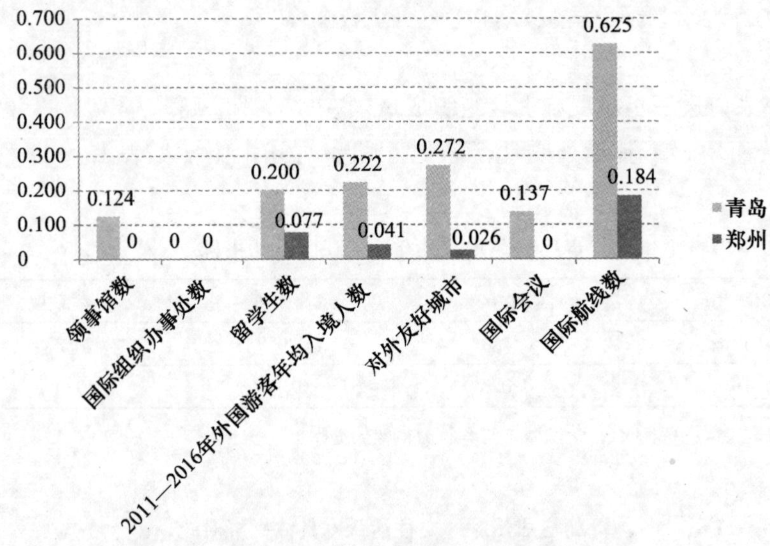

图 10—11 青岛与郑州对外交往活跃度具体指标

数据来源：中国社会科学院城市与竞争力指数数据库。

领事馆建设方面有较大差距，同样作为所在地区地位较为重要的枢纽城市，应当充分发挥其交通枢纽作用，大力建设对外国际航线，与青岛取长补短，加强国际航线合作建设，弥补其对外基础设施建设的缺失，吸收其在对外友好城市建设方面经验，加强与对外城市之间的交流合作。

四　潜在竞争城市：武汉

武汉是副省级市城市、湖北省省会城市，地处长江中下游平原、江汉平原东部，是国家区域中心城市（华中）。在中国经济地理圈内，武汉处于优越的中心位置，被誉为中国经济地理的“心脏”。与郑州相同，都是我国中部地区的重要中心城市，武汉在对外交往活跃度总体得分以及二级指标城市集聚度和联系度方面（见表10—22）都远高于郑州，且差距明显，郑州应当积极在对外开放活跃度层面向武汉学习靠拢。在各个具体三级指标层面（见表10—23），郑州应当取长补短，加大城市教育资源投入，学习武汉先进经验，大力吸收国际优秀留学生资源，完善城市对外交往基础设施建设以及加强城市文化资源建设，提高城市吸引力。另外，在郑州的优势层面，应当大力发挥郑州交通枢纽优势地位，加强国际航线建设，扩大对外开放程度。

表10—22　武汉与郑州对外交往活跃度总体指标

城市	总体指标	集聚度	联系度
武汉	0.197	0.161	0.243
郑州	0.028	0.016	0.042

数据来源：中国社会科学院城市与竞争力指数数据库。

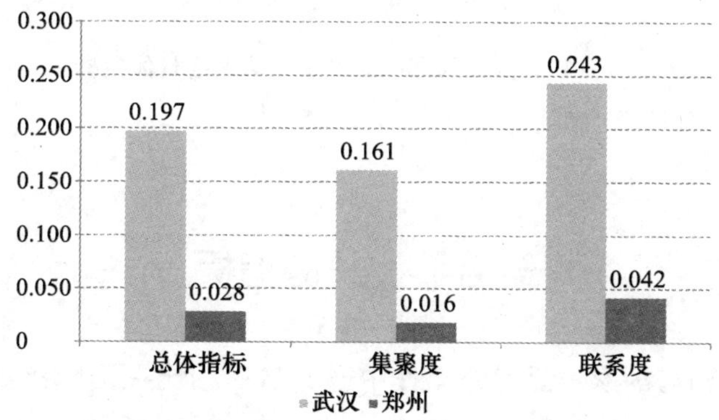

图10—12　武汉与郑州对外交往活跃度总体指标

数据来源：中国社会科学院城市与竞争力指数数据库。

表 10—23　　武汉与郑州对外交往活跃度具体指标

城市	领事馆数	国际组织办事处数	留学生数	2011—2016年外国游客年均入境人数	对外友好城市	国际会议	国际航线数
武汉	0. 029	0	0. 423	0. 140	0. 221	0. 095	0. 390
郑州	0	0	0. 077	0. 041	0. 026	0	0. 184

数据来源：中国社会科学院城市与竞争力指数数据库。

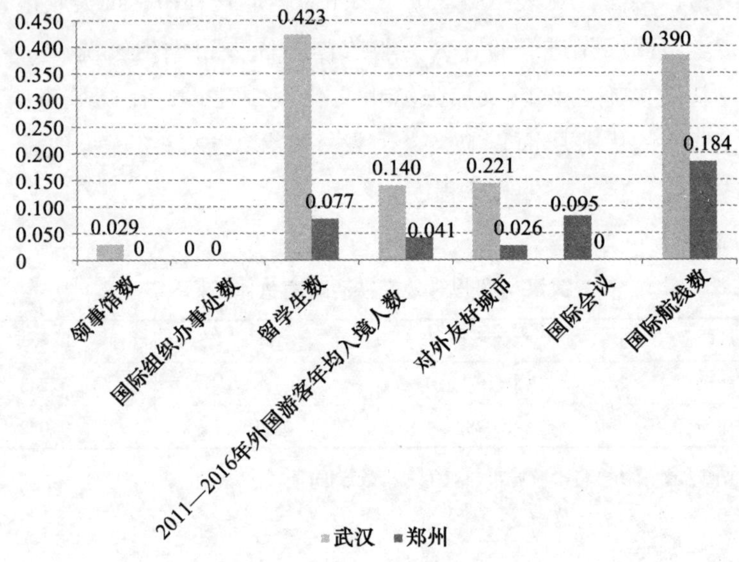

图 10—13　武汉与郑州对外交往活跃度具体指标

数据来源：中国社会科学院城市与竞争力指数数据库。

第五节　关键指标

一　郑州与国家重要对外交往中心城市等相比在国际组织建设方面差距明显

领事馆数指标（见表 10—24）说明了一个城市的吸收国外优秀资源的能力和对外开放程度。另一个指标为国际组织办事处数量，由于受到社团管理相关法规及其配套基础设施等限制，国内的国际非政府组织数量少且分布集中，国际组织的作用是把其所在城市纳入了世界性的国际组织网络，为其提供与国际社会在环境、经济和其他领域交往的平台，因此，国际组织办事处数量能够从侧面反映城市对往的能力。

一方面，郑州市在领事馆和国际组织办事处数量上为0，虽然在此项指标方面大多城市并未有较大起色甚至只有国家对外交往中心和国家重要对外交往中心城市部分发达城市具有此类机构且城市间差距较大，但郑州在这方面数量为0，处在相当低的水平。究其原因，是由于设立领事馆的城市都是一个大区的中心，不仅是经济中心，而且也大多为交通枢纽中心；另一方面郑州毗邻西安，西安市作为西部较为发达的省会城市，辐射效应较强，因此也导致郑州设立领事馆和国际组织办事处的可能性大大降低。针对此项问题，作为郑州地方政府，应当开展城市外交，积极服务好国际事务，提升服务水平和服务能力，加强基础设施建设。要充分发挥民间交往在国际交往中的重要辅助作用，引导民间组织、企业、海外侨团、留学生、社会知名人士等多种社会力量参与国际交往，积极鼓励行业协会、学术机构与公益服务组织等开展对口交流，打造一批具有较强国际影响力的品牌性民间交往活动。

表10—24　郑州与四个层级城市领事馆和国际组织办事处数量指标

城市	领事馆数	国际组织办事处数
国家对外交往中心	1.000	1.000
国家重要对外交往中心	0.163	0.008
潜在的国家重要对外交往中心	0.032	0.001
非国家对外交往中心	0.006	0
郑州	0	0

数据来源：中国社会科学院城市与竞争力指数数据库。

二　郑州与其他城市相比对外友好城市指标得分落后

对外友好城市数量往往反映出一座城市对外交往的意愿和能力，以及对其他城市的吸引力。友城交流为加速城市国际化提供了相关的资源和借鉴，为全面提升城市软实力提供了有利的契机，为开展国际合作提

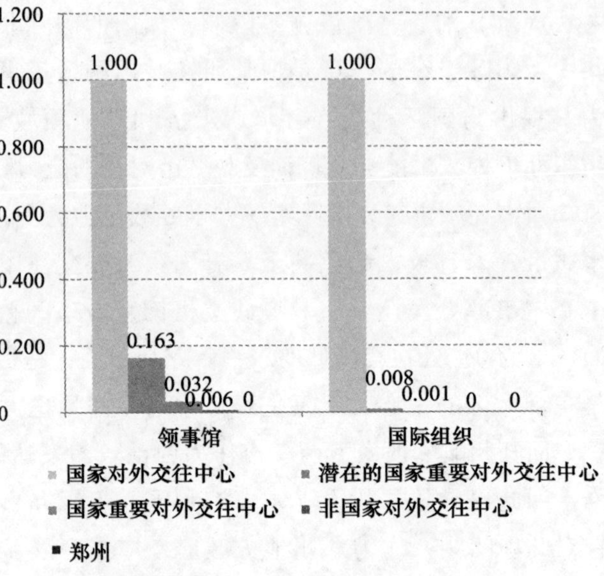

图 10—14　郑州与四个层级城市领事馆和国际组织办事处数量指标

数据来源：中国社会科学院城市与竞争力指数数据库。

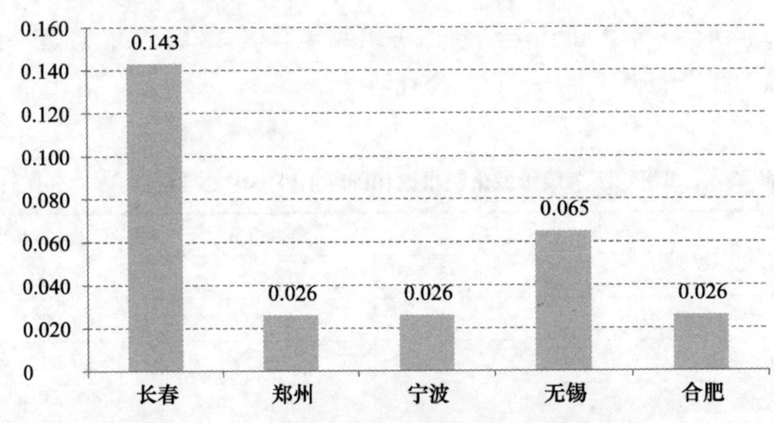

图 10—15　郑州与同级别城市对外友好城市指标对比

数据来源：中国社会科学院城市与竞争力指数数据库。

供了重要的途径，为城市各领域人员开展国际交流提供了便捷的渠道，它在一定程度上满足了城市日益增长的对外交往需求，郑州的对外友好城市建设工作在促进对外经济文化交流合作，特别是在推进“一带一路”建设中，发挥着越来越重要的作用。但是郑州在友好城市建设方面处于劣势（见图 10—15），得分不仅低于国家对外交往中心以及国家重要对外交往中心、潜在的国家重要对外交往中心等城市，而且与同级别的其他城市相比排名也较落后，处于倒数位置，说明其友好城市建设尚不完善，对外开放程度尚未扩大。究其原因是郑州在建设友好城市方面由于地理位置位于中部地区，相对闭塞，与国际组织等亲密度低，因此在吸收外部优秀资源方面较东部地区的城市吸引力小，外国机构或投资商更乐意在沿海地区进行相关事业投资，所以郑州即使是省会城市，在对外友好城市建设过程中仍旧与其他城市存在一定差距，无法彻底发挥其交通枢纽的重要地位。在对外友好城市建设方面，2017 年中央政府提出“郑州作为河南省省会、中原城市群龙头城市，有条件、有能力、更有潜力担负起国家中心城市的功能和使命”，所以郑州应当将城市外交与民间外交、公共外交并举，大力开展国际友好城市工作，积极扩大和深化与友好城市的交往范围及领域，制定友好城市发展战略规划，推进友好城市间全方位、多层次、宽领域合作。

三　郑州与其他城市相比国际航线建设优势突出

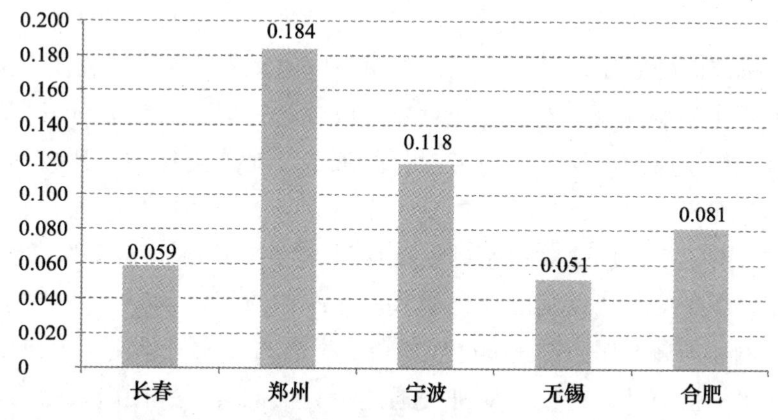

图 10—16　郑州与同级别城市国际航线数指标对比

数据来源：中国社会科学院城市与竞争力指数数据库。

国际航线数是指国际航班数量，其多少一方面受城市地理位置的影响，另一方面亦反映出城市在世界交通网络中的纽带作用，新航线的开通，可以加强城市与世界发达经济体的联系，对扩大开放有重要意义。郑州在国际航线建设方面较同级别城市群得分领先（见图10—16），排名第一，甚至与高阶梯城市之间在这一方面的指标评估得分中同样不相上下，说明其国际航线方面建设较为完善。这主要是由于郑州地理位置特殊，区域影响力也不容小觑，因此凭借郑州优越的地理位置和不容忽视的交通枢纽地位，在国际航线建设方面颇具优势，成果显著，如郑欧班列、跨境电商等。今后郑州应当继续发挥其重要交通枢纽的地位，在国际航线建设方面拓宽思路，加强区域航运协调，支持航空公司拓展“一带一路”国际航线网络，开展与“一带一路”沿线国家在法律服务、海事人才培养领域的合作，充分发挥其国际航运枢纽作用。

第六节　政策建议

一　学习借鉴潜在的国家重要对外交往中心，增加对外交往活力

一个国家、一个区域的产业只有在国内城市之间具有分工优势，才能在国际分工中具有竞争力。为此，郑州需要进一步加强与其他各城市在产业链和价值链的分工协作，完善区域产业分工体系，在更高层次上参与国际产业分工协作，增强产业综合竞争力。通过与其他类型城市在各个指标层面的对比，可以发现，郑州与国家对外交往中心北京在各个层面上明显差距较大，应当转变对外开放观念，学习北京充分发挥其地理位置优势，加大对外开放力度。与国家重要对外交往中心比较，例如成都，是郑州的重点追赶城市之一，郑州应当学习其作为交通枢纽在领事馆方面的建设，加强对外基础设施建设，另外要充分发挥郑州地理优势作用，积极开通建设国际对外航线。与潜在的国家重要对外交往中心比较，例如青岛，作为郑州的合作城市，青岛与郑州同是交通枢纽城市，郑州应当加强与其进行城市对外交通建设方面的合作，同时学习青岛在对外友好城市建设方面的经验，互利共赢，共同打开开放的大门，推动郑州对外开放进程。同样，作为中部地区城市的潜在竞争城市武汉与郑州在各个指标层面相距较大，武汉总体对外开放活跃度总分明显高于郑州，因此郑州在今后的国际对外交流建设层面更应该扬长避短，充分发挥交通枢纽地理位置，同时在劣势层面加强与其他城市的合作与借鉴经

验，贯彻开放发展理念，建设现代化国际城市，培育内陆城市参与国际经济合作竞争新优势。

二　强化对外交往意识，加强国际组织基础建设

现今，城市作为国际关系的重要影响者、推动者和参与者，城市对外交往这种现象越来越普遍。郑州作为中部地区具有较强影响力的省会级城市，更应当首先在对外开放观念上有所改善，提高开放意识，增强开放自信心，利用河南省丰富的土地资源，全面关注对外开放总体局势、重点突破劣势层面，先合作、后引进优秀资源，循序渐进，设立长远目标，不急于求成，大力引进国际组织和国际机构在此投资建设，提高对外开放活跃度。

在加强国际组织建设方面，一方面，首先要重点关注与郑州城市定位和发展目标密切相关的非政府国际组织，趋利避害，建议在市政府层面建立吸引国际组织来郑工作机制；其次要求城市发展规划部门，综合考虑郑州市规划布局以及现有城市的商务楼宇功能布局，以满足不同类型国际组织机构落户的需求，为其发展壮大预留空间；另一方面，建议加大对本地涉外法律服务、人力资源、国际会展等产业的培育，加大对郑州国际经济仲裁机构的培育和扶持，增强其按国际惯例为国际组织提供国际民事和商事仲裁的能力，同时加快对各国际组织要求的本地复合型人才库建设，为国际组织提供充足的高素质人力资源。最后，要努力提高对国际组织入驻后管理的有效性和针对性，从而及时发现管理的漏洞和空白点，推动有关法律法规的进一步完善，提高对国际组织管理的有效性和针对性。通过大力引动郑州国际组织办事处和领事馆的设立，促使郑州地方政府广泛接触其他国家的一些地方组织，着力提升郑州市国际交往实力，建设一流的涉外基础设施，采取开放的态度，形成多元化的合作交流网络，增强国际关系，造福当地人民。

三　引进国际化优秀人才资源，重视智慧化人才的培养

郑州处于中部地区，尽管人力资源丰富、土地面积广大，但是并未脱离当前人民总体素质不高的现状，高学历实用型人才较为缺乏，这严重制约了城市对外交往的发展。要想解决这一问题，必须完善郑州市国

际化人才政策支持体系。首先在宏观层面上，应当建立健全郑州市符合国际惯例的国际人才的引进、培养、评价、激励、保障机制，形成有利于国际化优秀人才激发活力、干成事业的机制环境。其次要完善政府主导下的市场运作机制，既要避免政府在国际人才高地建设中大包大揽，也要防止对人才放任自流。最后政府要把握国际人才高地建设的宏观导向，并加强对各类优秀人才的分类管理，进行国际人才资源的有效合理配置。

针对当前现状，在微观层面上，郑州应当积极围绕河南“三区一群”战略定位、国家重大战略规划实施和战略平台建设，从支持“三区一群”关键领域和重点产业领域引进高端外国人才和智力，共同构建国际人才交流合作平台，完善国外人才管理服务体系，充分发挥引进外国人才和智力对经济社会发展的独特促进作用。并且根据不同类型国际化人才的不同需要，搭建不同的发展平台，为国际化人才提供发挥作用的空间。此外，要重点引进一批国际一流水平的基础研究和应用研究人才，要进一步完善专业化、特色化、个性化的服务体系。更重要的是，政府应当对与国际化人才有关的政务服务进行变革，提高服务效率，大力引进优秀留学生资源和高学历人才，努力提升高学历实用型人才的待遇水平，积极完善城市本身文化设施建设，提高郑州市文化软实力，吸引留学生等优秀人才资源进入郑州，留住在郑州的高学历人才和智慧化人才，树立“智慧型人才先于产业”的人力资源投资观和“企业引领产业”的人力资源战略观，真正实施人才战略。

四 加强友好城市建设，推动建立城市间多领域合作

郑州市属于中部欠发达地区，信息不通畅、专业人才不足是开放程度不高、国际交往能力低的重要原因，因此很难与其他国家的一些经济发达城市或地区建立友好关系。在加强国际友好城市建设方面，首先郑州市应当选择与其经济结构相似的城市或地区建立友好城市，在充分了解的基础上，认真研究，真正找到合作潜力大的城市，逐步推进结对工作，确保友城工作可持续发展。合作过程中要坚持互利互惠，讲求实效，并且要注重与合作城市的优势互补，寻找可以促进郑州市经济社会发展的国际友城，广泛发展与友城间各领域的友好交流合作。其次要加强郑

州市与各国地方政府间和友好城市间的务实合作。以促进郑州市外向型经济发展为宗旨，分别以国际民间友好交流、引进国际科技与智力、国际经贸合作、国际友好城市交流等以各个不同层面为主题举办多方面交流论坛，推动郑州市与国际友好城市间的经贸合作和国际民间友好交流，服务国家总体外交，扩大郑州市的对外开放，提高郑州市国际知名度以及发展外向型经济。同时在开展友城间实质交流过程中要具有针对性和多样性，合作交流方式不能千篇一律，应根据实际情况分析研究，要有利于地方经济建设和社会发展以及巩固友城关系。

郑州作为中部地区影响力较强的省会级城市应当加强与国际城市多领域对外交流往来，了解最新发展资讯，发展城市间多角化、网络化关系，形成政府定期会商、部门积极推进、企业踊跃参与的工作机制和多层次、宽领域的合作体系。另外，要继续深化郑州与国际城市之间加强科技、旅游、教育、体育、文化等多领域合作，在企业双向投资、人才培养、青少年交流、各种国际盛事举办等方面开展务实高效合作，更好地增进双方友谊，并且在其中积极学习、借鉴其他对外交往活跃度较高城市的优秀经验，寻找合作的共同基础，深化彼此之间的交流与合作，促进多元化关系的形成，获得多样化的交流成果，推动郑州以及中部地区经济和对外开放能力的进步。

五　发挥交通枢纽优势，完善国际交通建设

地处九州腹地，中国之“中”的河南，交通区位优势无疑是其最大的优势。而郑州作为河南省会，地处中原，承东启西，连南贯北，不仅是我国中部的主要区域性中心城市，也是我国最重要的陆路交通枢纽之一，在全国的经济发展格局中占据着极为重要的战略地位。郑州国际航线的建设发展状况，深刻关系到河南省对外交往整体格局的发展。郑州市应当首要实施对外交往民航优先发展的战略，把航空枢纽建设作为扩大对外开放、加快中原崛起的关键环节，积极探索适合河南省情的民航发展道路。目前，郑州机场已具备了建设国际航空货运枢纽的基本条件，省政府应当按照航空货运枢纽建设的规律和特点，积极推动郑州国际航空货运枢纽建设，进一步抓好规划的衔接和落地，高质量推进货运枢纽建设，“先行先试”建设航空物流改革创新试验区，加强航空物流人才队

伍建设。

国际交通建设在城市发展对外交往过程中的重要性显而易见，国际航线的建设是对外开放和国际化的重要基础设施，是现代产业发展的重要基础，也是构筑城市竞争优势的有力支撑。因此，郑州应当积极发挥其交通枢纽的地位，持续、深度融入国家“一带一路”建设，进一步扩大城市对外开放国际交通建设，空中、陆上、网上丝绸之路“三路并举”，推动形成河南发展国际多式联运的新优势，发挥交通枢纽优势，更加积极地服务国家开放整体战略。

（执笔人：李博）

第十一章

国家教育中心指数坐标上的郑州方位

如第二章所述，国家教育中心具体是指在为城市经济社会进步提供知识保证和人才支持、促进教育相关产业的形成和发展、扩大城市规模等方面的重要作用，有助于提高城市综合实力和推动中心城市现代化。因此国家教育中心应该是一个在空间上研究场所如高校和科研院所等的集聚，以及通过多种方式如访问学者交流等对外联系广泛的城市。因此，本章将从集聚度和联系度两个视角构造国家教育中心的评价指标体系。具体而言，集聚度包括“985”和“211”高校指数、“985”和“211”在校生指数、“985”和“211”外省招生指数、学术会议指数、留学生指数、院士指数、长江学者和杰出青年指数和中科院研究所指数共8个分项指标，联系度包括访问学者指数、分校建立指数和国外高校合作办学指数3个分项指标。最后，将集聚度和联系度合成国家教育中心指数。

第一节　教育中心的含义

一　教育中心的含义

Capital作为名词时具有首都、资源、资本和大写字母的意思，作为形容词时具有极好的、资本的和首都的等多个意思。从某种意义上说，首都也是一种资本。北京是中华人民共和国的首都，也是北京特有的资本。就全国的教育资源而言，有学者认为北京是中国的教育中心。有学者认为，所谓的教育中心，是指在国家教育决策、教育改革和教育发展处于重要地位的城市。因此，其强调北京在教育管理上所起的重要作用。事实上，北京高校的招生来自全国31个省、直辖市和自治区、北京高校毕业生的工作地点遍布全国各地、北京的留学生来自五湖四海、北京部分高校在其他省市设立分校和开展合作办学等，均表明北京在中国教育方面所起的作用远不止在教育管理方面，还有集聚全国教育资源和辐射全国教育资源的作用。

根据本书的研究需要，将国家教育中心城市界定为：在一个国家内，在教育功能上能够起到决策、控制、管理、服务全国的城市。具体而言，本书界定的国家教育中心概念具有以下四个特征。

第一，国家教育中心在教育的管理和决策方面，能够控制整个国家的教育发展程度和未来发展方向。教育关乎中国人民的利益和福祉，因此国家教育中心会制定教育体制、教育制度、教育内容和教育方法等一系列管理制度，为适应中国的经济社会发展以及中国快速崛起而进行必要的教育改革等，对未来的教育方向进行决策等。

第二，国家教育中心应具有服务全国的特征。所谓的服务全国，主要是指能够为全国各地提供不同类型的优秀的知识和技能型人才。国家教育中心能够在全国范围内进行招生，不仅可以培养出具有普适性的人才，还可以按照不同地区的不同需要培养有针对性的专业型人才，进而更好地服务于全国各地的经济和社会发展。

第三，国家教育中心具有较强的集聚教育资源的特征。教育资源的范畴较广，包括知名大学数量、高校老师水平、举办学术会议等。因此国家教育中心应具备知名大学数量较多、各类研究所分布集中、高校老师水平较高、学术会议频繁等特点，进而创造更多的机会促进知识交流、生产和创新。

第四，国家教育中心在集聚教育资源的同时，还具有较强的知识传播和扩散功能。知识的传播与扩散有多种途径，如在其他城市建立分校，与其他城市互派访问学者等。因此国家教育中心具有与其他城市之间广泛联系，通过建立分校、互派访问学者等多种途径促进知识的传播与扩散功能。

二　教育中心的分类

从现有文献看，根据教育资源辐射的范围不同，将教育中心分为不同的类型。北京教育发展战略研究课题组以教育中心所在的城市地位、功能和规模不同，将教育中心分为全国性城市、地区性城市、省级中心城市和省内中心城市 4 种。高书国根据教育中心所在城市的综合实力和综合影响力不同，将教育中心分为具有国际影响力的全国性城市、具有跨省影响力的区域性城市、省级中心城市、省内中心城市 4 类。高书国还按照国家教育决策、教育改革和教育发展中处于重要地位的不同，再次将教育中心划分为国家教育中心、国际性区域教育中心和世界性国际教育中心三种类型。遗憾的是，上述分类均为对存在教育资源所在城市的定性判断，缺乏必要的定量分析做支撑。

鉴于此，基于本书界定的国家教育中心概念和研究需要，通过集聚度和联系度两个维度构造国家教育中心指数并将其标准化，评价全国 25 个样本城市教育资源的优劣程度，并对 25 个样本城市的教育中心城市进行分类，图 11—1 给出了全国 25 个样本城市教育中心得分直方图。

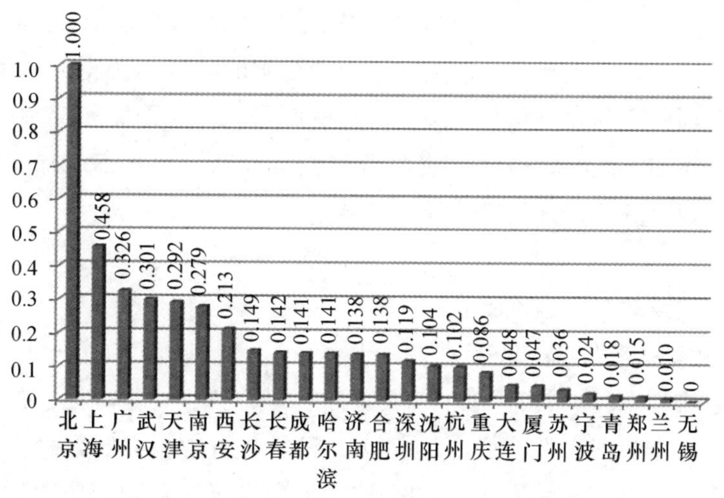

图 11—1　中国 25 个教育中心城市得分

数据来源：中国社会科学院城市竞争力指数数据库。

由图 11—1 可知北京教育资源得分为 1. 000 位列第 1 名，即北京的教育资源是最好的，是位列第 2 名的上海的 2. 18 倍。可将全国 25 个城市的教育资源分为 4 个层级：国家教育中心是北京，是教育资源最好的城市，即国家教育中心城市；国家重要教育中心是教育资源优秀的城市，具体包括上海、广州、武汉、天津、南京和西安共 6 个城市；潜在的国家重要教育中心是教育资源较好的城市，具体包括长沙、长春、成都、哈尔滨、济南、合肥、深圳、沈阳、杭州和重庆共 10 个城市；非国家教育中心指教育资源一般的城市，主要包括大连、厦门、苏州、宁波、青岛、郑州、兰州和无锡共 8 个城市。

除了国家教育中心城市仅有北京一个城市外，国家重要教育中心、潜在的国家重要教育中心和非国家教育中心城市教育资源的得分均值分别为 0. 3115、0. 1260 和 0. 0248，国家重要教育中心教育资源得分均值分别是潜在的国家重要教育中心和非国家教育中心的 2. 4722 倍和 12. 5605 倍，而潜在的国家重要教育中心教育资源得分均值是非教育中心的 12. 5605 倍。相对于潜在的国家重要教育中心和非国家教育中心而言，国家重要教育中心的教育资源得分差异相对较大。具体而言，上海的教育资源得分 0. 4580 远超过广州的 0. 3260，广州、武汉、天津和南京的教育资源得分基本相当，但是均远高于西安的 0. 2130。潜在的国家重要教育中心长沙、长春、成都、哈尔滨、济南和合肥的教育资源得分基本相当，略高于深圳、沈阳、杭州和重庆的教育资源得分。非国家教育中心大连、厦门、苏州和宁波的城市教育资源得分相对较高，而青岛、郑州、兰州和无锡的教育资源得分相对较低。

三 主要教育中心现状

1. 国家教育中心：北京

北京作为中国的首都，拥有深厚而独具优势的文化沉淀，处于全国中心地位。作为国家教育中心，北京集聚了全国高端优质教育资源尤其是“211”和“985”高校，这些高校学生来自全国各地，毕业后也将服务于全国。北京拥有清华大学（“985”）、北京大学（“985”）、中国人民大学（“985”）、北京航空航天大学（“985”）、中央财经大学、北京师范大学（“985”）、对外经济贸易大学、北京理工大学（“985”）、北京外国语大学、中国政法大学、北京邮电大学、中国传媒大学、北京科技大学、北京交通大学、中国农业大学（“985”）、中央民族大学（“985”）、华北电力大学、北京中医药大学、北京林业大学、北京工业大学、中国地质大学（北京）、中国矿业大学（北京）、北京体育大学、中国石油大学（北京）、中央音乐学院20多所“211”高校。其中“985”高校8所，中国地质大学（北京）、中国矿业大学（北京）和中国石油大学（北京）等高校为“985”优势学科创新平台。北京26所高校学科门类齐全、综合性强、特色明显，涵盖了哲、经、法、教育、文、史、理、工、农、医、管理、艺术12个学科门类。

北京是中国教育的思想中心、人才成长中心、知识的信息中心和知识研究中心，在全国范围内的知识创新、知识生产、知识扩散和知识使用中发挥着重要的引领和示范作用。就中国教育中心的潜力而言，具有稳坐国家教育中心地位的优势。北京不仅拥有多所全国最著名的学府，还有陆军、空军、外交部、公安部、中国科学院等单位主管的多所特色高等教育机构。除此之外，北京2017年“211”高校拥有在校生7.18万人、外省招生12万人、在校留学生26000余人、举办学术会议79次、拥有长江学者或杰出青年1293人、院士648人、接受访问学者872人、在其他城市如珠海等建立了12所分校。凭借优秀的教育资源集聚度和联系度，北京作为国家教育中心的国际影响力快速上升。

2. 国家重要教育中心：沪穗汉津宁镐

除了国家教育中心北京外，上海、广州、武汉、天津、南京和西安6个城市的教育资源比较好，是国家重要的教育中心。上海拥有复旦大学、上海交通大学、同济大学、上海财经大学、华东师范大学、上海外国语大学、华东理工大学、东华大学、上海大学和第二军医大学10所“211”高校，其中复旦大学等4所为“985”高校。广州有中山大学、华南理工大学、暨南大学和华南师范大学4所“211”高校；武汉有武汉大学、华中科技大学、武汉理工大学、中国地质大学、华中农业大学、华中师范大学和中南财经政法大学7所“211”高校；天津有南开大学、天津大学和河北工业大学3所“211”高校；南京有南京大学、东南大学、南京航空航天大学、南京理工大学、南京农业大学、南京师范大学、河海大学和中国药科大学8所“211”高校；西安有西北大学、西安交通大学、西北工业大学、陕西师范大学、西北农林科技大学、西安电子科技大学和长安大学7所“211”高校。同时，西安“211”高校中有3所“985”高校，广州、武汉、天津和南京“211”高校中各有2所“985”高校。

相对于国家教育中心的教育资源辐射和联系全国而言，国家重要教育中心的教育资源主要辐射和联系区域。具体而言，上海和南京的教育资源主要辐射和联系华东地区，广州的教育资源主要辐射和联系华南地区，武汉的教育资源主要辐射和联系华中地区，天津和北京的教育资源辐射华北地区，西安教育资源主要辐射和联系西部地区。

3. 潜在的国家重要教育中心：长沙、长春、成都、哈尔滨、济南、合肥、深圳、沈阳、杭州和重庆

中国潜在的国家重要教育中心城市主要包括长沙、长春、成都、哈尔滨、济南、合肥、深圳、沈阳、杭州和重庆10个城市。长沙拥有国防科学技术大学、中南大学、湖南大学和湖南师范大学4所“211”高校；长春有吉林大学和东北师范大学2所“211”高校；成都有四川大学、电子科技大学、西南财经大学和西南交通大学4所“211”高校；哈尔滨拥有哈尔滨工业大学、哈尔滨工程大学、东北林业大学和东北农业大学4所“211”高校；济南有山东大学1所“985”高校；合肥有中国科学技术大学、合肥工业大学和安徽大学3所“211”高校；沈阳有辽宁大学和东北大学2所“211”高校；杭州有浙江大学1所“211”高校；重庆有重庆大学和西南大学2所“211”高校；深圳没有“211”高校。在10个潜在的国家重要教育中心的城市中，长沙拥有3所“985”高校，成都和重庆分别拥有2所“985”高校，长春、哈尔滨、济南、杭州和合肥分别拥有1所“985”高校。

相对于国家教育中心的教育资源辐射和联系全国、国家重要教育中心的教育资源辐射和联系区域而言，潜在的国家重要教育中心的教育资源主要辐射省内其他城市，同时辅助国家重要教育中心辐射区域。长沙和合肥辅助武汉辐射中部地区，成都和重庆辅助西安辐射西部地区，哈尔滨和沈阳辅助北京和天津辐射华北地区，济南辅助上海和南京辐射东部地区。

4. 非国家教育中心

在25个样本城市中，大连、厦门、苏州、宁波、青岛、郑州、兰州

和无锡 8 个城市教育资源相对较弱，处于非国家教育中心地位。其中大连有大连理工大学和大连海事大学 2 所“211”高校；青岛有中国石油大学（华东）和中国海洋大学 2 所“211”高校；厦门、苏州、郑州、兰州和无锡分别有厦门大学、苏州大学、郑州大学、兰州大学和江南大学各 1 所“211”高校，宁波没有“211”高校。其中，仅有大连、厦门、青岛和兰州 4 个城市分别有 1 所“985”高校外，其他城市均没有“985”高校。与国家教育中心、国家重要教育中心和潜在的国家重要教育中心相比，非国家教育中心的教育资源主要辐射本市，并辅助潜在的国家重要教育中心辐射本省的其他城市。

第二节　中国教育总体格局

一　教育中心城市区位与经济发展空间分布一致，教育价值凸显

发达国家的历史和实践表明，高等教育的发展和经济基础之间的关系密不可分，高等教育的发展是经济发展的重要基础。欧美等发达国家的高等教育发展水平与其经济发展水平呈正相关关系，美国的经济总量占世界经济总量的比例与其知名高校数量占世界知名高校数量的比例呈正相关关系，德国、日本等经济发展较好的国家也呈现出类似的现象。对中国而言，高等教育对中心城市的经济发展以及周边区域经济活力的增强、城市竞争力水平的提升起着重要推动的作用。究其原因，一是高等教育可以为中心城市提供大量优秀的劳动力，为城市的可持续发展提供智力支撑。二是高等教育可以发挥带动区域经济发展的活力，形成中心城市与周边城市的良性互动和可持续发展。三是高等教育可以促进中心城市科技水平、创新能力以及文化竞争力水平的提升。为了研究郑州市教育中心在中国主要城市中的位次，需要考察要素在全国的影响力而非本地或者区域的影响力。依据本课题的研究设计以及数据处理和计算结果，表 11—1 给出了北京、上海、广州、武汉、天津、南京、西安、长沙、长春、成都、哈尔滨、济南、合肥、深圳、沈阳、杭州、重庆、大连、厦门、苏州、宁波、青岛、郑州、兰州和无锡共 25 个样本城市，高校指数、在校生指数、外省招生指数、学术会议指数、留学生指数、院士指数、长江学者和杰出青年指数、中科院研究所指数、分校建立指数、

访问学者指数和国外高校合作办学指数 11 个指标合成的教育资源指数的总体统计特征。

表 11—1　　25 个样本城市教育资源指数统计特征

统计指标	样本	均值	标准误	最小值	最大值	方差	偏度	峰度
统计值	25	0.1731	0.2078	0	1	0.0432	2.6944	11.1659

数据来源：中国社会科学院城市与竞争力研究中心内部数据库。

由表 11—1 可知中国 25 个样本城市教育中心指数的均值为 0.1731，标准误为 0.2078，最小值为 0，最大值为 1，方差为 0.0432，偏度和峰度分别为 2.6944 和 11.1659。由此可以判断出中国 25 个城市之间教育资源差距较大，教育资源分布不均。为了更清楚地看出教育资源的分布，图 11—2 给出了教育资源的核密度图和正态密度对比图。

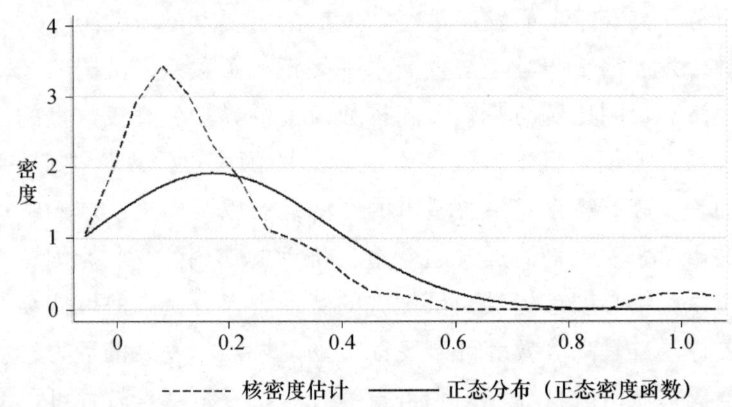

图 11—2　中国 25 个样本城市核密度和正态密度对比

注：kemel = epanechnikov，带宽 = 0.　0582

数据来源：中国社会科学院城市竞争力指数数据库。

由图 11—2 可知中国 25 个样本城市的核密度图明显左偏于正态密度图，即样本城市之间的教育资源确实是分布不均的。不仅如此，全样本城市的教育资源指数呈右偏态分布，频数分布的高峰向左偏移，长尾向右侧延伸，而且与正态分布相比，城市教育资源得分的分布偏左，且波峰更高，充分说明25个样本城市的教育资源指数发展一般，尤其是得分偏低的城市教育发展还有待挖掘和提升。同时，图11—2还揭示了一个重要信息，即城市教育资源指数在0.98附近出现了一个次高峰，说明排名靠前的几个城市教育资源指数相对较高，与其他城市之间拉开了较大的差距。这充分说明了即使在本书选择的25个样本城市中，城市之间教育资源间的差距也非常大，城市教育资源之间极化现象比较严重。

值得注意的是，教育中心的空间分布与中国不同区域之间的经济发展格局具有较高的一致性。在25个样本城市中，北京、上海、广州、天津、南京、济南、深圳、杭州、厦门、苏州、宁波、青岛和无锡13个城市属于东部地区，武汉、长沙、合肥和郑州4个城市属于中部地区，西安、成都、重庆、兰州4个城市属于西部地区，长春、沈阳、大连、哈尔滨4个城市属于东北地区。因此，东部地区城市占据了国家教育中心、2/3的国家重点教育中心、1/3的潜在的国家重要教育中心。中部城市占据了1/6的国家重点教育中心和1/5的潜在的国家重要教育中心，西部地区占据了1/6的国家重点教育中心和近1/5的潜在的国家重要教育中心，东北地区占据了不到1/3的潜在的国家重要教育中心。由此不难发现，教育中心的空间分布和经济发展程度具有较高的一致性。

二　不同教育中心城市之间教育资源差距显著

为了分析不同层级城市之间教育资源的差距，图11—3同时给出了全国4个不同层级城市教育资源各项指标的雷达图。由图11—3可知，国家教育中心的所有教育资源均优于国家重要教育中心，国家重要教育中心的所有教育资源均优于潜在的国家重要教育中心，潜在的国家重要教育中心的所有教育资源均优于非国家教育中心，且不同层级城市之间的教育资源差距相当显著。具体而言，国家教育中心北京市基本占据了全国最好的教育资源，但是国外高校合作办学依然是其教育资源的短板。国家重要教育中心上海、广州、武汉、天津、南京和西安6个城市高校指数、在校生指数、外省招生指数、学术会议指数、留学生指数和访问学者指数相对较好，但是院士指数、长江学者和杰出青年指数、中科院研究所指数、分校建立指数以及国外高校合作办学指数是其短板。对于潜在的国家重要教育中心而言，除了访问学者指数相对较好外，其他指标均是教育资源短板。对于非国家教育中心城市而言，基本上很难发现其教育资源的优势，或者说所有指标均是其教育资源的短板。

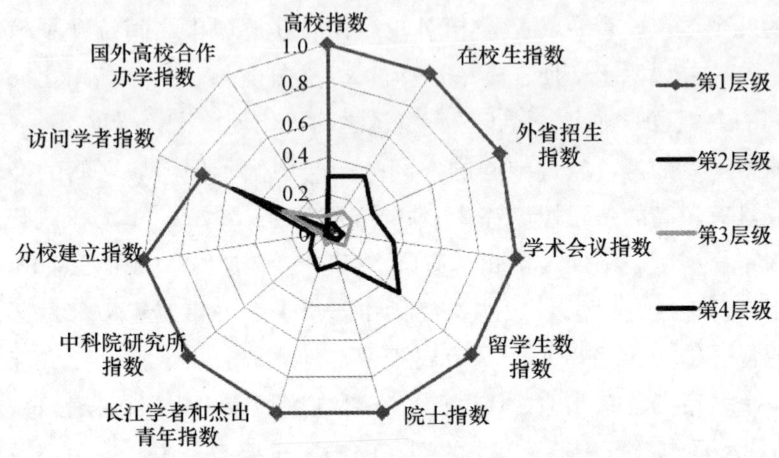

图 11—3 全国不同层级城市教育资源各项指标

数据来源：中国社会科学院城市竞争力指数数据库。

三 教育中心城市资源的集聚度和联系度差异巨大

用高校指数、在校生指数、外省招生指数、学术会议指数、留学生指数、院士指数、长江学者和杰出青年指数以及中科院研究所指数 8 个指数反映教育资源的集聚度，用分校建立指数、访问学者指数和国外高校合作办学指数反映教育资源的联系度，图 11—4 给出了全国 25 个样本城市的集聚度和联系度的雷达图。

由图 11—4 可知，无论是 25 个样本城市的集聚度还是 25 个城市的联系度，均主要集中在国家教育中心北京市以及国家重要教育中心上海、广州、武汉、天津、南京和西安 7 个城市。潜在的国家重要教育中心中的哈尔滨、济南、合肥、深圳、沈阳和杭州 6 个城市的联系度指数相对较好，而长沙、长春、成都和重庆的集聚度指数相对较弱。非国家教育中心的大连、厦门、苏州、宁波、青岛、郑州、兰州和无锡 8 个城市的集聚度指数几乎为 0，城市教育中心发展后劲不足。

全国 25 个样本城市的集聚度指数总体弱于联系度指数。就城市教育资源的集聚度而言，集聚度最强的城市依然是国家教育中心北京市，国家重要教育中心城市中仅有上海、武汉、南京和西安4个城市的集聚度相对较高，国家重要教育中心广州和天津，潜在的国家重要教育中心长沙、长春、成都、哈尔滨、济南、合肥、深圳、沈阳、杭州和重庆，以及非国家教育中心城市的大连、厦门、苏州、宁波、青岛、郑州、兰州和无锡共20个城市教育资源的集聚度指数几乎均为0。

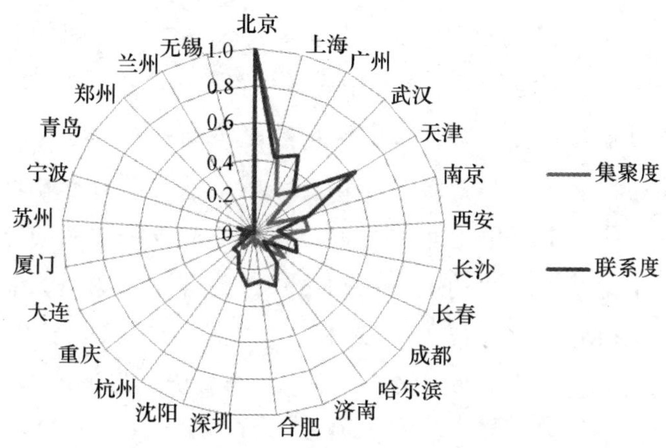

图11—4　城市教育资源的集聚度和联系度

数据来源：中国社会科学院城市竞争力指数数据库。

四　不同层级城市教育资源内部竞争激烈

为了考察不同层级城市内部教育资源的竞争程度，图11—5给出了国家教育中心、国家重要教育中心、潜在的国家重要教育中心和非国家教育中心教育资源的核密度分布图和正态密度对比图。

由图11—5可知，左上为国家教育中心北京，占有了几乎中国教育资源中所有的优势，在此不再赘述。右上为国家重要教育中心教育资源的核密度分布图和正态密度分布图，虚线部分为核密度估计图，实线部分为正态密度估计图。就国家重要教育中心城市教育资源而言，呈现出微弱的右偏态分布，频数分布的高峰略微向左偏移，而且与正态分布相比，城市教育资源得分的分布略微偏左，但波峰更低，说明我国国家重要教育中心教育资源发展的整体水平较好，但是教育资源得分偏低城市的教育发展潜力还有待进一步挖掘。

图11—5中左下为潜在的国家重要教育中心教育资源核密度分布与正态分布对比图。由图可知，潜在的国家重要教育中心的教育资源指数呈右偏态分布，频数分布的高峰向左偏移，且波峰更高，充分说明潜在的国家重要教育中心的教育资源发展水平整体表现一般，尤其是得分偏低的城市教育资源的综合实力还有待进一步提升。事实上，潜在的国家重要教育中心教育资源指数基本分布在0.2以内，仅有个别城市教育资源的指数达到0.3，与国家教育中心和国家重要教育中心之间的差距相对较大。图11—5中右下为非国家教育中心教育资源核密度分布和正态分布对比图。由图可知非教育中心教育资源指数呈微弱的右偏态分布，频数分布的高峰略向左偏移。与正态分布相比，城市教育的分布稍向左偏，但波峰更低，说明样本城市中非教育中心城市教育资源发展的整体之间的差距相对较小，城市之间的竞争更趋激烈。值得注意的是，非国家教育中心教育资源得分主要分布在0.02—0.08之间，与前三个层级城市之间的差距较大，但也反映了非国家教育中心具有较大的发展潜力。

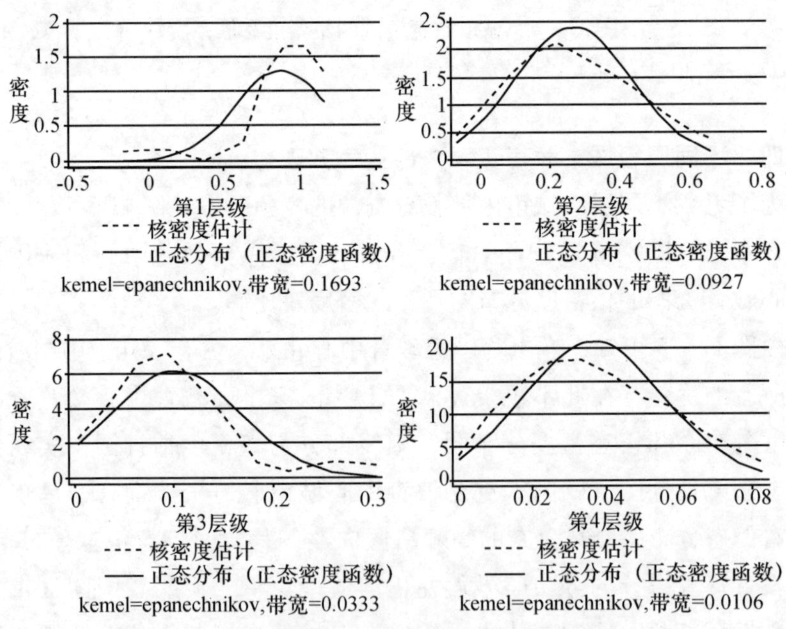

图11—5　全国四个层级城市教育资源的核密度分布

数据来源：中国社会科学院城市竞争力指数数据库。

第三节　郑州教育中心指数分项分析

一　总体情况：分项指标差异显著，近半数教育中心指数分项指标零突破

为了研究郑州市教育中心详细情况，图 11—6 给出了郑州市教育中心 11 个分项指标的雷达图。

由图 11—6 可知郑州教育中心的 11 个分项指标中，仅有高校指数、在校生指数、外省招生指数、学术会议指数、留学生指数以及院士指数 6 个指标具有相对优势，而长江学者和杰出青年指数、中科院研究所指数、分校建立指数、访问学者指数和国外高校合作办学指数 5 个分项指标基本处于零起步状态，因此郑州市教育中心中处于零起步状态的分项指标接近分项指标总数的一半。

在郑州 7 个具有相对优势的教育中心分项指标中，在校生指数、学术会议指数和留学生指数三个分项指标相对较好，高校指数、外省招生指数和院士指数相对较差。郑州高校指数、外省招生数和院士指数相对较差的原因是郑州作为河南省省会城市和人口大市，仅具有一所“211”院校郑州大学，影响了郑州教育中心的进一步发展。

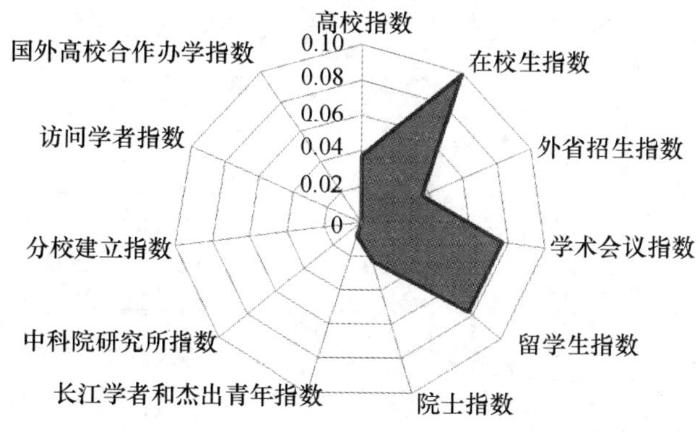

图 11—6　郑州市教育资源分项指标

数据来源：中国社会科学院城市竞争力指数数据库。

二　郑州教育中心部分分项指标以微弱优势进入潜在的国家重要教育中心城市

为了准确定位郑州市教育中心各分项指标在全国 25 个样本城市中的地位，表 11—2 给出了郑州市教育中心 11 个分项指标在 25 个城市中的具体排名。

表 11—2　　郑州市教育资源分项指标在 25 个样本城市中的排名

	高校指数	在校生指数	外省招生指数	学术会议指数	留学生指数	院士指数	长江学者和杰出青年指数	中科院研究所指数	分校建立指数	访问学者指数	国外高校合作办学指数
北京	1	1	1	1	1	1	1	1	1	1	1
上海	2	2	5	2	2	2	2	2	2	3	7
广州	3	5	8	5	6	5	7	4	12	6	2
武汉	4	3	9	3	4	6	3	3	11	2	6
天津	5	15	14	19	9	14	8	12	8	5	9
南京	6	4	2	7	5	4	10	5	3	8	5
西安	7	6	3	6	3	3	4	18	5	15	11
长沙	8	9	6	12	10	13	19	10	6	11	18
长春	9	11	10	20	11	8	12	6	7	10	14
成都	10	7	7	4	8	11	5	7	13	16	13
哈尔滨	11	8	4	18	14	9	11	13	4	13	19
济南	12	16	20	17	19	22	13	21	22	4	16
合肥	13	12	11	21	23	7	9	20	16	7	8
深圳	14	24	24	9	24	24	24	17	24	24	10
沈阳	15	14	19	22	16	21	17	8	18	9	12
杭州	16	17	15	10	7	12	6	19	14	12	15
重庆	17	10	12	13	12	20	16	16	9	14	17
大连	18	19	16	8	15	10	15	15	15	18	21
厦门	19	20	13	14	21	16	14	14	17	17	20
苏州	20	21	18	11	13	19	20	22	19	21	4
宁波	21	25	25	25	25	25	25	25	10	20	3
青岛	22	18	17	16	22	15	23	11	20	19	22
郑州	23	13	21	15	17	17	22	24	21	22	23
兰州	24	22	22	23	18	18	18	9	23	23	24
无锡	25	23	23	24	20	23	21	23	25	25	25

数据来源：中国社会科学院城市与竞争力指数数据库。

由表11—2可知，相对于高校指数、外省招生数指数、长江学者和杰出青年指数等分项指标而言，郑州的在校生指数、学术会议指数、留学生指数和院士指数4个分项指标在全国25个样本城市中表现稍好。特别是在校生指数，低于北京、上海、武汉、南京、广州、西安、成都、哈尔滨、长沙、重庆、长春和合肥，排名第13位，已经超过潜在的国家重要教育中心济南、深圳、沈阳和杭州4个城市的在校生指数，即郑州在校生指数已经跻身潜在的国家重要教育中心层级，需要注意的是虽然郑州的在校生指数已经跻身潜在的国家重要教育中心层级，但是在潜在的国家重要教育中心中的排名相对靠后，依然有被挤出潜在的国家重要教育中心的风险。

郑州教育中心中的学术会议分项指标低于北京、上海、武汉、成都、广州、西安、南京、大连、深圳、杭州、苏州、长沙、重庆和厦门，排名第15位，已经超过潜在的国家重要教育中心城市中的长春、哈尔滨、济南、合肥、沈阳5个城市，也跻身潜在的国家重要教育中心序列。同样，郑州市学术会议指数在潜在的国家重要教育中心中的排名依然靠后，同样具有被挤出潜在的国家重要教育中心的风险。

郑州教育中心中的留学生分项指标低于北京、上海、西安、武汉、南京、广州、杭州、成都、天津、长沙、长春、重庆、苏州、哈尔滨、大连和沈阳，排名第17位，超过潜在的国家重要教育中心城市中的济南、合肥、深圳3个城市，也跻身潜在的国家重要教育中心序列。值得警惕的是郑州在潜在的国家重要教育中心中的排名相对靠后，依然有被挤出潜在的国家重要教育中心的风险。

与学术会议指数分项指标一样，郑州的院士指数分项指标在25个样本城市中排名第17位，低于北京、上海、西安、南京、广州、武汉、合肥、长春、哈尔滨、大连、成都、杭州、长沙、天津、青岛和厦门，但是超过潜在的国家重要教育中心中的济南、合肥、深圳、沈阳和重庆5个城市，因此跻身潜在的国家重要教育中心序列。不可忽视的是，郑州的院士指数分项指标在重要教育中心城市中排名相对靠后，且依然存在被挤出潜在的国家重要教育中心的风险。

相对于在校生指数、学术会议指数、留学生指数和院士指数4个分项指标超过部分潜在的国家重要教育中心和跻身潜在的国家重要教育中心而言，郑州市高校指数排名第23位、外省招生指数排名第21位、长江学者和杰出青年指数排名第22位、中科院研究所指数排名第24位、分校建立指数排名第21位、访问学者指数排名第22位、国外高校合作办学指数排名第23位，上述7个分项指标均在25个样本城市中位列20名之后。虽然有个别指标如长江学者和杰出青年指数高于潜在的国家重要教育中心的深圳市，但是并不能助力郑州跻身潜在的国家重要教育中心。即使在非国家教育中心城市中，郑州上述9个分项指标也仅处于中等水平。

三 郑州教育中心集聚度迫切需要提升

城市教育中心集聚能够共享和利用教育中心的空间溢出效应，是提升其教育中心地位的重要基础之一。为了研究需要，在此将城市的高校指数、在校生指数、外省招生指数、学术会议指数、留学生指数、院士指数、长江学者和杰出青年指数、中科院研究所指数8个分项指标合成城市教育中心的集聚度指数，图11—7给出了郑州市教育中心集聚度指数与25个样本城市的对比直方图。

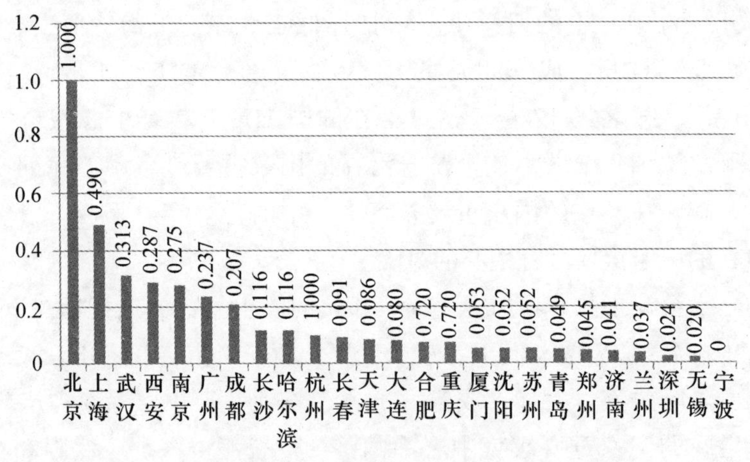

图11—7 郑州教育资源集聚度与25个样本城市对比

数据来源：中国社会科学院城市竞争力指数数据库。

由图11—7可知郑州市教育中心的集聚度指数在25个样本城市中位列第20名，处于靠后水平。就郑州教育中心集聚度的得分而言，郑州教育中心集聚度得分仅为0.045，仅为位列第1的北京的4.5%，为25个样本城市均值的28.66%，与2017年郑州将近1000万人口的大城市定位严重不符。为了探究郑州教育中心集聚度较低的原因，图11—8给出了郑州教育中心集聚度与全国25个样本城市集聚度均值对比的雷达图。由图可知在集聚度的8个分项指标中，郑州仅有在校生指数、学术会议指数和留学生指数3个指标的指数接近0.1，高校指数和外省招生指数2个分项指标的指数接近0.05，而院士指数、长江学者和杰出青年指数以及中科院研究所指数3个分项指标接近于0或者为0，严重影响了郑州教育中心集聚度水平的提升。同时，郑州教育中心集聚度的8个分项指标，均远

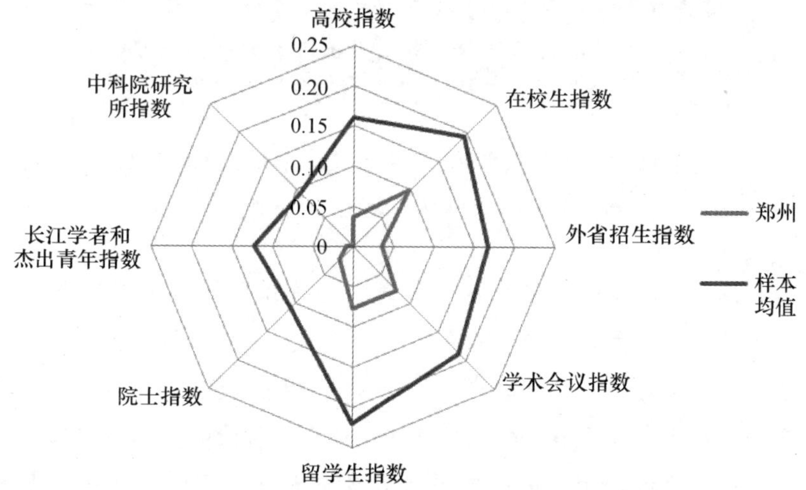

图11—8　郑州市教育中心集聚度与25个样本城市均值对比

数据来源：中国社会科学院城市竞争力指数数据库。

低于25个样本城市教育中心集聚度均值的分项指标，因此郑州市教育中心集聚度迫切需要提升。

四　郑州教育中心联系度迫切需要发展

增强与国内和国外其他城市之间的教育联系，能够增强城市教育中心的利用效率和更好地发展本地教育。为了研究需要，在此采用教育中心中的分校建立指数、访问学者指数和国外高校合作办学指数3个分项

指标反映并合成城市教育中心的联系度。图11—9给出了郑州教育中心联系度与25个样本城市对比图。

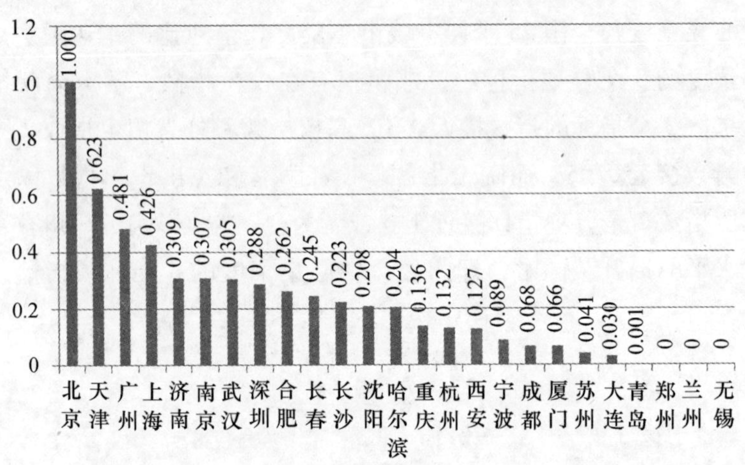

图11—9 郑州教育资源联系度与25个样本城市对比

数据来源：中国社会科学院城市竞争力指数数据库。

与北京、天津、广州和上海等教育中心联系度较高的城市相比，由图11—9可知郑州市教育中心的联系度和兰州、无锡一样，仍处于未开始发展状态，这也是导致郑州教育中心在25个样本城市中排名靠后的重要原因之一。对于郑州仅有郑州大学1所“211”高校而言，通过发展教育中心与国内外其他城市之间的联系，无疑是提升其在样本城市乃至全国教育中心地位的重要途径之一。

为了探究郑州教育中心联系度与全国25个样本城市存在差距的原因，图11—10给出了郑州市教育中心的3个分项指标与全国平均水平对比的雷达图。

由图11—10可知，郑州教育中心联系度的3个分项指标即分校建立指数、访问学者指数和国外高校合作办学指数均等于0，处于未开始发展状态。25个样本城市的分校建立指数和境外合作办学2个分项指标的发展相对较慢，但是访问学者分项指标发展相对领先。样本城市访问学者指数得分为0.2789，分别是分校建立指数0.08和国外高校合作办学指数0.057的3.486倍和4.893倍。

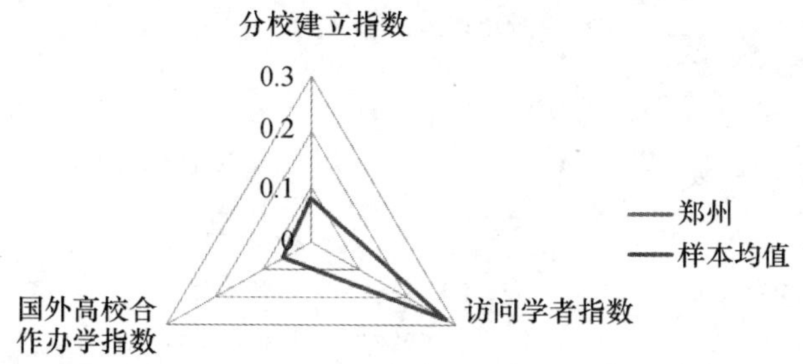

图 11—10　郑州市教育资源联系度与 25 个样本城市均值对比

数据来源：中国社会科学院城市竞争力指数数据库。

第四节　对标分析

由第二节和第三节的分析可知，郑州与国家教育中心北京差距较大，且北京的教育中心优势很难动摇。因此，郑州可以以国家重要教育中心城市为目标，实现教育中心的跨越式发展。

一　借鉴城市：与长沙差距较大，与杭州差距较小

长沙是长江中游地区重要的中心城市，也是全国重要的科教基地之一，拥有湖南大学、中南大学、湖南师范大学和国防科技大学 4 所“211”高校。杭州作为中国 15 个副省级城市之一，是浙江省的教育中心。与郑州一致的是，杭州与郑州均只有一所“211”或者“985”高校，且郑州的郑州大学和杭州的浙江大学均为教育部最新设立的“双一流”学校。从城市的教育中心层级看，长沙虽然属于潜在的国家重要教育中心，却是潜在的国家重要教育中心中得分最高和排名最靠前的城市，且已经进入样本城市教育中心的前 10 名。杭州属于潜在的国家重要教育中心，郑州属于非国家教育中心，因此郑州可将杭州定为短期的借鉴城市，将长沙定为长期的借鉴城市。图 11—11 给出了郑州与长期借鉴城市长沙、短期借鉴城市杭州的分项指标对比雷达图。

由图 11—11 可知，对于郑州与长沙之间的差距而言，郑州与杭州之间的差距相对较小。就具体分项指标而言，郑州与杭州的高校指数基本相当，且郑州的在校生指数甚至高于杭州，但是杭州市外省招生指数、

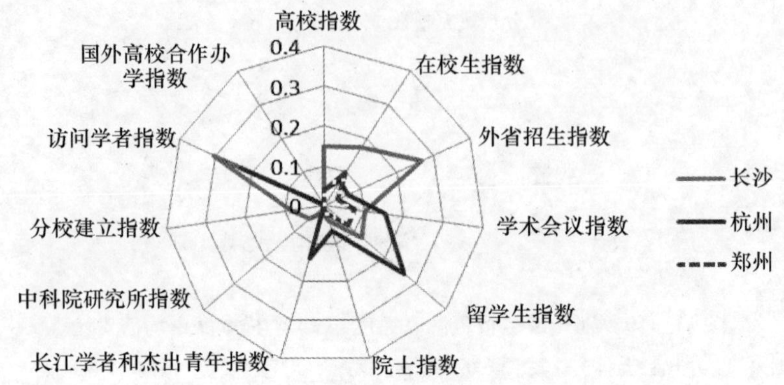

图 11—11　郑州与借鉴城市 11 个分项指标对比

数据来源：中国社会科学院城市竞争力指数数据库。

学术会议指数、留学生指数、院士指数、长江学者和杰出青年指数，以及访问学者指数远大于郑州，这些分项指标导致杭州的城市教育中心指数高于郑州。郑州的在高校指数、在校生指数、外省招生指数、中科院研究所指数、分校建立指数和访问学者指数方面远远落后于长沙。郑州与长沙和杭州尤其在高校指数、外省招生指数、留学生指数和访问学者指数方面存在较大差距，但是长沙和杭州的教育中心指数排名远高于郑州，因此郑州应该把长沙和杭州作为借鉴城市。借鉴城市尤其是长沙市的教育中心发展水平是郑州综合发展的愿景，郑州需要总结借鉴城市先进和优秀经验，通过模仿、借鉴和改进最终吸收、消化和提升。虽然长沙在高校指数和外省招生指数具有一定优势，但是郑州可以通过开展学术会议、增加留学生人数和增加访问学者数量等途径发展自身的教育中心和提升自身的教育中心地位。

二　合作城市：区域内与南京合作，国内与上海合作

经过讨论研究，课题组认为北京和南京两座城市应该确定为郑州教育中心发展的合作城市。作为呼应长江中游城市群的发展，中原城市群应运而生，但是整个长江中游城市群和中原城市群的教育中心实力依然不强。因此郑州应该跳出中原城市群和长江中游城市群寻找教育中心优秀的合作城市。就空间视角而言，郑州位于京津冀城市群的北京和长三角城市群的南京之间，因此可以选择北京和南京两座城市作为合作城市，

图 11—12 给出了郑州与合作城市的 11 个分项指标对比雷达图。

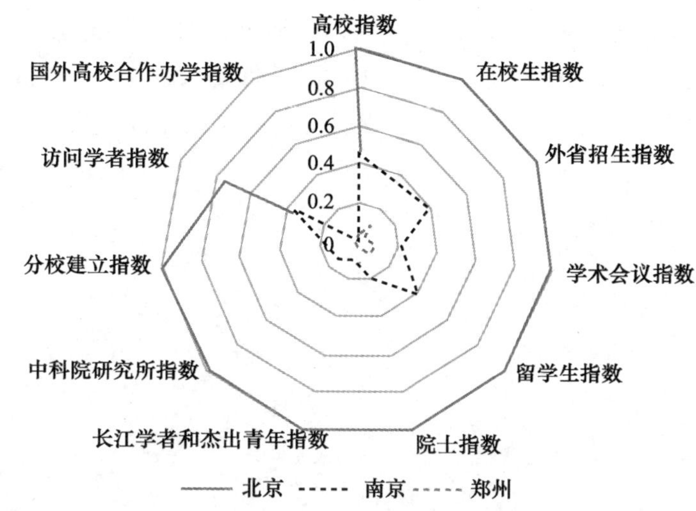

图 11—12　郑州与合作城市 11 个分项指标对比

数据来源：中国社会科学院城市竞争力指数数据库。

由图 11—12 可知北京和南京除了境外高校合作办学仍处于未起步状态外，其他 10 个分项指标均远高于郑州。郑州作为中原城市群和郑州大都市区的核心城市，郑州应该充分利用北京和南京两个城市教育中心的优势，借助北京和南京学术会议、留学生、院士、长江学者和杰出青年、建立分校和增加访问学者数量等可移动要素来发展自身的教育中心。郑州和南京虽然属于不同省份和不同城市群，但是郑州作为南京和北京中间的大城市，与南京和北京具有共同的发展愿望。北京是全国的教育中心，郑州需要更大程度上接受北京的教育中心辐射，与北京和南京形成教育中心的互动。与北京和南京两个城市相比，郑州的几乎所有分项指标均是制约其教育中心发展的软肋，郑州必须全面提升自身的短处，才能与北京和南京通力合作，否则只能被边缘化。

三　对手城市：竞争对手实力微弱领先，郑州存在超越可能

样本城市中合肥和厦门领先于郑州，主要原因是访问学者指数分项指标贡献较大。若不考虑访问学者这个分项指标，郑州与合肥、厦门在

多个分项指标上发展程度都相差不多，或者说合肥和厦门的其他分项指标仅以微弱优势领先于郑州。因此，我们把合肥和厦门确定为郑州的对手城市，也是郑州在整体或者某一个分项指标方面能够超越的城市，只有超越对手城市，郑州才能跻身潜在的国家重要教育中心并迈向国家重要教育中心，郑州的教育中心地位才能得到巩固和提升。图 11—13 给出了郑州与合肥、厦门两个对手城市教育中心的 11 个分项指标对比雷达图。

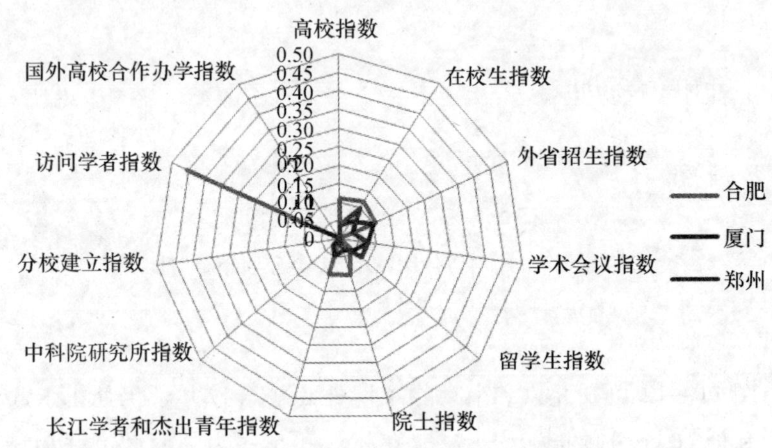

图 11—13　郑州与对手城市 11 个分项指标对比

数据来源：中国社会科学院城市竞争力指数数据库。

由图 11—13 可知，与其竞争对手合肥和厦门相比，访问学者指数是郑州的最大短板。除了访问学者指数单个分项指标外，郑州、合肥和厦门三个城市教育中心分项指标各有优势。相对而言，合肥是郑州比较强劲的竞争对手，高校指数、外省招生指数、院士指数、长江学者和杰出青年指数显著高于郑州，在校生指数、学术会议指数与郑州基本相当，但是留学生指数却弱于郑州。厦门仅是郑州的弱竞争对手。厦门的外省招生指数、长江学者和杰出青年指数、中科院研究所指数仅以微弱优势领先郑州，学术会议指数与郑州基本相当，而在校生指数和留学生指数却弱于郑州。郑州与合肥相比虽然都属于中部的省会城市，合肥处于长江中游城市群中的次中心城市，郑州处于中原城市群的核心城市，因此郑州在具有部分分项指标微弱领先的前提下，借助中原城市群的核心城市地位努力提升郑州市教育中心水平和发展教育中心地位，超越合肥是可行的。与厦门相比，虽然厦门地处东部沿海城市和海峡西岸城市群，仅有厦门和福州能够发展教育中心，郑州借助合作城市北京和南京的教育中心，与中原城市群中的济南实现教育中心互动和共享，尤其是郑州在留学生指数方面显著优于厦门，这也是城市发展教育中心的重要基础之一，说明郑州超越厦门和发展教育中心具有较大的潜力。

四　追赶城市：并未与之拉开距离，存在被超越的风险

青岛和无锡是与郑州排位较为接近的两座城市，是郑州需要警惕的城市，一旦这两座城市超过了郑州，郑州就有很难挤进潜在的国家重要教育中心和迈向国家重要教育中心的可能性。值得一提的是，虽然兰州的教育中心指数排名位列郑州之后，但并不会对郑州产生威胁。图11—14给出了郑州与其追赶城市青岛和无锡11个分项指标对比雷达图。

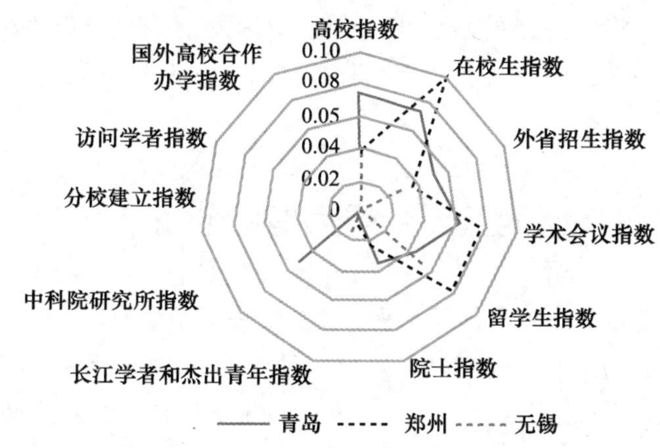

图11—14　郑州与追赶城市11个分项指标对比

数据来源：中国社会科学院城市竞争力指数数据库。

由图11—14也可以看出，青岛以微弱的优势领先于郑州，而郑州则以微弱的优势领先于无锡。具体而言，青岛的高校指数、外省招生指数、院士指数和中科院研究所指数领先郑州，但是郑州的在校生指数、学术会议指数以及留学生指数超过青岛，而长江学者和杰出青年指数、分校

建立指数、访问学者指数和国外高校合作办学指数都是郑州和青岛教育中心综合发展的软肋。短期内郑州在强化其在校生指数、学术会议指数和留学生指数的同时，需要警惕与青岛之间的高校指数外省招生指数、院士指数和中科院研究所指数进一步拉大的风险。特别是青岛拥有中国石油大学华东分校和中国海洋大学两所重点高校，具有进一步拉开与郑州教育中心发展距离的风险。无锡教育中心的分项指标要弱于郑州。郑州的在校生指数、外省招生数、学术会议指数、留学生指数和院士指数强于无锡，高校指数与无锡相当，但是长江学者和杰出青年指数要弱于无锡，而中科院研究所指数、分校建立指数、访问学者指数和国外高校合作办学指数均是各自教育中心发展的重要短板。无锡和郑州虽然均只有一所“211”高校，但是无锡处于教育中心较好的长三角，同时受到南京和上海两个教育中心优越的城市辐射，郑州拥有中原城市群中心地位和优先发展的重要优势，可以举中原城市群之力全力发展郑州的教育中心，因此郑州在教育中心发展方面拉开与无锡之间的差距并不困难。总体来看，虽然郑州与追赶城市相比没有明显的软肋，但是也没有显著的优势，而且有将近一半的教育中心分项指标处于完全没有发展的状态，未来需要提升教育中心所有分项指标，同时发展和提升教育中心的整体发展水平。

第五节　重点指标分析

一　高校指数：处于偏下水平，需要警惕对手和追赶城市反超

城市拥有的“211”高校和“985”高校数量是衡量一个城市教育中心发展的重要指标之一，图 11—15 给出了郑州与 8 个对标的城市高校指数得分对比图。

郑州高校指数需要警惕对手城市和追赶城市。由图 11—15 可知郑州在 8 个对标城市中并不具有优势。虽然郑州高校指数与杭州、厦门和无锡的基本相当，但是今后如果郑州的高校指数得不到更加充足的发展，则很容易被对手城市厦门和追赶城市无锡超越。同时，郑州的高校指数与借鉴城市长沙市、合作城市北京和南京市之间的差距已经非常明显，尤其是与北京和南京高校指数之间的差距最大，因此郑州也需要努力缩

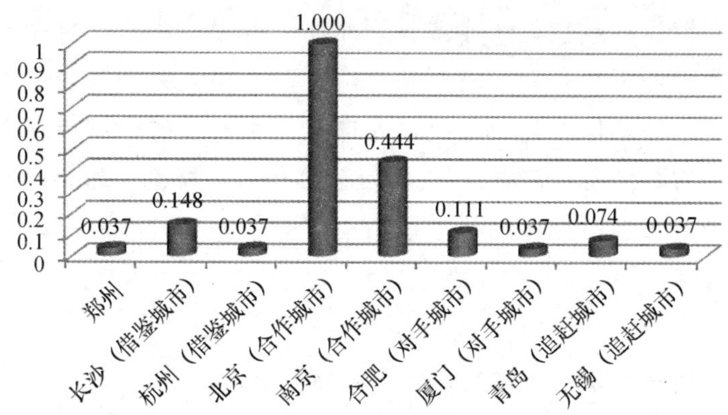

图 11—15　郑州与对标城市高校指数得分

数据来源：中国社会科学院城市与竞争力研究中心指数数据库。

小与合作城市之间高校指数的差距。

二　在校生指数：高校指数限制在校生数指数提升

城市"211"高校和"985"高校在校学生数能够反映城市培养人力中心的能力，也是衡量城市教育中心的重要指标之一。图 11—16 给出了郑州与 8 个对标城市的在校生指数得分对比图。

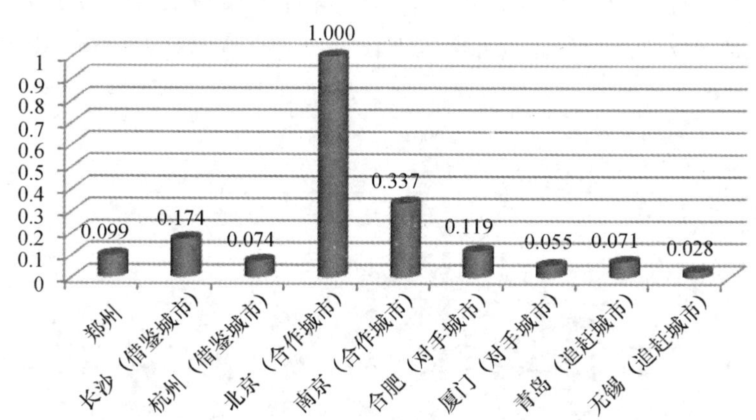

图 11—16　郑州与对标城市在校生指数得分

数据来源：中国社会科学院城市与竞争力研究中心指数数据库。

郑州在校生指数以微弱优势领先于部分借鉴城市、对手城市和追赶城市。在对标城市中，北京和南京的在校学生数量具有绝对领先优势，而郑州的在校生指数仅处于中等偏下水平。北京、南京、合肥和长沙的在校生指数要优于郑州，而杭州、厦门、青岛和无锡的在校生指数不及郑州。事实上，郑州作为中国户籍人口第一大省的省会城市和全国高考考生最多的省会城市，仅有一所“211”高校显著拉低了城市的高校指数和在校生数量指数，严重影响了郑州市教育中心的发展和郑州市教育中心城市的建设。

三　外省招生指数：在对标城市中处于劣势

城市外省招生数量能够体现出高校吸纳省外优质生源的能力，也是增强城市未来教育潜力的重要基础。图 11—17 给出了郑州与对标城市外省招生指数得分对比图。

由图 11—17 可以清楚看出在外省招生指数方面，郑州完全处于弱势。郑州的外省招生指数在对标城市中仅以微弱的优势领先于无锡市，低于对手城市合肥和厦门，远低于借鉴城市长沙和合作城市北京、南京。外省招生数量会受到城市高校数量的限制，但是郑州作为省会城市，在高校数量上仅仅与非省会城市厦门相同和非省会非副省级城市无锡相同，甚至低于副省级城市青岛的高校数量，这对于郑州来说是非常不利的。因此，郑州应该通过与北京和南京合作，提升自身在外省的招生数量。

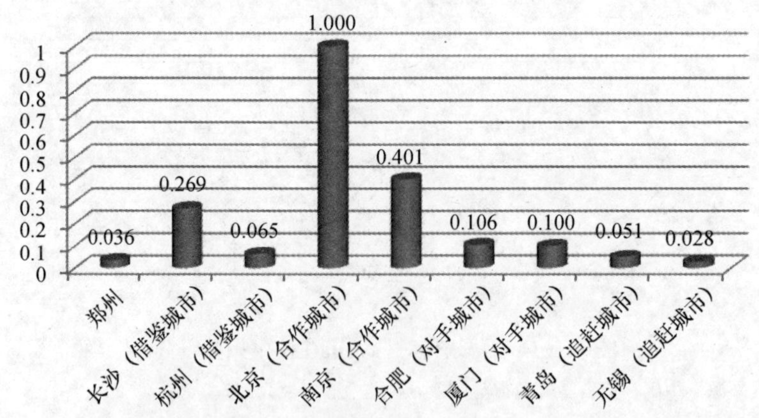

图 11—17　郑州与对标城市外省招生指数得分

数据来源：中国社会科学院城市竞争力指数数据库。

四　学术会议指数：以微弱优势领先对手和追赶城市

学术会议是研究人员交流观点和想法的场所，既是研究人员相互学习的重要方法，也是增强城市教育水平和提升城市教育中心名气的重要途径。图 11—18 给出了郑州与对标城市之间学术会议指数得分对比图。

郑州学术会议指数在对标城市中虽然没有显著的比较优势，却以微弱优势领先于对手城市合肥，以及追赶城市青岛和无锡，也是郑州为数不多的指标中完全领先于对手城市和追赶城市的分项指标。由图 11—18 可知，郑州教育中心中的学术会议指数在 8 个对标城市中处于中等偏下水平，以微弱的劣势低于借鉴城市长沙和杭州，远低于合作城市北京和南京，因此郑州通过强化学术会议指数进而提升其教育中心水平仍有较大的上升空间。同时，需要警惕的是，虽然郑州学术会议指数完全领先于对手城市合肥和厦门以及追赶城市青岛和无锡，但是这种领先优势极其微弱，而且也没有与对手城市和追赶城市拉开差距。如果郑州的学术会议得不到更加充足的发展，则很容易被对手城市和追赶城市反超。

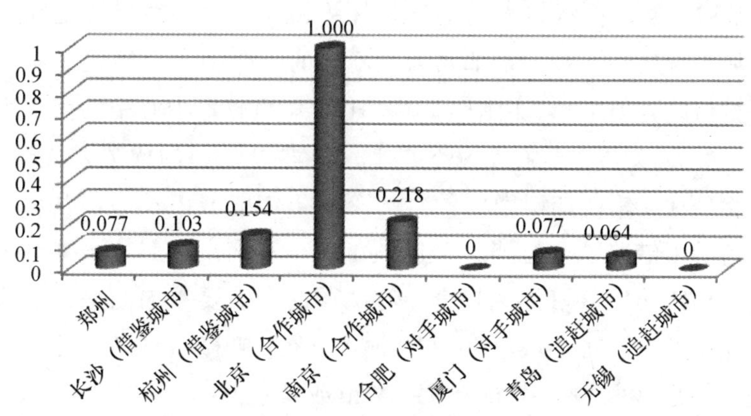

图 11—18　郑州与对标城市学术会议指数得分

数据来源：中国社会科学院城市竞争力指数数据库。

五　留学生指数：有被对手城市赶超的可能

留学生是具有外国国籍的学生为了开阔眼界和追求更好的教育条件而到中国学习的学生，因此一个城市留学生数量的多少从侧面反映了该城市教育中心的优劣，也是衡量一个城市教育中心的重要分项指标之一。图 11—19 给出了郑州与对标城市留学生指数的得分对比图。

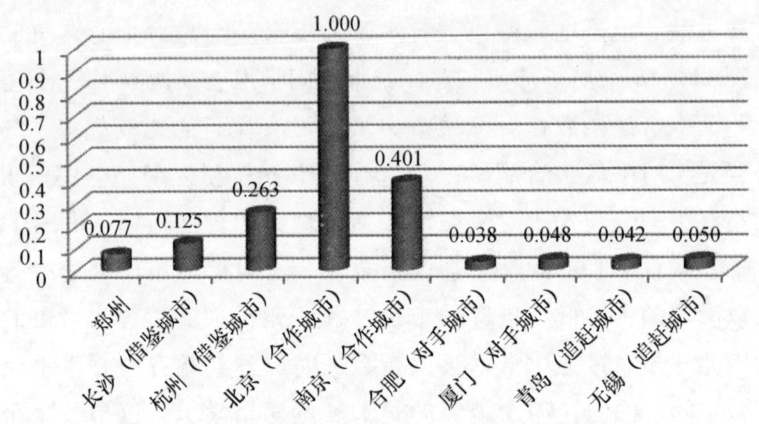

图 11—19 郑州与对标城市留学生指数得分

数据来源：中国社会科学院城市竞争力指数数据库。

与学术会议指数一致，郑州留学生指数在 8 个对标城市中虽然没有显著的比较优势，同样以微弱的比较优势领先于对手城市合肥和厦门以及追赶城市青岛和无锡，是郑州为数不多的指标中完全领先于对手城市和追赶城市的分项指标。由图 11—19 可知郑州教育中心中的留学生指标在 8 个对标城市中处于中等偏下水平，虽然以微弱的优势领先于合肥、厦门、青岛和无锡，却以微弱的劣势落后于借鉴城市长沙，以及以较大的劣势落后于借鉴城市杭州、合作城市北京和南京。因此，接下来郑州在通过增加留学生数量优化教育中心的同时，需要警惕的是，虽然留学生指数完全领先于对手城市合肥和厦门以及追赶城市青岛和无锡，但这种领先仅仅是微弱的，并未与对手城市或者追赶城市拉开较大的差距。如果未来郑州在留学生指数方面得不到更加充分的发展，则很容易被对手城市和追赶城市反超。

六 院士指数：仅优于追赶城市中的无锡

院士包括中国科学院院士和中国工程院院士，是学术界给予科学家的最高荣誉称号，也是国家设立的科学技术方面的最高学术称号，因此一个城市拥有中国工程院院士或者中国科学院院士的数量也反映了城市整体学术水平和科研成果在教育中心方面的地位。图 11—20 给出了郑州与对标城市的院士指数得分对比分布图。

郑州教育中心中的院士指数分项指标仅高于追赶城市中的无锡，低于借鉴、合作和对手城市，因此郑州的院士指数在对标城市中明显处于劣势。在 8 个对标城市中，仅有无锡市没有“985”高校，其余 7 个对标城市至少有 1 所理工科的“985”高校，即对标城市均具有较好的科研基础。同时，对标城市中大多数城市位于东部沿海地区，优越的地理环境和生活环境也有利于吸引院士前去工作。因此，郑州的科研基础薄弱以及特定的地理位置导致了郑州教育中心中的院士指数分项指标相对偏低，再次警告郑州的教育中心相对较差，也是郑州迈向国家教育中心城市的重要短板。

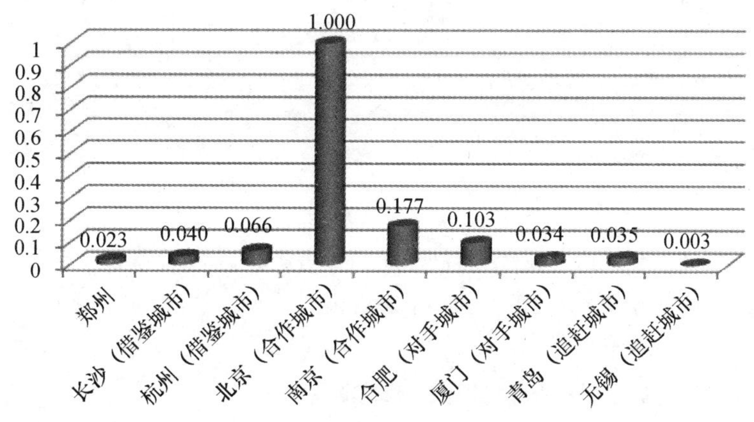

图 11—20　郑州与对标城市院士指数得分

数据来源：中国社会科学院城市竞争力指数数据库。

七　长江学者和杰出青年指数：低于多数对标城市

长江学者奖励计划简称长江学者，国家杰出青年科学基金获得者简称为杰出青年，均是比较有潜力和竞争力的中青年科研工作者，代表着科研的希望。因此，一个城市拥有长江学者和杰出青年数量也反映了城市科研工作的竞争力和教育中心优劣。图 11—21 给出了郑州与对标城市长江学者和杰出青年指数得分分布图。

值得注意的是，郑州教育中心中的长江学者和杰出青年指数不仅与合作城市北京之间的差距较大，甚至与借鉴城市杭州、合作城市南京以及对手城市合肥之间也存在着较大差距。就科学研究而言，院士指数反映了科研的最高成果，长江学者和杰出青年指数反映了科学研究的最新动态和活跃程度。受制于郑州教育中心的分项指标高校指数、在校生数量、学术会议指数等得分整体不高和基础相对于对标城市而言比较薄弱，导致郑州能够吸引院士、长江学者和杰出青年加盟能力相对有限，进而限制了郑州教育中心的整体发展水平。

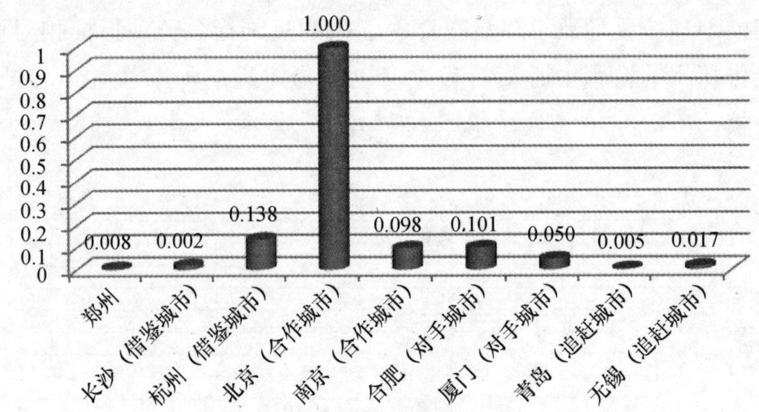

图 11—21 郑州与对标城市长江学者和杰出青年指数得分

数据来源：中国社会科学院城市竞争力指数数据库。

八 联系度分项指标：处于未起步阶段

与上述从城市教育中心集聚度角度将郑州教育中心的重要分项指标与其对标城市进行分析不同的是，图 11—22 给出了郑州教育中心中 3 个联系度的分项指标：分校建立指数、访问学者指数以及国外高校合作办学指数与对标城市得分对比图。

由图 11—22 可知除了无锡之外，郑州教育中心中反映联系度的分校建立指数、访问学者指数和国外高校合作办学指数 3 个分项指标完全落后于借鉴城市、合作城市、对手城市和追赶城市。就 8 个对标城市而言，绝大多数城市均通过建立分校和互派访问学者的方式与其他城市进行联系，且通过访问学者建立联系的途径更受青睐。相对于深圳市拥有深圳北理莫斯科大学、港中大（深圳）和墨尔本生命健康工程学院等一大批国外高校合作办学外，无论是郑州还是对标城市，国外高校合作办学指数均为0，这也是郑州及其对标城市开拓教育中心联系度的一个重要短板。每个方面都是什么位置（结论）扬长补短抓关键（建议）。

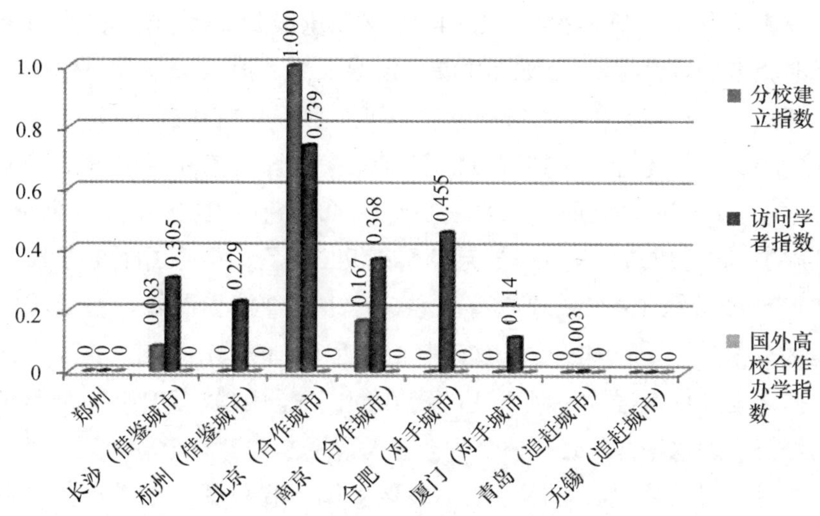

图11—22　郑州与对标城市联系度3个分项指标指数得分

数据来源：中国社会科学院城市竞争力指数数据库。

第六节　结论与建议

一　研究结论

本章结合影响城市教育发展的主要因素，通过提出新的城市教育中心发展水平的评价体系，从集聚度和联系度两个维度构造了评价城市教育中心地位的教育中心评价体系。集聚度指数包括高校指数、在校生指数、外省招生指数、学术会议指数、留学生指数、院士指数、长江学者和杰出青年指数，以及中科院研究所指数8个分项指标，联系度指数包括分校建立指数、访问学者指数和国外高校合作办学指数3个分项指标。在此基础上利用城市中心地位的评价体系对包括郑州在内的25个城市进行测度，得到如下4个重要结论。

一是高等教育的发展和经济发展之间的关系密不可分，高等教育的发展是经济发展的重要基础。将25个样本城市进行分类可以发现：国家教育中心为教育资源极好的北京市，国家重要教育中心是教育中心优秀的城市，包括上海、广州、武汉、天津、南京和西安共6个城市；潜在的国家重要教育中心是教育中心较好的城市，包括长沙、长春、成都、哈尔滨、济南、合肥、深圳、沈阳、杭州和重庆共10个城市；非国家教育中心城市是教育中心一般的城市，包括大连、厦门、苏州、宁波、青岛、郑州、兰州和无锡共8个城市。同时，教育中心的空间分布与中国不同区域之间的经济发展格局具有较高的一致性。东部城市占据了国家教育中心、2/3的国家重点教育中心、1/3的潜在的国家重要教育中心，也是中国经济发展最好的区域。中部城市占据了1/6的国家重点教育中心和1/5的潜在的国家重要教育中心，是中国经济发展较好的区域。西部地区占据了1/6的国家重点教育中心和近1/5的潜在的国家重要教育中心，东北地区仅占据了不到1/3的潜在的国家重要教育中心，西部和东北的经济发展水平并不理想。

二是郑州教育中心总体一般，集聚度优于联系度。郑州教育中心的分项指标差异显著，在校生指数、学术会议指数、留学生指数和院士指数4个分项指标以微弱优势挤进潜在的国家重要教育中心城市。高校指数、外省招生指数以及长江学者和杰出青年指数处于起步状态，中科院研究所指数为零仍处于非教育中心城市，教育中心的集聚度一般。反映郑州教育中心联系度的分校建立指数、访问学者指数和国外高校合作办学指数均为零，是郑州教育中心发展的重要短板。

三是通过对标分析，将长沙和杭州作为借鉴城市、北京和南京作为合作城市、合肥和厦门作为对手城市、青岛和无锡作为追赶城市。我们认为郑州可以借鉴长沙和杭州的发展经验，通过提高学术会议频次、增加访问学者人次等途径，区域内与南京合作、国内与北京合作提升其教育中心发展水平，将郑州发展为中国的教育中心。在此基础上，战胜对手城市合肥和厦门，拉开与追赶城市青岛和无锡之间的差距，巩固郑州成为中国教育中心的地位。

四是通过对教育中心重点分项指标的分析，认为郑州的学术会议指数和留学生指数以微弱优势领先于对手城市和追赶城市，需要警惕被对手城市和追赶城市反超。高校指数、在校生指数和外省招生指数在对标城市中处于劣势，院士指数、长江学者和杰出青年指数低于大多数对标城市，三个联系度分项指标处于未起步状态。

二　对策建议

综合上述分析，课题组认为郑州处于非国家教育中心层级。具体而言，郑州虽然在教育中心发展和国家教育中心建设方面有了很大进步，部分分项指标已经挤进潜在的国家重要教育中心阵营，但是地位并不牢固，稍有懈怠将被挤出潜在的国家重要教育中心阵营。25 个样本城市中潜在的国家重要教育中心的 10 个城市竞争异常激烈，尤其是挤进第 3 阵营的郑州教育中心分项指标排名靠后，不可避免地将与其他城市之间进行深度较量。总之，如果在未来几年内郑州若不能在教育中心建设方面取得大的突破，将面临挤进潜在的国家重要教育中心和迈向国家重要教育中心难度较大，被其他城市赶超也将轻而易举的困境。郑州需要按照“取长、补短、抓关键”的方针对其他城市教育中心综合发展情况提升自身教育实力。为此，课题组给出如下四大发展建议。

第一，多渠道增加高校数量。

郑州教育中心地位一般和郑州教育中心在样本城市中处于劣势的重要原因之一是郑州仅有郑州大学一所“211”高校，这与河南作为中国第一户籍人口大省和高考考生第一大省是非常不匹配的。因此，郑州可以参考宁波和深圳，开展合作办学的方式，通过引入国内重点高校在郑州建立分校，以及国外重点学校如诺丁汉大学等与郑州开展合作办学，提高郑州拥有高校数量，从而增加郑州在校生指数、外省招生指数、留学生指数等，提升郑州教育中心水平和建设郑州教育中心地位。

第二，发展高校集群。

郑州在现有教育中心的基础上，不仅需要与具有优质教育中心的北京和南京合作，还需尽可能地与中部城市中教育中心相对较好的武汉等城市合作，促进郑州教育中心发展和推进教育中心城市的建设。在具体的实施过程中要明确郑州作为国家教育中心的定位，结合郑州教育中心中分项指标优势和自身特点，合理确定郑州在高校集群中的地位，通过教育功能促进郑州教育分工，实现不同教育中心中的协调和错位发展。

第三，推进优秀教育中心战略重组。

通过实施教育中心的战略重组，可以推动郑州市教育中心的强强联合，提升郑州教育中心的整体水平和大幅度提高郑州教育中心地位的建立。充分利用在校学生指数优势，通过举办学术会议，为院士、长江学者和杰出青年等高层次人才提供更多交流机会。通过团队引进、柔性引进增加现有研究人员的出国访学机会，多途径、高层次提升郑州教育中心和教育中心集聚度的建设。

第四，增强教育中心的联系度，加快与国外高校合作办学步伐。

无论是对标城市还是样本城市，教育中心的联系度基本处于空白状态。郑州应该在提升自身教育中心集聚度的同时，大力发展教育中心的联系度，抢占教育中心联系度的高地，争夺教育中心联系度的话语权。

（执笔人：龚维进）

第十二章

国家医疗中心指数坐标上的郑州方位

国家医疗中心的定义为：在一个国家内，在医疗（包括公共服务、科学研究、高等教育、传播普及等方面）功能上能够起到决策、控制、管理、服务全国的城市。度量国家医疗中心包括两方面的指标，即城市自身医疗水平程度的集聚度与国内其他城市间医疗资源和活动的联系度，两方面形成各自的一级指标，相结合共同测度国家中心的中心性。

城市吸引医疗人员、活动的集聚度和城市间医疗的联系度着眼于每个城市在医疗资源和医疗交流活动各分项的数量变化，体现了城市在吸引医疗资源方面的优势以及输出医疗资源的活跃度。

具体来说，集聚度表现为集聚具有全国战略意义的医疗要素的能力，并非单纯对城市相关指标存量的考量，城市集聚度包括三甲医院数量、科室排名前 20（具体指“前 10 + 提名 10”）、医院综合排名前 100、医学院院士 4 个指标；联系度也非省内或区域之间的联系，而是强调在全国范围的城市网络中的联系和辐射作用。联系度由接受医生进修、医学会议数两个方面指标构成，这些指标数据通过直观的城市吸引医疗资源和人力资源的数量变化，以及对外的医疗交流程度，体现了城市的吸引力和对外交流活跃度。

第一节　总体描述

国家医疗中心的定位要通过多侧面、多层次体现出来，即不仅是集中了医疗研究和公共医疗服务资源的中心，同时还应该是全国范围内强化城市间、城市与小城镇之间联系和对外辐射的中心，只有这样，才会具备全面的医疗卫生综合服务能力和较强的医疗可持续发展能力。

医疗卫生事业是彰显社会公平、促进社会和谐的重要载体，能显著提高城市的集聚度、辐射力、社会承载能力和可持续发展能力，对建设区域中心具有重要意义。构建区域医疗中心，必然要用战略思维通盘谋划医疗卫生事业的发展规划、机构设置、项目实施、专业人才的引进和培养、学科建设等，这些工作既是中心基础设施建设的必要内容，又涉及城市经济社会发展中的观念创新和科技进步，因此，构建区域性医疗卫生中心对区域中心的建设无疑将起到重要的推动作用，是建设区域性中心的内在要求。2017 年 1 月 22 日，国家卫生计生委印发《“十三五”国家医学中心及国家区域医疗中心设置规划》（国卫医发〔2017〕3 号，以下简称《规划》），启动国家医学中心和国家区域医疗中心规划设置工作。

郑州市地处中国地理中心，是全国重要的铁路、航空、高速公路、电力、邮政电信主枢纽城市，中国中部地区重要的工业城市，同时河南省人口众多，对公共卫生服务提出了更高的要求。重要的地理位置、便利的交通条件、庞大的人口基数，决定了郑州市建设国家医疗中心的重要作用。通过建立以典型城市对照样本组的城市医疗评价研究，深入剖析郑州市作为全国医疗中心的发展潜力，挖掘目前发展中存在的问题，进而提出相关建议和针对性措施，为郑州市提升医疗功能，吸纳国内外医疗资源，辐射服务本省、区域和全国医疗提供参考。

一　城市医疗发展评价指标体系的构建

国家医疗中心的功能和定位主要体现在医疗资源的集聚和辐射能力上。根据 2017 年印发的《“十三五”国家医学中心及国家区域医疗中心设置规划》，我国已启动国家医学中心和国家区域医疗中心规划设置工作。本章结合中国城市医疗卫生发展实际，分别从集聚度和联系度两个维度设计国家医疗中心评价要素。国家医疗中心集聚度的评价要素主要衡量样本城市拥有的在全国具有重要影响力的医疗结构数量。根据国家中心集聚度内涵，国家医疗中心不仅应拥有较多数量的三甲医院，还应在全国范围内具有高水平的综合、专业医疗团队。鉴于此，本章定义的国家医疗中心集聚度具体包括以下几个方面。

三甲医院数量：按照中国现行《医院分级管理办法》的规定，三甲医院是国内对医院进行等级划分的最高级别，三甲医院数量代表向广大国民提供高水平专科性医疗卫生服务的能力。

科室排名前20：来自28个专业的1359名专家，根据专科声誉、科研水平，忽视医院规模、设备、专科差异，以学科建设、疑难杂症为主要引导方向，对全国范围内的医院专科予以排名。

医院综合排名前100：综合能力建设是医院发展的重中之重，是医院品牌、声誉、地位的基石，是医院服务有效和经济社会协调发展的基础。复旦大学医院管理研究院以第三方评估的方式，对全国范围内的综合医院予以排名。

医学院院士：医学院院士是国家医疗人才体系建设的核心，医学院院士的领先作用不仅体现在直接参与医院的诊疗业务，更体现在其能把握国家医疗能力建设前瞻方向、提高中心服务区域医疗健康能力。

根据国家中心联系度的内涵，国家医疗中心联系度的评价要素主要衡量样本城市拥有的全国医疗人才服务、人才交流、成果转化等能力。结合国家医疗中心集聚度的设计方案，联系度的考察具体反映在疑难危重症诊断与治疗、高层次医学人才培养、高水平基础医学研究与临床研究成果转化等方面，具体评价要素包括接受医生进修、医学会议数等。

接受医生进修：以同样的数据采集标准，对样本城市各医院进修医生数量进行加总，具体数据来自各地医院官网。

医学会议数：医学会议是医疗中心各医院医生，交流基础医学研究和临床研究成果的重要平台。

国家医疗中心的指标体系如表12—1所示。

表 12—1　　国家医疗中心指标体系

功能	一级指标	二级指标
国家医疗中心	集聚度	三甲医院数量
		科室排名前 20
		医院综合排名前 100
		医学院院士
	联系度	接受医生进修
		医学会议数

国家医疗中心医疗评价指标体系的主要研究对象是中国主要省会城市以及直辖市，医疗评价总指标由两个二级指标构成：集聚度和联系度。城市集聚度反映城市在医疗方面吸引国内外优秀人才、优秀资源的能力，体现了城市在医疗领域的城市吸引力；城市对外联系度反映医疗资源和人员等方面与外界的联通程度，体现出城市的对外辐射力，强辐射力的城市会向周边城市输送更多的资源与人才，弱辐射力的城市往往处于被动接收辐射的地位，因此城市对外联系度是衡量城市竞争力的重要指标之一。

根据上述指标，我们将全部城市作为医疗中心分为四个层级，排名第 1 位的作为国家医疗中心；排名第 2—6 位的城市作为国家重要医疗中心，排名在第 7—15 位的城市（大于 0.1）作为潜在的国家重要医疗中心；之后的城市作为非国家医疗中心（见表 12—2）。

表 12—2　　国家医疗中心指标体系

城市级别	城市	集聚度标准化	联系度标准化	总指标
国家医疗中心	北京	1.0000	1.0000	1.0000
国家重要医疗中心（五大区域）	上海	0.7102	0.5877	0.6435
	成都	0.1915	0.7057	0.4400
	广州	0.3507	0.4058	0.3686
	西安	0.1921	0.4509	0.3109
	天津	0.1987	0.4146	0.2959

续表

城市级别	城市	集聚度标准化	联系度标准化	总指标
潜在的国家重要医疗中心（总指标分值 >0.10）	南京	0.1880	0.3780	0.2719
	武汉	0.2015	0.3456	0.2622
	重庆	0.1479	0.3884	0.2568
	长沙	0.0839	0.4167	0.2387
	郑州	0.1094	0.3232	0.2041
	杭州	0.1238	0.2998	0.1995
	哈尔滨	0.0764	0.2781	0.1644
	济南	0.0843	0.2017	0.1297
	沈阳	0.1143	0.1240	0.1055
非国家医疗中心	苏州	0.0216	0.1449	0.0690
	青岛	0.0081	0.1511	0.0653
	长春	0.0381	0.1065	0.0579
	大连	0.0111	0.1166	0.0493
	合肥	0.0555	0.0465	0.0362
	厦门	0.0079	0.0893	0.0338
	兰州	0.0190	0.0734	0.0314
	深圳	0	0.0638	0.0168
	无锡	0.0040	0.0598	0.0168
	宁波	0.0048	0.0259	0

数据来源：中国社会科学院城市竞争力指数数据库。

二　国家医疗中心：北京

北京作为我国的首都，同时也是我国医学科研和教育、公共卫生服务资源的绝对中心，在医疗领域的各个方面领先其他城市很大一段距离。从图 12—1 可以看到，北京作为全国医疗中心的整体水平和二级指数大大超过了全国的平均水平，尤其是在中位数上。

出现这种情况是非常正常的，通过分析每一项得分的数据，不难发现，北京市在所有六项具体指标中，绝大多数项目的分值都超出其他城市，特别是代表质量的数据，如医学院院士，占到全国数据的 47.32%（53 人），而数量方面的数据则相对领先较少，如三甲医院数量方面，北

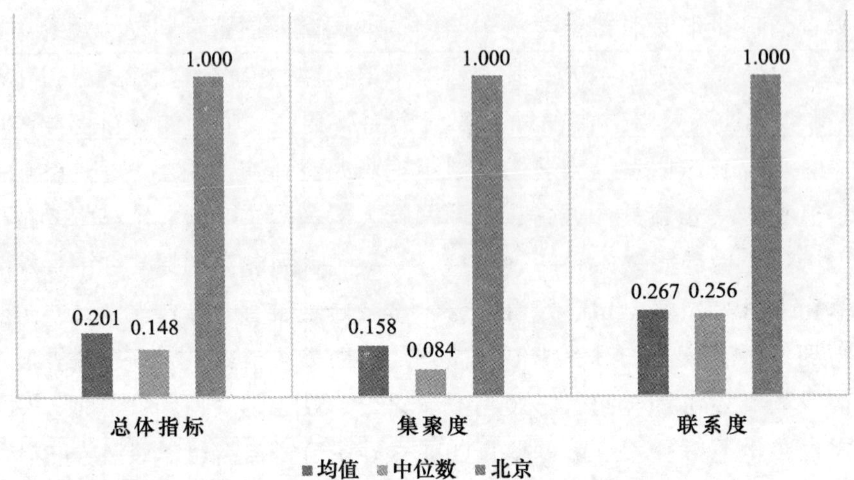

图 12—1　北京与全部城市医疗总指标和二级指标（标准化后）对比

数据来源：中国社会科学院城市竞争力指数数据库。

京有 83 家，与排名第 2 的广州的差距仅为 20 家，但全国排名前 100 位的医院数量和排名前 20 的科室数量，都领先第 2 位城市很多，这一现象在联系度数据中同样存在，如接受医生进修数据，仅排在全国第 5 位，但医学会议数则远胜其他地区。

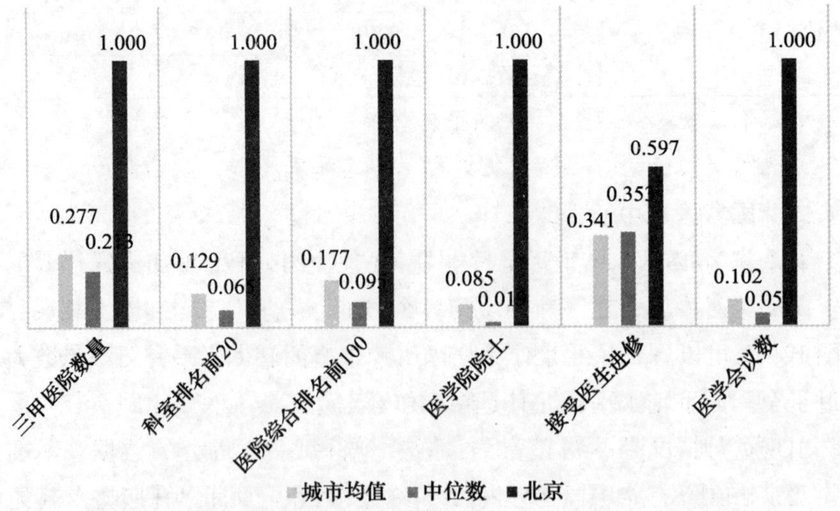

图 12—2　北京与全部城市医疗具体指标（标准化后）对比

数据来源：中国社会科学院城市竞争力指数数据库。

总体来看，北京市作为国家医疗中心的地位无可动摇，这种优势既表现在数量上，更表现在质量上，鉴于长期历史原因的惯性，以及全国级别的医院、科研机构和国家卫生部门的作用，北京市作为全国医疗中心，将不会有任何变化。

三　国家重要医疗中心：上海、成都、广州、西安、天津

本章将上海、成都、广州、西安、天津作为国家重要医疗中心，原因之一是上述城市在指标方面领先其他城市较多，但主要原因在于，上述五个城市分别为华东、西南、华南、西北和华北（尽管天津距离北京很近，但北京不可能仅仅作为区域医疗中心存在）最重要的医疗中心。

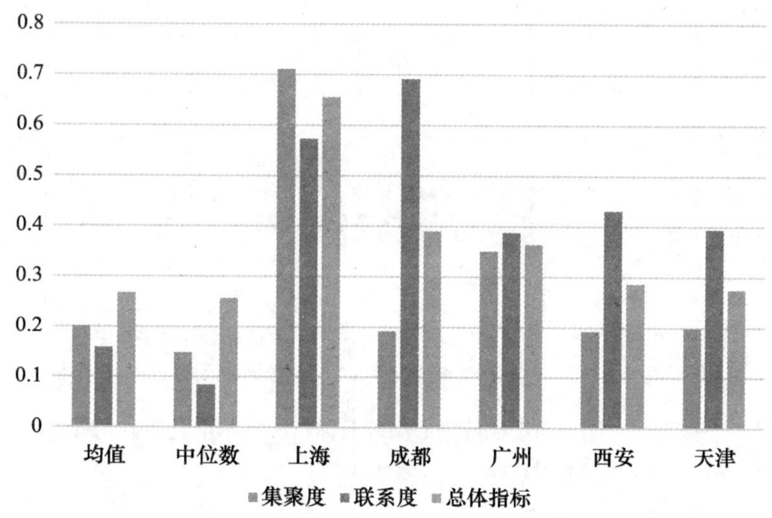

图 12—3　国家重要医疗中心与全部城市总指标和二级指标（标准化后）对比

数据来源：中国社会科学院城市竞争力指数数据库。

从图 12—3 中，可以看出，上海相对于其他城市一枝独秀，其他城市数据大致相当，除上海之外，其他城市都表现出联系度高于集聚度，而且在集聚度和联系度上都超出了全国的中位数，其中成都和西安尽管集聚度稍低，但联系度非常高，一定程度上反映了国家重要医疗中心在当地的区域医疗中心作用。

从图 12—4 可知，上海的领先优势主要体现在各种要素相对均衡，其中医学院院士和医院综合排名前 100 都具有明显的优势，其他城市则更多在某项特定指标上具有优势，尤其是成都和西安，在接受医生进修方面，显示出对于各自省份和区域医疗发展的显著作用。综上所述，国家重要医疗中心显示出对于当地医疗发展的重要作用，同时对于全国医疗城市布局具有重大意义。

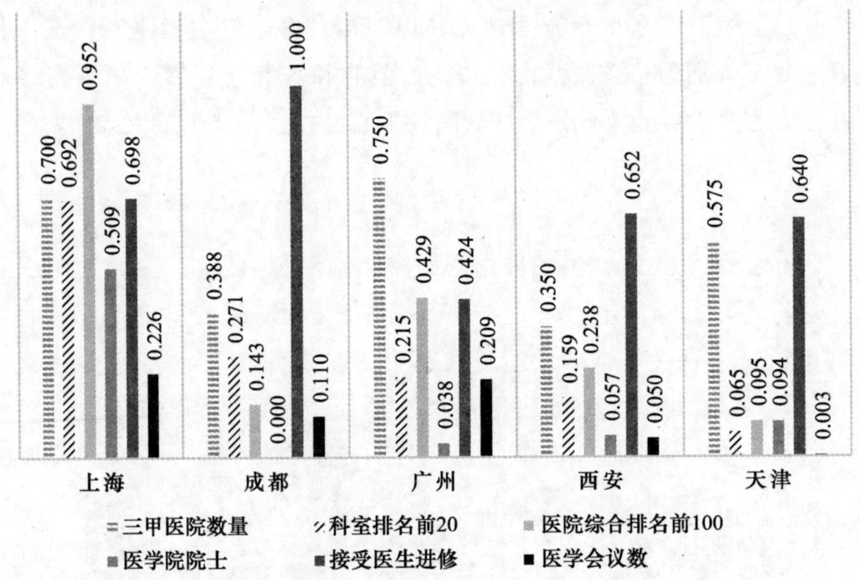

图 12—4　国家重要医疗中心医疗具体指标（标准化后）对比

数据来源：中国社会科学院城市竞争力指数数据库。

四　潜在的国家重要医疗中心：区域中心

根据指标排列，我们将国家重要医疗中心之后总指标大于 0.1 的九个城市作为潜在的国家重要医疗中心。由表 12—3 所列，这些区域医疗中心整体水平大致相当，同时都在某个地区具有独特的影响力，有些城市，如南京、重庆，由于距离上海、成都较近，失去了区位优势，但本身经济发展和医疗水平较高，仍然具有很强的发展空间。另一些城市，如济南、长沙、郑州、哈尔滨、沈阳，所在区域还未形成重要医疗中心，但限于本身的发展空间和能力，仍然处于群雄逐鹿的状态。

表 12—3　　潜在的国家重要医疗中心城市具体指标

城市	三甲医院数量	科室排名前 20	医院综合排名前 100	医学院院士	接受医生进修	医学会议数
南京	0.4375	0.0654	0.1905	0.0943	0.5204	0.0659
武汉	0.3875	0.1963	0.2381	0.0189	0.4724	0.0620
重庆	0.2875	0.0654	0.2381	0.0377	0.4964	0.1072
长沙	0.2250	0.0654	0.0477	0.0377	0.4964	0.1533
郑州	0.3625	0.0187	0.0952	0	0.4484	0.0500
杭州	0.2125	0.1215	0.1429	0.0566	0.3525	0.1096
哈尔滨	0.1375	0.0467	0.1429	0.0189	0.4005	0.0254
济南	0.1125	0.0841	0.1429	0.0377	0.1966	0.1088
沈阳	0.2125	0.1028	0.1429	0.0377	0.1607	0.0191

数据来源：中国社会科学院城市竞争力指数数据库。

五　非国家医疗中心

最后，我们将总指标小于 0.1 的城市作为非国家医疗中心。由表 12—4 所列，这些城市整体水平大致相当，但由于历史发展的原因，或者缺少高水平的研究机构、高等医科院校、高水平医院，如青岛、深圳，或者由于所处区域有更为强大的医疗中心，对内吸收资源和对外辐射影响的空间非常有限，如宁波、无锡、大连等，上述城市在医疗中心方面缺乏必要的基础和条件，不应盲目向医疗中心方向冒进，应发挥自身比较优势，借用周边中心的资源进行发展，为城市公共服务提供支持。

表 12—4　　非国家医疗中心具体指标

城市	三甲医院数量	科室排名前 20	医院综合排名前 100	医学院院士	接受医生进修	医学会议数
苏州	0.0625	0	0.0476	0.0189	0.1847	0.0286
青岛	0	0.0093	0.0476	0.0189	0.2086	0.0143
长春	0.1375	0.0093	0.0476	0	0.1475	0.0040
大连	0.0875	0	0	0	0.0522	0.1176
合肥	0.1875	0.0093	0.0476	0.0189	0.0384	0.0175

续表

城市	三甲医院数量	科室排名前20	医院综合排名前100	医学院院士	接受医生进修	医学会议数
兰州	0.1000	0	0	0.0189	0.0923	0.0064
厦门	0.0750	0	0	0	0.1115	0.0127
无锡	0.0500	0.0093	0	0	0.0767	0
深圳	0.0250	0.0187	0	0	0.0528	0.0310
宁波	0.0625	0	0	0	0	0.0230

数据来源：中国社会科学院城市竞争力指数数据库。

第二节　整体格局

一　总体特征：多数城市医疗指标较差，城市间医疗水平差距较大

综合考察全国25个省会城市以及直辖市医疗指标对比综合得分和排名情况，可以发现，我国城市医疗评价指标在不同城市之间呈现出总体较低、少数突出、差距悬殊和各具特色的特点。其中，样本城市医疗评价指标总体得分均值为0.201，但城市之间医疗评价指标得分差距较大，标准差为0.226，处在中位数城市的得分为0.148，说明半数以上的城市的医疗水平低于平均水平，只有较大型城市和经济实力较强的大型城市医疗水平较高、对外交流频繁。有10个城市得分在0.1以下，仅有4个城市的分值高于0.3，表明只有少数城市得分明显高于其余城市，而多数得分较低的占据多数比例的城市将均值拉到了中位数的附近。

具体分析指标数据可以发现，以北京为代表的一线城市医疗水平较高，其中北京得分最高，排名第一。截止到2016年7月，北京三甲医院数量为83家，排名前20的科室更是高达107个，远远领先于其他城市。

同时，北、上、广作为我国前三位中心城市，整体表现也超出其他城市一个档次，即使与区域优势明显、联系度得分较高的成都相比，在代表资源整体水平的集聚度各项指标方面都有总量上的差异。我国主要城市之间医疗评价指标总得分和集聚度差异明显（见表12—5），变异系数都超过了1，体现出一线城市和其他城市之间在医疗评价方面差异较大，大多城市医疗水平较差，而少数城市水平非常高，这就需要协调城

市之间发展差异，促进城市之间医疗交流。

相比之下，郑州作为中部城市的中心，尽管医疗评价整体得分较低，总体排名处于第11位，但一定程度上发挥了区域医疗中心的作用，部分发挥了其城市的吸引力和对外辐射力，处于中等水平的城市梯队中，在医疗建设方面有较大进步空间。

对比医疗评价二级指标城市集聚度和城市联系度方面（见表12—6），发现城市联系度均值高于城市集聚度均值，说明大多数中心城市在医疗方面与外部联系和沟通较为发达，但一般城市本身的吸引力较弱，缺乏较强的城市吸引力来增进医疗资源的集聚，这就要求进一步加强城市医疗基础建设，打造便利的城市开放条件和基础设施建设，拓宽开放渠道。主要城市绝大多数三级指标的变异系数大于1，说明城市之间在这两项指标方面差异明显，城市间集聚度差距较大，且集聚度指标变异系数得分高于联系度，说明在集聚度上典型城市间差异更加显著。

表12—5　　主要城市医疗指数得分

指标		样本数	均值	中位数	标准差	变异系数	基尼系数	泰尔指数
城市医疗指数	总指标	25	0.201	0.148	0.226	1.122	0.526	0.694
	联系度	25	0.267	0.256	0.240	0.898	0.464	0.642
	集聚度	25	0.158	0.084	0.231	1.466	0.616	0.779

数据来源：中国社会科学院城市竞争力指数数据库。

表12—6　　主要城市具体医疗评价指标

指标	样本数	均值	中位数	标准差	变异系数	基尼系数	泰尔指数
三甲医院数量	25	25.16	20	20.357	—	—	—
科室排名前20	25	13.80	7	24.890	1.804	1.404	0.709
医院综合排名前100	25	3.72	2	5.496	1.478	0.937	0.627
医学院院士	25	4.48	1	11.420	2.549	1.153	0.789
接受医生进修	25	700.52	720	434.040	0.763	0.943	0.417
医学会议数	25	152.68	87	248.610	1.932	1.364	0.654

表 12—7　　主要城市具体医疗评价指标（标准化指数）

指标	样本数	均值	中位数	标准差	变异系数	基尼系数	泰尔指数
三甲医院数量	25	0.277	0.213	0.254	—	—	—
科室排名前 20	25	0.129	0.065	0.233	1.804	1.404	0.709
医院综合排名前 100	25	0.177	0.095	0.262	1.478	0.937	0.627
医学院院士	25	0.085	0.019	0.215	2.549	1.153	0.789
接受医生进修	25	0.341	0.353	0.260	0.763	0.943	0.417
医学会议数	25	0.102	0.050	0.197	1.932	1.364	0.654

数据来源：中国社会科学院城市竞争力指数数据库。

具体观察反映城市医疗评价的三级指标数据可以发现（见表 12—6 和表 12—7），以 25 个城市为样本，均值低于 0.1 的指标为医学院院士数。院士作为医学研究的最高水平和领域权威，说明了该城市吸引我国顶尖医疗人力资源的能力，此项指标的得分均值较低且变异系数值较大，说明除一线城市外大多城市能够吸引的院士数量较少，城市之间数量差异较大，吸引院士不仅需要微观主体的努力，更需要当地政府在政策和配套设施上的支持。

均值低于 0.2 的指标包括科室排名前 20、医院综合排名前 100 和医学会议数。科室和医院综合排名都反映了城市医疗在技术层面的水平，此项指标的均值较高，但中位数相对较低，同样反映了大多城市在医疗技术水平上存在短板。

联系度指标中的接受医生进修均值明显高于其他指标，且与中位数数值相当，说明了多数中心城市在辐射当地区域医疗发展建设方面较为关注并取得了一定效果，同时说明我国二三线城市对于区域医疗中心的高度依赖和需求，并不因中心城市相对全国水平的层次受到影响。

总之，二级指标城市集聚度包含的所有三级指标数值均值大都低于中位数，说明大多城市医疗资源和人力的吸引力不足，有较大进步空间。

二　一超五强：区域中心优势明显，省会城市唱主角

从城市医疗指标得分来看（见表 12—8），以中国 25 个省会城市及直

辖市的对外交流活跃度排名为例，北京、上海、成都、广州、西安、天津位居前六名，郑州位列第十一名。从前六名城市的区域分布看，一线城市得分明显高于其他城市，排名稳居前列。北京、上海和广州属于我国特大城市，又是少数几个兼具经济中心重要地位的城市，故而医疗研究资源和技术资源都较多，并且这些城市居民无论是经济水平还是教育水平都在我国位居前列，故而也有较强的意愿和能力使用更高水平的医疗，这一系列的主客观因素使这些大城市成为当前医疗资源最丰富的三大城市。作为西南地区的重要城市，成都虽然在多个指标上与三大城市相去甚远，但在区域中独特的地理位置导致它在西南地区医疗资源传播方面起到了举足轻重的作用。

表 12—8　　　　全国十强城市与郑州医疗指标数据对比

总指标排名	总评价指数	城市	集聚度（排名）	联系度（排名）
1	1. 0000	北京	1	1
2	0. 6541	上海	2	3
3	0. 3895	成都	7	2
4	0. 3637	广州	3	7
5	0. 2858	西安	6	4
6	0. 2748	天津	5	6
7	0. 2538	南京	8	9
8	0. 2487	武汉	4	10
9	0. 2341	重庆	9	8
10	0. 2073	长沙	14	5
11	0. 1841	郑州	12	11

数据来源：中国社会科学院城市竞争力指数数据库。

其余对外交流活跃度较高的城市大多位于东部地区，属于城市交往获利中的二线城市，这一部分的城市由三个类型组成，首先是如天津、重庆等直辖市，由于地理位置优越，受到周围城市辐射效应影响，因而医疗对外辐射能力较强；其次是西安、杭州、武汉、长沙等省会城市，这些省会城市中既有传统的东部地区和中部地区的省会如武汉、长沙，也有西部地区的省会如成都、西安，此类大都市对外交流活跃度相对较高，因而医疗指标相对活跃。最后需要注意的是，排名前十的城市都是直辖市和省会城市，一定程度上说明行政中心对于医疗资源分配的影响。

第三节 郑州情况

河南省会城市郑州是中国公路、铁路、航空、通信兼具的综合交通枢纽。在二十多年的改革开放中，郑州在经济方面取得了较快发展，城市公共服务和卫生资源不断增加，城市的医疗功能向外辐射的作用不断提高，通过不断扩大医疗供给，医疗服务的范围和程度不断深化，对外交流不断提升。与一线大城市相比，郑州在医疗方面的资源集聚和对外传播能力尚有明显差距，在医疗指标的结构方面也有不足，因此在建立更高目标的同时，应正视这些实现医疗中心战略不可回避的问题。

一 郑州总体概况

1. 总体水平居中、集聚数据较低

具体分析郑州与全部典型城市医疗评价总指标可以发现（见表12—9），在总体医疗平均值方面，郑州医疗评价方面略微低于平均值，但高于中位数，说明郑州总体医疗水平具有我国主要城市平均水平，但是郑州作为重要的中部地区交通枢纽，其优越的地理位置在医疗联系度中颇具优势，从数据上也可以观察到这一点。

表12—9 郑州与全部城市医疗评价指标对比

城市	总体指标	集聚度	联系度
全部城市均值	0.201	0.158	0.267
中位数	0.148	0.084	0.256
郑州	0.184	0.109	0.302

数据来源：中国社会科学院城市竞争力指数数据库。

这一现状一方面是由于郑州近年来遇到了经济发展的机遇，另一方面是其医疗资源受益于良好的交通基础设施，真正起到了区域城市医疗中心的作用。具体分析二级指标数据可以发现，在城市集聚度和城市对外联系度方面，郑州的分指标得分分别低于和高于全国平均水平，说明郑州可以依靠城市发展模式和城市对外吸引力，在对外联系度和集聚度方面都需要进一步加强建设，拓宽城市开放思路。

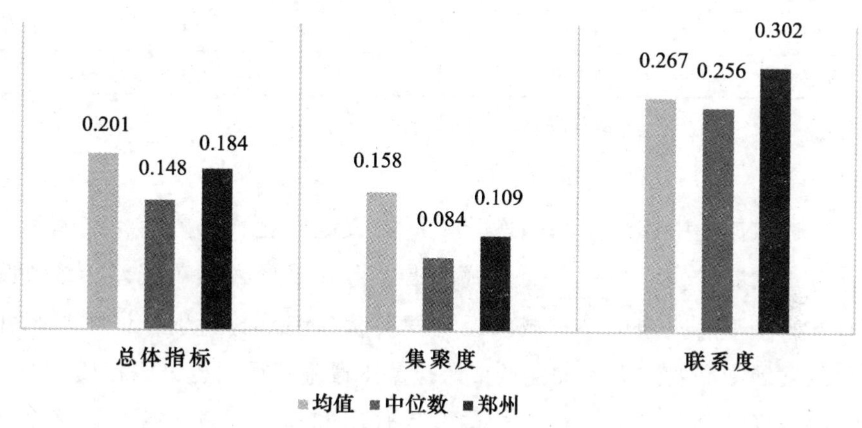

图 12—5　郑州与全部城市医疗评价指标对比

数据来源：中国社会科学院城市竞争力指数数据库。

2. 区域医疗中心地位突出

观察城市医疗评价三级指标数据可以发现（见表 12—10），城市集聚度包括的三级指标中，郑州和很多城市一样，在医学院院士数据上都为 0，低于平均值，但是总体上讲这一指标存在一定的偶然性，依赖城市内高校特征与传统研究实力，与城市基础设施建设的吸引作用也有一定关联，主要属于人才规划的重点问题。医学院院士作为医疗科学研究尖端的代表性指标，说明郑州医疗科研方面的资源和人力较为匮乏，国际化程度低，需要进一步加强人力资源的引进和储备以缩小差距。城市集聚度的另外三个三级指标是三甲医院数量、科室排名前 20、医院综合排名前 100，在三甲医院数量这一指标中，郑州与其他地区相比并不逊色，数据显示三甲医院数量平均水平为 0. 277，郑州得分达到 0. 363，说明郑州的医院数量并不落后，问题在于郑州仅有两个科室排名全国前 20 名，同时进入全国医院综合前 100 名的医院只有 2 家，这种质量上的差异导致了郑州市在医疗水平集聚度上的落后。

表 12—10 郑州与全部城市医疗水平指数具体指标对比

城市	三甲医院数量	科室排名前 20	医院综合排名前 100	医学院院士	接受医生进修	医学会议数
城市均值	0. 277	0. 129	0. 177	0. 085	0. 341	0. 102
中位数	0. 213	0. 065	0. 095	0. 019	0. 353	0. 050
郑州	0. 363	0. 019	0. 095	0	0. 448	0. 050

数据来源：中国社会科学院城市竞争力指数数据库。

上述数据集中体现了郑州医疗发展的关键问题；一方面，整体医院规模数量发展较快；另一方面，城市吸引力和凝聚力相对较差，导致医疗技术水平不高，这也是对城市经济发展状况的部分折射，说明郑州在今后的发展中需要进一步加强城市医疗基础设施建设，提升医疗质量。

医疗联系度的两个三级指标构成反映出同样的问题。首先，接受医生进修数据方面，平均水平为 0. 341，而郑州得分为 0. 448，甚至高于广州这样的大城市，说明郑州一方面基于河南省人口大省的优势，另一方面也受益于良好的交通基础设施，对于区域卫生医疗发展提供了有力的

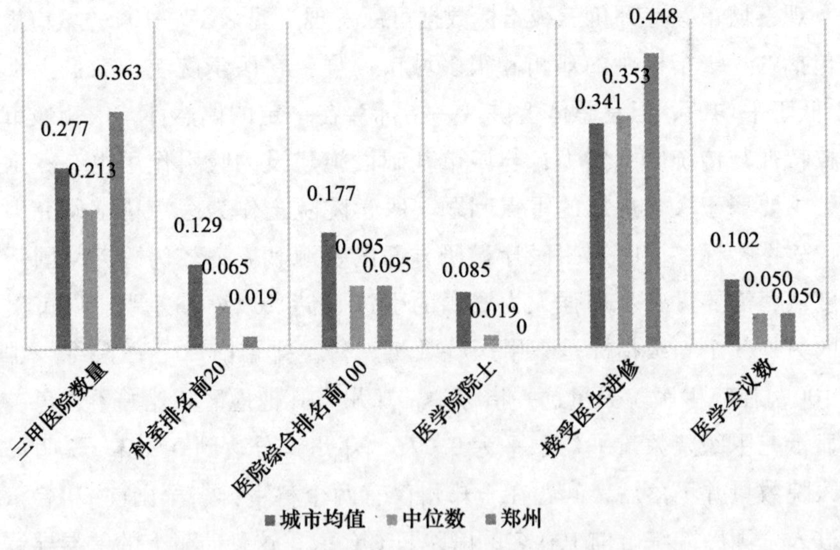

图 12—6 郑州与全部城市医疗指数具体指标对比

数据来源：中国社会科学院城市竞争力指数数据库。

支持。但是，郑州的医学会议数据相对较少，仅位列中位数，这说明郑州确实在医疗技术和学科领域，还有更多的工作等待完成。

二　各项指标分析

1. 医疗评价总体位于同层级城市中游

根据城市层级划分，对每个层次内部样本城市的医疗评价得分进行对比（见表12—11）。可以发现，总体上医疗评价指标均值对比中上一层级的城市无论在总体指标还是在二级指标中都明显高于下一层级城市，说明这类城市在医疗评价方面得分高且医疗模式较为成熟；四个层级的城市总体医疗指标得分依次递减。在数值上，郑州属于第三层级城市，医疗评价总体指标及二级指标得分明显低于上面两个层级的城市，但是郑州的联系度指标高于它所在的同等级城市均值，排名处在第三层次中间，属于有较好发展潜力的医疗城市。在集聚度和综合得分方面，郑州得分均略低于同级别城市的平均值，说明医疗关联度方面得分较高，很可能来源于优越的交通枢纽地位。

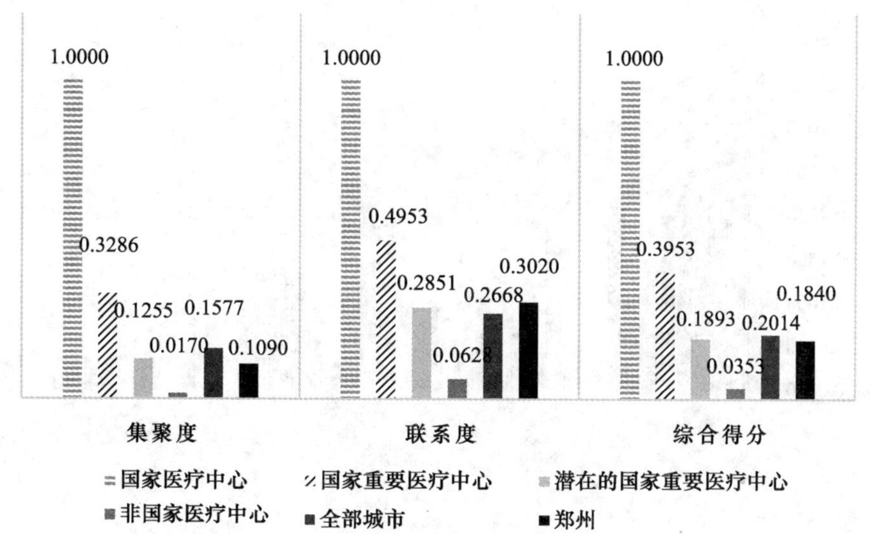

图12—7　郑州与四层级城市医疗总体指数对比

数据来源：中国社会科学院城市竞争力指数数据库。

表 12—11 郑州与四类城市医疗总体指数（标准化）对比

城市级别	集聚度	联系度	综合得分
国家医疗中心	1.0000	1.0000	1.0000
国家重要医疗中心	0.3286	0.4953	0.3953
潜在的国家重要医疗中心	0.1255	0.2851	0.1893
非国家医疗中心	0.0170	0.0628	0.0353
全部城市	0.1577	0.2668	0.2014
郑州	0.1090	0.3020	0.1840

2. 集聚度数据低于同级别城市

观察集聚度指标（见表 12—11、图 12—7）可以发现，郑州的集聚度不仅低于同层级的城市均值，同时也低于全部城市的均值。这在一定程度上反映了中游城市的共同特征，即对于医疗资源的吸引力不足难以获得国家级别的医疗人才和团队。

具体来看（见图 12—8），在三甲医院数量上郑州与武汉不相上下，

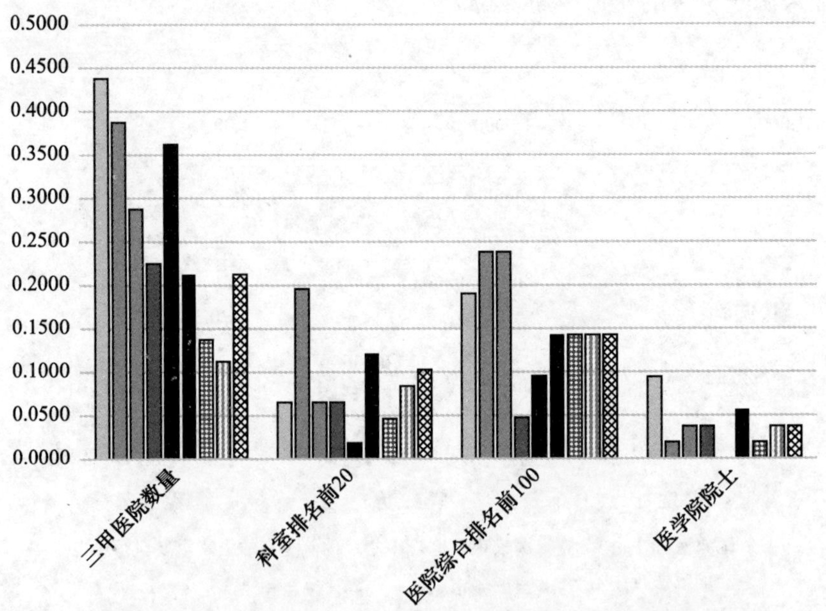

图 12—8 郑州与同级别城市医疗中心集聚度具体指标对比

数据来源：中国社会科学院城市竞争力指数数据库。

但质量方面，科室排名前 20 和医院综合排名前 100，以及医学院院士方面（区别不大），郑州都位列所在层级的末流，这导致了郑州的医疗领域缺乏领军人才和优秀团队，仅依靠总量上的扩展无法实现提升医疗水平的目标。

3. 联系度数据高于同级别城市

观察联系度指标（见表 12—11、图 12—7）可以发现，郑州的联系度不仅高于同层级的城市均值，同时也高于全部城市的均值。说明郑州借助优良的地理位置和基础设施，对于周边城市医疗实现了一定程度的辐射作用，具备了成为潜在的国家重要医疗中心的条件。

具体来看（见图 12—9），接受医生进修方面，郑州与前面各城市可以说不相上下。医学会议数也区别不大，但确实低于同区位的长沙和武汉，与同层次的杭州和济南相去甚远，这导致了郑州在高水平医疗交流方面缺乏高级别的平台，仅依靠提供医生进修服务，无法实现提升辐射能力的目标。

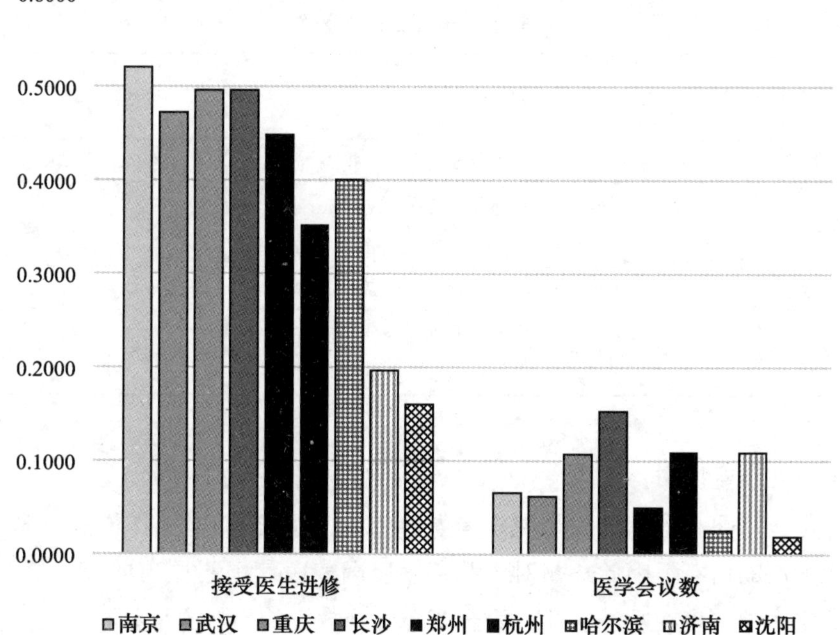

图 12—9　郑州与同级别城市医疗联系度具体指标对比

数据来源：中国社会科学院城市竞争力指数数据库。

第四节 对标城市

城市医疗水平发展程度与医疗城市发展策略有着密切的关系。根据上述四个层级的城市的分类情况，针对郑州市的发展水平，我们将郑州之外的所有城市划分为借鉴城市、追赶城市、合作城市和潜在竞争城市四类，其中，北京由于具有绝对的比较优势，成为包括郑州在内的所有城市发展医疗中心的借鉴城市；而国家重要医疗中心则成为郑州要追赶的目标城市；在与潜在的国家重要医疗中心的合作中，郑州应考虑到区域特征和关键要素发展水平。郑州作为中原地区拥有较大发展潜力和辐射力的省会城市，更加需要学习比自身发展较好的借鉴城市，学习追赶城市的成功经验，并且与合作城市取长补短，在发挥自身优势的同时也要发现自身存在问题，以更好地开展医疗研究和应用活动，力图在与潜在竞争城市的角逐中胜出。

表 12—12　　不同类型对标城市的分类

城市类型	城市特征	城市特征	竞合战略
借鉴城市	国家医疗中心	各个方面高于郑州	学习经验，吸引人才
追赶城市	国家重要医疗中心	部分指标领先郑州，差异不大	提升水平，实现超越
合作城市	与郑州相当	部分具体指标高于郑州	相互合作，共同发展
潜在竞争城市	与郑州相当	各个方面与郑州相当，处于同一区域	提供服务

一　借鉴城市：北京

由于郑州和北京的发展基础差异巨大，不可能实现工作方法和资源使用方面的借鉴，因此郑州对于北京发展国家医疗中心城市的经验借鉴，应该更多地体现在吸纳人才、聚合资源、释放影响力等方面。

二　追赶城市：国家重要医疗中心

通过研究数据（见表12—13）可以发现，郑州的集聚度指数差距较大，如三甲医院指数在对标城市中处于明显的劣势，仅高于西安一市，远远低于其他国家重要医疗中心上海、广州，在数量上的差异进一步反映在对于医疗质量的改变上，在科室排名前20、医院综合排名前100、医学院院士等指标上，郑州落后的程度更多。另外，在联系度方面，郑州与重点医疗中心的差距明显缩小了，这应该受益于郑州优越的地理位置和坚实的基础设施建设，形成了区域发展中心的地位。

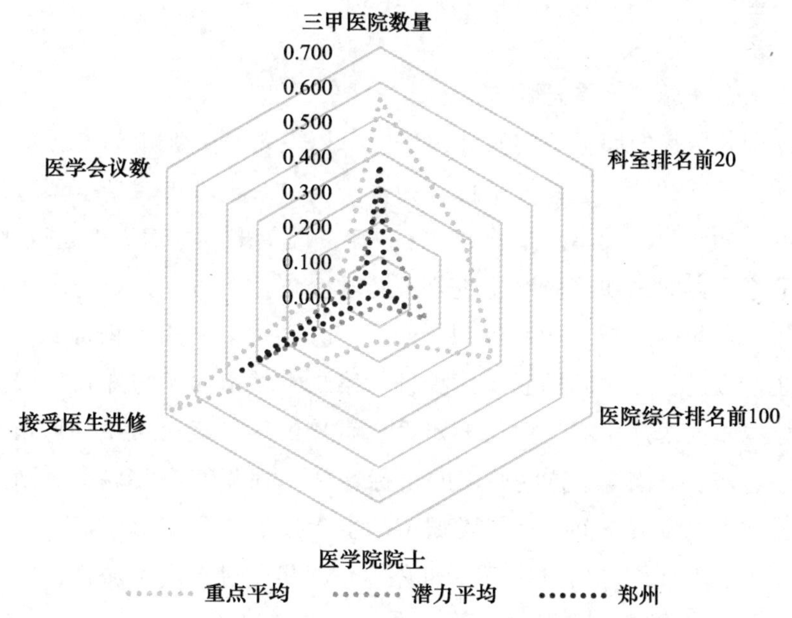

图12—10　郑州与重点城市、潜力城市具体指标对比

数据来源：中国社会科学院城市竞争力指数数据库。

在此基础上，郑州应有针对性地制定追赶国家重要医疗中心的发展目标、发展思路，通过扬长避短，进一步实现联系度的赶超，并逐步积蓄力量，集中省内外医疗资源，力争成为区域医疗中心，跻身上述先进城市行列。

表 12—13　全国重点医疗中心与郑州医疗指标数据对比

城市	三甲医院数量	科室排名前 20	医院综合排名前 100	医学院院士	接受医生进修	医学会议数
上海	0.700	0.692	0.952	0.509	0.698	0.226
成都	0.388	0.271	0.143	0	1.000	0.110
广州	0.750	0.215	0.429	0.038	0.424	0.209
西安	0.350	0.159	0.238	0.057	0.652	0.050
天津	0.575	0.065	0.095	0.094	0.640	0.003
郑州	0.362	0.018	0.095	0	0.448	0.050

数据来源：中国社会科学院城市竞争力指数数据库。

三　合作城市：差异城市

从郑州医疗发展水平的实际出发，可以发现部分城市的资源与郑州具有明显的互补性。这些城市可分为三类：第一类城市属于全国重点医疗中心，如广州、天津，此类城市在医疗资源集聚度方面大大超过郑州，但在联系度方面，如接受医生进修、医学会议数等方面，有与郑州接近的水平。郑州通过与上述城市的合作，一方面可以利用远程资源，另一方面也能促进相互之间的联系度提升。第二类城市属于与郑州类似的潜在的国家重要医疗中心，但与郑州没有直接的区域竞争关系的城市，如南京、重庆、济南等，这些城市的指标往往与郑州互有关联，可同过合作提升双方的发展空间。第三类城市的卫生发展水平相对于郑州可能较弱，但由于地理位置相对接近，如合肥、苏州，对于这类城市，应广泛开展合作，形成集群效应。

四　潜在竞争城市：竞争者分析

郑州市建立医疗中心的潜在竞争城市主要表现为同区域内，发展水平相当，并同样期望成为国家重要医疗中心的城市，主要有武汉和长沙。由于华中地区尚未出现真正意义上的医疗中心城市，武汉、长沙与郑州都有希望成为区域医疗的资源集中地和中枢。

从经济发展和科研水平上看，武汉在三个城市中，无疑具有领先地位，同时，长沙具有较高的科室水平以及较高的联系度，影响力不容小视。郑州在竞争中，仍然需要充分发挥地理和交通方面的优势，内引外联，提升硬实力，打造软实力，在竞争中实现超越。

表12—14　　　　武汉、长沙和郑州具体指标对比

城市	三甲医院数量	科室排名前20	医院综合排名前100	医学院院士	接受医生进修	医学会议数
武汉	0.3875	0.1963	0.2381	0.0189	0.4724	0.0620
长沙	0.2250	0.0654	0.0476	0.0377	0.4964	0.1533
郑州	0.3625	0.0187	0.0952	0	0.4484	0.0500

数据来源：中国社会科学院城市竞争力指数数据库。

第五节　关键指标

一　优势指标

如前所述，城市集聚度是郑州医疗发展的短板，但在三级指标中，三甲医院数量郑州与其他地区相比并不逊色，数据显示三甲医院数量平均水平为0.2770，郑州得分达到0.3625，说明郑州的医院数量并不落后，问题在于郑州仅有两个科室排名全国前20，同时进入全国医院前100的医院只有两家，这种质量上的差异导致了郑州市在医疗水平集聚度上的落后。

医疗联系度的两个三级指标构成反映出同样的问题。首先，接受医生进修数据方面，平均水平为0.3410，而郑州得分为0.4484，甚至高于广州这样的大城市，说明郑州一方面有河南人口大省的优势，另一方面也受益于良好的交通基础设施，对于区域卫生医疗发展提供了有力的支持。但是，郑州的医学会议数相对较少，仅位列中位，这说明郑州在医疗技术和学科领域还有更多的工作等待完成。

二　劣势指标

观察城市医疗评价三级指标数据可以发现（见表12—10），城市集聚度包括的三级指标中，郑州和很多城市一样，在医学院院士数据上都为

0，低于平均值，但是总体上讲这一指标存在一定的偶然性，依赖城市内高校特征与传统研究实力，与城市基础设施建设的吸引作用也有一定关联，主要属于人才规划的重点问题。院士作为医疗科学研究尖端的代表性指标，说明了郑州作为中部地区的省会级别城市，医疗科研方面的资源和人力较为匮乏，国际化程度低，需要进一步加强人力资源的引进和储备以缩小差距。

上述数据集中体现了郑州医疗发展的关键问题。一方面，整体医院规模数量发展较快；另一方面，城市吸引力和凝聚力相对较差，导致医疗技术水平不高，这也是对城市经济发展状况的部分折射，说明郑州在今后的发展中需要进一步加强城市医疗基础设施建设，提升医疗质量。

三 指标对比

通过观察表 12—14 可知，郑州数据在集聚度指标方面与全国重点医疗中心相差较大，几乎每一项指标都最低，但在联系度指标方面与重点医疗中心相去不远，存在赶超的可能性。同时，与同级城市相比，郑州市指标位居中游，其中联系度指标，尤其是接受医生进修指标，处于同级城市的前列，但集聚度指标尚待提升，在稳定三甲医院数量优势的基础上，应尽力提升医疗水平，在质量上逐步实现反超。

第六节 政策建议

一 结论：郑州处于潜在的国家重要医疗中心位置

目前，我国正处于快速发展时期，在经济全球化、区域一体化背景下，公共服务的提升尤其是医疗资源服务的提升，就更需要以高质量发展为引导，提升医疗教育水平，夯实发展基础。作为中部中心城市之一，郑州已经成为潜在的国家重要医疗中心，但是，在建设医疗中心方面，郑州仍然需要坚持以大开放促进大发展，充分利用国内外的医疗资源，在更大范围更高层次配置基础资源、拓展辐射空间。

在扩大医疗的建设中，郑州作为中部地区有较大影响力和辐射力的省会城市，增强城市医疗质量是重中之重。当前郑州在医疗评价方面总体排名尽管已经处于中游的位置，但质量方面的指标较为落后，缺乏尖端的研究能力，在医疗技术方面与其他潜在的国家重要医疗中心相比仍有不小差距。

从城市医疗评价指标得出的数据结果可以发现，郑州在医学院院士方面仍存在空白，高级别医院和科室仍不完善，一方面说明了郑州受地理位置所限，城市人力资源的吸引力较差，高级别医疗人力资源不愿意进入中部地区。郑州可尝试凭借其交通枢纽的地位，通过扩大交往增进城市外聘医疗人才，拓展和优化城市医疗可持续发展的空间。

二　目标：郑州提升到国家重点医疗中心

我国重点医疗中心具有区域中心城市的特征，直辖市、省会城市自然会集聚区域和省内的优质医疗资源，三甲医院的数量相对普通地级城市会有明显优势。郑州作为中部地区的代表性核心城市，并没有显示出与行政级别和区位优势相适应的医疗中心水平，但郑州市优良的基础设施和优越的地理位置，为城市发展医疗中心建立了必要的条件，郑州应以提升重点医疗中心为目标，加强与重点医疗中心的合作，提升郑州医疗水平和基础设施的完善程度，进一步巩固在区域医疗中心枢纽的地位，为建设国家重要医疗中心而努力。

三　建议：强化意识、引进人才、利用禀赋

1. 强化医疗意识，加强医疗设施基础建设

现今，中心城市成为区域医疗的重要影响者、推动者和参与者，城市医疗越来越普遍。郑州作为中部地区具有较强影响力的省会级城市，更应当首先在对外开放观念上有所提高，同时应当增强开放自信心，利用郑州市乃至河南省丰富的土地资源，全面关注、重点突破，先合作、后引进，循序渐进，设立长远目标，但不急于求成，大力引进国际组织和国际机构在此投资建设。

2. 引进尖端医疗人才资源，注重本地医疗人力资本培养

郑州处于中部地区，尽管人力资源丰富，土地面积广大，但仍未脱离当前人力资源总体素质不高的现状，高学历实用人才较为缺乏，这严重制约了城市医疗能力的发展。要想解决这一问题，必须完善郑州市人才政策支持体系。宏观层面上，应当建立健全符合科学规范的医疗人才

的引进、培养、评价、激励、保障机制，形成有利于国际化优秀人才激发活力、干成事业的机制环境。完善政府主导下的市场运作机制，既要避免政府在国际人才高地建设中大包大揽，也要防止放任自流。政府要把握国际人才高地建设的宏观导向，并加强对各类优秀人才的分类管理，进行国际人才资源的有效合理配置。

3. 发挥交通枢纽优势，完善中心医疗的辐射作用

交通建设在城市发展医疗过程中的重要性显而易见，地处九州腹地，中国之“中”的河南，交通区位无疑是其最大优势。而郑州作为河南省省会，地处中原，承东启西，连南贯北，不仅是我国中部的主要区域性中心，也是我国最重要的陆路交通枢纽之一，在全国的经济发展格局中具有极为重要的战略地位。因此郑州应当积极发挥其交通枢纽的地位，重点开展中心医疗功能对于全省乃至中部地区的辐射作用。

另一方面，发挥交通基础作用，还能够将全国各地的医疗资源和人力资源以不同形式引入河南，构建多层次并举的人才规划方案。

（执笔人：李启航）

参考文献

陈江生、郑智星：《国家中心城市的发展瓶颈及解决思路——以东京、伦敦等国际中心城市为例》，《城市观察》2009年第2期。

程大中：《中国参与全球价值链分工的程度及演变趋势——基于跨国投入—产出分析》，《经济研究》2015年第9期。

鲁世林：《以国家中心城市为核心建设世界一流高等教育城市群初探》，《现代教育管理》2017年第12期。

马骥：《论经济空间集聚的内生力量——一种空间经济学的诠释》，《西南民族大学学报》2008年第12期。

马学广、李贵才：《全球流动空间中的当代世界城市网络理论研究》，《经济地理》2011年第31卷第10期。

田美玲、方世明：《国家中心城市的内涵与判别》，《热带地理》2015年第35卷第3期。

王缉宪：《易达规划：问题、理论、实践》，《城市规划》2004年第28卷第7期。

王新涛：《基于国家中心城市识别标准的郑州发展能力提升研究》，《区域经济评论》2017年第4期。

王旭阳：《积极推进国家中心城市建设的建议》，《中国物价》2017年第4期。

姚华松：《论建设国家中心城市的五大关系》，《城市观察》2009年第2期。

尹稚、王晓东、谢宇、扈茗、田爽：《美国和欧盟高等级中心城市发展规律及其启示》，《城市规划》2017年第41卷第9期。

周阳：《国家中心城市：概念、特征、功能及其评价》，《城市观察》2012

年第1期。

朱小丹：《论建设国家中心城市——从国家战略层面全面提升广州科学发展实力的研究》，《城市观察》2009年第2期。

Castell, M., *The Rise of the Network Society*, Oxford: Black-well, 1996.

Cohen, R. B., *The New International Division of Labor, Multinational Corporations and Urban Hierarchy, Urbanization and Urban Planning in Capitalist Society*, London Methuen, 1981.

Géraldine Pflieger, Luca Pattaroni, Christophe Jemelin, Vincent Kaufmann, "The Social Fabric of the Networked City", *Sociologický Časopis*, Vol. 46, No. 1, 2010.

Hall, P., *The World Cities*, London: Weidenfeld and Nicolson, 1966.

J. Friedman, "Where We Stand: A Decade of World City Research", In Knox P. L. & Taylor P. J., *World Cities in a World System*, Cambridge: Cambridge University Press, 1995.

Malecki, World Trade Center Loss, Rough Notes, 2001.

M. Batty, "The New Science of City", *Building Research & Information*, Vol. 38, No. 1, 2013.

Sassen S., *Cities in a World Economy*, London: Pine Forge Press, 1994.

S. Graham and S. Marvin, *Splintering Urbanism: Networked Infrastructures, Technological Mobilities and The Urban Condition*, London and New York: Routledge, 2001.

Malecki, World Trade Center Loss, Rough Notes, 2001.

Taylor, P. J., "Regionality in the World City Network", *International Social Science Journal*, Vol. 56, No. 181, 2004.

郑州研究院简介

郑州研究院是中国社会科学院和郑州市人民政府共同建设的研究机构。旨在充分发挥中国社会科学院作为国家级智库和郑州作为国家内陆地区开放创新前沿阵地，建设高水平、国际化的中国特色新型智库。2017 年 9 月 15 日，中国社会科学院与郑州市人民政府正式签署战略合作框架协议，成立郑州研究院。揭牌仪式暨第一次工作会议当日举行。郑州研究院院长由中国社会科学院副院长、党组成员蔡昉担任。郑州研究院的建设和发展全面依托中国社科院科研局及相关研究所、郑州市人民政府。本着“优势互补、注重实效、合作共赢”的原则，在合作期内，中国社会科学院在社科研究、人才培养、智库建设等方面与郑州市人民政府开展全面、实质性合作。郑州市人民政府为郑州研究院提供双方约定的办公场所、研究经费等资源。郑州研究院丛书的出版是在郑州市人民政府提供优质的政务服务、郑州市发展和改革委员会为郑州研究院的发展保驾护航的大背景下产生的。本丛书中各篇章作者本着文责自负原则，对各自内容负责。由于经验不足，本丛书存在的缺点和瑕疵，欢迎并感谢各位读者和专家予以指导。